内 容 提 要

本书依托全国水利普查、水文资料和史志资料，对流经辽宁省境内的河流和湖泊（包括人工湖泊）基本信息进行系统收集、梳理和提炼。按照辽河、黑龙江、海河3大流域7大水系，统计流经辽宁省面积 $10km^2$ 以上河流3565条，并描述了流经辽宁省流域面积 $100km^2$ 以上山地河流及主要平原河流的河源河口位置、流域面积及河长等基础信息，大中型湖泊（水库）位置、库容基础信息。

本书旨在完整、客观地反映辽宁省河湖现状及特征，形成面向工程建设、民生水利和生态治理的实用工具书，可供水利及各行各业在实际工作中使用。

图书在版编目（CIP）数据

辽宁河湖 / 《辽宁河湖》编委会编著. -- 北京：中国水利水电出版社，2021.2
ISBN 978-7-5170-9435-7

Ⅰ．①辽… Ⅱ．①辽… Ⅲ．①河流－概况－辽宁②湖泊－概况－辽宁 Ⅳ．①K928.4

中国版本图书馆CIP数据核字(2021)第031961号

审图号：GS（2021）1659号

书　　名	辽宁河湖 LIAONING HEHU
作　　者	《辽宁河湖》编委会　编著
出版发行	中国水利水电出版社 （北京市海淀区玉渊潭南路1号D座　100038） 网址：www.waterpub.com.cn E-mail：sales@waterpub.com.cn 电话：（010）68367658（营销中心）
经　　售	北京科水图书销售中心（零售） 电话：（010）88383994、63202643、68545874 全国各地新华书店和相关出版物销售网点
排　　版	中国水利水电出版社微机排版中心
印　　刷	北京印匠彩色印刷有限公司
规　　格	184mm×260mm　16开本　18.75印张　464千字　12插页
版　　次	2021年2月第1版　2021年2月第1次印刷
印　　数	0001—1500册
定　　价	118.00元

凡购买我社图书，如有缺页、倒页、脱页的，本社营销中心负责调换

版权所有·侵权必究

辽宁河湖

《辽宁河湖》编委会 编著

中国水利水电出版社
www.waterpub.com.cn
·北京·

《辽宁河湖》编委会

主　　　　任：史会云
副　主　任：王殿武
委　　　　员：杨万志　谷长叶　周国刚　冯东昕　朱志闯
　　　　　　　王　才　纪志军　姜晓刚　苗政永　于　翔
　　　　　　　李守权　李　里　陈柯明　尚海涛　李　昱
　　　　　　　王兴泽　韩义超　汪玉君　熊敬东

主　　　　编：王殿武
副　主　编：李　里　于　翔　冯东昕　陈柯明
执　行　主　编：王　才　孙玉华　王明亮
主要编写人员：李景玉　王维志　白宝丰　江行久　王曙光
　　　　　　　周永德　蔡　涛　师战伟　石大永　李云生
　　　　　　　车延路　王　文　张立明　高世斌　郭纯一
　　　　　　　吴俊秀　郭　清　王秀颖　陆新宇　孙　玥
　　　　　　　闻绍珂　刘晓哲　周　游　安秉锋　权春吉
　　　　　　　周旭东　李　虎　曹世文　李　军　陈　俊
　　　　　　　杨希春　李凯锋　张忠国　史红波　张世佑
　　　　　　　宋明远　王　垠　王儒涛　景淑娟　杨志刚
　　　　　　　吴喜军　王安琪　韩井先　曹　丹　赵敬瑛
　　　　　　　李朋军　金　鑫　赵志勇　郭　亮　宋颖玲
　　　　　　　聂大鹏　汤玉福　郭向东　刘　革　于岚岚
　　　　　　　董婷婷　党如童　武玉峰　王光磊　黄　旭

前　言

水是生命之源、生产之要、生态之基。辽宁省位于我国东北地区南端，属温带半湿润和半干旱的季风气候区，洪涝灾害、干旱缺水、水污染问题并存。河流作为水资源的承载体，一直被社会所关注。为了全面反映全省河流数量、属性和特征，辽宁省水利厅成立了由厅长担任主任，由河道、湖库管理部门负责人组成的《辽宁河湖》编委会，依托全省水利普查、水文资料和史志资料，对辽宁境内河流和湖泊（包括人工湖泊）的基本信息进行系统收集、梳理和提炼，编写成《辽宁河湖》一书。本书旨在完整、客观地反映辽宁省河湖现状及特征，形成面向工程建设、民生水利和生态治理的实用工具书。

辽宁省地貌格局为辽东山地丘陵、辽北康法丘陵及辽西低山丘陵，地势自北向南，自东西两侧向中部倾斜，三面环绕下辽河平原呈"六山一水三分田"。辖区内集水面积 $10km^2$ 以上河流 3565 条，其中大型河流 16 条，中型河流 32 条，小型河流 740 条，溪河 2643 条，平原河流 134 条；自然和人工湖泊（水库、电站）772 处，其中自然湖泊 2 处；人工湖泊大型 30 处，中型 75 处，小（1）型 267 处，小（2）型 398 处，电站 9 处。

本书正文按自然流域分区为辽河、黑龙江、海河 3 大流域 7 大水系编制流经辽宁省流域面积 $100km^2$ 以上及主要平原河流，文字描述 460 条；湖泊（水库）按照自然、人工及大、中、小类型统计，文字描述 117 处分列河流名录和逻辑关系图；附录 A 行政分区河流，按行政分区下辖 14 个市地级行政区、100 个县（市、区）级行政区统计，文字描述 58 个（市区合并后），分列流经过行政区的河流数量和主要河流；附录 B 水资源分区河流，按水资源分区为 12 个水资源三级区、31 个水资源四级区统计，统计河流数量同时插入不同分区河流分布图 22 张，供水利及各行各业在实际工作中使用。

《辽宁河湖》编委会

2020 年 2 月

编 制 说 明

1. 河湖定义

（1）河流。河流指陆地表面宣泄水流的通道，是溪、川、江、河等的总称。本书河流指在天然和人工控制条件下经常发生自然汇流或排水功能，并有集水区域的河流，包括间歇性断流、集水区域边界不清晰、天然河道和人工河道等。

（2）湖泊。湖泊是湖盆和湖水的总称。指常年有水的天然湖泊、人工整治湖泊以及人工修建的水库和电站。

（3）水系。水系指流域内所有河流、湖泊等各种水体组成的水网系统。

2. 河湖的分类标准

（1）河流（流域面积 F）。

大型：$F \geqslant 5000 \text{km}^2$；

中型：$5000 \text{km}^2 > F \geqslant 1000 \text{km}^2$；

小型：$1000 \text{km}^2 > F \geqslant 50 \text{km}^2$；

溪河：$50 \text{km}^2 > F \geqslant 10 \text{km}^2$。

（2）湖泊（水库）。

自然湖泊（常年积水面积 A）。

大型：$A \geqslant 10.0 \text{km}^2$；

中型：$10.0 \text{km}^2 > A \geqslant 1.0 \text{km}^2$；

小型：$1.0 \text{km}^2 > A \geqslant 0.1 \text{km}^2$。

人工湖泊（水库、电站）（蓄水量 V）。

大型：$V \geqslant 1.0$ 亿 m^3；

中型：1.0 亿 $\text{m}^3 > V \geqslant 0.1$ 亿 m^3；

小（1）型：0.1 亿 $\text{m}^3 > V \geqslant 0.01$ 亿 m^3；

小（2）型：0.01 亿 $\text{m}^3 > V \geqslant 0.001$ 亿 m^3。

3. 列选标准

辽宁省河流和湖泊（水库）数量巨大，规模和影响差异悬殊，为了使全书条目总数合理,做到各地域间条目数量的大致平衡和内容相称,选列条目河湖的主要技术参数均达到一定规模的。

(1)《辽宁河湖》选列条目标准。天然河流,流域面积达到或超过 $100km^2$;天然湖泊,常年水面面积达到或超过 $1km^2$;水库,总库容达到或超过 0.1 亿 m^3;人工渠道,限规模大、历史悠久或社会影响独到者。

(2)其他问题及处理。关于河源、河口和干支关系的确定标准均按照全国河流普查的标准执行。

4. 主要内容、方法、成果来源及用途

《辽宁河湖》由河流、湖泊(水库)、行政分区河流、水资源分区河流编纂说明、插图和附表等部分组成。

(1)河流、湖泊(水库)。流域面积 $50km^2$ 以上的河流数量和特征来源于 2011 年完成的《辽宁省水利普查》成果,$10\sim50km^2$ 河流数量和特征于 2013—2015 年期间完成。在地理信息系统(GIS)、全球定位系统(GPS)和遥感技术(RS)(简称"3S"高新技术)的支撑下,利用 1∶5 万第二代辽宁省基础地理信息数据(DEM、DLG)、近期 0.5m 分辨率遥感影像和中巴资源卫星影像数据对河流湖泊进行提取和校核,采用资料调查收集—内业综合分析—外业踏勘认证工作流程确认。

描述水系位置、地形地貌和水文气象特征,流域面积在 $10km^2$ 以上的河流数量、分布。水系是根据全国流域和水系划分结果进行划分,辽宁省分为 3 大流域 7 大水系,本次按 7 大水系—骨干河流—支流层级顺序编排,基于篇幅限制,重点描述 $100km^2$ 以上河流数量、特征、河流关系及重要属性。为了更形象、直观和明了地表现水系、干流、支流的关系,绘制了河流逻辑关系图。

省管大型水库信息更新至 2020 年年底,其他湖库信息来自辽宁省水利普查结果,按水系关系介绍了中型以上湖库的级别、数量、位置、水库特征及用途,而附表中包含所有大中型湖泊(水库)特征。

(2)行政分区河流。辽宁省有 14 个地级市,100 个县(市、区)。为了尽量保持河流的连续性,把各市属区合并成 1 个区域,统称市区,共计 58 个行政分区。结合水系河流分布,内容涵盖行政区位置、地形地貌和水文气象特征,流域面积在 $10km^2$ 以上的河流数量、分布。

地级以上市行政区中重点介绍了辖区内主要河流特征、河流关系、重要属性及各级别河流数量。

县级行政区中重点介绍了辖区内主要河流特征、河流关系、重要属性及各级别河流数量。

(3) 水资源分区河流介绍。根据辽宁省第二次水资源评价，全省水资源分区共分为 3 个一级区、12 个二级区和 31 个四级区，重点介绍水资源分区位置及河流组成。

目录

前言
编制说明

综述 ··· 1

1 辽河水系

1.1 辽河 ·· 8
   1.1.1 老哈河 ··· 9
      1.1.1.1 东小河 ··· 10
         1.1.1.1.1 沙海河 ·· 10
         1.1.1.1.2 三家河 ·· 10
      1.1.1.2 海棠河 ··· 10
         1.1.1.2.1 四汗城河 ·· 10
         1.1.1.2.2 白山水库 ·· 11
         1.1.1.2.3 海青营子河 ·· 11
      1.1.1.3 黑水河 ··· 11
         1.1.1.3.1 义成功河 ·· 11
      1.1.1.4 烧锅营子河 ··· 11
      1.1.1.5 小嘎岔河 ·· 12
      1.1.1.6 蹦河 ·· 12
         1.1.1.6.1 东张营子河 ·· 12
         1.1.1.6.2 柴杖子河 ·· 12
         1.1.1.6.3 汤士沟河 ·· 12
   1.1.2 蚂蟥河 ·· 12
   1.1.3 东辽河 ·· 13
      1.1.3.1 小梨树河 ·· 13
      1.1.3.2 猪嘴河 ··· 13
      1.1.3.3 北小河 ··· 13
      1.1.3.4 熊船口排水渠 ·· 14
   1.1.4 公河 ··· 14
      1.1.4.1 中央排干 ·· 14

1.1.4.1.1　八家子排干	14
1.1.4.1.2　卧龙湖	14
1.1.4.1.2.1　东马莲河	14
1.1.4.1.2.1.1　地河	14
1.1.4.1.2.2　西马莲河	15
1.1.4.1.2.2.1　二道河	15
1.1.4.1.2.2.1.1　四道号水库	15
1.1.4.1.2.2.2　三台子水库	15
1.1.5　招苏台河	15
1.1.5.1　安家屯河	16
1.1.5.2　条子河	16
1.1.5.2.1　北太平河	16
1.1.5.3　小南河	16
1.1.5.4　二道河	16
1.1.5.4.1　牤牛南河	17
1.1.5.4.2　双庙子河	17
1.1.5.4.2.1　下二台河	17
1.1.5.4.3　红山河	17
1.1.5.4.3.1　红山水库	17
1.1.5.4.4　苇子河	18
1.1.5.5　小河子河	18
1.1.6　亮子河	18
1.1.6.1　红顶山水库	18
1.1.7　王河	19
1.1.7.1　泡子沿水库	19
1.1.8　清河	19
1.1.8.1　二道沟河	19
1.1.8.2　阿拉河	19
1.1.8.3　碾盘河	20
1.1.8.3.1　大妞河	20
1.1.8.4　苔碧河	20
1.1.8.5　清河水库	20
1.1.8.6　寇河	20
1.1.8.6.1　诚信水库	21
1.1.8.6.2　小寇河	21
1.1.8.6.3　乌鲁河	21
1.1.8.6.4　艾青河	21
1.1.8.6.5　叶赫河	21

1.1.8.6.5.1　南城子水库	22
1.1.8.6.6　西小河	22
1.1.8.7　马仲河	22
1.1.9　中固河	22
1.1.9.1　南沙河	23
1.1.10　柴河	23
1.1.10.1　南柴河	23
1.1.10.2　柴河水库	23
1.1.11　长沟河	23
1.1.12　泛河	24
1.1.12.1　榛子岭水库	24
1.1.12.2　恶龙河	24
1.1.12.3　莲花河	24
1.1.13　拉马河	25
1.1.13.1　尚屯水库	25
1.1.13.2　小岭河	25
1.1.13.2.1　牛其堡水库	25
1.1.13.3　胜利河	26
1.1.14　石佛寺水库	26
1.1.15　万泉河	26
1.1.15.1　西小河	26
1.1.15.2　长河	26
1.1.16　左小河	27
1.1.17　小河子河	27
1.1.18　秀水河	27
1.1.18.1　花古水库	27
1.1.18.2　二道河	28
1.1.18.3　南小凌河	28
1.1.18.4　尖山子河	28
1.1.18.4.1　尖山子水库	28
1.1.18.4.2　拉马章水库	28
1.1.18.4.3　三合成河	29
1.1.18.4.3.1　三合成水库	29
1.1.18.4.3.2　獾子洞水库	29
1.1.18.5　新开河	30
1.1.18.6　老窑河	30
1.1.19　养息牧河	30
1.1.19.1　巨龙湖水库	30

1.1.19.2 头道河	30
1.1.19.3 三道河	31
1.1.19.4 地河	31
1.1.19.4.1 西地河	31
1.1.19.5 双徐河	31
1.1.19.6 地河排干	31
1.1.20 燕飞里排干	32
1.1.21 付家窝堡排干	32
1.1.22 柳河	32
1.1.22.1 福兴地河	32
1.1.22.1.1 哈拉乌束河	33
1.1.22.2 阿哈来河	33
1.1.22.2.1 他卜郎河	33
1.1.22.3 闹德海水库	33
1.1.22.4 大青沟	33
1.1.22.4.1 大清沟水库	34
1.1.22.5 三合屯渠	34
1.1.22.6 盘山楼河	34
1.1.23 小柳河	34
1.1.23.1 旧绕阳河	34
1.1.23.2 八一水库	34
1.1.24 螃蟹沟	35
1.1.25 太平河	35
1.1.26 绕阳河	35
1.1.26.1 碱锅水库	35
1.1.26.2 押京河	36
1.1.26.3 鸹鹨河	36
1.1.26.4 苇塘河	36
1.1.26.5 二道河	36
1.1.26.6 沙河	36
1.1.26.7 邵绕排干	37
1.1.26.7.1 二龙湾	37
1.1.26.8 马绕排干	37
1.1.26.9 杜屯排干	37
1.1.26.10 袁海亮排干	37
1.1.26.10.1 付绕排干	38
1.1.26.11 三排干	38
1.1.26.12 贺家排水总干	38

1.1.26.13	四排干	38
1.1.26.14	东沙河	38
1.1.26.14.1	友邻水库	39
1.1.26.14.2	八宝海河	39
1.1.26.14.2.1	八宝海水库	39
1.1.26.14.3	金沙河	39
1.1.26.14.4	奉仕河	39
1.1.26.14.5	羊乃河	40
1.1.26.14.6	朝阳寺河	40
1.1.26.14.6.1	龙湾水库	40
1.1.26.15	辽绕运河总干	40
1.1.26.16	庞家河	40
1.1.26.17	羊肠河	41
1.1.26.17.1	白厂门河	41
1.1.26.18	红旗水库	41
1.1.26.19	西沙河	41
1.1.26.19.1	安家河	41
1.1.26.19.2	窟窿台河	42
1.1.26.19.3	黑鱼沟河	42
1.1.26.19.3.1	广宁河	42
1.1.26.19.4	青年水库	42
1.1.26.19.5	鸭子河	42
1.1.26.19.5.1	贺张沟	43
1.1.26.20	月牙河	43
1.1.26.20.1	大羊河	43
1.1.26.20.2	锦盘河	43
1.1.26.21	丰屯河	43
1.1.27	清水河排干	44
1.1.28	赵圈河排干	44
1.1.29	潮沟河	44
1.1.29.1	南屁岗子河	44
1.1.30	接官厅排干	44
1.1.31	三角洲水库	44
1.1.32	荣兴水库	45
1.2	浑河	45
1.2.1	后楼水库	45
1.2.2	沙河	46
1.2.3	黑牛河	46

1.2.4	红河水库	46
1.2.5	英额河	46
1.2.5.1	小孤家子河	47
1.2.5.1.1	小孤家水库	47
1.2.6	树基沟河	47
1.2.7	海阳河	47
1.2.8	苏子河	47
1.2.8.1	红升水库	48
1.2.8.2	二道河	48
1.2.8.3	二道河子河	48
1.2.8.3.1	哈山河	48
1.2.8.3.2	金岗河	49
1.2.8.4	洞上河	49
1.2.9	百花河	49
1.2.10	社河	49
1.2.10.1	腰堡水库	49
1.2.10.2	前安河	50
1.2.11	大伙房水库	50
1.2.12	章党河	50
1.2.13	东洲河	50
1.2.13.1	王木河	51
1.2.13.1.1	关山水库	51
1.2.14	古城子河	51
1.2.14.1	英守水库	51
1.2.15	莲岛河	52
1.2.16	拉古河	52
1.2.17	小沙河	52
1.2.18	白塔堡河	52
1.2.19	新开河排干	52
1.2.20	韭菜河排干	53
1.2.21	细河	53
1.2.22	浑沙河	53
1.2.23	蒲河	53
1.2.23.1	棋盘山水库	53
1.2.23.2	九龙河	53
1.2.23.2.1	导水路排干	54
1.2.23.3	小浑河	54
1.2.23.4	修家窑排干	54

- 1.2.23.5 曹家窝堡排干 ······ 54
- 1.2.23.6 西湖 ······ 54
- 1.2.23.7 于台排干 ······ 54
- 1.2.23.8 乌伯牛排干 ······ 55
- 1.2.24 太子河 ······ 55
- 1.2.24.1 草盆河 ······ 55
- 1.2.24.2 刘家河 ······ 55
- 1.2.24.3 双河 ······ 55
- 1.2.24.4 南太子河 ······ 56
- 1.2.24.4.1 南孤山河 ······ 56
- 1.2.24.4.2 杉松河 ······ 56
- 1.2.24.4.3 三道河 ······ 56
- 1.2.24.5 马圈子河 ······ 56
- 1.2.24.5.1 清河 ······ 57
- 1.2.24.6 泉水河 ······ 57
- 1.2.24.7 观音阁水库 ······ 57
- 1.2.24.8 小汤河 ······ 57
- 1.2.24.8.1 关门山水库 ······ 57
- 1.2.24.9 五道河 ······ 58
- 1.2.24.10 小夹河 ······ 58
- 1.2.24.10.1 三道河水库 ······ 58
- 1.2.24.11 卧龙河 ······ 58
- 1.2.24.12 南沙河 ······ 59
- 1.2.24.13 细河 ······ 59
- 1.2.24.13.1 正沟河 ······ 59
- 1.2.24.13.2 大石河 ······ 59
- 1.2.24.13.3 三道河 ······ 59
- 1.2.24.14 兰河 ······ 60
- 1.2.24.15 葭窝水库 ······ 60
- 1.2.24.16 汤河 ······ 60
- 1.2.24.16.1 河栏沟河 ······ 60
- 1.2.24.16.2 汤河西支 ······ 60
- 1.2.24.16.3 汤河水库 ······ 61
- 1.2.24.17 北沙河 ······ 61
- 1.2.24.17.1 扬木河 ······ 61
- 1.2.24.17.2 十里河 ······ 61
- 1.2.24.17.3 戈西河 ······ 62
- 1.2.24.17.4 马峰河 ······ 62

1.2.24.18　柳壕河 …… 62
1.2.24.19　南沙河 …… 62
1.2.24.20　运粮河 …… 62
1.2.24.21　杨柳河 …… 63
1.2.24.22　五道河 …… 63
1.2.24.22.1　上英水库 …… 63
1.2.24.22.2　三通河 …… 63
1.2.24.22.2.1　南草河 …… 63
1.2.24.23　海城河 …… 64
1.2.24.23.1　黑峪河 …… 64
1.2.24.23.1.1　山咀水库 …… 64
1.2.24.23.2　析木西大河 …… 64
1.2.24.23.3　马风河 …… 65
1.2.24.23.4　炒铁河 …… 65
1.2.24.23.5　八里河 …… 65
1.2.24.23.5.1　王家坎水库 …… 65
1.2.25　外辽河 …… 65
1.2.25.1　辽台排干 …… 65
1.2.26　新开河 …… 66
1.2.27　南河沿排干 …… 66
1.2.28　平安排水总干 …… 66
1.2.28.1　疙瘩楼水库 …… 66
1.2.29　劳动河 …… 66
1.2.29.1　虎庄河 …… 66
1.2.29.1.1　他山河 …… 66
1.3　民兴河 …… 67

2　辽东湾西部沿渤海诸河水系

2.1　大凌河 …… 68
2.1.1　魏家岭河 …… 69
2.1.2　贺杖子河 …… 69
2.1.3　宫山嘴水库 …… 69
2.1.4　二道河 …… 69
2.1.5　黑山河 …… 70
2.1.6　蒿桑河 …… 70
2.1.7　渗津河 …… 70
2.1.7.1　奎胜店河 …… 70

2.1.8　西大川河	70
2.1.8.1　菩萨庙水库	71
2.1.9　大凌河西支	71
2.1.9.1　榆树林子河	71
2.1.9.2　宋杖子河	71
2.1.9.3　大王杖子河	72
2.1.9.4　热水河	72
2.1.9.4.1　万元店河	72
2.1.9.5　黄金代河	72
2.1.9.6　六官营子河	72
2.1.9.6.1　瓦房店水库	73
2.1.10　老爷庙河	73
2.1.11　卧虎沟河	73
2.1.12　羊角沟河	73
2.1.13　第二牤牛河	74
2.1.13.1　二道磨河	74
2.1.13.2　深井河	74
2.1.13.3　中三家河	74
2.1.14　胜利河	74
2.1.15　黄道营子河	75
2.1.16　老虎山河	75
2.1.16.1　喀喇沁河	75
2.1.16.2　青松岭河	75
2.1.16.3　二道河	75
2.1.17　阎王鼻子水库	76
2.1.18　下三家河	76
2.1.19　十二台河	76
2.1.20　十家子河	76
2.1.20.1　古山子河	77
2.1.20.1.1　东五家子河	77
2.1.21　顾洞河	77
2.1.21.1　龙潭水库	77
2.1.22　牤牛营子河	78
2.1.23　凉水河子河	78
2.1.23.1　东官营子河	78
2.1.24　牤牛河	78
2.1.24.1　官营子河	79
2.1.24.1.1　杨家河	79

2.1.24.1.2　于寺河	79
2.1.24.2　黑城子河	79
2.1.24.2.1　王家营子河	79
2.1.24.2.2　北四家子河	80
2.1.24.2.3　高家店河	80
2.1.24.3　化石戈河	80
2.1.24.4　老寨川河	80
2.1.24.5　马友营河	80
2.1.24.6　十八台河	80
2.1.24.7　蒙古营子河	81
2.1.25　白石水库	81
2.1.26　长皋河	81
2.1.27　扎兰营子河	81
2.1.28　砖城子河	82
2.1.29　细河	82
2.1.29.1　九营子河	82
2.1.29.2　五道桥子河	82
2.1.29.3　稍户营子河	83
2.1.29.4　大榆树堡河	83
2.1.29.5　伊马图河	83
2.1.29.5.1　阿门朝老河	83
2.1.29.5.2　佛寺水库	83
2.1.29.6　汤头河	84
2.1.29.7　东沙河	84
2.1.29.7.1　老龙口水库	84
2.1.29.8　清河	84
2.1.30　大定河	84
2.1.31　大业河	85
2.2　干沟子	85
2.3　长湖沟	85
2.4　邢家沟	85
2.5　小凌河	86
2.5.1　元宝山水库	86
2.5.2　大车户沟河	86
2.5.3　黑牛营子河	86
2.5.4　大四家子河	87
2.5.5　四台营子河	87
2.5.6　五十家子河	87

2.5.7 根德营子河	87
2.5.8 巴图营子河	88
2.5.9 北小河	88
2.5.9.1 靠山屯水库	88
2.5.9.2 沈家台河	88
2.5.10 锦凌水库	88
2.5.11 女儿河	89
2.5.11.1 虹螺山水库	89
2.5.11.2 乌金塘水库	89
2.5.11.3 新沙河	90
2.5.11.4 金星河	90
2.5.12 百股河	90
2.5.12.1 头道河	90
2.6 百水壕河	90
2.7 大兴堡河	91
2.8 连山河	91
2.9 五里河	91
2.10 兴城河	91
2.10.1 兴城西河	92
2.11 东沙河	92
2.12 烟台河	92
2.12.1 碱厂水库	92
2.13 菱角河	93
2.14 六股河	93
2.14.1 巴什罕河	93
2.14.2 红碁河	93
2.14.3 茅河	94
2.14.4 云山洞河	94
2.14.4.1 马道子水库	94
2.14.5 响水河	94
2.14.6 青山水库	95
2.14.7 黑水河	95
2.14.8 王宝河	95
2.14.8.1 龙屯水库	95
2.14.9 花营河	96
2.15 长滩河	96
2.16 猫眼河	96
2.17 狗河	96

2.18 石河 ··· 97
   2.18.1 大风口水库 ·· 97
2.19 强流河 ·· 97
2.20 九江河 ·· 97

3 辽东湾东部沿渤海诸河水系

3.1 大旱河 ·· 99
3.2 大清河 ·· 100
   3.2.1 吕王河 ·· 100
   3.2.2 石门水库 ··· 100
   3.2.3 西大清河 ··· 100
      3.2.3.1 三道岭水库 ·· 101
      3.2.3.2 周家水库 ·· 101
3.3 北海河 ·· 101
3.4 沙河 ··· 102
3.5 熊岳河 ·· 102
3.6 浮渡河 ·· 102
3.7 永宁河 ·· 102
   3.7.1 八一水库 ··· 103
3.8 苇套河 ·· 103
3.9 红沿河 ·· 103
3.10 复州河 ··· 103
   3.10.1 七道房水库 ·· 104
   3.10.2 松树水库 ··· 104
   3.10.3 回头河 ·· 104
   3.10.4 东风水库 ··· 104
   3.10.5 九道河 ·· 105
   3.10.6 大河水库 ··· 105
   3.10.7 岚崮河 ·· 105
      3.10.7.1 九龙水库 ·· 105
   3.10.8 莲花水库 ··· 106
3.11 冯王坨河 ·· 106
3.12 南极河 ··· 106
3.13 鞍子河 ··· 107
3.14 三十里河 ·· 107
   3.14.1 鸽子塘水库 ·· 107
3.15 北大河水库 ··· 107

4 辽东半岛沿黄海诸河水系

- 4.1 龙王塘水库 ········ 109
- 4.2 大西山水库 ········ 110
- 4.3 卧龙水库 ········ 110
- 4.4 青云河 ········ 110
  - 4.4.1 青云河水库 ········ 110
- 4.5 登沙河 ········ 111
- 4.6 大沙河 ········ 111
  - 4.6.1 刘大水库 ········ 111
  - 4.6.2 五四水库 ········ 112
- 4.7 夹河 ········ 112
  - 4.7.1 洼子店水库 ········ 112
- 4.8 清水河 ········ 112
  - 4.8.1 大梁屯水库 ········ 113
- 4.9 赞子河 ········ 113
- 4.10 余粮河 ········ 113
- 4.11 碧流河 ········ 113
  - 4.11.1 太平庄河 ········ 114
  - 4.11.2 玉石水库 ········ 114
  - 4.11.3 卧龙泉河 ········ 114
  - 4.11.4 响水河 ········ 114
  - 4.11.5 蛤蜊河 ········ 115
  - 4.11.6 八家子河 ········ 115
  - 4.11.7 碧流河水库 ········ 115
  - 4.11.8 董屯河 ········ 115
  - 4.11.9 吊桥河 ········ 116
    - 4.11.9.1 红旗水库 ········ 116
- 4.12 小沙河 ········ 116
- 4.13 三岔河 ········ 116
- 4.14 小寺河 ········ 117
- 4.15 庄河 ········ 117
  - 4.15.1 庄河西支 ········ 117
    - 4.15.1.1 朱家隈水库 ········ 117
- 4.16 寡妇河 ········ 118
- 4.17 英那河 ········ 118
  - 4.17.1 沙河 ········ 118

- 4.17.2 英那河水库 … 119
- 4.18 湖里河 … 119
  - 4.18.1 转角楼水库 … 119
  - 4.18.2 响水河 … 119
- 4.19 地窖河 … 120
  - 4.19.1 永记水库 … 120
- 4.20 大洋河 … 120
  - 4.20.1 哈达河 … 121
    - 4.20.1.1 干沟河 … 121
    - 4.20.1.2 汤池河 … 121
  - 4.20.2 雅河 … 121
  - 4.20.3 牤牛河 … 121
    - 4.20.3.1 黑山水库 … 122
  - 4.20.4 沟连河 … 122
  - 4.20.5 哨子河 … 122
    - 4.20.5.1 三家子河 … 122
    - 4.20.5.2 青苔峪河 … 123
      - 4.20.5.2.1 青河 … 123
    - 4.20.5.3 古洞河 … 123
    - 4.20.5.4 渭水河 … 123
  - 4.20.6 亮子河 … 123
    - 4.20.6.1 红旗河 … 124
  - 4.20.7 土牛河 … 124
    - 4.20.7.1 土门子水库 … 124
  - 4.20.8 小洋河 … 124
    - 4.20.8.1 罗圈背水库 … 125
  - 4.20.9 双岔河 … 125
    - 4.20.9.1 刁家坝水库 … 125
    - 4.20.9.2 双岔河东支 … 125
      - 4.20.9.2.1 廉家坝水库 … 125
- 4.21 枣儿沟河 … 126
- 4.22 龙态河 … 126
  - 4.22.1 合隆水库 … 126
  - 4.22.2 傲营河 … 127
    - 4.22.2.1 太平水库 … 127
    - 4.22.2.2 何家岗水库 … 127
- 4.23 新沟河 … 127
  - 4.23.1 十字街水库 … 127

5 鸭绿江水系

- 5.1 鸭绿江 …………………………………………………………………… 129
  - 5.1.1 浑江 ………………………………………………………………… 130
    - 5.1.1.1 富尔江 …………………………………………………………… 130
      - 5.1.1.1.1 旺清河 ……………………………………………………… 130
      - 5.1.1.1.2 巨流河 ……………………………………………………… 130
    - 5.1.1.2 红汀子河 ………………………………………………………… 131
    - 5.1.1.3 哈达河 …………………………………………………………… 131
    - 5.1.1.4 大二河 …………………………………………………………… 131
      - 5.1.1.4.1 果松川河 …………………………………………………… 131
      - 5.1.1.4.2 富砂河 ……………………………………………………… 131
    - 5.1.1.5 大雅河 …………………………………………………………… 132
    - 5.1.1.6 雅河 ……………………………………………………………… 132
    - 5.1.1.7 半拉江 …………………………………………………………… 132
      - 5.1.1.7.1 下甸子河 …………………………………………………… 132
      - 5.1.1.7.2 北股河 ……………………………………………………… 132
    - 5.1.1.8 新华河 …………………………………………………………… 133
    - 5.1.1.9 漏河 ……………………………………………………………… 133
    - 5.1.1.10 五里甸子河 ……………………………………………………… 133
    - 5.1.1.11 下露河 …………………………………………………………… 133
  - 5.1.2 杨林河 ……………………………………………………………… 133
  - 5.1.3 蒿子沟河 …………………………………………………………… 134
    - 5.1.3.1 坦甸河 …………………………………………………………… 134
    - 5.1.3.2 红石砬子河 ……………………………………………………… 134
  - 5.1.4 水丰水库 …………………………………………………………… 134
  - 5.1.5 蒲石河 ……………………………………………………………… 135
    - 5.1.5.1 楼房河 …………………………………………………………… 135
    - 5.1.5.2 毛甸子河 ………………………………………………………… 135
  - 5.1.6 安平河 ……………………………………………………………… 135
  - 5.1.7 爱河 ………………………………………………………………… 135
    - 5.1.7.1 大边沟河 ………………………………………………………… 136
    - 5.1.7.2 牛毛生河 ………………………………………………………… 136
    - 5.1.7.3 牤牛河 …………………………………………………………… 136
    - 5.1.7.4 八道河 …………………………………………………………… 136
      - 5.1.7.4.1 三股流河 …………………………………………………… 136
    - 5.1.7.5 草河 ……………………………………………………………… 137

5.1.7.5.1　山羊峪河 ··· 137
　　　　5.1.7.5.1.1　方家河 ·· 137
　　　　5.1.7.5.1.2　暖河 ··· 137
　　　　5.1.7.5.1.3　金家河 ·· 138
　　　5.1.7.5.2　南大河 ·· 138
　　5.1.7.6　饮马河 ·· 138
　　5.1.7.7　民生河 ·· 138
　5.1.8　大沙河 ··· 138
　5.1.9　安民河 ··· 139
　5.1.10　柳林河 ··· 139
　　5.1.10.1　铁甲水库 ·· 139
　5.1.11　石佛沟河 ··· 139

6　松花江水系

6.1　辉发河 ·· 140
　6.1.1　二道河 ··· 140
　6.1.2　姜家街沟 ··· 141
　6.1.3　西河 ··· 141

7　滦河及冀东沿海诸河水系

7.1　石河 ·· 142
7.2　青龙河 ·· 143
　7.2.1　窟窿山河 ··· 143
　7.2.2　三十家子河 ··· 143
　　7.2.2.1　刘杖子河 ·· 143
　7.2.3　清水河 ··· 144

附录 A　行政分区河流 ··· 145
附录 B　水资源分区河流 ··· 192
附录 C　河流特征名词解释 ··· 200
附录 D　辽宁省河流名录表 ··· 201
附录 E　辽宁省水库、湖泊、水电站特性表 ··· 241
附录 F　河流水系概化图 ··· 254

综　　述

辽宁省位于祖国东北地区的南部。地理坐标介于东经 118°53′~125°46′、北纬 38°43′~43°26′之间。南濒浩瀚的黄海与渤海，辽东半岛斜插于两海之间，隔渤海海峡，与山东半岛遥相呼应；西南与河北省接壤；西北与内蒙古自治区毗连；东北与吉林省为邻；东南以鸭绿江为界，与朝鲜民主主义人民共和国隔江相望。全省陆地总面积 14.8 万 km²，占全国陆地总面积的 1.5%。在全省陆地总面积中，山地为 8.8 万 km²，占 59.5%；平地为 4.8 万 km²，占 32.4%；水域和其他为 1.2 万 km²，占 8.1%。

辽宁省海域广阔，辽东半岛的西侧为渤海，东侧临黄海。海域（大陆架）面积 15 万 km²，其中近海水域面积 6.4 万 km²。沿海滩涂面积 2070km²。陆地海岸线东起鸭绿江口西至绥中县老龙头，全长 2292.4km，占全国海岸线长的 12%，居全国第 5 位。全省有海洋岛屿 266 个，面积 191.5km²，占全国海洋岛屿总面积的 0.24%，岛岸线全长 627.6km，占全国岛岸线长的 5%。主要岛屿有外长山列岛、里长山列岛、石城列岛、大鹿岛、觉华岛、长兴岛等。

1　地形

全省地形概貌大体是"六山一水三分田"。地势大致为自北向南，自东西两侧向中部倾斜，山地、丘陵分列东西两厢，向中部平原下降，呈马蹄形向渤海倾斜。辽东、辽西两侧为平均海拔 800m 和 500m 的山地丘陵；中部为平均海拔 200m 的辽河平原；辽西渤海沿岸为狭长的海滨平原，称"辽西走廊"。

1.1　辽东山地丘陵区

该区位于长大铁路以东，为长白山脉的西南延续部分。地势由东北向西南逐渐降低，其主要山脉构成辽河、浑河、太子河与第二松花江、鸭绿江水系的分水岭。根据高程和地形的起伏情况，又可分为东北部山地区和辽东半岛丘陵区。

1.1.1　东北部山地区

该区大体位于沈丹铁路东北，是长白山支脉哈达岭和龙岗山的延续部分。区内峰峦起伏，山势险峻，龙岗山脉海拔约为 1000m，是本区山脉的骨干，与吉林省交界处海拔均为 1300m，位于桓仁满族自治县（以下简称"桓仁县"）境内的老秃顶子山高 1367m，花脖子山高 1360m，牛毛大山高 1350m。本区为辽宁省的屋脊，林木繁茂，湿润多雨。山地两侧为 500m 以下丘陵，久经河流切割冲刷，地形破碎。东侧鸭绿江流域谷地较宽，凤城宽甸满族自治县（以下简称"宽甸县"）一带丘陵盆地相间，山势浑圆，相对高度为

200～300m；西侧急骤向平原倾斜，海拔在400m以下，至长大铁路以东则降为100m左右。

1.1.2 辽东半岛丘陵区

该区大致位于沈丹铁路西南，以千山山脉为骨干，其走向与半岛方向一致，北宽南窄且北高南低，海拔多在400m以下。山势坡降比较缓平浑圆，少数山峰海拔在1000m以上，位于凤城县内的帽盔山高1141m，在盖县与庄河县交界处的步云山高1131m。东南沿海为沉降海岸，岸线曲折，多岩岛和天然良港。

1.2 辽西山地丘陵区

该区大致包括新立屯、北镇、辽东湾西岸以西的广大地区。地势由西北向东南呈阶梯式降低，到渤海沿岸形成狭长的滨海平原，称辽西走廊。此区依山面海，形势险要，是通向关内的咽喉要道。区内主要山脉有努鲁儿虎山、松岭山和医巫闾山。努鲁儿虎山是大凌河和辽河上源即西辽河的分水岭，其西南端地形走向分歧复杂，形势雄伟，东部山势浑圆，厚积黄土，主峰大青山位于辽宁省朝阳市与内蒙古自治区交界处，海拔1154m。松岭山脉斜卧在阜新、建昌一带，构成大凌河与小凌河及辽西沿海诸小河的分水岭。除西南山势比较险峻外，大部是切割破碎的丘陵地，平均海拔400～700m，北侧缓而南侧陡，位于建昌的黑山海拔1140m。医巫闾山位于阜新至锦州铁路线以东，除阜新北镇有海拔600m的山峰外，一般都是海拔200～500m的丘陵，地处北镇西的望海山海拔800m，是医巫闾山的主峰。

1.3 辽河平原区

该区位于松辽平原的南部，主要由辽河及其支流冲积而成，地势自北向南缓倾，根据地形差异又可分为辽北低丘区和辽南平原区。

1.3.1 辽北低丘区

该区位于铁岭、彰武一线以北的广大地区，海拔50～250m，丘陵盆地间错，坡度平缓。西北部与内蒙古自治区接壤处，延续地分布着沙丘地，植被较差，是辽宁省的风口地区，特别是春秋季节风沙更大，水土流失也较严重。

1.3.2 辽南平原区

该区位于铁岭、彰武一线以南至辽东湾沿岸，包括辽河、浑河、太子河和大凌河下游一带，为辽宁的心脏地区，一般也称为辽河三角洲，海拔在50m以下。在河流的入口处滩涂发育，地势低洼平坦，海拔0～10m。该地区经常受潮汐和暴雨洪水的影响，易形成水灾和内涝，土地不断盐碱化。

2 地质

辽宁省的地质构造大体与地形一样，可分为三个部分：东部山区丘陵区、辽西丘陵区、辽宁中部平原区。

2.1　东部山地丘陵区

平原以北属吉黑块断带内，主要分布着海西期花岗岩。开原以南大部分属地台构造区，主要是结晶岩基底构造，除广泛分布着不同时代的花岗岩及花岗长岩外，宽甸以东由太古界鞍山群深变质的变粒岩、片麻岩和成分复杂的混合岩组成。海城、盖县以东至草河口、岫岩之间由元古界辽河群浅变质的千枚岩、片岩和大理岩组成。瓦房店以南的大连地区大部分由震旦系海相沉积的碳酸岩及浅海、滨海相沉积的碎屑岩组成。此外，古生界寒武奥陶系地层在太子河流域也最为发育。地层以海相沉积的灰岩、白云岩为主。

2.2　辽西丘陵区

该区大体为大虎山至绥中一线铁路以西一带。除南部和北部分布着不同时代的花岗岩外，大部分为中生代的沉积盖层，为侏罗系的中性火山岩和白垩系的砂砾岩。大凌河的上中游零星地分布着古生代寒武、奥陶系的白云岩、灰岩。大凌河河谷为新生代第四系冲积洪积层。

2.3　辽宁中部平原区

该区为辽河平原地带，地势平坦，为广泛发育的第四系地层，乃一大断陷盆地。其底部由白垩系的砂岩和砾岩等组成，底层以上被巨厚的第四系松散的冲积洪积物覆盖。第四系厚度山前不足 50m，向平原逐渐增至约 200m，而南部沿海可达 400m 左右。昌图一带平原，除河谷为细沙冲积层外，均为黄土状亚黏土冲积洪积层。康法波状平原多为冲积有亚砂土和坡积洪积的黄土状亚砂土。彰武以北为细沙风积层，新民附近至台安一带为细沙冲积层，沈阳至辽阳一带，为亚黏土冲积层，其他广大的下辽河平原区为亚砂土冲积层。

3　土壤植被

辽东山地丘陵包括辽东半岛在内，多为山地暗棕色和棕色森林土，土层厚通常为 0.5～1.0m。植被覆盖良好，平均森林覆盖率在 45% 以上，其中辽东半岛平均森林覆盖率为 28%。自然植被为阔叶与针叶混交林，多灌木林。地面植被落叶层较厚，土壤侵蚀轻微。半岛丘陵及东沟县沿海北部多砂石土，南部为黑土。东部山丘河谷较窄，有淤土及山地砂石土。

辽宁中部平原为淤土、棕黄土地带，以辽河平原为中心，西至辽西沿海，东至长大铁路右侧低丘一带，主要土壤为河淤土、黑土、棕黄土与海滨盐土，地势低平多涝，大部分土地已经开垦利用，土质比较肥沃，是省内主要粮食产地。土壤分布：昌图、法库、辽阳、盖县以及辽西沿海为坡地棕黄土、草甸草原植被和榛子灌丛矮林植被；辽河口沿海为盐土和沼泽，其余下辽河平原多为亚砂性淤土和黑土及禾草草甸植被。

西部低山丘陵区为棕色森林土和黄白土地带。主要土壤为亚砂土性的黄白土，并有较大面积的风沙土，山地大部分为生草棕色森林土。细沙性的风沙土分布在康平的北部和彰武一带；山地生草棕色森林土分布在朝阳、锦州地区的松岭医巫闾山地区；其他地区分布有黄白土。植被多为草本植物，有的和灌木混生，覆盖度较低约13%，土层薄，土壤水蚀强烈，水土流失严重。辽宁北部土质结构差，沙生植物除受水侵蚀外，还受风蚀，使水土流失更为严重。

4　气象水文

辽宁省属温带半湿润和半干旱的季风气候。东部虽濒太平洋，由于长白山脉的阻隔，辽东半岛和山东半岛山地夹峙，东南湿润季风的深入受到影响，而西北部与蒙古高原相接，地势比较低，加之辽河平原的喇叭口地形，便于西风环流、西伯利亚大陆性极地气团和寒潮深入东进。因此，辽宁的气候特点是春季干燥多风，夏季炎热多雨，秋季晴朗凉爽，冬季寒冷少雪，雨热同季是辽宁气候的主要特点。

由于辽宁省幅员比较辽阔，各地气候有着明显的差异。辽南地区特别是辽东半岛的南部，夏季具有明显的海洋性气候特点，天气温和、空气湿润、降雨集中。辽西地区由半湿润向半干旱和干旱地区过渡，春季短促、多风沙、雨水少，气候干燥蒸发量大，最易发生春旱，夏季高温易出现局部暴雨，秋季天气晴朗雨量骤减，昼夜温差悬殊。特别是西部和西北部地区夏季炎热，冬季寒冷，降水量少，干旱、冰雹、大风、霜冻和暴雨等灾害尤为突出。

4.1　气温

全省各地多年平均气温变化在4.5～10.0℃之间，一般自南向北，由平原向山区递减。大连地区为10℃；东北部山地为4.5℃。西部和西北部为6～7℃；辽东地区为6.0～8.0℃。东南沿海各地因受海洋影响，一年中最高和最低气温大多出现在8月和2月，最高月平均气温为27.0℃，最低月平均气温为−7.0℃，其余大部分地区均出现在7月、8月和次年1月、2月。最热时辽北地区月平均气温为29.0℃，辽西地区为31.0℃，辽东地区为27.0℃，中部平原区为30.0℃。最冷时辽北地区月平均气温为−27.0℃，辽西地区为−19.0℃，辽东地区由南部的−15.0℃递减至东北部的−26.0℃，中部平原区由南部的−15.0℃向北递减至−25.0℃。一年中气温逐月变化特点是春秋变化快，尤以春季更为突出。春季以4月、秋季以11月最为明显，其邻月温差可达10.0℃左右，而夏季6—8月温差变化小，邻月平均温差一般不超过4.0℃，尤其7月、8月温差更小，月平均温差不足1.0℃。

辽宁省气温极端性很强，冬季最冷时，月平均气温多为−9.0～−27.0℃，极端最低气温一般可达−30.0℃，东北部山区可达−40.0℃，清原满族自治县（以下简称"清源县"）1936年1月7日气温达−45.5℃。夏季最热时，月平均气温多为27.0～31.0℃，辽西极端最高气温可达40.0℃以上，辽宁省建平县叶柏寿1940年7月23日气温达42.0℃。全省极端气温变化一般在±40.0℃之间。

全省各地无霜期（一般在150～180天之间），除南部近海地区稍长（大连地区为200天），其他多不足6个月。东北部山区和西部山区无霜期更短，一般为135～145天。初霜一般出现在9月下旬，如锦州1940年9月8日初霜，山区比平原区约早10天，比沿海地区早 20 天。终霜日期大部分地区延迟至 4 月末至 5 月初,东北部山区更晚,可延至 5 月下旬,如桓仁 1954 年 5 月 25 日终霜。

4.2 降水

年降水量在辽宁省的分布趋势为由东南向西北递减。面临黄海的东南部山区雨量充沛,多年平均年降水量高达 1100mm,而辽宁西北部,风沙干旱,雨量很少,多年平均年降水量仅 380～400mm,全省最高值为最低值的 3 倍以上。

鸭绿江流域在辽宁省境内由北向南、从上游往下游,类似于簸箕地形朝向黄海,南来水汽随着气流直冲鸭绿江下游这个喇叭口,由于水汽输送充足和地形抬升的作用,经常在丹东市区、宽甸、凤城一带形成大暴雨,年降水量均值达 1100～1180mm(最大年降水量 1659mm),为全省最高。降水量由南往北即往上游略有减少,到上中游桓仁一带年降水量约 900mm。

太子河上游的本溪地区山地离黄海较近,故降水量较大,多年平均年降水量约为 825mm。太子河下游的辽阳、鞍山一带约为 700mm。浑河上游抚顺一带年降水量约为 800mm,浑河下游的沈阳、鞍山约为 650mm。辽河干流上游铁岭一带约为 700mm,中部法库、新民和盘山一带减少为 600mm 左右。

黄海沿岸年降水量从东部丹东地区的 1000mm 左右递减至大连地区的 600mm 左右。辽西渤海沿岸年降水量由西南葫芦岛市绥中县的 650mm 往北逐渐减少,到朝阳市和阜新市北部为 450mm。老哈河流域年降水量平均为 400mm。

4.3 蒸发

辽宁省水面蒸发量分布有东部小、西部大、中部过渡与降水量分布相反的特点。辽宁省东部地区气候比较湿润,湿度高,相对湿度达 70%,年日照时数短,约 2400h,年蒸发量为 600～700mm;中部地区及半岛南部,气候半干燥,湿度偏低,年蒸发量为 800～1000mm;西部地区气候干燥,相对湿度减少到约 50%,年日照时数增长至 2800～3000h,年蒸发量大多为 1000～1100mm。北部地区年蒸发量能达到 1200mm,相当于东部地区的 2 倍。

水面蒸发的年内分配受太阳辐射量、空气湿度、气温和风速等影响,全省全年最大月蒸发量出现在 5 月,占年蒸发量的 14%(东部)～19%(西部和北部),6 月次之,5 月、6 月两月蒸发量占年蒸发量的 27%～34%。最小月蒸发量一般出现在 1 月,最大月蒸发量为最小月的 6～13 倍。由于蒸发的峰值正好出现在作物生长的少雨季节,因而形成了全省多春旱的特点。

4.4 日照和风速

由于辽宁省地处纬度较高,云量较少,全年日照时段较多,总数多在 2300～3000h 之间,分布趋势自西北向东南递减。其季节分配规律是春夏多于秋冬,东部山区和黄海沿岸春秋多于夏冬。日照百分率以冬季为最大,春秋次之而夏季最小。

辽宁省多年平均风速多为 2～4.5m/s,其分布规律从沿海向内陆,从平原向山地递减。大连地区平均风速最大达 4.8m/s 以上,辽河平原为 3～4m/s,辽西地区为 2～3m/s,

东部山地最小,在2m/s以下。风向有明显的季节特点,冬季多北风或西北风,夏季多东南风或西南风。大风出现日数沿海平原多于山地,四季中以春季为最多。西部地区则有沙暴和旱风出现,夏季半岛地区还有台风登陆。台风主要发生在7—9月。

4.5 径流

辽宁省年径流深的区域分布趋势与年降水量的分布基本相应,但区域分布的不均匀性比降水量更严重。就全省而言,东部最大,往中部和西部递减,西北部最小,最大值超过最小值的26倍。

鸭绿江下游丹东至宽甸一带年降水量是全省最高值区,年径流深也是全省最高值区,达到550~650mm,往北部、中部逐渐减少。到浑河、太子河上游,因地处多雨的湿润山区,年径流深正常情况下多为250~450mm。往中部到浑河、太子河下游和辽河下游,由于降水量减少,地势平坦,年径流深减少到100mm左右。辽宁沿海地区由于地理、地形、气候等因素影响,年径流深分布为:辽东半岛沿海地区由东向西递减,从550mm减少到150mm左右;辽西沿海地区由南向北渐减,从250mm减少到50mm左右。辽北地区及辽河上游老哈河辽宁省部分,低丘地势,坡度平缓,亚沙冲洪积层和细沙风积层地质,正常年径流深为25~75mm,在全省北部与内蒙古自治区接壤处,年径流深不足25mm。

5 水系

辽宁省按流域划分可分为3大流域,分别为辽河流域、海河流域及松花江流域。按水系划分为7大水系,分别为辽河水系、辽东湾西部沿渤海诸河水系、辽东湾东部沿渤海诸河水系、辽东沿黄海诸河水系、鸭绿江水系、松花江水系和滦河及冀东沿海诸河水系。

辽宁省流域面积10km²以上河流共3565条,其中山区河流3431条,平原河流134条。山区河流流域面积大于5000km²的河流有16条,1000~5000km²的河流有32条,100~1000km²的河流有384条,50~100km²的河流有356条,10~50km²的河流2643条。辽宁省七大水系各级河流分布情况见表1.1。

表1.1　　　　　　　　辽宁省七大水系各级河流分布表

水　系	山区河流数量/条					平原河流数量/条	合计/条
	$F>5000km^2$	$1000km^2<F\leq5000km^2$	$100km^2<F\leq1000km^2$	$50km^2<F\leq100km^2$	$10km^2<F\leq50km^2$		
辽河水系	8	16	177	137	1030	134	1502
辽东湾西部沿渤海诸河水系	2	7	100	93	681		883
辽东湾东部沿渤海诸河水系		2	17	25	138	0	182
辽东沿黄海诸河水系	1	2	46	40	370		459
鸭绿江水系	3	5	36	51	393		488

续表

水 系	山区河流数量/条					平原河流数量/条	合计/条
	$F > 5000 km^2$	$1000 km^2 < F \leqslant 5000 km^2$	$100 km^2 < F \leqslant 1000 km^2$	$50 km^2 < F \leqslant 100 km^2$	$10 km^2 < F \leqslant 50 km^2$		
松花江水系	1		3	1	12		17
滦河及冀东沿海诸河水系	1		5	9	19		34
合计	16	32	384	356	2643	134	3565

注　F 为河流流域面积，km^2。

1 辽河水系

地理位置 辽河水系位于中国东北地区的西南部,水系地理坐标位于东经116°54′～125°32′、北纬40°30′～45°17′之间,东西横跨经度8°38′,南北纵贯纬度4°47′;东西约770km,南北约539km,整个水系东西宽,南北狭,呈倒悬"胃"的形状。东以长白山脉与松花江、鸭绿江两水系分界,西和大兴安岭南端内蒙古高原的大、小鸡林河和公吉尔河流域相邻,南以七老图山、努鲁儿虎山、医巫闾山与滦河、大凌河、小凌河毗邻,北以松辽分水岭为界与松花江流域接壤;流域总面积为220206km²(包含浑河、太子河),其中辽宁省境内面积69248km²。

地形地貌 辽河水系东部以千山山脉为主,海拔200～1000m,山势较缓,林木茂盛,植被好,河流发育,多溪流,属于剥蚀侵蚀中低山丘陵区;西部属燕山山脉东段或其东部延长部分的医巫闾山,海拔500～1500m,属中低山丘陵区;北端的大兴安岭山脉,是东北地区的西部屏障,也是辽河水系的西部屏障,山脉起伏连绵,海拔变化在1000～2000m之间,属中低山丘陵区,河网沟壑较发育;南部为辽河平原,地势低平,地域广阔,河流众多,沉积堆积物较深厚,一般第四纪松散岩层厚度达数十米甚至百余米。

气象水文 辽河水系属温带季风气候,年平均气温为4～9℃,自南向北递减,每一纬度约差0.8℃。全年气温1月最低,平均温度为-9～-18℃;7月温度最高,平均温度为21～28℃。辽河水系年平均降水量为350～1000mm,多年平均径流深为150～400mm,山地多于平原,从东南向西北递减。

河流分布 辽河水系流域面积10km²以上的山区河流共有1368条:流域面积大于5000km²的河流8条,1000～5000km²的河流16条,100～1000km²的河流177条,50～100km²的河流137条,10～50km²的河流1030条。平原水网区河流有134条。

独流入海河流主要有辽河、浑河等12条河流,其中一级支流124条,二级支流498条,三级支流563条,四级支流265条,五级支流40条。

1.1 辽河

辽河是我国7大江河之一,古时称大辽水、辽水,也称骊河和扬种河,自明朝改称辽河。发源于内蒙古自治区克什克腾旗芝瑞镇马架子村,流经内蒙古自治区、吉林省和辽宁省(康平县、昌图县、法库县、开原市、铁岭市银州区、铁岭县、沈阳市沈北新区、新民市、沈阳市辽中区、台安县、盘山县、盘锦市双台子区),在康平县北三家子街道辽阳窝堡村北流入辽宁省境内，在盘锦市大洼区赵圈河镇辽河口自然保护区汇入渤海。

明代，辽河下游段冲出辽中城西的河道后，过长林子、古城子至营口市入海。清光绪二十年（1894年）疏浚开挖新河（双台子河）15km。1958年以前，辽河在盘山县六间房附近分为两股，一股南行称外辽河，在海城市三岔河附近接纳浑河及太子河后称大辽河，经营口注入渤海；另一股经双台子河，流向西南，经盘山县入海。双台子河凿通后，历史上外辽河一直淤积严重。1951年以前河宽仅70~100m。1958年为使辽河、浑河、太子河洪水能顺畅入海，解决三岔河地区的排涝问题，在盘山县六间房堵截了外辽河。辽河干流来水全部由双台子河承泄。

辽河流域面积191946km²，河长1383km；其中辽宁省境内面积40978km²，长度554km。河流平均比降0.430‰，多年平均年降水量434.8mm，多年平均径流深45.2mm，流域平均宽度为138.8km，河道弯曲系数为3.3，河流形状系数为0.10。

辽河流域依自然地理特征分为辽北丘陵区、辽东山地区及辽南冲积平原区。辽北丘陵区地势东高西低，海拔50~250m，年降雨量450~700mm；辽东山地区，海拔200~900m，年降雨量650~900mm，且多集中在6月，为辽河洪水主要来源；辽南冲积平原区地势平坦，海拔在50m以下，年降雨量为550~800mm，河流比降平缓，泥沙沉积，河床不断抬高，为辽河水患最严重地区。

流域面积10km²以上的一级支流40条，二级支流296条，三级支流324条，四级支流141条，五级支流26条。流域面积大于5000km²的支流5条，1000~5000km²的支流10条，100~1000km²的支流114条，50~100km²的支流72条，10~50km²的支流581条。其中包括平原水网区3个，共有河流52条，其中支流45条。

1.1.1 老哈河

辽河右岸一级支流，秦汉至魏晋时称乌候秦水，南北朝时称土河，隋朝时称"托纥臣水"，唐朝时称"土护真水"，辽金时始称"土"（即"土护真河"的简称），金后期及元朝时又称"涂河""深河"，明朝时称老哈母林，清代始称老哈河。老哈河发源于河北省平泉市柳溪镇大窝铺村二道水泉沟门七老图山脉的光头山，流经河北省、内蒙古自治区、辽宁省建平县，在内蒙古自治区奈曼旗八仙筒镇西孟家段村汇入辽河。

流域面积29623km²，河长451km，其中辽宁省境内面积3387km²，河长114km。河流平均比降0.901‰，多年平均年降水量402.6mm，多年平均径流深43.9mm，流域平均宽度为65.8km，河道弯曲系数为1.5，形状系数为0.15。

干流上游河谷狭窄，两岸山地耸峙，河水奔流于谷底，水流湍急。中游河水逐渐进入黄土丘陵区，因农业开发较早，植被覆盖率低，导致水土流失十分严重。在这一流域，两岸有许多支流汇入，水量猛增，河水在丘陵间前进，河道异常弯曲，使得河床经常摆动。自乌墩套海以下的下游，河流注入冲积平原，没有支流汇入，河床落差很小，河水流速减缓，使河水携带的上、中游泥沙淤积于此，抬高了河床，不利于河道的稳定。

流域面积10km²以上的一级支流18条，二级支流34条，三级支流29条，四级支流2条。流域面积1000~5000km²的支流1条，100~1000km²的支流13条，50~100km²的支流6条，10~50km²的支流63条。

1.1.1.1　东小河

老哈河右岸一级支流，发源于辽宁省建平县沙海镇四节梁村，流经辽宁省建平县、内蒙古自治区宁城县，在内蒙古自治区宁城县汐子镇二十家子村汇入老哈河。

流域面积551km^2，河流长度45km，其中辽宁省境内面积386km^2，长度9km。河流平均比降1.20‰，多年平均年降水量447.0mm，多年平均径流深54.2mm，流域平均宽度为12.2km，河道弯曲系数为1.7，形状系数为0.27。

流域面积10km^{2}以上的一级支流3条，二级支流7条。流域面积100~1000km^{2}的支流2条，10~50km^{2}的支流8条。

1.1.1.1.1　沙海河

东小河右岸一级支流，发源于辽宁省建平县沙海镇四龙沟村，流经辽宁省建平县、内蒙古自治区宁城县，在建平县沙海镇杜镇村汇入东小河。

流域面积105km^2，河流长度19km，其中辽宁省境内面积97.2km^2，长度17km。河流平均比降3.03‰，多年平均年降水量448.7mm，多年平均径流深58.0mm，流域平均宽度为5.5km，河道弯曲系数为1.3，形状系数为0.29。

流域面积10km^{2}以上的一级支流3条，均为10~50km^{2}河流。

1.1.1.1.2　三家河

东小河右岸一级支流，发源于辽宁省建平县小塘镇小塘村，流经辽宁省建平县、内蒙古自治区宁城县，在内蒙古自治区宁城县天义镇桲椤树村汇入东小河。

流域面积226km^2，河流长度28km，其中辽宁省境内面积220km^2，河流长度24km。河流平均比降2.53‰，多年平均年降水量445.9mm，多年平均径流深51.5mm，流域平均宽度为8.1km，河道弯曲系数为1.4，形状系数为0.29。

流域面积10km^{2}以上的一级支流4条，均为10~50km^{2}河流。

1.1.1.2　海棠河

老哈河右岸一级支流，发源于辽宁省建平县张家营子镇青山村，流经建平县，在建平县太平庄镇和乐村汇入老哈河。

流域面积757km^2，河流长度54km，河流平均比降2.45‰，多年平均年降水量443.3mm，多年平均径流深47.2mm，流域平均宽度为14.0km，河道弯曲系数为1.4，形状系数为0.26。

流域面积10km^{2}以上的一级支流8条，二级支流9条，三级支流1条。流域面积100~1000km^{2}的支流2条，50~100km^{2}的支流1条，10~50km^{2}的支流15条。

1.1.1.2.1　四汗城河

海棠河左岸一级支流，发源于辽宁省建平县小塘镇七家村，流经建平县，在建平县白山乡嘎海吐村汇入海棠河。

流域面积262km^2，河流长度37km，河流平均比降3.18‰，多年平均年降水量443.7mm，多年平均径流深48.4mm，流域平均宽度为7.1km，河道弯曲系数为1.6，形状系数为0.19。

流域面积10km^{2}以上的一级支流7条，二级支流1条，均为10~50km^{2}河流。

1.1.1.2.2 白山水库

白山水库位于四汗城河中游，坝址位于朝阳市建平县白山乡。工程于1959年7月完工。坝址以上集水面积235km², 水面面积3.42km², 最大泄流量481m³/s。

水库枢纽工程等别为Ⅲ等，永久性水工建筑物级别为3级，为多年调节水库，高程基面采用大连基面。水库设计洪水标准为100年一遇，校核洪水标准为1000年一遇，水库校核洪水位540.10m，总库容3352万m³；设计洪水位538.70m。水库主要建筑物包括拦河坝、溢洪道、输水洞等。坝顶长1030m，最大坝高20.9m，坝顶宽5.0m。

水库以灌溉为主，兼顾防洪、养鱼的中型水利枢纽工程。

1.1.1.2.3 海青营子河

海棠河右岸一级支流，发源于辽宁省建平县奎德素镇红山村，流经建平县，在建平县太平庄镇海青营子村汇入海棠河。

流域面积154km², 河流长度33km, 河流平均比降5.18‰，多年平均年降水量436.4mm，多年平均径流深45.0mm，流域平均宽度为4.7km，河道弯曲系数为1.4，形状系数为0.14。

流域面积10km²以上的一级支流2条，均为10~50km²河流。

1.1.1.3 黑水河

老哈河右岸一级支流，发源于辽宁省建平县昌隆镇大营子村，流经建平县，在建平县昌隆镇三道沟村汇入老哈河。

流域面积289km², 河流长度27km, 河流平均比降6.15‰，多年平均年降水量422.1mm，多年平均径流深40.9mm，流域平均宽度为10.7km，河道弯曲系数为1.2，形状系数为0.40。

流域面积10km²以上的一级支流3条，二级支流2条，三级支流1条。流域面积100~1000km²的支流1条，10~50km²的支流5条。

1.1.1.3.1 义成功河

黑水河左岸一级支流，发源于辽宁省建平县义成功乡牦牛营子村，流经建平县，在建平县昌隆镇五家窝铺汇入黑水河。

流域面积132km², 河流长度24km, 河流平均比降9.04‰，多年平均年降水量428.2mm，多年平均径流深41.9mm，流域平均宽度为5.5km，河道弯曲系数为1.4，形状系数为0.23。

流域面积10km²以上的一级支流2条，二级支流1条，均为10~50km²河流。

1.1.1.4 烧锅营子河

老哈河右岸一级支流，发源于辽宁省建平县烧锅营子乡化匠沟村，流经建平县，在建平县哈拉道口镇三合号村汇入老哈河。

流域面积166km², 河流长度33km, 河流平均比降9.90‰，多年平均年降水量404.2mm，多年平均径流深37.9mm，流域平均宽度为5.0km，河道弯曲系数为1.5，形状系数为0.15。

流域面积10km²以上的一级支流1条，为10~50km²河流。

1.1.1.5 小嘎岔河

老哈河右岸一级支流，发源于辽宁省建平县烧锅营子乡毕杖子村，流经辽宁省建平县、内蒙古自治区敖汉旗，在建平县哈拉道口镇嘎岔村汇入老哈河。

流域面积110km²，河流长度29km，其中辽宁省境内面积72km²，河流长度21km。河流平均比降8.83‰，多年平均年降水量396.7mm，多年平均径流深36.5mm，流域平均宽度为3.8km，河道弯曲系数为1.3，形状系数为0.13。

无流域面积10km²以上的支流。

1.1.1.6 蹦河

老哈河右岸一级支流，发源于辽宁省建平县杨树岭乡套卜河洛村，流经辽宁省建平县、内蒙古自治区敖汉旗，在内蒙古自治区敖汉旗四道湾子镇小河沿村汇入老哈河。

流域面积1293km²，河流长度115km，其中辽宁省境内面积961km²，河流长度75km。河流平均比降2.26‰，多年平均年降水量427.6mm，多年平均径流深42.2mm，流域平均宽度为11.2km，河道弯曲系数为1.5，形状系数为0.10。

流域面积10km²以上的一级支流15条，二级支流11条。流域面积100～1000km²的支流3条，50～100km²的支流2条，10～50km²的支流21条。

1.1.1.6.1 东张营子河

蹦河右岸一级支流，发源于辽宁省建平县建平镇轩三义号村，流经建平县，在建平县建平镇东张营子村汇入蹦河。

流域面积109km²，河流长度19km，河流平均比降5.74‰，多年平均年降水量449.9mm，多年平均径流深47.4mm，流域平均宽度为5.7km，河道弯曲系数为1.3，形状系数为0.30。

流域面积10km²以上的一级支流1条，为10～50km²河流。

1.1.1.6.2 柴杖子河

蹦河右岸一级支流，发源于辽宁省建平县罗福沟乡双庙村，流经建平县，在建平县马场镇兴隆村汇入蹦河。

流域面积112km²，河流长度28km，河流平均比降6.48‰，多年平均年降水量441.7mm，多年平均径流深46.0mm，流域平均宽度为4.0km，河道弯曲系数为1.4，形状系数为0.14。

流域面积10km²以上的一级支流1条，为10～50km²河流。

1.1.1.6.3 汤士沟河

蹦河右岸一级支流，发源于辽宁省建平县罗福沟乡于家杖子村，流经建平县，在建平县马场镇梁家村汇入蹦河。

流域面积110km²，河流长度26km，河流平均比降7.07‰，多年平均年降水量434.4mm，多年平均径流深44.1mm，流域平均宽度为4.2km，河道弯曲系数为1.4，形状系数为0.16。

流域面积10km²以上的一级支流3条，均为10～50km²河流。

1.1.2 蚂螂河

辽河右岸一级支流，发源于内蒙古自治区科尔沁左翼后旗常胜镇希布日吐嘎查，流经内蒙古自治区科尔沁左翼后旗、辽宁省康平县，在康平县北三家子街道辽阳窝堡村汇入辽河。

流域面积168km²，河流长度36km，其中辽宁省境内面积51km²，河流长度17km。河流平均比降2.10‰，多年平均年降水量479.4mm，多年平均径流深28.7mm，流域平均宽度为4.7km，河道弯曲系数为1.1，形状系数为0.13。

无流域面积10km²以上的支流。

1.1.3 东辽河

辽河左岸一级支流，汉代称南苏河，明代称艾河，清代称赫尔苏河、黑尔苏河、东辽河。《中国古今地名大辞典》记载："为辽河之东源，故曰东辽河。"东辽河发源于吉林省东辽县辽河源镇安北村，流经吉林省，辽宁省（西丰县、昌图县、康平县），内蒙古自治区，在辽宁省昌图县长发镇王子村汇入辽河。

流域面积11189km²，河流长度377km，其中辽宁省境内面积865km²，河流长度116km。河流平均比降0.462‰，多年平均年降水量566.6mm，多年平均径流深80.2mm，流域平均宽度为29.7km，河道弯曲系数为2.4，形状系数为0.08。

流域面积10km²以上的一级支流7条，二级支流8条，三级支流2条。流域面积100~1000km²的支流4条，50~100km²的支流2条，10~50km²的支流11条。

1.1.3.1 小梨树河

东辽河左岸一级支流，发源于吉林省东辽县平岗镇平安村，流经吉林省东辽县、辽宁省西丰县，在吉林省东辽县泉太镇大顶村汇入东辽河。

流域面积200km²，河流长度32km，其中辽宁省境内面积91km²，河流长度28km。河流平均比降2.73‰，多年平均年降水量686.8mm，多年平均径流深150.8mm，流域平均宽度为6.3km，河道弯曲系数为1.6，形状系数为0.20。

流域面积10km²以上的一级支流3条，均为10~50km²河流。

1.1.3.2 猪嘴河

东辽河左岸一级支流，发源于辽宁省西丰县德兴满族乡普济村，流经西丰县，在西丰县平岗镇吉祥村汇入东辽河。

流域面积150km²，河流长度28km，河流平均比降4.91‰，多年平均年降水量676.2mm，多年平均径流深150.0mm，流域平均宽度为5.4km，河道弯曲系数为1.4，形状系数为0.19。

流域面积10km²以上的一级支流3条，二级支流1条，均为10~50km²河流。

1.1.3.3 北小河

东辽河左岸一级支流，发源于吉林省四平市铁东区石岭镇云盘沟村，流经吉林省梨树县、辽宁省西丰县，在吉林省伊通县二龙山水库汇入东辽河。

流域面积152km²，河流长度33km，其中辽宁省境内面积101km²，河流长度16km。河流平均比降2.87‰，多年平均年降水量641.5mm，多年平均径流深136.2mm，流域平均宽度为4.6km，河道弯曲系数为1.3，形状系数为0.14。

流域面积10km²以上的一级支流2条，二级支流1条，均为10~50km²河流。

1.1.3.4 熊船口排水渠

东辽河左岸一级支流，发源于吉林省梨树县林海镇绿海村，流经吉林省梨树县、辽宁省昌图县，在铁岭市昌图县三江口镇刘塘坊村汇入东辽河。

流域面积 182km², 河流长度 31km, 其中辽宁省境内面积 174km², 河流长度 26km。河流平均比降 1.07‰, 多年平均年降水量 491.7mm, 多年平均径流深 33.9mm, 流域平均宽度为 5.9km, 河道弯曲系数为 1.5, 形状系数为 0.19。

无流域面积 10km² 以上的支流。

1.1.4 公河

辽河右岸一级支流，发源于辽宁省康平县三门郭家村，流经康平县，在康平县郝官屯镇刘家屯村入辽河。河流长度 43km, 一级支流 2 条, 二级支流 8 条, 三级支流 9 条, 四级支流 3 条。

1.1.4.1 中央排干

公河右岸一级支流，为卧龙湖出口河流，流经康平县，在康平县康平镇卧龙湖汇入公河。河流长度 41km, 一级支流 1 条, 为八家子排干。

1.1.4.1.1 八家子排干

中央排干左岸一级支流，发源于辽宁省康平县小城子镇腰段村，流经康平县，在康平县郝官屯镇顾家屯村汇入中央排干。河流长度 32km, 支流 1 条。

1.1.4.1.2 卧龙湖

卧龙湖坐落于辽宁省北部康平县康平镇镇西村。上游汇入河流有东马莲河、西马莲河、二道河等，属于内陆型天然湿地。常年水面面积 42.7km², 湖区东西长 16.5km, 南北宽 6km, 最大蓄水量为 1.3 亿 m³。

1.1.4.1.2.1 东马莲河

发源于内蒙古自治区科尔沁左翼后旗甘旗卡镇雅玛吐嘎查，流经内蒙古自治区科尔沁左翼后旗、辽宁省康平县，在辽宁省康平县二牛所口镇任家窝铺村汇入卧龙湖。

流域面积 635km², 河流长度 93km, 其中辽宁省境内面积 58km², 河流长度 19km。河流平均比降 1.76‰, 多年平均年降水量 466.2mm, 多年平均径流深 27.0mm, 流域平均宽度为 6.8km, 河道弯曲系数为 1.5, 形状系数为 0.07。

流域面积 10km² 以上的一级支流 1 条, 为 10~50km² 河流。

####### 1.1.4.1.2.1.1 地河

东马莲河右岸一级支流，发源于内蒙古自治区科尔沁左翼后旗常胜镇朝阳堡村，流经内蒙古自治区科尔沁左翼后旗、辽宁省康平县，在辽宁省康平县小城子镇腰段村汇入东马莲河。

流域面积 109km², 河流长度 15km, 其中辽宁省境内面积 17km², 河流长度 6.6km。河流平均比降 2.71‰, 多年平均年降水量 485.0mm, 多年平均径流深 33.6mm, 流域平均宽度为 7.3km, 河道弯曲系数为 1.2, 形状系数为 0.48。

无流域面积 10km² 以上的支流。

1.1.4.1.2.2 西马莲河

发源于辽宁省彰武县阿尔乡镇北甸子村，流经内蒙古自治区，辽宁省彰武县、康平县，在康平县二牛所口镇小齐家窝堡村汇入卧龙湖。

流域面积 935km²，河流长度 99km，其中辽宁省境内面积 255km²，河流长度 25km。河流平均比降 1.68‰，多年平均年降水量 474.2mm，多年平均径流深 32.7mm，流域平均宽度为 9.4km，河道弯曲系数为 1.4，形状系数为 0.10。

流域面积 10km² 以上的一级支流 2 条，二级支流 1 条。流域面积 100~1000km² 的支流 1 条，50~100km² 的支流 1 条，10~50km² 的支流 1 条。

1.1.4.1.2.2.1 二道河

西马莲河右岸一级支流，发源于内蒙古自治区科尔沁左翼后旗常胜镇莲花泡村，流经内蒙古自治区科尔沁左翼后旗、辽宁省康平县，在康平县二牛所口镇兴胜村汇入西马莲河。

流域面积 164km²，河流长度 40km，其中辽宁省境内面积 104km²，河流长度 19km，河流平均比降 1.71‰，多年平均年降水量 493.2mm，多年平均径流深 38.5mm，流域平均宽度为 4.1km，河道弯曲系数为 1.4，形状系数为 0.10。

流域面积 10km² 以上的一级支流 1 条，为 10~50km² 河流。

1.1.4.1.2.2.1.1 四道号水库

四道号水库位于二道河上游，坝址坐落于沈阳市康平县张强镇官保村。工程于 1958 年 10 月完工。坝址以上集水面积 98.0km²，最大泄流量 20.5m³/s。

水库枢纽工程等别为Ⅲ等，永久性水工建筑物级别为 3 级，为多年调节水库，高程基面采用黄海基面。水库设计洪水标准为 20 年一遇，校核洪水标准为 100 年一遇，水库校核洪水位为 116.11m，相应库容 1540 万 m³；设计洪水位为 115.76m。水库枢纽工程主要有主坝、副坝、泄洪闸等。主坝全长 317m，坝顶宽度 5.0m，最大坝高 4.0m。

该水库是以防洪为主的中型水利枢纽工程。

1.1.4.1.2.2.2 三台子水库

三台子水库位于中央排干中上游。坝址坐落于沈阳市康平县东关街道三台子村。工程于 1944 年 9 月完工。坝址以上集水面积 143km²，水面面积 13.13km²，最大泄流量 32.4m³/s。

水库枢纽工程等别为Ⅲ等，永久性水工建筑物级别为 3 级，为多年调节水库，高程基面采用黄海基面。水库设计洪水标准为 50 年一遇，校核洪水标准为 300 年一遇，水库校核洪水位为 83.56m，总库容 4500 万 m³；设计洪水位为 82.94m。主要建筑物有大坝、输水洞。大坝全长 4260m，最大坝高 15.88m，坝顶宽度为 5.0m。

该水库是以防洪、灌溉、养鱼为主的中型水利枢纽工程。防洪保护下游 4 个乡镇 20 个村屯人员及其他基础设施的安全。

1.1.5　招苏台河

辽河左岸一级支流，发源于吉林省梨树县十家堡镇王相村，流经吉林省，辽宁省昌图县，在昌图县通江口镇义兴村汇入辽河。

流域面积 4828km², 河流长度 263km, 其中辽宁省境内面积 3042km², 河流长度 150.0km。河流平均比降 0.392‰, 多年平均年降水量 562.7mm, 多年平均径流深 81.0mm, 流域平均宽度为 18.4km, 河道弯曲系数为 2.5, 形状系数为 0.07。

流域面积 10km² 以上的一级支流 10 条, 二级支流 24 条, 三级支流 19 条, 四级支流 2 条。流域面积 1000～5000km² 的支流 1 条, 100～1000km² 的支流 10 条, 50～100km² 的支流 4 条, 10～50km² 的支流 40 条。

1.1.5.1 安家屯河

招苏台河右岸一级支流, 发源于吉林省梨树县胜利乡长发堡村, 流经吉林省梨树县、辽宁省昌图县, 在辽宁省昌图县傅家镇张家桥村汇入招苏台河。

流域面积 180km², 河流长度 32km, 其中辽宁省境内面积 5km², 河流长度 2km。河流平均比降 1.25‰, 多年平均年降水量 518.9mm, 多年平均径流深 49.0mm, 流域平均宽度为 5.6km, 河道弯曲系数为 1.3, 形状系数为 0.18。

无流域面积 10km² 以上的支流。

1.1.5.2 条子河

招苏台河左岸一级支流, 发源于吉林省四平市铁东区石岭镇郭家村, 流经吉林省、辽宁省昌图县, 在辽宁省昌图县曲家店镇曲家村汇入招苏台河。

流域面积 820km², 河流长度 105km, 其中辽宁省境内面积 341km², 河流长度 66km。河流平均比降 0.808‰, 多年平均年降水量 570.9mm, 多年平均径流深 88.3mm, 流域平均宽度为 7.8km, 河道弯曲系数为 1.8, 形状系数为 0.07。

流域面积 10km² 以上的一级支流 2 条, 二级支流 1 条。流域面积 100～1000km² 的支流 1 条, 50～100km² 的支流 1 条, 10～50km² 的支流 1 条。

1.1.5.2.1 北太平河

条子河左岸一级支流, 发源于辽宁省昌图县毛家店镇后梨树村, 流经昌图县, 在昌图县八面城镇丁家村汇入条子河。

流域面积 179km², 河流长度 42km, 河流平均比降 1.10‰, 多年平均年降水量 560.7mm, 多年平均径流深 74.6mm, 流域平均宽度为 4.3km, 河道弯曲系数为 1.6, 形状系数为 0.10。

流域面积 10km² 以上的一级支流 1 条, 为 10～50km² 河流。

1.1.5.3 小南河

招苏台河左岸一级支流, 发源于辽宁省昌图县朝阳镇下沟村, 流经昌图县, 在昌图县前双井镇沿河村汇入招苏台河。

流域面积 156km², 河流长度 30km, 河流平均比降 1.22‰, 多年平均年降水量 524.0mm, 多年平均径流深 59.8mm, 流域平均宽度为 5.2km, 河道弯曲系数为 1.3, 形状系数为 0.17。

流域面积 10km² 以上的一级支流 3 条, 均为 10～50km² 河流。

1.1.5.4 二道河

招苏台河左岸一级支流, 发源于吉林省四平市铁东区山门镇古洞村, 流经吉林省四平市铁东区、辽宁省昌图县, 在辽宁省昌图县金家镇高家窝堡村汇入招苏台河。

流域面积 1544km²，河流长度 145km，其中辽宁省境内面积 1380km²，河流长度 127km。河流平均比降 0.659‰，多年平均年降水量 589.0mm，多年平均径流深 95.9mm，流域平均宽度为 10.6km，河道弯曲系数为 2.2，形状系数为 0.07。

流域面积 10km² 以上的一级支流 18 条，二级支流 18 条，三级支流 2 条。流域面积 100～1000km² 的支流 5 条，50～100km² 的支流 2 条，10～50km² 的支流 31 条。

1.1.5.4.1 牤牛南河

二道河左岸一级支流，发源于吉林省四平市铁东区山门镇解放村，流经吉林省四平市铁东区、辽宁省昌图县，在辽宁省昌图县毛家店镇新农村汇入二道河。

流域面积 105km²，河流长度 24km，其中辽宁省境内面积 64km²，河流长度 20km。河流平均比降 3.29‰，多年平均年降水量 633.0mm，多年平均径流深 131.6mm，流域平均宽度为 4.4km，河道弯曲系数为 1.4，形状系数为 0.18。

流域面积 10km² 以上的一级支流 1 条，为 10～50km² 河流。

1.1.5.4.2 双庙子河

二道河左岸一级支流，发源于辽宁省昌图县下二台镇绿化村，流经昌图县，在昌图县鸳鸯树镇袁家村汇入二道河。

流域面积 234km²，河流长度 41km，河流平均比降 1.41‰，多年平均年降水量 622.1mm，多年平均径流深 114.7mm，流域平均宽度为 5.7km，河道弯曲系数为 1.6，形状系数为 0.14。

流域面积 10km² 以上的一级支流 4 条，二级支流 1 条。流域面积 100～1000km² 的支流 1 条，10～50km² 的支流 4 条。

1.1.5.4.2.1 下二台河

双庙子河右岸一级支流，发源于辽宁省昌图县下二台镇田家村，流经昌图县，在昌图县毛家店镇古龙村汇入双庙子河。

流域面积 102km²，河流长度 34km，河流平均比降 2.56‰，多年平均年降水量 627.2mm，多年平均径流深 120.5mm，流域平均宽度为 3.0km，河道弯曲系数为 1.5，形状系数为 0.09。

流域面积 10km² 以上的一级支流 1 条，为 10～50km² 河流。

1.1.5.4.3 红山河

二道河左岸一级支流，发源于辽宁省昌图县泉头镇护林村，流经昌图县，在昌图县宝力镇丰源村汇入二道河。

流域面积 330km²，河流长度 67km，河流平均比降 1.28‰，多年平均年降水量 600.0mm，多年平均径流深 100.0mm，河道平均宽度为 4.9km，河道弯曲系数为 1.7，形状系数为 0.07。

流域面积 10km² 以上的一级支流 9 条，二级支流 1 条，均为 10～50km² 河流。

1.1.5.4.3.1 红山水库

红山水库位于红山河上游。坝址位于辽宁省铁岭市昌图县泉头镇红山堡村。工程于 1969 年 5 月完工。坝址以上集水面积 105km²，水面面积 2.56km²，最大泄流量 550m³/s。

水库枢纽工程等别为Ⅲ等，永久性水工建筑物级别为3级，为多年调节水库，高程基面采用黄海基面。水库设计洪水标准为100年一遇，校核洪水标准为1000年一遇，水库校核洪水位147.55m；设计洪水位146.03m。水库枢纽建筑物主要由大坝、溢洪道、输水洞组成。坝长1350m，最大坝高15.99m，坝顶宽5.0m。

水库防洪保护下游的太平镇、四面城镇、宝力镇的14个村42个村民组的人员及其他基础设施的安全。

1.1.5.4.4　苇子河

二道河左岸一级支流，发源于辽宁省昌图县太平镇丰胜村，流经昌图县，在昌图县宝力镇宝力村汇入二道河。

流域面积104km²，河流长度22km，河流平均比降0.927‰，多年平均年降水量557.3mm，多年平均径流深73.1mm，流域平均宽度为4.7km，河道弯曲系数为1.5，形状系数为0.21。

流域面积10km²以上的一级支流1条，为10～50km²河流。

1.1.5.5　小河子河

招苏台河左岸一级支流，发源于辽宁省昌图县太平镇偏城子村，流经昌图县，在昌图县通江口镇义兴村注入招苏台河。

流域面积175km²，河流长度49km，河流平均比降0.955‰，多年平均年降水量591.0mm，多年平均径流深84.5mm，流域平均宽度为3.6km，河道弯曲系数为1.4，形状系数为0.07。

流域面积10km²以上的一级支流1条，为10～50km²河流。

1.1.6　亮子河

辽河左岸一级支流，发源于辽宁省昌图县泉头镇黄顶子村，流经昌图县、开原市，在开原市庆云堡镇后施家堡村汇入辽河。

流域面积566km²，河流长度106km，河流平均比降0.853‰，多年平均年降水量625.2mm，多年平均径流深117.6mm，流域平均宽度为5.3，河道弯曲系数为2.0，形状系数为0.05。

流域面积10～50km²的一级支流1条，无其他级别支流。

1.1.6.1　红顶山水库

红顶山水库位于亮子河上游。坝址坐落于昌图县老城镇靠山村。工程于1960年1月完工。坝址以上集水面积81.0km²，水面面积1.80km²，最大泄流量239m³/s。

水库枢纽工程等别为Ⅲ等，永久性水工建筑物级别为3级，为多年调节水库，高程基面采用黄海基面。水库设计洪水标准为100年一遇，校核洪水标准为1000年一遇，水库校核洪水位141.46m，总库容2147万m³，设计洪水位140.13m。水库主体工程由大坝、溢洪道、输水洞等组成。坝长2325m，最大坝高13.2m，坝顶宽5.0m。

该水库是集防洪、灌溉、养鱼等综合利用的中型水利枢纽工程，水库防洪保护下游昌图县、开原市共3个乡镇人员及其他基础设施的安全。

1.1.7 王河

辽河右岸一级支流，发源于辽宁省法库县慈恩寺乡刘家窝堡村，流经法库县、调兵山市、铁岭县，在铁岭县镇西堡镇果园子村汇入辽河。

流域面积 500km²，河流长度 47km，河流平均比降 0.467‰，多年平均年降水量 597.6mm，多年平均径流深 94.3mm，流域平均宽度为 10.6km，河道弯曲系数为 1.3，形状系数为 0.23。

流域面积 10km² 以上的一级支流 7 条，均为 10~50km² 河流。

1.1.7.1 泡子沿水库

泡子沿水库位于王河上游，坝址坐落于沈阳市法库县柏家沟镇。工程于 1956 年 4 月完工。坝址以上集水面积 156km²，水面面积 8.10km²，最大泄流量 105m³/s。

水库枢纽工程等别为Ⅲ等，永久性水工建筑物级别为 3 级，为多年调节水库，高程基面采用黄海基面。设计洪水标准为 100 年一遇，校核洪水标准为 1000 年一遇，水库校核洪水位为 87.87m，总库容 4760 万 m³；设计洪水位为 87.10m。水库枢纽工程由大坝、溢洪道、输水洞组成。主坝长 600m，最大坝高 12.0m，坝顶宽 5.0m。

该水库是以防洪、工业供水为主，兼顾养鱼、旅游功能的中型水利枢纽工程。

1.1.8 清河

辽河左岸一级支流，古称少贝河，因河水水质清澈，清代初期命名为清河。发源于辽宁省清原县英额门镇转湘湖村，流经清原县、开原市、铁岭市清河区，在开原市业民镇清辽村汇入辽河。

流域面积 5150km²，河流长度 159km，其中辽宁省境内面积 4851km²，河流长度 159km。河流平均比降 1.47‰，多年平均年降水量 720.8mm，多年平均径流深 190.5mm，流域平均宽度为 32.4km，河道弯曲系数为 1.8，形状系数为 0.20。

流域面积 10km² 以上的一级支流 42 条，二级支流 57 条，三级支流 30 条，四级支流 2 条。流域面积 1000~5000km² 的支流 1 条，100~1000km² 的支流 11 条，50~100km² 的支流 11 条，10~50km² 的支流 108 条。

1.1.8.1 二道沟河

清河右岸一级支流，发源于辽宁省西丰县和隆满族乡双岭村，流经西丰县、清原县，在辽宁省清原县大孤家镇兴隆台村汇入清河。

流域面积 233km²，河流长度 32km，河流平均比降 5.17‰，多年平均年降水量 747.4mm，多年平均径流深 204.1mm，流域平均宽度为 7.3km，河道弯曲系数为 1.7，形状系数为 0.23。

流域面积 10km² 以上的一级支流 3 条，二级支流 3 条。流域面积 50~100km² 的支流 2 条，10~50km² 的支流 4 条。

1.1.8.2 阿拉河

清河右岸一级支流，发源于辽宁省西丰县和隆满族乡达成村，流经西丰县、开原市，在开原市八棵树镇官粮窖村汇入清河。

流域面积 211km²，河流长度 34km，河流平均比降 6.17‰，多年平均年降水量 767.7mm，多年平均径流深 219.4mm，流域平均宽度为 6.2km，河道弯曲系数为 1.8，形状系数为 0.18。

流域面积 10km² 以上的一级支流 5 条，均为 10～50km² 河流。

1.1.8.3　碾盘河

清河右岸一级支流，发源于辽宁省西丰县和隆满族乡万和村，流经西丰县、开原市，在开原市八棵树镇前耿王庄村汇入清河。

流域面积 552km²，河流长度 55km，河流平均比降 3.21‰，多年平均年降水量 750.5mm，多年平均径流深 207.8mm，流域平均宽度为 10.0km，河道弯曲系数为 1.9，形状系数为 0.18。

流域面积 10km² 以上的一级支流 11 条，二级支流 2 条。流域面积 100～1000km² 的支流 1 条，10～50km² 的支流 12 条。

1.1.8.3.1　大妞河

碾盘河右岸一级支流，发源于辽宁省西丰县房木镇大湾村，流经西丰县，在西丰县房木镇房木村汇入碾盘河。

流域面积 102km²，河流长度 18km，河流平均比降 5.58‰，多年平均年降水量 743.5mm，多年平均径流深 203.0mm，流域平均宽度为 5.7km，河道弯曲系数为 2.1，形状系数为 0.31。

流域面积 10km² 以上的一级支流 2 条，均为 10～50km² 河流。

1.1.8.4　苔碧河

清河右岸一级支流，发源于辽宁省西丰县成平满族乡景贤村，流经西丰县、铁岭市清河区，在铁岭市清河区杨木林子镇佟家屯村汇入清河。

流域面积 129km²，河流长度 26km，河流平均比降 3.38‰，多年平均年降水量 727.3mm，多年平均径流深 205.2mm，流域平均宽度为 5.0km，河道弯曲系数为 1.1，形状系数为 0.19。

无流域面积 10km² 以上的支流。

1.1.8.5　清河水库

清河水库位于清河中游。坝址坐落于铁岭市清河区境内。工程于 1966 年 9 月完工。坝址以上集水面积 2376km²，水面面积 46.0km²，最大泄流量 4510m³/s。

水库枢纽工程等别为Ⅱ等，主要建筑物的等级为 2 级，抗震设防烈度 7 度，为多年调节水库，高程基面采用黄海基面。水库设计洪水标准为 500 年一遇，校核洪水标准为 10000 年一遇，水库校核洪水位 138.06m，总库容为 9.68 亿 m³；设计洪水位 135.10m。水库工程主要由主坝、输水道、溢洪道三大部分组成。输水道布置在水库左岸，溢洪道布置在水库右岸。坝长 1629.7m，最大坝高 40.8m，坝顶宽 7.6m。

该水库是以防洪、灌溉、工业供水为主，兼顾养鱼、旅游等综合利用的大型水利枢纽工程。其主要防洪任务是为清河全区 50 年一遇，辽河干流 30 年一遇洪水错峰。

1.1.8.6　寇河

清河右岸一级支流，发源于辽宁省西丰县振兴镇枫树村，流经西丰县、开原市、铁岭市清河区，在开原市老城街道东关村汇入清河。

流域面积2170km²，河流长度113km，其中辽宁省境内面积1872km²，河流长度113km。河流平均比降1.80‰，多年平均年降水量703.5mm，多年平均径流深174.4mm，流域平均宽度为19.2km，河道弯曲系数为1.5，形状系数为0.17。

流域面积10km²以上的一级支流25条，二级支流24条，三级支流2条。流域面积100～1000km²的支流5条，50～100km²的支流2条，10～50km²的支流44条。

1.1.8.6.1 诚信水库

诚信水库位于寇河上游。坝址坐落于铁岭市西丰县振兴镇。工程于2009年12月完工。坝址以上集水面积142.86km²，水面面积3.07km²，最大泄流量1196m³/s。

水库设计洪水标准为100年一遇，校核洪水标准为2000年一遇，高程基面采用假定水库校核洪水位262.38m，总库容3294万m³；设计洪水位260.48m。枢纽主要水工建筑物有拦河坝、溢洪道、输水洞等。

该水库是以防洪、灌溉为主，兼顾养鱼等综合利用的中型水利枢纽工程。

1.1.8.6.2 小寇河

寇河左岸一级支流，发源于辽宁省西丰县金星满族乡榆泉村，流经西丰县，在西丰县振兴镇德业村汇入寇河。

流域面积102km²，河流长度21km，河流平均比降6.88‰，多年平均年降水量746.4mm，多年平均径流深193.8mm，流域平均宽度为4.9km，河道弯曲系数为1.3，形状系数为0.23。

流域面积10km²以上的一级支流3条，均为10～50km²河流。

1.1.8.6.3 乌鲁河

寇河右岸一级支流，发源于辽宁省西丰县安民镇泉河村，流经西丰县，在西丰县更刻镇小城子村汇入寇河。

流域面积181km²，河流长度22km，河流平均比降5.20‰，多年平均年降水量708.5mm，多年平均径流深163.5mm，流域平均宽度为8.2km，河道弯曲系数为1.5，形状系数为0.37。

流域面积10km²以上的一级支流3条，二级支流1条，均为10～50km²河流。

1.1.8.6.4 艾青河

寇河右岸一级支流，发源于辽宁省西丰县德兴满族乡隆化村，流经西丰县，在西丰县明德满族乡东屏村汇入寇河。

流域面积220km²，河流长度33km，河流平均比降4.81‰，多年平均年降水量703.3mm，多年平均径流深173.0mm，流域平均宽度为6.7km，河道弯曲系数为2.4，形状系数为0.20。

流域面积10km²以上的一级支流5条，均为10～50km²河流。

1.1.8.6.5 叶赫河

寇河右岸一级支流，发源于吉林省四平市铁东区石岭镇十里堡村，流经吉林省梨树县、四平市铁东区、辽宁省开原市，在辽宁省开原市威远堡镇纪家村汇入寇河。

流域面积629km²，河流长度61km，其中辽宁省境内面积330km²，河流长度24km。

河流平均比降2.32‰，多年平均年降水量675.6mm，多年平均径流深158.4mm，流域平均宽度为10.3km，河道弯曲系数为1.2，形状系数为0.17。

流域面积10km²以上的一级支流5条，二级支流1条，均为10～50km²河流。

1.1.8.6.5.1 南城子水库

南城子水库位于叶赫河下游。坝址坐落于辽宁省开原市威远堡镇南城子村。工程于1965年12月完工。坝址以上集水面积625km²，水面面积13.9km²，最大泄流量1383m³/s。

水库枢纽工程等别为Ⅱ等，主要建筑物级别为2级，抗震设防烈度7度，为多年调节水库，高程基面采用大连基面。水库设计洪水标准为100年一遇，校核洪水标准为5000年一遇，水库校核洪水位156.31m，总库容为2.35亿m³；设计洪水位152.09m。水库枢纽工程主要包括拦河坝、输水洞、溢洪道和发电厂等四部分。坝长1176m，坝高31.9m，坝顶宽6.0m。

该水库是以防洪为主，兼有灌溉、养鱼、发电、城市用水等任务的综合型水库。水库的调峰蓄洪作用极大地缓解和减轻了寇河流域的水害。

1.1.8.6.6 西小河

寇河左岸一级支流，发源于辽宁省西丰县成平满族乡成平村，流经西丰县、开原市，在开原市威远堡镇威远村汇入寇河。

流域面积103km²，河流长度19km，河流平均比降6.23‰，多年平均年降水量715.0mm，多年平均径流深195.2mm，流域平均宽度为5.4km，河道弯曲系数为1.2，形状系数为0.29。

流域面积10km²以上的一级支流3条，均为10～50km²河流。

1.1.8.7 马仲河

清河右岸一级支流，发源于辽宁省昌图县昌图镇东明村，流经昌图县、开原市，在开原市金沟子镇二社村汇入清河。

流域面积273km²，河流长度51km，河流平均比降1.76‰，多年平均年降水量652.9mm，多年平均径流深141.4mm，流域平均宽度为5.4km，河道弯曲系数为1.7，形状系数为0.10。

流域面积10km²以上的一级支流5条，二级支流1条，均为10～50km²河流。

1.1.9 中固河

辽河左岸一级支流，发源于辽宁省开原市松山镇二道沟村，流经开原市、铁岭县，在铁岭县镇西堡镇下塔子村汇入辽河。

流域面积571km²，河流长度62km，河流平均比降3.13‰，多年平均年降水量720.4mm，多年平均径流深197.3mm，流域平均宽度为9.2km，河道弯曲系数为1.6，形状系数为0.15。

流域面积10km²以上的一级支流12条，二级支流3条，三级支流1条。流域面积100～1000km²的支流1条，50～100km²的支流1条，10～50km²的支流14条。

1.1.9.1 南沙河

中固河左岸一级支流,发源于辽宁省开原市马家寨镇双台岭村,流经开原市、铁岭县,在铁岭县平顶堡镇山头堡村汇入中固河。

流域面积132km²,河流长度25km,河流平均比降4.56‰,多年平均年降水量722.6mm,多年平均径流深196.0mm,流域平均宽度为5.3km,河道弯曲系数为1.2,形状系数为0.21。

流域面积10km²以上的一级支流2条,二级支流1条,均为10~50km²河流。

1.1.10 柴河

辽河左岸一级支流,发源于辽宁省清原县枸乃甸乡中心屯村,流经清原县、开原市、铁岭县、铁岭市银州区,在铁岭县镇西堡镇李家屯村汇入辽河。

流域面积1441km²,河流长度133km,河流平均比降1.91‰,多年平均年降水量785.2mm,多年平均径流深233.9mm,流域平均宽度为10.8km,河道弯曲系数为1.5,形状系数为0.08。

流域面积10km²以上的一级支流29条,二级支流9条。流域面积100~1000km²的支流1条,50~100km²的支流2条,10~50km²的支流35条。

1.1.10.1 南柴河

柴河左岸一级支流,发源于辽宁省开原市黄旗寨满族镇上顶子村,流经开原市,在开原市黄旗寨镇大寨子村汇入柴河。

流域面积215km²,河流长度31km,河流平均比降5.70‰,多年平均年降水量813.8mm,多年平均径流深252.7mm,流域平均宽度为6.9km,河道弯曲系数为1.3,形状系数为0.22。

流域面积10km²以上的一级支流6条,均为10~50km²河流。

1.1.10.2 柴河水库

柴河水库位于柴河下游。坝址坐落于铁岭市铁岭县熊官屯镇大白梨沟村。工程于1974年12月完工。坝址以上集水面积1355km²,水面面积24.8km²,最大泄流量3060m³/s。

水库枢纽工程等别为Ⅱ等,主要建筑物级别为2级,抗震设防烈度6度,为多年调节水库,高程基面采用大连基面。水库设计洪水标准为100年一遇,校核洪水标准为10000年一遇,水库校核洪水位116.27m,总库容为6.14亿m³;设计洪水位112.06m。水库枢纽工程主要包括拦河坝、溢洪道、泄洪洞和水电站等。坝长982m,最大坝高42.3m,坝顶宽6.0m。

该水库是以防洪、灌溉、工业和城市供水为主,兼顾发电、养鱼、旅游等综合利用的大型水利枢纽工程。水库的防洪任务是配合清河、南城子、榛子岭水库及辽河堤防整治工程,使铁岭段辽河防洪标准提高到50年一遇。

1.1.11 长沟河

辽河右岸一级支流,发源于辽宁省调兵山市晓南镇锁龙沟村,流经调兵山市、铁岭县，在铁岭县蔡牛镇蔡家坝村汇入辽河。

流域面积 170km², 河流长度 30km, 河流平均比降 1.55‰, 多年平均年降水量 610.3mm, 多年平均径流深 109.5mm, 流域平均宽度为 5.7km, 河道弯曲系数为 1.4, 形状系数为 0.19。

流域面积 10km² 以上的一级支流 3 条，均为 10～50km² 河流。

1.1.12 泛河

辽河左岸一级支流，发源于辽宁省铁岭县白旗寨满族乡夹河厂村，流经铁岭县、铁岭市银州区，在铁岭县凡河镇药王庙村汇入辽河。

流域面积 1046km², 河流长度 120km, 河流平均比降 1.62‰, 多年平均年降水量 757.6mm, 多年平均径流深 221.8mm, 流域平均宽度为 8.7km, 河道弯曲系数为 1.5, 形状系数为 0.07。

流域面积 10km² 以上的一级支流 19 条，二级支流 7 条，三级支流 1 条。流域面积 100～1000km² 的支流 2 条，50～100km² 的支流 3 条，10～50km² 的支流 22 条。

1.1.12.1 榛子岭水库

榛子岭水库位于泛河上游。坝址坐落于铁岭市铁岭县鸡冠山乡榛子岭村上游约 400m 处。工程于 1976 年 3 月完工。坝址以上集水面积 369km², 水面面积 12.4km², 最大泄流量 1805m³/s。

水库枢纽工程等别为Ⅱ等，永久性水工建筑物级别为 2 级，抗震设防烈度 7 度，为多年调节水库，采用高程基面为大连基面。水库按 100 年一遇洪水设计，5000 年一遇洪水校核，水库校核洪水位 197.87m, 总库容为 1.86 亿 m³; 设计洪水位 196.61m。水库枢纽工程由拦河坝、溢洪道、非常溢洪道、输水洞和电站组成。坝长 350m, 最大坝高 36.2m, 坝顶宽 7.0m。

该水库是以防洪、灌溉为主，兼顾养鱼、发电、保护生态等综合利用的大型水利枢纽。

1.1.12.2 恶龙河

泛河左岸一级支流，发源于辽宁省铁岭县李千户镇柴家堡子村，流经铁岭县，在铁岭县李千户镇张楼村汇入泛河。

流域面积 116km², 河流长度 19km, 河流平均比降 4.79‰, 多年平均年降水量 730.9mm, 多年平均径流深 196.9mm, 流域平均宽度为 6.1km, 河道弯曲系数为 1.3, 形状系数为 0.32。

流域面积 10km² 以上的一级支流 3 条，均为 10～50km² 河流。

1.1.12.3 莲花河

泛河右岸一级支流，发源于辽宁省铁岭市银州区龙山乡城区，流经铁岭市银州区、铁岭县，在铁岭县凡河镇大凡河村汇入泛河。

流域面积 108km², 河流长度 19km, 河流平均比降 0.136‰, 多年平均年降水量 672.4mm, 多年平均径流深 160.0mm, 流域平均宽度为 5.7km, 河道弯曲系数为 1.4, 形状系数为 0.30。

无流域面积10km² 以上的支流。

1.1.13 拉马河

辽河右岸一级支流，发源于辽宁省法库县慈恩寺乡门家沟村，流经法库县、铁岭县，在铁岭县阿吉镇陈平堡村汇入辽河。

流域面积733km²，河流长度61km，河流平均比降0.773‰，多年平均年降水量591.6mm，多年平均径流深87.8mm，流域平均宽度为12.0km，河道弯曲系数为1.3，形状系数为0.20。

流域面积10km² 以上的一级支流11条，二级支流12条，三级支流1条。流域面积100~1000km² 的支流2条，50~100km² 的支流2条，10~50km² 的支流20条。

1.1.13.1 尚屯水库

尚屯水库位于拉马河中上游，坝址坐落于沈阳市法库县十间房镇尚屯村。工程于1958年10月完工。坝址以上集水面积238km²，水面面积10.94km²，最大泄流量132m³/s。

水库枢纽工程等别为Ⅲ等，永久性水工建筑物级别为3级，为多年调节水库，高程基面采用黄海基面。设计洪水标准为50年一遇，校核洪水标准为300年一遇，水库校核洪水位为58.52m，总库容6480万 m³；设计洪水位为57.73m。水库枢纽工程由大坝、溢洪道、输水洞三部分组成。坝长954m，坝顶宽8.5m，最大坝高14.0m。

该水库是以防洪、灌溉为主的中型水利枢纽工程。防洪保护下游6个乡镇24个村3.15万人、1.06万亩耕地以及203国道、沈康高速公路等基础设施。

1.1.13.2 小岭河

拉马河右岸一级支流，发源于辽宁省法库县丁家房镇古城子村，流经法库县，在法库县大孤家子镇路家房申村汇入拉马河。

流域面积128km²，河流长度26km，河流平均比降0.986‰，多年平均年降水量591.0mm，多年平均径流深83.4mm，流域平均宽度为4.9km，河道弯曲系数为1.3，形状系数为0.19。

流域面积10km² 以上的一级支流4条，二级支流1条，均为10~50km² 河流。

1.1.13.2.1 牛其堡水库

牛其堡水库位于小岭河中游。坝址坐落于沈阳市法库县大孤家子镇牛其堡子村。工程于1958年3月完工。坝址以上集水面积65.8km²，水面面积3.39km²，最大泄流量117m³/s。

水库枢纽工程等别为Ⅲ等，永久性水工建筑物级别为3级，为多年调节水库，高程基面采用黄海基面。设计洪水标准为20年一遇，校核洪水标准为300年一遇，水库校核洪水位为53.33m，总库容1523万 m³；设计洪水位为52.30m。水库枢纽工程由大坝、溢洪道、输水洞组成。坝长1060m，最大坝高10.0m，坝顶宽5.0m。

该水库是以防洪为主的中型水利枢纽工程。防洪保护下游大孤家子镇10个村及其他基础设施的安全。

1.1.13.3 胜利河

拉马河左岸一级支流，发源于辽宁省调兵山市晓南镇泉眼沟村，流经调兵山市、铁岭县，在铁岭县阿吉镇随荒地村汇入拉马河。

流域面积 107km²，河流长度 28km，河流平均比降 1.22‰，多年平均年降水量 616.3mm，多年平均径流深 112.8mm，流域平均宽度为 3.8km，河道弯曲系数为 1.5，形状系数为 0.14。

流域面积 10km² 以上的一级支流 2 条，均为 10～50km² 河流。

1.1.14 石佛寺水库

石佛寺水库位于辽河下游。坝址坐落于沈阳市沈北新区黄家锡伯族乡和法库县依牛堡子镇。工程于 2005 年 10 月完工。坝址以上集水面积 123766km²，其中省内集水面积 11436km²，水面面积 50.41km²，最大泄流量 7932m³/s。

水库枢纽工程等别为Ⅱ等，永久性建筑物等级为 2 级，水库抗震设防烈度 7 度，为多年调节水库，高程基面采用黄海基面。按照 100 年一遇洪水设计，300 年一遇洪水校核，水库校核洪水位 50.69m，总库容为 1.85 亿 m³；设计洪水位 50.22m。主要枢纽工程包括主坝、左副坝、右副坝、泄洪闸、防护堤等。坝顶长度 12443m，最大坝高 12.1m，坝顶宽 6.0m。

水库以解决辽河干流防洪为主，调节本流域径流。

1.1.15 万泉河

辽河左岸一级支流，发源于辽宁省铁岭县李千户镇金家沟村，流经铁岭县、沈阳市沈北新区，在沈阳市沈北新区黄家街道高坎社区汇入辽河。

流域面积 490km²，河流长度 47km，河流平均比降 1.16‰，多年平均年降水量 671.1mm，多年平均径流深 157.0mm，流域平均宽度为 10.4km，河道弯曲系数为 1.4，形状系数为 0.22。

流域面积 10km² 以上的一级支流 4 条，二级支流 1 条。流域面积 100～1000km² 的支流 2 条，50～100km² 的支流 1 条，10～50km² 的支流 2 条。

1.1.15.1 西小河

万泉河右岸一级支流，发源于辽宁省铁岭县腰堡镇石家沟村，流经铁岭县、沈阳市沈北新区，在沈阳市沈北新区黄家街道达连屯村汇入万泉河。

流域面积 177km²，河流长度 34km，河流平均比降 1.09‰，多年平均年降水量 661.6mm，多年平均径流深 154.8mm，流域平均宽度为 5.2km，河道弯曲系数为 1.3，形状系数为 0.15。

无流域面积 10km² 以上的支流。

1.1.15.2 长河

万泉河左岸一级支流，发源于辽宁省沈阳市沈北新区马刚街道邱家村，流经沈阳市沈北新区，在沈阳市沈北新区黄家街道达连屯村汇入万泉河。

流域面积 120km²，河流长度 39km，河流平均比降 1.50‰，多年平均年降水量

679.6mm，多年平均径流深 158.5mm，流域平均宽度为 3.1km，河道弯曲系数为 1.6，形状系数为 0.08。

流域面积 10km² 以上的一级支流 1 条，为 10~50km² 河流。

1.1.16　左小河

辽河左岸一级支流，发源于辽宁省沈阳市沈北新区清水台街道崔公堡村，流经沈阳市沈北新区，在沈阳市沈北新区石佛寺街道石佛寺二社区汇入辽河。

流域面积 130km²，河流长度 23km，河流平均比降 0.816‰，多年平均年降水量 641.3mm，多年平均径流深 133.6mm，流域平均宽度为 5.7km，河道弯曲系数为 1.2，形状系数为 0.25。

流域面积 10km² 以上的一级支流 3 条，均为 10~50km² 河流。

1.1.17　小河子河

辽河右岸一级支流，发源于辽宁省法库县依牛堡子镇祝家堡村，流经法库县、新民市，在法库县三面船镇三台子村汇入辽河。

流域面积 163km²，河流长度 17km，河流平均比降 0.245‰，多年平均年降水量 608.0mm，多年平均径流深 97.1mm，流域平均宽度为 9.6km，河道弯曲系数为 1.2，形状系数为 0.56。

流域面积 10km² 的一级支流 3 条。流域面积 50~100km² 的支流 1 条，10~50km² 的支流 2 条。

1.1.18　秀水河

辽河右岸一级支流，发源于辽宁省彰武县章古台镇富源村，流经辽宁省彰武县，内蒙古自治区科尔沁左翼后旗，辽宁省康平县、法库县、新民市，在新民市公主屯镇关家窝堡村汇入辽河。

流域面积 1903km²，河流长度 139km，其中辽宁省境内面积 1812km²，河流长度 117.8km。河流平均比降 0.785‰，多年平均年降水量 535.2mm，多年平均径流深 54.4mm，流域平均宽度为 13.7km，河道弯曲系数为 1.6，形状系数为 0.10。

流域面积 10km² 以上的一级支流 20 条，二级支流 16 条，三级支流 3 条，四级支流 2 条。流域面积 100~1000km² 的支流 6 条，50~100km² 的支流 3 条，10~50km² 的支流 32 条。

1.1.18.1　花古水库

花古水库位于秀水河上游。坝址坐落于沈阳市康平县柳树屯蒙古族满族乡花古窝堡村。工程于 1958 年 10 月完工。坝址以上集水面积 257km²，水面面积 3.45km²，最大泄流量 528m³/s。

水库枢纽工程等别为Ⅲ等，永久性水工建筑物级别为 3 级，为多年调节水库，高程基面采用黄海基面。水库设计洪水标准为 50 年一遇，校核洪水标准为 300 年一遇，水库校核洪水位为 98.54m，总库容 2424.8 万 m³；设计洪水位为 97.44m。主要枢纽工程有主坝、南北副坝、溢洪道、南北输水洞。大坝全长1250m，坝顶宽度为5.0m，最大坝高8.7m。

该水库是以防洪灌溉为主，兼顾养殖、旅游的中型水利枢纽工程。防洪保护下游3个乡17个村屯共计5830人、1.2万亩耕地的安全。

1.1.18.2 二道河

秀水河左岸一级支流，发源于辽宁省康平县张强镇唐僧庙村，流经康平县，在康平县东升满族蒙古族乡大房身村汇入秀水河。

流域面积138km²，河流长度24km，河流平均比降0.987‰，多年平均年降水量513.4mm，多年平均径流深47.4mm，流域平均宽度为5.8km，河道弯曲系数为1.5，形状系数为0.24。

流域面积10km²以上的一级支流2条，均为10~50km²河流。

1.1.18.3 南小凌河

秀水河左岸一级支流，发源于辽宁省康平县方家屯镇镇东街村，流经康平县，在康平县西关屯蒙古族满族乡大广宁窝堡村汇入秀水河。

流域面积103km²，河流长度22km，河流平均比降1.89‰，多年平均年降水量533.8mm，多年平均径流深54.6mm，流域平均宽度为4.7km，河道弯曲系数为1.5，形状系数为0.21。

流域面积10km²以上的一级支流3条，均为10~50km²河流。

1.1.18.4 尖山子河

秀水河右岸一级支流，发源于辽宁省彰武县大四家子镇东梁村，流经彰武县、康平县、法库县，在法库县秀水河子镇秀水河子村汇入秀水河。

流域面积453km²，河流长度51km，河流平均比降1.18‰，多年平均年降水量530.2mm，多年平均径流深50.7mm，流域平均宽度为8.9km，河道弯曲系数为1.6，形状系数为0.17。

流域面积10km²以上的一级支流3条，二级支流3条，三级支流2条。流域面积100~1000km²的支流1条，50~100km²的支流2条，10~50km²的支流5条。

1.1.18.4.1 尖山子水库

尖山子水库位于尖山子河中游，坝址坐落于沈阳市法库县卧牛石乡境内。工程于1958年9月完工。坝址以上集水面积84.0km²，水面面积7.01km²，最大泄流量74.9m³/s。

水库枢纽工程等别为Ⅲ等，永久性水工建筑物级别为3级，为多年调节水库，高程基面采用黄海基面。设计洪水标准为50年一遇，校核洪水标准为300年一遇，水库校核洪水位为76.84m，总库容2290万m³；设计洪水位为76.44m。水库枢纽工程由大坝、副坝、溢洪道、输水洞组成。主坝长730m，最大坝高6.7m，坝顶宽5.0m。

该水库是以防洪为主的中型水利枢纽工程。防洪保护下游卧牛石乡7个村0.9万人、1.81万亩耕地的安全。

1.1.18.4.2 拉马章水库

拉马章水库位于尖山子河支流拉马章河中游。坝址坐落于沈阳市法库县包家屯镇拉马章村北。工程于1952年10月完工。坝址以上集水面积46.0km², 水面面积3.06km², 最大泄流量78.0m³/s。

水库枢纽工程等别为Ⅲ等，永久性水工建筑物级别为3级，为多年调节水库，高程基面采用黄海基面。设计洪水标准为50年一遇，校核洪水标准为300年一遇，水库校核洪水位为68.64m，总库容1087万m³；设计洪水位为68.48m。水库枢纽工程主要由大坝、溢洪道、输水洞等组成。坝长300m，坝顶宽5.0m，最大坝高5.7m。

该水库是以防洪为主的中型水利枢纽工程。水库通过削减秀水河洪峰来保护下游包家屯镇4个村及耕地安全。

1.1.18.4.3 三合成河

尖山子河右岸一级支流，发源于辽宁省彰武县大四家子镇大四家子村，流经彰武县、法库县，在法库县秀水河子镇黄家堡村汇入尖山子河。

流域面积239km²，河流长度38km，河流平均比降1.56‰，多年平均年降水量533.2mm，多年平均径流深50.8mm，流域平均宽度为6.3km，河道弯曲系数为1.5，形状系数为0.17。

流域面积10km²以上的一级支流3条，二级支流2条。流域面积50～100km²的支流1条，10～50km²的支流4条。

1.1.18.4.3.1 三合成水库

三合成水库位于三合成河上游。坝址坐落于沈阳市法库县西部包家屯镇境内。工程于1959年10月完工。坝址以上集水面积57.1km²，水面面积2.36km²，最大泄流量145m³/s。

水库枢纽工程等别为Ⅲ等，永久性水工建筑物级别为3级，为多年调节水库，高程基面采用黄海基面。水库设计洪水标准为50年一遇，校核洪水标准为300年一遇，水库校核洪水位为83.03m，总库容1184万m³；设计洪水位为82.32m。主要工程建筑物有拦河坝、溢洪道及输水洞。坝长760m，坝顶宽5.0m，最大坝高13.4m。

该水库是防洪、除涝、灌溉等综合利用的中型水利枢纽工程。防洪保护下游2个乡镇18个村（屯）2.8万人、2.5万亩耕地。

1.1.18.4.3.2 獾子洞水库

獾子洞水库位于三合成河下游，坝址坐落于沈阳市法库县秀水河子镇獾子洞村。工程于1958年3月完工。坝址以上集水面积277.0km²，水面面积18.42km²，最大泄流量164m³/s。

水库枢纽工程等别为Ⅲ等，永久性水工建筑物级别为3级，为多年调节水库，高程基面采用黄海基面。设计洪水标准为50年一遇，校核洪水标准为300年一遇，水库校核洪水位为55.47m，总库容5052万m³；设计洪水位为54.88m。主要工程建筑物有拦河坝、溢洪道（非常）、泄洪闸及输水洞等。主坝长2550m，坝顶宽5.0m，最大坝高5.0m。

该水库是以防洪为主的中型水利枢纽工程。水库防洪范围内重点保护对象为秀水河镇5个村0.54万人，及耕地1.4万亩，同时保护下游的101国道及沿国道铺设的军用光缆等基础设施。

1.1.18.5 新开河

秀水河左岸一级支流，发源于辽宁省法库县双台子乡关家屯村，流经法库县，在法库县登仕堡子镇巴尔山村汇入秀水河。

流域面积 140km², 河流长度 25km, 河流平均比降 1.58‰, 多年平均年降水量 564.2mm, 多年平均径流深 68.1mm, 流域平均宽度为 5.6km, 河道弯曲系数为 1.3, 形状系数为 0.22。

流域面积 10km² 以上的一级支流 3 条，均为 10~50km² 河流。

1.1.18.6 老窑河

秀水河左岸一级支流，发源于辽宁省法库县丁家房镇邦牛堡子村，流经法库县、新民市，在新民市公主屯镇辽滨塔村汇入秀水河。

流域面积 109km², 河流长度 26km, 河流平均比降 1.49‰, 多年平均年降水量 586.4mm, 多年平均径流深 74.5mm, 流域平均宽度为 4.2km, 河道弯曲系数为 1.2, 形状系数为 0.16。

流域面积 10km² 以上的一级支流 2 条，均为 10~50km² 河流。

1.1.19 养息牧河

辽河右岸一级支流，发源于辽宁省彰武县章古台镇邰家村，流经彰武县、新民市，在新民市东城街道北山村汇入辽河。

流域面积 1981km², 河流长度 123km, 其中辽宁省境内面积 1948km², 长度 123km。河流平均比降 0.933‰, 多年平均年降水量 512.9mm, 多年平均径流深 43.1mm, 流域平均宽度为 16.1km, 河道弯曲系数为 1.5, 形状系数为 0.13。

流域面积 10km² 以上的一级支流 15 条，二级支流 17 条，三级支流 1 条。流域面积 100~1000km² 的支流 6 条，50~100km² 的支流 3 条，10~50km² 的支流 24 条。

1.1.19.1 巨龙湖水库

巨龙湖水库位于养息牧河支流烧锅窝堡河上。坝址坐落于阜新市彰武县后新秋镇境内。工程于 1969 年 9 月完工。水面面积 2.7km², 最大泄流量 17.0m³/s。

水库枢纽工程等别为Ⅲ等，永久性水工建筑物级别为 3 级，为多年调节水库，高程基面采用黄海基面。水库设计洪水标准为 20 年一遇，校核洪水标准为 100 年一遇，水库校核洪水位 134.63m, 相应库容 1339 万 m³; 设计洪水位 134.28m。水库枢纽工程由引水枢纽工程和蓄水枢纽工程组成。坝长 1825m, 坝顶宽 5.5m, 最大坝高 6.4m。

该水库是以灌溉为主，兼顾防洪、养鱼、旅游等综合利用的中型水利枢纽工程，水库防洪保护下游 2 个村 5 个自然屯、彰武至开原公路桥等基础设施的安全。

1.1.19.2 头道河

养息牧河左岸一级支流，发源于辽宁省彰武县后新秋镇白音皋村，流经彰武县，在彰武县二道河子蒙古族乡腰窝堡村汇入养息牧河。

流域面积 180km², 河流长度 36km, 河流平均比降 1.35‰, 多年平均年降水量 514.5mm, 多年平均径流深 43.2mm, 流域平均宽度为 5.0km, 河道弯曲系数为 1.5, 形状系数为 0.14。

流域面积 10km² 以上的一级支流 5 条，均为 10~50km² 河流。

1.1.19.3 三道河

养息牧河右岸一级支流，发源于辽宁省彰武县章古台镇清泉村，流经彰武县，在彰武县二道河子蒙古族乡江家村汇入养息牧河。

流域面积 195km²，河流长度 37km，河流平均比降 1.94‰，多年平均年降水量 499.2mm，多年平均径流深 38.1mm，流域平均宽度为 5.3km，河道弯曲系数为 1.3，形状系数为 0.14。

流域面积 10km² 以上的一级支流 2 条，均为 10~50km² 河流。

1.1.19.4 地河

养息牧河右岸一级支流，发源于辽宁省彰武县阿尔乡镇北甸子村，流经内蒙古自治区科尔沁左翼后旗、辽宁省彰武县，在辽宁省彰武县西六家子镇三河岔村汇入养息牧河。

流域面积 363km²，河流长度 71km，其中辽宁省境内面积 331km²，河流长度 65km。河流平均比降 2.40‰，多年平均年降水量 480.0mm，多年平均径流深 35.5mm，流域平均宽度为 5.1km，河道弯曲系数为 1.3，形状系数为 0.07。

流域面积 10km² 以上的一级支流 2 条。流域面积 100~1000km² 的支流 1 条，50~100km² 的支流 1 条。

1.1.19.4.1 西地河

地河左岸一级支流，跨内蒙古自治区和辽宁省。发源于辽宁省彰武县章古台镇章古台村，流经彰武县，在彰武县冯家镇林家村注入汇入地河。

流域面积 152km²，河流长度 30km，其中辽宁省境内面积 143km²，河流长度 30km。河流平均比降 4.25‰，多年平均年降水量 478.1mm，多年平均径流深 33.4mm，流域平均宽度为 5.1km，河道弯曲系数为 1.3，形状系数为 0.17。

无流域面积 10km² 以上的支流。

1.1.19.5 双徐河

养息牧河左岸一级支流，发源于辽宁省法库县包家屯镇水泉村，流经法库县、彰武县、新民市，在新民市于家窝堡乡老窝堡村汇入养息牧河。

流域面积 198km²，河流长度 34km，河流平均比降 1.32‰，多年平均年降水量 530.7mm，多年平均径流深 47.7mm，流域平均宽度为 5.8km，河道弯曲系数为 1.3，形状系数为 0.17。

流域面积 10km² 以上的一级支流 5 条，二级支流 1 条，均为 10~50km² 河流。

1.1.19.6 地河排干

养息牧河左岸一级支流，发源于辽宁省法库县叶茂台镇西头台子村，流经法库县、新民市，在新民市大柳屯镇安民村汇入养息牧河。

流域面积 213km²，河流长度 26km，河流平均比降 0.851‰，多年平均年降水量 550.6mm，多年平均径流深 56.3mm，流域平均宽度为 8.2km，河道弯曲系数为 1.2，形状系数为 0.32。

流域面积 10km² 以上的一级支流 2 条。流域面积 50~100km² 的支流 1 条，10~50km² 的支流 1 条。

1.1.20 燕飞里排干

辽河左岸一级支流,发源于辽宁省新民市罗家房镇曹家村,流经新民市,在新民市兴隆堡镇王家窝堡村汇入辽河。

流域面积311km²,河流长度28km,河流平均比降0.342‰,多年平均年降水量610.2mm,多年平均径流深84.6mm,流域平均宽度为11.1km,河道弯曲系数为1.1,形状系数为0.40。

流域面积10km²以上的一级支流6条,均为10~50km²河流。

1.1.21 付家窝堡排干

辽河右岸一级支流,发源于辽宁省新民市高台子镇张宝屯村,流经新民市,在新民市东城街道烧锅社区汇入辽河。

流域面积294km²,河流长度24km,河流平均比降0.327‰,多年平均年降水量563.3mm,多年平均径流深58.1mm,流域平均宽度为12.4km,河道弯曲系数为1.1,形状系数为0.52。

流域面积10km²以上的一级支流1条,为10~50km²河流。

1.1.22 柳河

辽河右岸一级支流,柳河辽、金、元代称羊肠河;清代称养善柽木河、杨什穆河、养息牧河;清末彰武镇以上河段称扣河,以下称新开河。发源于内蒙古自治区库伦旗扣河子镇五星村,流经内蒙古自治区库伦旗、辽宁省阜新蒙古族自治县(以下简称"阜蒙县")、彰武县、新民市,在新民市东城街道烧锅社区汇入辽河。

流域面积5345km²,河流长度302km,其中辽宁省境内面积1796km²,河流长度233km。河流平均比降1.04‰,多年平均年降水量425.9mm,多年平均径流深71.8mm,流域平均宽度为17.7km,河道弯曲系数为1.9,形状系数为0.06。

柳河是有名的多沙河流,有"小黄河"之称,闹德海以上河段,多低山丘陵,以轻壤亚砂土及风沙土为主,森林植被率约27%。水土流失严重,平均侵蚀模数2380t/km²。闹德海以下河道坡降1.2‰~1.9‰,河宽400~1000m,最宽处达2000m,年平均径流总量2.98亿m³,每年约有1000万t泥沙淤积在柳河河道内,有近1000万t泥沙输入辽河干流。大量泥沙淤积造成多次河道改道,清道光二十年(1840年)至1968年柳河下游曾发生过21次改道。清光绪二十九年(1903年),沈山线铁路通车以后,柳河发生过17次较大洪水,每次洪水都造成下游改道,在沈山线上游改道8次,下游改道9次,致使沈山线铁桥改建6次,路基加高9m。由于柳河大量泥沙下泄,辽河柳河新民段已成为"悬河"。

流域面积10km²以上的一级支流19条,二级支流16条,三级支流6条。流域面积100~1000km²的支流7条,50~100km²的支流4条,10~50km²的支流30条。

1.1.22.1 福兴地河

柳河右岸一级支流,发源于辽宁省阜蒙县福兴地镇乌兰木头村,流经辽宁省阜蒙县,内蒙古自治区库伦旗，在内蒙古自治区库伦旗扣河子镇罗家杖子村汇入柳河。

流域面积246km²，河流长度26km，其中辽宁省境内面积234km²，河流长度22km。河流平均比降3.97‰，多年平均年降水量435.3mm，多年平均径流深56.5mm，流域平均宽度为9.5km，河道弯曲系数为1.3，形状系数为0.36。

流域面积10km²以上的一级支流2条，二级支流2条。流域面积100～1000km²的支流有1条，50～100km²的支流1条，10～50km²的支流2条。

1.1.22.1.1　哈拉乌束河

福兴地河左岸一级支流，发源于辽宁省阜蒙县福兴地镇杜力营子村，流经阜蒙县，在阜蒙县福兴地镇西大营子村汇入福兴地河。

流域面积122km²，河流长度23km，河流平均比降4.07‰。多年平均年降水量434.3mm，多年平均径流深54.7mm，流域平均宽度为5.3km，河道弯曲系数为1.6，形状系数为0.23。

流域面积10km²以上的一级支流1条，为10～50km²河流。

1.1.22.2　阿哈来河

柳河右岸一级支流，发源于辽宁省阜蒙县八家子镇七家子村，流经阜蒙县，在阜蒙县旧庙镇哈四村汇入柳河。

流域面积568km²，河流长度53km，其中辽宁省境内面积542km²，河流长度53km。河流平均比降2.04‰。多年平均年降水量446.4mm，多年平均径流深51.9mm，流域平均宽度为10.7km，河道弯曲系数为1.6，形状系数为0.20。

流域面积10km²以上的一级支流11条，二级支流4条。流域面积100～1000km²的主要支流有1条，50～100km²的支流1条，10～50km²的支流13条。

1.1.22.2.1　他卜郎河

阿哈来河左岸一级支流，发源于辽宁省阜蒙县旧庙镇沙金营子村，流经阜蒙县，在阜蒙县旧庙镇他不郎营子村汇入阿哈来河。

流域面积147km²，河流长度23km，河流平均比降6.46‰，多年平均年降水量439.2mm，多年平均径流深55.6mm，流域平均宽度为6.4km，河道弯曲系数为1.3，形状系数为0.28。

流域面积10km²以上的一级支流3条，均为10～50km²河流。

1.1.22.3　闹德海水库

闹德海水库位于柳河中上游。坝址坐落于阜新市彰武县满堂红镇境内。工程于1942年1月完工。坝址以上集水面积4051km²，水面面积8.60km²，最大泄流量4670m³/s。

水库枢纽工程等别为Ⅱ等，永久性水工建筑物级别为2级，抗震设防烈度7度，为多年调节水库，高程基面采用黄海基面。水库按100年一遇洪水设计，1000年一遇洪水校核，水库校核洪水位193.11m，总库容为2.17亿m³；设计洪水位189.48m。水库主体工程为直线式拦河坝，由挡水坝段、溢流坝段、中孔、底孔和输水洞组成。坝长167m，坝顶宽5.0m，最大坝高44.5m。

1.1.22.4　大青沟

柳河左岸一级支流，发源于内蒙古自治区科尔沁左翼后旗甘旗卡镇海拉斯台嘎查，流经内蒙古自治区科尔沁左翼后旗、辽宁彰武县，在彰武县大冷蒙古族镇程沟村汇入柳河。

流域面积242km²，河流长度38km，其中辽宁省境内面积17km²，河流长度38km。河流平均比降4.15‰，多年平均年降水量429.9mm，多年平均径流深36.8mm，流域平均宽度为6.4km，河道弯曲系数为1.4，形状系数为0.17。

无流域面积10km²以上的支流。

1.1.22.4.1 大清沟水库

大清沟水库位于大清沟下游。坝址坐落于阜新市彰武县大冷蒙古族镇程沟村。工程于1958年1月完工。坝址以上集水面积287km²，最大泄流量12.3m³/s。

水库枢纽工程等别为Ⅲ等，永久性水工建筑物级别为3级，为多年调节水库，高程基面采用黄海基面。水库按100年一遇洪水设计，1000年一遇洪水校核，水库校核洪水位为168.02m，总库容1120万m³；设计洪水位为167.09m。水库工程由大坝、泄洪洞、输水洞三部分组成。坝长320m，坝顶宽9.0m，最大坝高21.5m。

1.1.22.5 三合屯渠

柳河左岸一级支流，发源于内蒙古自治区科尔沁左翼后旗甘旗卡镇章棍塔拉嘎查，流经内蒙古自治区科尔沁左翼后旗、辽宁省彰武县，在辽宁省彰武县大冷蒙古族镇程沟村汇入柳河。

流域面积159km²，河流长度39km，其中辽宁省境内面积23km²，河流长度9.4km。河流平均比降4.36‰，多年平均年降水量442.0mm，多年平均径流深36.2mm，流域平均宽度为4.1km，河道弯曲系数为1.4，形状系数为0.10。

无流域面积10km²以上的支流。

1.1.22.6 盘山楼河

柳河左岸一级支流，发源于内蒙古自治区科尔沁左翼后旗甘旗卡镇盖顶村，流经内蒙古自治区科尔沁左翼后旗、辽宁省彰武县，在辽宁省彰武县大冷蒙古族镇大庙村汇入柳河。

流域面积116km²，河流长度26km，其中辽宁省境内面积67km²，河流长度24km。河流平均比降2.95‰，多年平均年降水量458.4mm，多年平均径流深39.8mm，流域平均宽度为4.5km，河道弯曲系数为1.4，形状系数为0.17。

无流域面积10km²以上的支流。

1.1.23 小柳河

辽河右岸一级支流，发源于辽宁省台安县桓洞镇小河子村，流经台安县、盘山县、盘锦市双台子区，在盘锦市双台子区铁东街道高家村汇入辽河。河流长度69km。一级支流7条，二级支流5条。

1.1.23.1 旧绕阳河

小柳河右岸一级支流，发源于辽宁省台安县桑林镇，流经台安县、盘山县，在盘山县陈家镇小丁家汇入小柳河。河流长度30km。一级支流3条。

1.1.23.2 八一水库

八一水库位于小柳河下游。坝址坐落于盘锦市盘山县陈家镇。工程于1958年12月完工。坝址以上集水面积$5.6km^2$，水面面积$5.60km^2$，最大泄流量$12.0m^3/s$。

水库枢纽工程等别为Ⅲ等，永久性水工建筑物级别为3级，为多年调节水库，高程基面采用黄海基面。水库设计洪水标准为20年一遇，校核洪水标准为100年一遇，水库校核洪水位为5.41m，总库容1271万m^3；设计洪水位为5.35m。水库主要工程由进出库一号闸、进出库二号闸、围堤及护砌组成。围堤周长9250m，坝高6.5m。

该水库为平原水库，依靠抽水蓄库，属自由泄洪。水库担负着高升街道近3万亩水田的泡插用水及补水任务，同时水库水面还进行淡水养殖。

1.1.24 螃蟹沟

辽河左岸一级支流，发源于辽宁省盘锦市兴隆台区兴盛街道前胡村，流经大洼区、盘锦市兴隆台区，在大洼区新兴镇于岗子村汇入辽河，河流长度21km。该河主要汇集兴隆台区雨污水及沿岸灌溉引排水，通过于岗子排水站排入辽河。一级支流1条。

1.1.25 太平河

辽河右岸一级支流，发源于辽宁省盘锦市盘山县大荒乡后胡村，流经盘山县，在双台子区新生农场西部汇入辽河，河流长度34km。无支流。

1.1.26 绕阳河

辽河右岸一级支流，辽代称锥子河，明代称珠子河，清初名岳阳河或乐羊河，又称鹨鹦河、耀营河、苏巴尔哈河。发源于辽宁省阜蒙县扎兰营子镇七家子村，流经阜蒙县、彰武县、新民市、黑山县、台安县、北镇市、盘山县、盘锦市兴隆台区，在盘山县东郭镇万金滩汇入辽河。

流域面积$10348km^2$，河流长度326km，河流平均比降0.398‰，多年平均年降水量540.8mm，多年平均径流深60.3mm，流域平均宽度为31.7km，河道弯曲系数为2.5，形状系数为0.10。

绕阳河干流从大郑线至沈山线铁桥河段，河道横向摆动大，塌岸严重，清光绪八年（1882年）至1946年发生河流改道6次。1950—1953年在台安县甄家窝棚将绕阳河旧道堵死，使河身再次西移，与黄家窝棚以下的东沙河汇流后，经万金滩注入辽河。

流域面积$10km^2$以上的一级支流41条，二级支流105条，三级支流44条，四级支流15条。流域面积$1000\sim5000km^2$的支流2条，$100\sim1000km^2$的支流32条，$50\sim100km^2$的支流24条，$10\sim50km^2$的支流140条，平原河流7条。

1.1.26.1 碱锅水库

碱锅水库位于绕阳河支流务欢池河上。坝址坐落于阜新市阜蒙县务欢池镇碱锅村。工程于1958年7月完工。

水库枢纽工程等别为Ⅲ等，永久性水工建筑物级别为3级，为多年调节水库，高程基面采用假定基面。水库设计洪水标准为20年一遇，校核洪水标准为100年一遇，水库校核洪水位182.82m，总库容1205万m^3；设计洪水位182.68m。水库主要工程有主坝、两座副坝、两个输水洞等。坝长810m，坝顶宽度6.0m，最大坝高7.5m。

该水库是以引水入库为主，具有城市供水、灌溉、水产养殖、旅游等综合效益的引水式平原中型水库。

1.1.26.2 押京河

绕阳河左岸一级支流，发源于辽宁省阜蒙县平安地镇阿汉土村，流经阜蒙县，在阜蒙县塔营子镇塔营子村汇入绕阳河。

流域面积 254km², 河流长度 38km, 河流平均比降 3.12‰, 多年平均年降水量 442.8mm, 多年平均径流深 49.5mm, 流域平均宽度为 6.7km, 河道弯曲系数为 1.4, 形状系数为 0.18。

流域面积 10km² 以上的一级支流 4 条，二级支流 3 条。流域面积 50~100km² 的支流 1 条，10~50km² 的支流 6 条。

1.1.26.3 鸹鹦河

绕阳河左岸一级支流，发源于辽宁省阜蒙县平安地镇土城子村，流经阜蒙县、彰武县，在彰武县哈尔套镇敖汉村汇入绕阳河。

流域面积 111km², 河流长度 29km, 河流平均比降 3.82‰, 多年平均年降水量 443.7mm, 多年平均径流深 51.4mm, 流域平均宽度为 3.8km, 河道弯曲系数为 1.7, 形状系数为 0.13。

流域面积 10km² 以上的一级支流 2 条，均为 10~50km² 河流。

1.1.26.4 苇塘河

绕阳河左岸一级支流，发源于辽宁省彰武县四堡子镇冷家村，流经彰武县，在彰武县双庙镇明水村汇入绕阳河。

流域面积 358km², 河流长度 72km, 河流平均比降 1.24‰, 多年平均年降水量 454.4mm, 多年平均径流深 52.2mm, 流域平均宽度为 5.0km, 河道弯曲系数为 1.7, 形状系数为 0.07。

流域面积 10km² 以上的一级支流 10 条，均为 10~50km² 河流。

1.1.26.5 二道河

绕阳河右岸一级支流，发源于辽宁省阜蒙县沙拉镇北查海村，流经阜蒙县，在阜蒙县泡子镇怒河土村汇入绕阳河。

流域面积 604km², 河流长度 68km, 河流平均比降 1.68‰, 多年平均年降水量 475.6mm, 多年平均径流深 43.8mm, 流域平均宽度为 8.9km, 河道弯曲系数为 1.5, 形状系数为 0.13。

流域面积 10km² 以上的一级支流 11 条，二级支流 4 条。流域面积 50~100km² 的支流 4 条，10~50km² 的支流 11 条。

1.1.26.6 沙河

绕阳河左岸一级支流，发源于辽宁省彰武县丰田乡四间房村，流经彰武县，在彰武县五峰镇合不土村汇入绕阳河。

流域面积 208km², 河流长度 28km, 河流平均比降 1.19‰, 多年平均年降水量 488.4mm, 多年平均径流深 41.7mm, 流域平均宽度为 7.4km, 河道弯曲系数为 1.3, 形状系数为 0.27。

流域面积 10km² 以上的一级支流 1 条，为 10~50km² 河流。

1.1.26.7 邵绕排干

绕阳河左岸一级支流，发源于辽宁省新民市周坨子镇韩坨子村，流经新民市，在新民市姚堡乡中腰堡村汇入绕阳河。

流域面积 355km²，河流长度 19km，河流平均比降 0.176‰，多年平均年降水量 525.5mm，多年平均径流深 45.0mm，流域平均宽度为 18.7km，河道弯曲系数为 1.1，形状系数为 0.98。

流域面积 10km² 以上的一级支流 3 条。流域面积 100~1000km² 的支流 1 条，10~50km² 的支流 2 条。

1.1.26.7.1 二龙湾

邵绕排干右岸一级支流，发源于辽宁省彰武县五峰镇乱山子村，流经彰武县、新民市，在新民市姚堡乡腰四家子村汇入邵绕排干。

流域面积 168km²，河流长度 25km，河流平均比降 1.09‰，多年平均年降水量 519.0mm，多年平均径流深 43.4mm，流域平均宽度为 6.7km，河道弯曲系数为 1.2，形状系数为 0.27。

无流域面积 10km² 以上的支流。

1.1.26.8 马绕排干

绕阳河左岸一级支流，发源于辽宁省新民市梁山镇团结村，流经新民市，在新民市卢家屯乡黄花甸子村汇入绕阳河。

流域面积 199km²，河流长度 24km，河流平均比降 0.465‰，多年平均年降水量 544.3mm，多年平均径流深 49.4mm，流域平均宽度为 8.5km，河道弯曲系数为 1.1，形状系数为 0.35。

流域面积 10km² 以上的一级支流 2 条，均为 10~50km² 河流。

1.1.26.9 杜屯排干

绕阳河左岸一级支流，发源于辽宁省新民市梁山镇大獾洞村，流经新民市，在新民市大红旗镇马长岗村汇入绕阳河。

流域面积 216km²，河流长度 22km，河流平均比降 0.431‰，多年平均年降水量 557.4mm，多年平均径流深 55.9mm，流域平均宽度为 9.8km，河道弯曲系数为 1.0，形状系数为 0.45。

流域面积 10km² 以上的一级支流 4 条，均为 10~50km² 河流。

1.1.26.10 袁海亮排干

绕阳河左岸一级支流，发源于辽宁省新民市金五台子镇，流经新民市、沈阳市辽中区、黑山县，在黑山县新兴镇北金家汇入绕阳河。

流域面积 291km²，河流长度 26km，河流平均比降 0.050‰，多年平均年降水量 586.0mm，多年平均径流深 68.2mm，流域平均宽度为 11.2km，河道弯曲系数为 1.1，形状系数为 0.43。

流域面积 10km² 以上的一级支流 3 条。流域面积 100~1000km² 的支流 1 条，50~100km² 的支流 1 条，10~50km² 的支流 1 条。

1.1.26.10.1　付绕排干

袁海亮排干右岸一级支流，发源于辽宁省新民市柳河沟镇解放村，流经新民市、沈阳市辽中区，在沈阳市辽中区大黑岗子镇三尖泡子村汇入袁海亮排干。

流域面积 121km^2，河流长度 21km，河流平均比降 0.366‰，多年平均年降水量 579.9mm，多年平均径流深 65.2mm，流域平均宽度为 5.8km，河道弯曲系数为 1.2，形状系数为 0.27。

无流域面积 10km^2 以上的支流。

1.1.26.11　三排干

绕阳河右岸一级支流，发源于辽宁省黑山县绕阳河镇，流经黑山县，在黑山县四家子镇东赵家村汇入绕阳河。

流域面积 145km^2，河流长度 34km，河流平均比降 0.493‰，多年平均年降水量 587.5mm，多年平均径流深 70.8mm，流域平均宽度为 4.3km，河道弯曲系数为 1.1，形状系数为 0.13。

流域面积 10km^2 以上的一级支流 2 条，均为 10~50km^2 河流。

1.1.26.12　贺家排水总干

绕阳河左岸一级支流，发源于辽宁省沈阳市辽中区老大房镇高家村，流经沈阳市辽中区、黑山县、台安县，在台安县桑林镇魏家村汇入绕阳河。

流域面积 387km^2，河流长度 47km，河流平均比降 0.212‰，多年平均年降水量 604.9mm，多年平均径流深 77.5mm，流域平均宽度为 8.2km，河道弯曲系数为 1.2，形状系数为 0.18。

流域面积 10km^2 以上的一级支流 6 条，二级支流 1 条。流域面积 50~100km^2 的支流 1 条，10~50km^2 的支流 6 条。

1.1.26.13　四排干

绕阳河右岸一级支流，发源于辽宁省黑山县绕阳河镇，流经黑山县，在黑山县四家子镇马圈子村汇入绕阳河。

流域面积 264km^2，河流长度 41km，河流平均比降 0.282‰，多年平均年降水量 598.1mm，多年平均径流深 74.3mm，流域平均宽度为 6.4km，河道弯曲系数为 1.2，形状系数为 0.16。

流域面积 10km^2 以上的一级支流 3 条，均为 10~50km^2 河流。

1.1.26.14　东沙河

绕阳河右岸一级支流，发源于辽宁省阜蒙县扎兰营子镇七家子村，流经阜蒙县、黑山县、北镇市、盘山县，在盘山县高升街道后屯村汇入绕阳河。

流域面积 2167km^2，河流长度 142km，河流平均比降 0.832‰，多年平均年降水量 527.7mm，多年平均径流深 50.1mm，流域平均宽度为 15.3km，河道弯曲系数为 1.6，形状系数为 0.11。

流域面积 10km^2 以上的一级支流 18 条，二级支流 18 条，三级支流 7 条。流域面积 100~1000km^2 的支流 5 条，50~100km^2 的支流 8 条，10~50km^2 的支流 30 条。

1.1.26.14.1 友邻水库

友邻水库位于东沙河上游。坝址坐落于阜新市阜蒙县苍土乡境内。工程于1958年8月完工。坝址以上集水面积419km²,水面面积3.62km²,最大泄流量4050m³/s。

水库枢纽工程等别为Ⅲ等,永久性水工建筑物级别为3级,为多年调节水库,采用高程基面为黄海基面。设计洪水标准为100年一遇,校核洪水标准为1000年一遇,水库校核洪水位为90.18m,总库容为4580万m³;设计洪水位为88.47m。坝高16.8m,坝顶长1078m,坝顶宽5m。

该水库是以防洪、灌溉为主兼有养鱼等功能的综合性中型水利枢纽工程。防洪保护下游富荣镇、新立屯镇、大虎山镇等12个乡镇及基础设施的安全。

1.1.26.14.2 八宝海河

东沙河左岸一级支流,发源于辽宁省阜蒙县老河土镇梅力板村,流经阜蒙县、黑山县,在黑山县英城子乡团山子村汇入东沙河。

流域面积257km²,河流长度40km,河流平均比降1.35‰,多年平均年降水量509.5mm,多年平均径流深44.3mm,流域平均宽度为6.4km,河道弯曲系数为1.8,形状系数为0.16。

流域面积10km²以上的一级支流6条,二级支流1条。流域面积50~100km²的支流1条,10~50km²的支流6条。

1.1.26.14.2.1 八宝海水库

八宝海水库位于八宝海河上游。坝址坐落于阜新市阜蒙县十家子镇。工程于1958年6月完工。坝址以上集水面积101km²,水面面积2.00km²,最大泄流量275m³/s。

水库枢纽工程等别为Ⅲ等,永久性水工建筑物级别为3级,为多年调节水库,高程基面采用黄海基面。水库设计洪水标准为100年一遇,校核洪水标准为2000年一遇,水库校核洪水位68.71m,总库容2340万m³;设计洪水位66.87m。水库枢纽工程主要由主坝、副坝(三座)、溢洪道、输水洞组成。坝长215m,坝顶宽度6.0m,最大坝高12.5m。

水库防洪保护下游平原区11个村屯、10.8万人及11万亩耕地不再受洪水威胁,将大郑、高新两座铁路桥防洪标准提高至100年一遇以上。

1.1.26.14.3 金沙河

东沙河左岸一级支流,发源于辽宁省阜蒙县十家子镇海山岱村,流经阜蒙县、黑山县,在黑山县无梁殿镇赖坨子村南汇入东沙河。

流域面积164km²,河流长度33km,河流平均比降0.723‰,多年平均年降水量525.4mm,多年平均径流深46.3mm,流域平均宽度为5.0km,河道弯曲系数为1.2,形状系数为0.15。

流域面积10km²以上的一级支流3条,均为10~50km²河流。

1.1.26.14.4 奉仕河

东沙河左岸一级支流,发源于辽宁省黑山县小东镇小民屯村,流经黑山县,在黑山县绕阳河镇曹家窝铺村汇入东沙河。

流域面积248km²,河流长度28km,河流平均比降0.660‰,多年平均年降水量

542.8mm，多年平均径流深 49.7mm，流域平均宽度为 8.9km，河道弯曲系数为 1.1，形状系数为 0.32。

流域面积 10km² 以上的一级支流 1 条，二级支流 2 条。流域面积 50～100km² 的支流 1 条，10～50km² 的支流 2 条。

1.1.26.14.5 羊乃河

东沙河右岸一级支流，发源于辽宁省黑山县芳山镇四台子村，流经黑山县，在黑山县胡家镇胡家村汇入东沙河。

流域面积 226km²，河流长度 37km，河流平均比降 0.838‰，多年平均年降水量 536.2mm，多年平均径流深 49.4mm，流域平均宽度为 6.1km，河道弯曲系数为 1.5，形状系数为 0.17。

流域面积 10km² 以上的一级支流 2 条，二级支流 1 条。流域面积 50～1000km² 的支流 1 条，10～50km² 的支流 2 条。

1.1.26.14.6 朝阳寺河

东沙河右岸一级支流，发源于辽宁省阜蒙县大板镇新华村，流经阜蒙县、黑山县，在黑山县胡家镇胡家村汇入东沙河。

流域面积 357km²，河流长度 65km，河流平均比降 2.87‰，多年平均年降水量 528.7mm，多年平均径流深 51.2mm，流域平均宽度为 5.5km，河道弯曲系数为 1.6，形状系数为 0.08。

流域面积 10km² 以上的一级支流 5 条，二级支流 3 条。流域面积 50～100km² 的支流 2 条，10～50km² 的支流 6 条。

1.1.26.14.6.1 龙湾水库

龙湾水库位于朝阳寺河中游。坝址坐落于锦州市黑山县太和镇。工程于 1958 年 4 月完工。坝址以上集水面积 321km²，水面面积 6.53km²，最大泄流量 2244m³/s。

水库枢纽工程等别为Ⅲ等，永久性水工建筑物级别为 3 级，为多年调节水库，高程基面采用黄海基面。防洪标准按 100 年一遇洪水设计，1000 年一遇洪水校核，水库校核洪水位为 56.95m，总库容为 7019 万 m³；设计洪水位为 55.67m。坝顶长 724m，坝高 16.6m。

该水库是以防洪、灌溉为主兼具水产养殖等功能的综合性中型水利枢纽工程。防洪保护下游胡家等 7 个乡镇、23.6 万亩农田以及 102 国道、沈山铁路等基础设施的安全。

1.1.26.15 辽绕运河总干

绕阳河左岸一级支流，发源于辽宁省台安县洪家农牧场铁丝房村，流经台安县、盘山县，在盘山县高升镇后屯村汇入绕阳河，河流长度 40km。一级支流 5 条。

1.1.26.16 庞家河

绕阳河右岸一级支流，发源于辽宁省黑山县太和镇尖山子村，流经黑山县、北镇市，在北镇市新生农场鱼铺汇入绕阳河。

流域面积 228km²，河流长度 50km，河流平均比降 0.403‰，多年平均年降水量 595.8mm，多年平均径流深 72.7mm，流域平均宽度为 4.6km，河道弯曲系数为 1.3，形状系数为 0.09。

流域面积10km²以上的一级支流2条，均为10～50km²河流。

1.1.26.17 羊肠河

绕阳河右岸一级支流，发源于辽宁省阜蒙县国华乡靳家店村，流经阜蒙县、黑山县、北镇市，在北镇市新生农场三分场汇入绕阳河。

流域面积635km²，河流长度98km，河流平均比降1.31‰，多年平均年降水量562.0mm，多年平均径流深64.2mm，流域平均宽度为6.5km，河道弯曲系数为1.7，形状系数为0.07。

流域面积10km²以上的一级支流9条，二级支流4条。流域面积100～1000km²的支流1条，50～100km²的支流1条，10～50km²的支流11条。

1.1.26.17.1 白厂门河

羊肠河右岸一级支流，发源于辽宁省阜蒙县国华乡康屯村，流经阜蒙县、黑山县、北镇市，在北镇市中安镇望牛村汇入羊肠河。

流域面积149km²，河流长度32km，河流平均比降6.52‰，多年平均年降水量553.3mm，多年平均径流深63.7mm，流域平均宽度为4.7km，河道弯曲系数为1.3，形状系数为0.15。

流域面积10km²以上的一级支流3条，均为10～50km²河流。

1.1.26.18 红旗水库

红旗水库位于绕阳河下游，坝址坐落于盘锦市盘山县胡家镇。工程于1958年12月完工。坝址以上集水面积7984km²，水面面积21.5km²，最大泄流量2800m³/s。

水库枢纽工程等别为Ⅲ等，永久性水工建筑物级别为3级，为多年调节水库，采用高程基面为黄海基面。设计洪水标准为20年一遇，校核洪水标准为100年一遇，水库校核洪水位为7.78m，总库容1628万m³；设计洪水位为6.75m。主要工程由泄洪闸、挡水土坝、两侧库岸堤及入库泵站4座、出库泵站5座组成，坝高6.1m。

该水库属河道型平原水库，主要用于农业灌溉，有效灌溉面积约15万亩。

1.1.26.19 西沙河

绕阳河右岸一级支流，发源于辽宁省阜蒙县新民镇卡拉房子村，流经阜蒙县、北镇市、盘山县，在盘山县羊圈子镇湾南村汇入绕阳河。

流域面积1454km²，河流长度97km，河流平均比降0.821‰，多年平均年降水量575.1mm，多年平均径流深74.7mm，流域平均宽度为15.0km，河道弯曲系数为1.3，形状系数为0.15。

流域面积10km²以上的一级支流12条，二级支流8条，三级支流7条。流域面积100～1000km²的支流6条，50～100km²的支流3条，10～50km²的支流18条。

1.1.26.19.1 安家河

西沙河左岸一级支流，发源于辽宁省黑山县镇安镇赵家窝铺村，流经北镇市、黑山县，在北镇市中安镇耿屯村汇入西沙河。

流域面积103km²，河流长度35km，河流平均比降1.31‰，多年平均年降水量584.6mm，多年平均径流深73.5mm，流域平均宽度为2.9km，河道弯曲系数为1.4，形状系数为0.08。

无流域面积 10km² 以上的支流。

1.1.26.19.2　窟窿台河

西沙河右岸一级支流，发源于辽宁省北镇市广宁街道张代村，流经北镇市，在北镇市吴家镇吴家村汇入西沙河。

流域面积 138km²，河流长度 25km，河流平均比降 1.09‰，多年平均年降水量 586.2mm，多年平均径流深 76.3mm，流域平均宽度为 5.5km，河道弯曲系数为 1.3，形状系数为 0.22。

流域面积 10km² 以上的一级支流 2 条，均为 10~50km² 河流。

1.1.26.19.3　黑鱼沟河

西沙河右岸一级支流，发源于辽宁省北镇市罗罗堡镇五峰寺村，流经北镇市，在北镇市赵屯镇陈家堡村汇入西沙河。

流域面积 292km²，河流长度 50km，河流平均比降 2.45‰，多年平均年降水量 561.7mm，多年平均径流深 76.9mm，流域平均宽度为 5.8km，河道弯曲系数为 1.6，形状系数为 0.12。

流域面积 10km² 以上的一级支流 2 条，二级支流 4 条。流域面积 100~1000km² 的支流 1 条，10~50km² 的支流 5 条。

1.1.26.19.3.1　广宁河

黑鱼沟河左岸一级支流，发源于辽宁省北镇市富屯街道，流经北镇市、盘山县，在北镇市廖屯镇汇入黑鱼沟河。

流域面积 140km²，河流长度 22km，河流平均比降 3.68‰，多年平均年降水量 562.8mm，多年平均径流深 76.1mm，流域平均宽度为 6.4km，河道弯曲系数为 1.3，形状系数为 0.29。

流域面积 10km² 以上的一级支流 4 条，均为 10~50km² 河流。

1.1.26.19.4　青年水库

青年水库位于西沙河右岸沟盘运河供水水源最末端。坝址坐落于盘锦市盘山县甜水镇境内。工程于 1958 年 12 月完工。水面面积 5.40km²，最大泄流量 12.0m³/s。

水库枢纽工程等别为Ⅲ等，永久性水工建筑物级别为 3 级，为多年调节水库，高程基面采用黄海基面。设计洪水标准为 20 年一遇，校核洪水标准为 100 年一遇，水库校核洪水位为 5.02m，总库容 1250 万 m³；设计洪水位为 5.0m。水库工程主要由进库闸、出库闸、土坝等组成。库岸大堤呈不规则多边形，堤总长 10.1km，坝顶宽 5.0m，最大坝高 4.9m。

该水库为平原中型水库。

1.1.26.19.5　鸭子河

西沙河右岸一级支流，发源于辽宁省北镇市五峰林场，流经北镇市、盘山县，在盘山县羊圈子镇沙河子村汇入西沙河。

流域面积 336km²，河流长度 46km，河流平均比降 1.27‰，多年平均年降水量 573.9mm，多年平均径流深 75.2mm，流域平均宽度为 7.3km，河道弯曲系数为 1.2，形状系数为 0.16。

流域面积10km²以上的一级支流4条，二级支流3条。流域面积100～1000km²的支流1条，50～100km²的支流1条，10～50km²的支流5条。

1.1.26.19.5.1　贺张沟

鸭子河左岸一级支流，发源于辽宁省北镇市鲍家乡鲍家村，流经北镇市、盘山县，在盘山县甜水镇南锅村汇入鸭子河。

流域面积112km²，河流长度32km，河流平均比降0.594‰，多年平均年降水量580.4mm，多年平均径流深75.0mm，流域平均宽度为3.5km，河道弯曲系数为1.2，形状系数为0.11。

流域面积10km²以上的一级支流1条，为10～50km²河流。

1.1.26.20　月牙河

绕阳河右岸一级支流，发源于辽宁省北镇市闾阳镇石堡子村，流经北镇市、凌海市、盘山县，在盘山县东郭镇月牙子村汇入绕阳河。

流域面积658km²，河流长度47km，河流平均比降0.701‰，多年平均年降水量571.0mm，多年平均径流深77.3mm，流域平均宽度为14.0km，河道弯曲系数为1.3，形状系数为0.30。

流域面积10km²以上的一级支流5条，二级支流5条，三级支流1条。流域面积100～1000km²的支流2条，50～100km²的支流1条，10～50km²的支流8条。

1.1.26.20.1　大羊河

月牙河右岸一级支流，发源于辽宁省凌海市三台子镇上铁厂村，流经凌海市、盘山县，在盘山县羊圈子镇马丈房村汇入月牙河。

流域面积229km²，河流长度34km，河流平均比降1.44‰，多年平均年降水量569.6mm，多年平均径流深76.0mm，流域平均宽度为6.7km，河道弯曲系数为1.2，形状系数为0.20。

流域面积10km²以上的一级支流3条，二级支流1条，均为10～50km²河流。

1.1.26.20.2　锦盘河

月牙河右岸一级支流，发源于辽宁省凌海市白台子镇高峰村，流经凌海市、盘山县，在盘山县东郭镇淤河盖汇入月牙河。

流域面积153km²，河流长度38km，河流平均比降0.677‰，多年平均年降水量569.6mm，多年平均径流深83.5mm，流域平均宽度为4.0km，河道弯曲系数为1.4，形状系数为0.11。

流域面积10km²以上的一级支流1条，为10～50km²河流。

1.1.26.21　丰屯河

绕阳河右岸一级支流，发源于辽宁省凌海市白台子镇王家窝铺村，流经凌海市、盘山县，在盘山县东郭镇汇入绕阳河。

流域面积180km²，河流长度44km，河流平均比降0.390‰，多年平均年降水量574.4mm，多年平均径流深86.3mm，流域平均宽度为4.1km，河道弯曲系数为1.2，形状系数为0.09。

流域面积10km²以上的一级支流2条，均为10～50km²河流。

1.1.27 清水河排干

辽河左岸一级支流，发源于辽宁省盘锦市大洼区田家街道高家村，流经田家镇、清水镇、新兴镇、赵圈河镇，在大洼区赵圈河镇圈河村汇入辽河。河流长度16km。无支流。

1.1.28 赵圈河排干

辽河左岸一级支流，发源于辽宁省盘锦市大洼区东风镇叶家村，流经盘锦市大洼区，在盘锦市大洼区赵圈河镇圈河村汇入辽河。河流长度27km。一级支流1条。

1.1.29 潮沟河

辽河右岸一级支流，发源于辽宁省凌海市金城原种场，流经凌海市、盘山县，在盘山县东郭镇欢喜岭村汇入辽河。

流域面积419km²，河流长度65km，河流平均比降0.243‰，多年平均年降水量586.2mm，多年平均径流深81.4mm，流域平均宽度为6.4km，河道弯曲系数为1.3，形状系数为0.10。

流域面积10km²以上的一级支流1条，二级支流1条。流域面积100～1000km²的支流1条，10～50km²的支流1条。

1.1.29.1 南屁岗子河

潮沟河左岸一级支流，发源于辽宁省凌海市右卫满族镇苗屯昌盛村，流经凌海市、盘山县，在盘山县东郭镇欢喜岭村汇入潮沟河。

流域面积202km²，河流长度39km，河流平均比降0.046‰，多年平均年降水量588.0mm，多年平均径流深76.8mm，流域平均宽度为5.2km，河道弯曲系数为1.6，形状系数为0.13。

流域面积10km²以上的一级支流1条，为10～50km²河流。

1.1.30 接官厅排干

辽河左岸一级支流，发源于盘锦大洼区王家街道姚家村，流经大洼区，在大洼区赵圈河镇兰石鳌村汇入辽河。河流长度26km。一级支流1条。

1.1.31 三角洲水库

三角洲水库坝址坐落于盘锦市大洼区二界沟街道。坝址坐标为东经121°55′46″，北纬40°52′59″。工程于1998年9月完工。水面面积13.13km²，最大泄流量17.7m³/s。

水库枢纽工程等别为Ⅲ等，永久性水工建筑物级别为3级，为多年调节水库，高程基面采用黄海基面。水库设计洪水标准为20年一遇，校核洪水标准为100年一遇，水库校核洪水位为5.52m，总库容4205万m³；设计洪水位为5.51m。水库工程主要有围堤（土坝）和迎水面护坡、进出口供水枢纽工程及其他一些附属工程组成。坝长13.7m，坝顶宽5.0m，最大坝高12.2m。

该水库是中型平原水库，依靠抽水蓄库，属自由泄洪。水库主要任务是采用自流与机抽相结合的方式引蓄辽河水，解决农田灌溉和调节抗旱用水。

1.1.32 荣兴水库

荣兴水库位于荣兴渠系。坝址坐落于盘锦市大洼区荣兴街道。工程于1944年5月完工。水面面积7.50km^2，最大泄流量10.8m^3/s。

水库枢纽工程等别为Ⅲ等，永久性水工建筑物级别为3级，为多年调节水库，高程基面采用黄海基面。水库设计洪水标准为20年一遇，校核洪水标准为100年一遇，水库校核洪水位为5.05m，总库容1613万m^3；设计洪水位为5.05m。水库工程主要包括围堤大坝、抽水站、排洪闸等。围堤大坝长11.2km，坝顶宽度4.0m，最大坝高4.5m。

1.2 浑河

浑河，汉代称辽水、小辽水，辽以后始称浑河。由于水色浑浊而得名。发源于辽宁省清原县湾甸子镇坎椽沟村，流经清原县，新宾满族自治县（以下简称"新宾县"）、抚顺县、抚顺市东洲区、新抚区、顺城区、望花区、沈阳市浑南区、和平区、于洪区、苏家屯区、灯塔市、沈阳市辽中区、辽阳县、台安县、海城市、盘山县、大石桥市、盘锦市大洼区、营口市老边区、站前区、西市区，在营口市西市区渤海大街西炮台汇入渤海。

流域面积28260km^2，河流长度495km，河流平均比降0.420‰，多年平均年降水量742.3mm，多年平均径流深220.9mm，流域平均宽度为57.1km，河道弯曲系数为1.7，河流形状系数为0.12。

在历史上，浑河曾经是辽河最大的支流。清代末年，由于人为活动的影响、上游西辽河两岸水土流失加重、辽河水含沙量大增、下游河道淤浅、频繁决口，经过自然选择和人为治理的双重影响、辽河主流改道从盘锦入海。1958年，为了根治辽河下游洪涝灾害、堵截了从六间房流向三岔河、纳浑河太子河入海的辽河东支（即古辽河入海河道），辽河水不再与浑河相通。

流域面积10km^{2}以上的一级支流81条，二级支流200条，三级支流238条，四级支流123条，五级支流14条。流域面积大于5000km^{2}的支流1条，1000~5000km^{2}的支流6条，100~1000km^{2}的支流63条，50~100km^{2}的支流65条，10~50km^{2}的支流449条（包含平原水网区3个，共有河流82条，其中支流72条）。

1.2.1 后楼水库

后楼水库位于浑河上游。坝址坐落于抚顺市清原县湾甸子镇湾甸子村。工程于1973年10月完工。坝址以上集水面积81.0km^2，水面面积1.07km^2，最大泄流量589.9m^3/s。

水库枢纽工程等别为Ⅲ等，永久性水工建筑物级别为3级，为多年调节水库，高程基面采用黄海基面。设计标准为50年一遇洪水，校核标准为1000年一遇洪水，水库校核洪水位为483.38m，总库容1463万m^3；设计洪水位为481.80m。坝长495m，最大坝高

18.3m，坝顶宽5m。

该水库是以灌溉为主，兼顾防洪、发电、水产养殖等的中型水利枢纽工程。防洪保护下游湾甸子镇等区域内1万余人、2万余亩耕地，以及清原至永陵公路等基础设施的安全。

1.2.2　沙河

浑河左岸一级支流，发源于辽宁省清原县大苏河乡大堡村，流经清原县，在清原县大苏河乡三十道河村汇入浑河。

流域面积180km²，河流长度23km，河流平均比降10.6‰，多年平均年降水量784.0mm，多年平均径流深298.6mm，流域平均宽度为7.8km，河道弯曲系数为1.3，河流形状系数为0.34。

流域面积10km²以上的一级支流3条。流域面积50～100km²的支流1条，10～50km²的支流2条。

1.2.3　黑牛河

浑河左岸一级支流，发源于辽宁省清原县敖家堡乡马家沟村，流经清原县，在清原县清原镇红河谷汇入浑河

流域面积184km²，河流长度35km，河流平均比降8.19‰，多年平均年降水量796.0mm，多年平均径流深304.3mm，流域平均宽度为5.3km，河道弯曲系数为1.5，河流形状系数为0.15。

流域面积10km²以上的一级支流4条，二级支流1条，均为10～50km²河流。

1.2.4　红河水库

红河水库位于浑河上游。坝址坐落于抚顺市清原县清原镇四道河村。工程于1995年8月完工。坝址以上集水面积806km²，最大泄流量1710m³/s。

该水库设计洪水标准为50年一遇，校核洪水标准为500年一遇，水库校核洪水位为271.97m，总库容1144万m³；设计洪水位为269.67m。水库枢纽主要由拦河坝、溢洪道、输水洞等组成，坝高32.6m，坝顶长233.5m。

该水库是以发电、防洪为主，兼有灌溉、水产养殖、旅游等综合效益的中型日调节水利枢纽工程。防洪保护下游1万人、1万亩耕地以及202国道等基础设施的安全。

1.2.5　英额河

浑河右岸一级支流，发源于辽宁省清原县英额门镇湾龙背村，流经清原县，在清原县清原镇马前寨村汇入浑河。

流域面积519km²，河流长度44km，河流平均比降3.79‰，多年平均年降水量768.6mm，多年平均径流深258.7mm，流域平均宽度为11.8km，河道弯曲系数为1.5，河流形状系数为0.27。

流域面积10km²以上的一级支流9条，二级支流6条。流域面积100～1000km²的支

流 1 条，50~100km² 的支流 1 条，10~50km² 的支流 13 条。

1.2.5.1 小孤家子河

英额河右岸一级支流，发源于辽宁省清原县梅乃甸乡北大林村，流经清原县，在清原县清原镇椴木沟村汇入英额河。

流域面积 137km²，河流长度 23km，河流平均比降 8.98‰，多年平均年降水量 790.1mm，多年平均径流深 249.3mm，流域平均宽度为 6.0km，河道弯曲系数为 1.5，河流形状系数为 0.26。

流域面积 10km² 以上的一级支流 3 条，均为 10~50km² 河流。

1.2.5.1.1 小孤家水库

小孤家水库位于小孤家子河下游。坝址坐落于抚顺市清原县清原镇椴木沟村。工程于 1990 年 10 月完工。坝址以上集水面积 121km²，水面面积 0.92km²，最大泄流量 962m³/s。

水库枢纽工程等别为Ⅲ等，永久性水工建筑物级别为 3 级，为多年调节水库，高程基面采用黄海基面。设计洪水标准为 50 年一遇洪水，校核洪水标准采用 2000 年一遇洪水，水库校核洪水位为 310.39m，总库容为 2002 万 m³，设计洪水位为 307.28m。主要建筑物包括拦河坝、溢洪道、输水洞、电站等。坝长 347m，坝顶宽 5.0m，最大坝高 30.5m。

该水库是以城镇供水为主、兼顾灌溉、防洪、水产养殖等的中型水利枢纽工程。防洪保护下游清原镇等区域内 10 万人、2 万亩耕地以及沈吉铁路、202 国道等重要军用、民用基础设施和单位的安全。

1.2.6 树基沟河

浑河右岸一级支流，发源于辽宁省清原县北三家镇李家堡村，流经清原县，在清原县北三家镇黑石木村汇入浑河。

流域面积 159km²，河流长度 29km，河流平均比降 7.67‰，多年平均年降水量 886.0mm，多年平均径流深 292.9mm，流域平均宽度为 5.5km，河道弯曲系数为 2.0，河流形状系数为 0.19。

流域面积 10km² 以上的一级支流 3 条，二级支流 1 条，均为 10~50km² 河流。

1.2.7 海阳河

浑河左岸一级支流，发源于辽宁省清原县清原镇新立屯村，流经清原县，在清原县南口前镇南口前村汇入浑河。

流域面积 190km²，河流长度 29km，河流平均比降 5.73‰，多年平均年降水量 838.2mm，多年平均径流深 313.1mm，流域平均宽度为 6.6km，河道弯曲系数为 1.3，河流形状系数为 0.23。

流域面积 10km² 以上的一级支流 3 条。流域面积 50~100km² 的支流 1 条，10~50km² 的支流 2 条。

1.2.8 苏子河

浑河左岸一级支流，发源于辽宁省新宾县红升乡关家村，流经新宾县、抚顺县，在抚顺县夹河乡古楼村汇入浑河。

流域面积 2161km²，河流长度 148km，河流平均比降 1.57‰，多年平均年降水量 788.5mm，多年平均径流深 292.8mm，流域平均宽度为 14.6km，河道弯曲系数为 1.9，河流形状系数为 0.10。

流域面积 10km² 以上的一级支流 24 条，二级支流 23 条，三级支流 11 条。流域面积 100～1000km² 的支流 5 条，50～100km² 的支流 9 条，10～50km² 的支流 44 条。

1.2.8.1 红升水库

红升水库位于苏子河上游。坝址坐落于抚顺市新宾县红升乡红升村。工程于 1975 年 10 月完工。坝址以上集水面积 78.5km²，水面面积 2.00km²，最大泄流量 208m³/s。

水库枢纽工程等别为Ⅲ等，永久性水工建筑物级别为 3 级，为多年调节水库，采用高程基面为黄海基面。水库按 50 年一遇洪水设计，2000 年一遇洪水校核，水库校核洪水位为 378.34m，总库容 3071 万 m³；设计洪水位为 375.76m。枢纽主要水工建筑物为拦河坝、溢洪道、泄洪输水洞及电站等。坝顶长 280m，坝顶宽 8.5m，最大坝高 26.4m。

该水库是以灌溉、城镇供水为主，兼顾防洪、发电、养鱼综合利用的中型水利枢纽工程。

1.2.8.2 二道河

苏子河右岸一级支流，发源于辽宁省新宾县新宾镇碰嘴村，流经新宾县，在新宾县新宾镇和平村汇入苏子河。

流域面积 118km²，河流长度 18km，河流平均比降 9.58‰，多年平均年降水量 774.0mm，多年平均径流深 291.9mm，流域平均宽度为 6.6km，河道弯曲系数为 1.4，河流形状系数为 0.36。

流域面积 10km² 以上的一级支流 4 条，二级支流 1 条，均为 10～50km² 河流。

1.2.8.3 二道河子河

苏子河左岸一级支流，发源于辽宁省新宾县榆树乡边外村，流经新宾县，在新宾县永陵镇前进村汇入苏子河。

流域面积 533km²，河流长度 31km，河流平均比降 5.74‰，多年平均年降水量 788.6mm，多年平均径流深 311.5mm，流域平均宽度为 17.2km，河道弯曲系数为 1.3，河流形状系数为 0.55。

流域面积 10km² 以上的一级支流 6 条，二级支流 8 条。流域面积 100～1000km² 的支流 2 条，50～100km² 的支流 1 条，10～50km² 的支流 11 条。

1.2.8.3.1 哈山河

二道河子河右岸一级支流，发源于辽宁省新宾县榆树乡岔路子村，流经新宾县，在新宾县榆树乡榆树村汇入二道河子河。

流域面积 121km²，河流长度 21km，河流平均比降 8.01‰，多年平均年降水量 789.6mm，多年平均径流深 318.0mm，流域平均宽度为 5.8km，河道弯曲系数为 1.2，河流形状系数为 0.27。

流域面积 10km² 以上的一级支流 2 条，均为 10～50km² 河流。

1.2.8.3.2 金岗河

二道河子河右岸一级支流，发源于辽宁省新宾县永陵镇陡岭林场，流经新宾县，在新宾县永陵镇二道村汇入二道河子河。

流域面积 180km²，河流长度 25km，河流平均比降 6.70‰，多年平均年降水量 783.2mm，多年平均径流深 311.2mm，流域平均宽度 7.2km，河道弯曲系数为 1.3，河流形状系数为 0.29。

流域面积 10km² 以上的一级支流 5 条，均为 10~50km² 河流。

1.2.8.4 洞上河

苏子河左岸一级支流，发源于辽宁省新宾县木奇镇赵家林场，流经新宾县，在新宾县木奇镇洞上村汇入苏子河。

流域面积 189km²，河流长度 25km，河流平均比降 10.4‰，多年平均年降水量 797.3mm，多年平均径流深 293.2mm，流域平均宽度为 7.6km，河道弯曲系数为 1.4，河流形状系数为 0.30。

流域面积 10km² 以上的一级支流 3 条，二级支流 2 条。流域面积 50~100km² 的支流 1 条，10~50km² 的支流 4 条。

1.2.9 百花河

浑河左岸一级支流，发源于辽宁省抚顺县汤图满族乡三块石村，流经抚顺县，在抚顺县上马镇竖碑村汇入浑河。

流域面积 166km²，河流长度 35km，河流平均比降 7.32‰，多年平均年降水量 793.5mm，多年平均径流深 250.8mm，流域平均宽度 4.7km，河道弯曲系数为 1.2，河流形状系数为 0.14。

流域面积 10km² 以上的一级支流 2 条，均为 10~50km² 河流。

1.2.10 社河

浑河左岸一级支流，发源于辽宁省抚顺县后安镇夏家村，流经抚顺县，在抚顺县上马镇台沟村汇入浑河。

流域面积 520km²，河流长度 54km，河流平均比降 4.89‰，多年平均年降水量 799.1mm，多年平均径流深 252.2mm，流域平均宽度 9.6km，河道弯曲系数为 1.4，河流形状系数为 0.18。

流域面积 10km² 以上的一级支流 11 条，二级支流 6 条，三级支流 1 条。流域面积 100~1000km² 的支流 1 条，10~50km² 的支流 17 条。

1.2.10.1 腰堡水库

腰堡水库位于社河上游。坝址坐落于抚顺市抚顺县后安镇腰堡村。工程于 1979 年 8 月完工。坝址以上集水面积 139km²，水面面积 12.81km²，最大泄流量 1220m³/s。

水库枢纽工程等别为Ⅲ等，永久性水工建筑物级别为 3 级，为多年调节水库，高程基面采用假定基面。水库设计洪水标准为 200 年一遇，校核洪水标准为 1000 年一遇，水库校核洪水位为 121.54m，总库容 2003 万 m³；设计洪水位为 117.49m。水库主要工程包括拦河坝、溢洪道、输水洞、电站等。坝长410m，坝高24.0m。

该水库是以灌溉为主，兼顾防洪、发电、养殖等综合利用的中型水利枢纽工程。防洪保护下游后安镇和上马乡30余个村屯1.4万人、1.7万亩耕地的安全。

1.2.10.2 前安河

社河右岸一级支流，发源于辽宁省抚顺县后安镇佟庄村，流经抚顺县，在抚顺县后安镇后安村汇入社河。

流域面积159km², 河流长度24km，河流平均比降13.2‰，多年平均年降水量810.0mm，多年平均径流深262.4mm，流域平均宽度为6.6km，河道弯曲系数为1.2，河流形状系数为0.28。

流域面积10km²以上的一级支流3条，二级支流1条，均为10~50km²河流。

1.2.11 大伙房水库

大伙房水库（神州北湖）位于浑河干流中上游。坝址坐落于抚顺市东洲区东洲街道。工程于1958年9月完工。坝址以上集水面积5437km²，水面面积91.2km²，最大泄流量13400m³/s。

水库枢纽工程等别为Ⅰ等，永久性水工建筑物级别为1级，抗震设防烈度7度，为多年调节水库，采用高程基面为黄海基面。水库按1000年一遇洪水设计，可能最大洪水校核，水库校核洪水位为139.32m，总库容22.68亿m³；设计洪水位为136.63m。枢纽工程主要由主坝、一副坝、二副坝、三副坝、主溢洪道、非常溢洪道、输水洞、电站及城市供水取水口等组成。坝顶长度1367m，坝顶宽度8.0m，最大坝高49.8m。

该水库是以防洪、供水为主，兼顾养殖、发电、旅游综合利用的大型水利枢纽工程。防洪保护涉及沈阳市、抚顺市、辽阳市、鞍山市、盘锦等5个市所辖的10个县（市、区）和60个乡（镇）700余万人、300余万亩耕地的安全。

1.2.12 章党河

浑河右岸一级支流，发源于辽宁省铁岭县横道河子镇东三岔子村，流经铁岭县、抚顺县、抚顺市东洲区，在抚顺市东洲区章党街道章党街汇入浑河。

流域面积322km²，河流长度40km，河流平均比降3.12‰，多年平均年降水量776.1mm，多年平均径流深234.1mm，流域平均宽度为8.1km，河道弯曲系数为2.9，河流形状系数为0.20。

流域面积10km²以上的一级支流7条，二级支流1条。流域面积50~100km²的支流2条，10~50km²的支流6条。

1.2.13 东洲河

浑河左岸一级支流，发源于辽宁省抚顺县救兵镇山龙村，流经抚顺县、抚顺市东洲区，在抚顺市东洲区东洲街道东洲社区汇入浑河。

流域面积528km²，河流长度60km，河流平均比降4.15‰，多年平均年降水量765.0mm，多年平均径流深238.4mm，流域平均宽度为8.8km，河道弯曲系数为1.5，河流形状系数为 0.15。

流域面积 10km² 以上的一级支流 9 条，二级支流 2 条。流域面积 100～1000km² 的支流 1 条，50～100km² 的支流 1 条，10～50km² 的支流 9 条。

1.2.13.1 王木河

东洲河左岸一级支流，发源于辽宁省抚顺县峡河乡大房子村，流经抚顺县，在抚顺县救兵镇康西村汇入东洲河。

流域面积 139km²，河流长度 24km，河流平均比降 5.75‰，多年平均年降水量 754.8mm，多年平均径流深 238.0mm，流域平均宽度为 5.8km，河道弯曲系数为 1.3，河流形状系数为 0.24。

流域面积 10km² 以上的一级支流 2 条，均为 10～50km² 河流。

1.2.13.1.1 关山水库

关山水库位于东洲河支流王木河上。坝址坐落于抚顺市抚顺县救兵镇。工程于 2003 年 9 月完工。坝址以上集水面积 135.6km²，水面面积 2.13km²，最大泄流量 1317m³/s。

水库枢纽工程等别为Ⅲ等，永久性水工建筑物级别为 3 级，为多年调节水库，高程基面采用黄海基面。水库按 50 年一遇洪水设计，5000 年一遇洪水校核，水库校核洪水位为 177.38m，总库容 4440 万 m³；设计洪水位为 173.99m。水库建筑物主要包括：拦河坝、溢洪道、输水洞，输水洞下接水电站，泄水建筑物为开敞式溢洪道。坝长 404m，坝顶宽 9.0m，最大坝高 41.1m。

该水库是以防洪、城市供水为主，兼顾灌溉、水产养殖和发电的中型水库。水库防洪保护下游 0.3 万亩耕地、0.1 万人及下游 1.5km 抚顺至虎台公路的安全。

1.2.14 古城子河

浑河左岸一级支流，发源于辽宁省抚顺县石文镇八家子村，流经抚顺县，抚顺市望花区、新抚区、顺城区，在抚顺市望花区古城子街道望花桥汇入浑河。

流域面积 305km²，河流长度 40km，河流平均比降 2.68‰，多年平均年降水量 741.0mm，多年平均径流深 223.1mm，流域平均宽度为 7.6km，河道弯曲系数为 1.1，河流形状系数为 0.19。

流域面积 10km² 以上的一级支流 5 条，二级支流 1 条。流域面积 50～100km² 的支流 2 条，10～50km² 的支流 4 条。

1.2.14.1 英守水库

英守水库位于古城子河上游。坝址坐落于抚顺市抚顺县石文镇。工程于 1965 年 8 月完工。坝址以上集水面积 55.0km²，水面面积 1.35km²，最大泄流量 647m³/s。

水库枢纽工程等别为Ⅲ等，永久性水工建筑物级别为 3 级，为多年调节水库，高程基面采用假定基面。水库设计洪水标准为 50 年一遇，校核洪水标准为 2000 年一遇，水库校核洪水位为 91.46m，总库容 1141 万 m³；设计洪水位为 89.02m。主要枢纽工程包括拦河坝、溢洪道、输水洞等。坝长 624.6m，坝顶宽度 5.5m，最大坝高 17.7m。

该水库是以灌溉为主，兼顾防洪、养殖、旅游等综合利用的中型水利枢纽工程。

1.2.15 莲岛河

浑河右岸一级支流，发源于辽宁省抚顺市顺城区会元乡马前村，流经抚顺市顺城区，在抚顺市顺城区河北乡滴台村汇入浑河。

流域面积 101km²，河流长度 25km，河流平均比降 3.82‰，多年平均年降水量 729.2mm，多年平均径流深 200.8mm，流域平均宽度为 4.0km，河道弯曲系数为 1.2，河流形状系数为 0.16。

流域面积 10km² 以上的一级支流 2 条，均为 10～50km² 河流。

1.2.16 拉古河

浑河左岸一级支流，发源于辽宁省抚顺市望花区拉古满族乡长山村，流经沈阳市浑南区、抚顺市望花区，在抚顺市望花区李石街道四方鲜汉村汇入浑河。

流域面积 186km²，河流长度 38km，河流平均比降 2.22‰，多年平均年降水量 730.5mm，多年平均径流深 212.5mm，流域平均宽度为 4.9km，河道弯曲系数为 1.4，河流形状系数为 0.13。

流域面积 10km² 以上的一级支流 3 条，均为 10～50km² 河流。

1.2.17 小沙河

浑河左岸一级支流，发源于辽宁省沈阳市浑南区祝家街道山城子社区，流经沈阳市浑南区、抚顺市望花区，在沈阳市浑南区东湖街道石庙子村汇入浑河。

流域面积 172km²，河流长度 46km，河流平均比降 1.22‰，多年平均年降水量 721.5mm，多年平均径流深 200.7mm，流域平均宽度为 3.7km，河道弯曲系数为 2.0，河流形状系数为 0.08。

流域面积 10km² 以上的一级支流 2 条，均为 10～50km² 河流。

1.2.18 白塔堡河

浑河左岸一级支流，发源于辽宁省沈阳市浑南区李相街道老塘峪社区，流经沈阳市浑南区、苏家屯区，在沈阳市和平区浑河站西街道曹仲社区汇入浑河。

流域面积 165km²，河流长度 46km，河流平均比降 0.992‰，多年平均年降水量 700.5mm，多年平均径流深 185.3mm，流域平均宽度为 3.6km，河道弯曲系数为 1.6，河流形状系数为 0.08。

流域面积 10km² 以上的一级支流 2 条。流域面积 50～100km² 的支流 1 条，10～50km² 的支流 1 条。

1.2.19 新开河排干

浑河左岸一级支流，发源于辽宁省沈阳市苏家屯区八一街道夹胜堡村，流经沈阳市苏家屯区，在沈阳市苏家屯区王纲街道王纲堡村汇入浑河。河流长度 11km。无支流。

1.2.20 韭菜河排干

浑河左岸一级支流,发源于辽宁省沈阳市苏家屯区八一街道武镇营村,流经灯塔市、沈阳市苏家屯区,在辽阳市灯塔市沈旦堡镇韭菜河村汇入浑河。河流长度26km。一级支流3条,二级支流1条,均为平原河流。

1.2.21 细河

浑河右岸一级支流,发源于辽宁省沈阳市皇姑区,流经沈阳市皇姑区、铁西区,于洪区,辽中区,在沈阳市辽中区茨榆坨镇黄腊坨南村汇入浑河。河流长度87km。无支流。

1.2.22 浑沙河

浑河左岸一级支流,发源于辽宁省沈阳市苏家屯区红菱街道烟台村,流经沈阳市苏家屯区、灯塔市、辽阳县,在辽阳县小北河镇小北河村汇入浑河。河流长度48km。一级支流2条,均为平原河流。

1.2.23 蒲河

浑河右岸一级支流,发源于辽宁省铁岭县横道河子镇武家沟村,流经铁岭县,沈阳市浑南区、沈北新区、于洪区、新民市、辽中区,在沈阳市辽中区老观坨镇后老薄村汇入浑河。

流域面积1359km²,河流长度202km,河流平均比降0.408‰,多年平均年降水量659.0mm,多年平均径流深130.2mm,流域平均宽度为6.7km,河道弯曲系数为1.7,河流形状系数为0.03。

流域面积10km²以上的一级支流17条,二级支流9条。流域面积100~1000km²的支流3条,50~100km²的支流3条,10~50km²的支流20条。

1.2.23.1 棋盘山水库

棋盘山水库位于蒲河上游。坝址坐落于沈阳市棋盘山风景区内。工程于1977年8月完工。坝址以上集水面积133km²,水面面积4.74km²,最大泄流量103m³/s。

水库枢纽工程等别为Ⅲ等,永久性水工建筑物级别为3级,为多年调节水库,高程基面采用黄海基面。水库按100年一遇洪水设计,1000年一遇洪水校核,水库校核洪水位为100.02m,相应库容6034万m³;设计洪水位为97.56m。主要建筑物包括拦河坝、非常溢洪道及输水洞等。坝长272m,坝顶宽8.9m,最大坝高23.0m。

该水库是以防洪为主,兼顾旅游、灌溉、养鱼等综合利用的多年调节的中型水利枢纽工程。水库防洪范围内重点保护对象为棋盘山风景区、4个国营农场、长大铁路、101国道、102国道、沈北煤矿等重要工矿企事业单位和大量基础设施等。

1.2.23.2 九龙河

蒲河右岸一级支流,发源于辽宁省沈阳市沈北新区财落街道郎家寺社区,流经沈阳市沈北新区、于洪区,在沈阳市于洪区光辉街道集体村汇入蒲河。

流域面积314km²,河流长度34km,河流平均比降0.556‰,多年平均年降水量

635.6mm，多年平均径流深 116.3mm，流域平均宽度为 9.2km，河道弯曲系数为 1.4，河流形状系数为 0.27。

流域面积 10km² 以上的一级支流 4 条。流域面积 100～1000km² 的支流 1 条，10～50km² 的支流 3 条。

1.2.23.2.1　导水路排干

九龙河右岸一级支流，发源于辽宁省新民市罗家房镇新安堡村，流经新民市，沈阳市沈北新区、于洪区，在沈阳市于洪区光辉街道光辉农场汇入九龙河。

流域面积 135km²，河流长度 20km，河流平均比降 0.372‰，多年平均年降水量 629.2mm，多年平均径流深 110.7mm，流域平均宽度为 6.8km，河道弯曲系数为 1.0，河流形状系数为 0.34。

无流域面积 10km² 以上的支流。

1.2.23.3　小浑河

蒲河右岸一级支流，发源于辽宁省新民市胡台社区，流经新民市，沈阳市于洪区，在沈阳市新民市胡台镇南岗村汇入蒲河。河流长度 31km。流域面积 10km² 以上的一级支流 1 条，二级支流 1 条，均为平原河流。

1.2.23.4　修家窑排干

蒲河右岸一级支流，发源于辽宁省沈阳市于洪区光辉街道开隆村，流经沈阳市于洪区、新民市，在新民市法哈牛镇东升堡村汇入蒲河。

流域面积 152km²，河流长度 21km，河流平均比降 0.341‰，多年平均年降水量 622.6mm，多年平均径流深 94.6mm，流域平均宽度为 7.2km，河道弯曲系数为 1.2，河流形状系数为 0.34。

流域面积 10km² 以上的一级支流 1 条，为 10～50km² 河流。

1.2.23.5　曹家窝堡排干

蒲河左岸一级支流，发源于沈阳市于洪区沙岭街道四台子村，流经新民市，沈阳市于洪区、辽中区，在沈阳市辽中区刘二堡镇北长寿岗村汇入蒲河。河流长度 28km。无支流。

1.2.23.6　西湖

西湖位于蒲河上，坐落于沈阳市新民市前当堡镇境内，距沈阳市区 40km。湖中岛面积 0.467km²，自然生荷花 1.33km²，水面面积 1.98km²。湖水清澈，芦苇苍茫，自然天成之美与人工雕琢之韵融为一体。

自 20 世纪 90 年代以来，为了更好地开发西湖的美景，沈阳市政府投入巨资，新建景点 30 余处：六曲长桥、芦荡迷宫、石刻碑林、世南书院、佛阁神殿、泛舟赏荷、临湖垂钓、沙滩浴场、入水滑梯、水上别墅等，以其自然天成之美和人工雕琢之韵编织了沈阳西湖的经纬，使它在文化内涵和艺术品位上都得到了很大的提高。

1.2.23.7　于台排干

蒲河左岸一级支流，发源于辽宁省沈阳市铁西区高花街道高花社区，流经沈阳市铁西区、辽中区，在沈阳市辽中区潘家堡镇于家台村汇入蒲河。河流长度 23km。一级支流 1 条，均为平原河流。

流域面积 10～50km² 的一级支流 1 条，无其他级别支流。

1.2.23.8 乌伯牛排干

蒲河右岸一级支流，发源于辽宁省沈阳市辽中区新民屯镇土堡子村，流经沈阳市辽中区，在沈阳市辽中区六间房镇马三家子村汇入蒲河。河流长度 32km。无支流。

1.2.24 太子河

浑河左岸一级支流，太子河因相传战国时燕太子丹逃匿于此河而得名。太子河汉朝以前称衍水，汉朝时称大梁水，辽代称东梁水，辽代末年称太子河，明代称代子河或太资河。发源于辽宁省新宾县平顶山镇橙厂村，流经新宾县，本溪满族自治县（以下简称"本溪县"），本溪县明山区、溪湖区、平山区、灯塔市，辽阳县，辽阳市弓长岭区、宏伟区、太子河区、文圣区、白塔区、海城市，在海城市西四镇八家子村三岔河汇入浑河。

流域面积 13493km²，河流长度 363km，河流平均比降 0.740‰，多年平均年降水量 767.5mm，多年平均径流深 253.4mm，流域平均宽度为 37.2km，河道弯曲系数为 1.7，河流形状系数为 0.10。

流域面积 10km² 以上的一级支流 60 条，二级支流 178 条，三级支流 107 条，四级支流 14 条。流域面积 1000～5000km² 的支流 4 条，100～1000km² 的支流 37 条，50～100km² 的支流 31 条，10～50km² 的支流 287 条。

1.2.24.1 草盆河

太子河左岸一级支流，发源于辽宁省新宾县大四平镇小四平村，流经新宾县，在新宾县苇子峪镇小哪吒村汇入太子河。

流域面积 154km²，河流长度 30km，河流平均比降 7.91‰，多年平均年降水量 845.8mm，多年平均径流深 360.5mm，流域平均宽度为 5.1km，河道弯曲系数为 1.4，河流形状系数为 0.17。

流域面积 10km² 以上的一级支流 4 条，均为 10～50km² 河流。

1.2.24.2 刘家河

太子河右岸一级支流，发源于辽宁省新宾县苇子峪镇西厢小堡村，流经新宾县，在新宾县苇子峪镇于家村汇入太子河。

流域面积 236km²，河流长度 30km，河流平均比降 7.99‰，多年平均年降水量 814.7mm，多年平均径流深 305.8mm，流域平均宽度为 7.9km，河道弯曲系数为 1.3，河流形状系数为 0.26。

流域面积 10km² 以上的一级支流 4 条，二级支流 3 条。流域面积 50～100km² 的支流 1 条，10～50km² 的支流 6 条。

1.2.24.3 双河

太子河左岸一级支流，发源于辽宁省新宾县大四平镇马架子村，流经新宾县，在新宾县下夹河乡岗东村汇入太子河。

流域面积 210km²，河流长度 36km，河流平均比降 6.89‰，多年平均年降水量 839.7mm，多年平均径流深 377.8mm，流域平均宽度为 5.8km，河道弯曲系数为 1.4，河流形状系数为 0.16。

流域面积 10km² 以上的一级支流 6 条，均为 10～50km² 河流。

1.2.24.4 南太子河

太子河左岸一级支流，发源于辽宁省本溪县东营房乡洋湖沟村，流经本溪县，在本溪县南甸镇马城子村汇入太子河。

流域面积 951km²，河流长度 88km，河流平均比降 3.16‰，多年平均年降水量 895.3mm，多年平均径流深 432.2mm，流域平均宽度为 10.8km，河道弯曲系数为 2.4，河流形状系数为 0.12。

流域面积 10km² 以上的一级支流 15 条，二级支流 11 条。流域面积 100～1000km² 的支流 3 条，50～100km² 的支流 1 条，10～50km² 的支流 22 条。

1.2.24.4.1 南孤山河

南太子河左岸一级支流，发源于辽宁省本溪县碱厂镇城门村，流经本溪县，在本溪县碱厂镇本溪县农场汇入南太子河。

流域面积 129km²，河流长度 19km，河流平均比降 8.46‰，多年平均年降水量 969.0mm，多年平均径流深 450.9mm，流域平均宽度为 6.8km，河道弯曲系数为 1.5，河流形状系数为 0.36。

流域面积 10km² 以上的一级支流 4 条，均为 10～50km² 河流。

1.2.24.4.2 杉松河

南太子河左岸一级支流，发源于辽宁省本溪县田师傅镇魏家堡子村，流经本溪县，在本溪县碱厂镇黄家堡子村汇入南太子河。

流域面积 101km²，河流长度 25km，平均河床比降 11.9‰，多年平均年降水量 839.1mm，多年平均径流深 419.1mm，流域平均宽度为 4.0km，河道弯曲系数为 1.4，河流形状系数为 0.16。

流域面积 10km² 以上的一级支流 2 条，均为 10～50km² 河流。

1.2.24.4.3 三道河

南太子河右岸一级支流，发源于辽宁省本溪县东营房乡宫家堡村，流经本溪县，在本溪县碱厂镇碱厂村汇入南太子河。

流域面积 106km²，河流长度 20km，河流平均比降 8.71‰，多年平均年降水量 872.8mm，多年平均径流深 415.0mm，流域平均宽度为 5.3km，河道弯曲系数为 1.4，河流形状系数为 0.27。

流域面积 10km² 以上的一级支流 2 条，均为 10～50km² 河流。

1.2.24.5 马圈子河

太子河右岸一级支流，发源于辽宁省抚顺县马圈子乡太平村，流经抚顺县、本溪县，在本溪县清河城镇万利村汇入太子河。

流域面积 407km²，河流长度 32km，河流平均比降 2.97‰，多年平均年降水量 810.7mm，多年平均径流深 299.6mm，流域平均宽度为 12.7km，河道弯曲系数为 1.7，河流形状系数为 0.40。

流域面积 10km² 以上的一级支流 8 条，二级支流 4 条，三级支流 3 条。流域面积 100～1000km² 的支流 1 条，10～50km² 的支流 14 条。

1.2.24.5.1 清河

马圈子河右岸一级支流，发源于辽宁省本溪县清河城镇城西村，流经本溪县，在本溪县清河城镇清河城村汇入马圈子河。

流域面积 198km^2，河流长度 19km，河流平均比降 7.55‰，多年平均年降水量 802.0mm，多年平均径流深 293.9mm，流域平均宽度为 10.4km，河道弯曲系数为 1.4，河流形状系数为 0.55。

流域面积 10km^2 以上的一级支流 4 条，二级支流 3 条，均为 10~50km^2 河流。

1.2.24.6 泉水河

太子河左岸一级支流，发源于辽宁省本溪县小市镇蜂蜜砬子村，流经本溪县，在本溪县小市镇腰堡村汇入太子河。

流域面积 110km^2，河流长度 21km，河流平均比降 6.98‰，多年平均年降水量 794.2mm，多年平均径流深 380.9mm，流域平均宽度为 5.2km，河道弯曲系数为 1.4，河流形状系数为 0.25。

流域面积 10km^2 以上的一级支流 3 条，均为 10~50km^2 河流。

1.2.24.7 观音阁水库

观音阁水库位于太子河上游。坝址坐落于本溪市本溪县小市镇。工程于 1995 年 9 月完工。坝址以上集水面积 2795km^2，水面面积 61.0km^2，最大泄流量 10586m^3/s。

水库枢纽工程等别为Ⅰ等，永久性水工建筑物级别为 1 级，抗震设防烈度 7 度，为多年调节水库，采用高程基面为黄海基面。水库按 1000 年一遇洪水设计，10000 年一遇洪水校核，水库校核洪水位 265.0m，总库容为 21.68 亿 m^3；设计洪水位 263.0m。水库主体工程为拦河大坝，分为挡水坝段、溢流坝段、底孔坝段及电站坝段。坝长 1040m，坝顶宽 10.0m，最大坝高 82.0m。

该水库是以供水和防洪为主，兼有灌溉、发电、养鱼等综合效益的大型水利枢纽工程。水库的建成可削减下游洪峰流量，提高城市防洪标准，使本溪市、辽阳市防洪标准分别从 50 年一遇和 100 年一遇提高到 200 年一遇，农田防洪标准由 5 年一遇提高到 50 年一遇，葠窝水库校核标准由 1000 年一遇提高到 10000 年一遇。

1.2.24.8 小汤河

太子河左岸一级支流，发源于辽宁省本溪县草河掌镇佟家堡村，流经本溪县，在本溪县小市镇上堡村汇入太子河。

流域面积 480km^2，河流长度 58km，河流平均比降 5.22‰，多年平均年降水量 866.8mm，多年平均径流深 399.7mm，流域平均宽度为 8.3km，河道弯曲系数为 2.7，河流形状系数为 0.14。

流域面积 10km^2 以上的一级支流 9 条，二级支流 3 条。流域面积 50~100km^2 的支流 2 条，10~50km^2 的支流 10 条。

1.2.24.8.1 关门山水库

关门山水库位于小汤河上游。坝址坐落于本溪市本溪县小市镇。工程于 1991 年 10 月完工。坝址以上集水面积 176.6km^2，水面面积 3.78km^2，最大泄流量 1245m^3/s。

水库枢纽工程等别为Ⅲ等，永久性水工建筑物级别为 3 级，为多年调节水库，高程基面采用黄海基面。水库设计洪水标准为 100 年一遇，校核洪水标准为 2000 年一遇，水库校核洪水位为 376.77m，总库容 7661 万 m^3；设计洪水位为 374.26m。水库枢纽工程主要由大坝、溢洪道、输水洞、电站等组成。坝顶长 218.9m，坝顶宽 8.0m，最大坝高 58.5m。

该水库是防洪、供水、灌溉、发电、水产养殖、旅游等综合利用的中型水利枢纽工程，防洪保护下游本溪县部分区域内 10 万人、0.2 万亩耕地以及本桓公路、本田铁路等交通干线的安全。

1.2.24.9 五道河

太子河右岸一级支流，发源于辽宁省本溪县高官镇新农村，流经本溪县，在本溪县高官镇法台村汇入太子河。

流域面积 131km^2，河流长度 25km，河流平均比降 7.87‰，多年平均年降水量 782.6mm，多年平均径流深 267.6mm，流域平均宽度为 5.2km，河道弯曲系数为 1.5，河流形状系数为 0.21。

流域面积 10km^2 以上的一级支流 2 条，均为 10～50km^2 河流。

1.2.24.10 小夹河

太子河右岸一级支流，发源于辽宁省本溪县高官镇磙子沟村，流经本溪县，在本溪县高官镇三合村汇入太子河。

流域面积 196km^2，河流长度 31km，河流平均比降 6.27‰，多年平均年降水量 766.8mm，多年平均径流深 244.8mm，流域平均宽度为 6.3km，河道弯曲系数为 1.5，河流形状系数为 0.20。

流域面积 10km^2 以上的一级支流 3 条，均为 10～50km^2 河流。

1.2.24.10.1 三道河水库

三道河水库位于小夹河上游。坝址坐落于本溪市本溪县高官镇境内。工程于 1972 年 6 月完工。坝址以上集水面积 77.0km^2，水面面积 2.09km^2，最大泄流量 453m^3/s。

水库枢纽工程等别为Ⅲ等，永久性水工建筑物级别为 3 级，为多年调节水库，高程基面采用黄海基面。防洪标准为 50 年一遇设计，1000 年一遇校核，水库校核洪水位为 250.75m，总库容 2980 万 m^3；设计洪水位为 248.36m。水库枢纽工程包括大坝、溢洪道、输水洞、电站等。坝长 222m，坝顶宽 5.6m，最大坝高 36.2m。

该水库是以防洪、灌溉、城市供水为主并兼有发电、水产养殖、旅游等综合效益的水利枢纽工程。防洪保护下游高官镇、偏岭镇及本溪市区，本抚公路、沈丹铁路等交通干线，以及 0.63 万人、1.6 万亩耕地的安全。

1.2.24.11 卧龙河

太子河左岸一级支流，发源于辽宁省本溪市明山区卧龙街道兴隆山村，流经本溪市明山区，在本溪市明山区卧龙街道卧龙村汇入太子河。

流域面积 154km^2，河流长度 23km，河流平均比降 13.1‰，多年平均年降水量 804.1mm，多年平均径流深 308.1mm，流域平均宽度为 6.7km，河道弯曲系数为 1.3，河流形状系数为 0.29。

流域面积 10km^2 以上的一级支流 3 条，二级支流 1 条。流域面积 50～100km^2 的支流

1条，10~50km² 的支流 3 条。

1.2.24.12 南沙河

太子河右岸一级支流，发源于辽宁省本溪市明山区高台子街道塔峪村，流经本溪市明山区，在本溪市明山区高台子街道威宁营村汇入太子河。

流域面积 121km²，河流长度 22km，河流平均比降 4.03‰，多年平均年降水量 774.8mm，多年平均径流深 243.3mm，流域平均宽度为 5.5km，河道弯曲系数为 1.1，河流形状系数为 0.25。

流域面积 10km² 以上的一级支流 5 条，均为 10~50km² 河流。

1.2.24.13 细河

太子河左岸一级支流，发源于辽宁省凤城市青城子镇白云山村，流经凤城市，本溪县，本溪市南芬区、平山区，辽阳县，灯塔市，在灯塔市鸡冠山乡于家沟村汇入太子河。

流域面积 1126km²，河流长度 119km，河流平均比降 3.02‰，多年平均年降水量 819.6mm，多年平均径流深 341.7mm，流域平均宽度为 9.5km，河道弯曲系数为 2.6，河流形状系数为 0.08。

流域面积 10km² 以上的一级支流 17 条，二级支流 17 条。流域面积 100~1000km² 的支流 3 条，50~100km² 的支流 1 条，10~50km² 的支流 30 条。

1.2.24.13.1 正沟河

细河右岸一级支流，发源于辽宁省本溪县草河口镇正沟村，流经本溪县，在本溪县连山关镇连山关村汇入细河。

流域面积 124km²，河流长度 20km，河流平均比降 5.58‰，多年平均年降水量 855.3mm，多年平均径流深 392.9mm，流域平均宽度为 6.2km，河道弯曲系数为 1.5，河流形状系数为 0.31。

流域面积 10km² 以上的一级支流 3 条，均为 10~50km² 河流。

1.2.24.13.2 大石河

细河右岸一级支流，发源于辽宁省本溪市南芬区下马塘街道施家村，流经本溪市南芬区，在本溪市南芬区下马塘街道程家村汇入细河。

流域面积 140km²，河流长度 31km，河流平均比降 8.41‰，多年平均年降水量 851.4mm，多年平均径流深 378.5mm，流域平均宽度为 4.5km，河道弯曲系数为 1.9，河流形状系数为 0.15。

流域面积 10km² 以上的一级支流 4 条，均为 10~50km² 河流。

1.2.24.13.3 三道河

细河右岸一级支流，发源于辽宁省本溪市南芬区思山岭街道南沟村，流经本溪市南芬区、平山区，在本溪市平山区桥头街道河东村汇入细河。

流域面积 238km²，河流长度 36km，河流平均比降 9.01‰，多年平均年降水量 833.8mm，多年平均径流深 335.3mm，流域平均宽度为 6.6km，河道弯曲系数为 1.5，河流形状系数为 0.18。

流域面积 10km² 以上的一级支流 7 条，均为 10~50km² 河流。

1.2.24.14 兰河

太子河右岸一级支流，发源于辽宁省辽阳县甜水满族乡鸡爪山村，流经辽阳县，在辽阳县寒岭镇栗子园村汇入太子河。

流域面积 516km²，河流长度 65km，河流平均比降 5.45‰，多年平均年降水量 767.4mm，多年平均径流深 282.2mm，流域平均宽度为 7.9km，河道弯曲系数为 1.4，河流形状系数为 0.12。

流域面积 10km² 以上的一级支流 16 条，二级支流 2 条，均为 10~50km² 河流。

1.2.24.15 葠窝水库

葠窝水库位于太子河中游。坝址坐落于辽阳市弓长岭区安平乡。工程于 1974 年 11 月完工。坝址以上集水面积 3380km²（观音阁水库至葠窝水库），水面面积 40.52km²，最大泄流量 23796m³/s。

水库枢纽工程等别为Ⅱ等，主要建筑物的等级为 2 级，抗震设防烈度 7 度，为多年调节水库，高程基面采用黄海基面。水库设计洪水标准为 300 年一遇，校核洪水标准为 10000 年一遇，水库校核洪水位为 102.00m，总库容 7.91 亿 m³；设计洪水位为 100.80m。主体工程由混凝土重力坝和坝后式水电站两部分组成。坝长 532m，最大坝高 50.3m，坝顶宽度 6.0m。

该水库是以防洪、灌溉、工业用水为主，结合工、农业用水发电的大（2）型水利枢纽工程。保护人口 140 万人，保护耕地 210 万亩。

1.2.24.16 汤河

太子河左岸一级支流，发源于辽宁省辽阳县吉洞峪满族乡粉城墙村，流经辽阳县、辽阳市弓长岭区、文圣区，在辽阳市文圣区小屯镇双庙子村汇入太子河。

流域面积 1422km²，河流长度 87km，河流平均比降 2.82‰，多年平均年降水量 763.0mm，多年平均径流深 239.8mm，流域平均宽度为 16.3km，河道弯曲系数为 1.4，河流形状系数为 0.19。

流域面积 10km² 以上的一级支流 21 条，二级支流 23 条，三级支流 4 条。流域面积 100~1000km² 的支流 2 条，50~100km² 的支流 3 条，10~50km² 的支流 43 条。

1.2.24.16.1 河栏沟河

汤河右岸一级支流，发源于辽宁省辽阳县河栏镇罗家村，流经辽阳县，在辽阳县河栏镇黄岗村汇入汤河。

流域面积 178km²，河流长度 33km，河流平均比降 9.19‰，多年平均年降水量 793.1mm，多年平均径流深 289.1mm，流域平均宽度为 5.4km，河道弯曲系数为 1.5，河流形状系数为 0.16。

流域面积 10km² 以上的一级支流 3 条，均为 10~50km² 河流。

1.2.24.16.2 汤河西支

汤河左岸一级支流，发源于辽宁省辽阳县吉洞峪满族乡礼备沟村，流经辽阳县、辽阳弓长岭区，在辽阳市弓长岭区汤河镇柳河汤村汇入汤河。

流域面积 562km²，河流长度 59km，河流平均比降 2.93‰，多年平均年降水量 756.5mm，多年平均径流深 214.7mm，流域平均宽度为 9.5km，河道弯曲系数为 1.3，

河流形状系数为 0.16。

流域面积 10km² 以上的一级支流 16 条，二级支流 4 条。流域面积 50～100km² 的支流 2 条，10～50km² 的支流 18 条。

1.2.24.16.3　汤河水库

汤河水库位于汤河下游。坝址坐落于辽阳市弓长岭区汤河镇。工程于 1969 年 12 月完工。坝址以上集水面积 1228km²，水面面积 31.64km²，最大泄流量 2995m³/s。

水库枢纽工程等别为Ⅱ等，主要建筑物等级为 2 级，抗震设防裂度 7 度，为多年调节水库，高程基面采用大连基面。设计洪水标准为 100 年一遇，校核洪水标准为 10000 年一遇，水库校核洪水位为 115.97m，总库容 6.26 亿 m³；设计洪水位为 111.44m。汤河水库主要水工建筑物由主坝、溢洪道、输水洞、水电站组成。坝顶长 455m，坝顶宽 6.0m，最大坝高 48.5m。

汤河水库是以防洪、供水为主，兼顾灌溉、养鱼、发电等综合利用的大（2）型水利枢纽工程。影响人口 134 万人，影响耕地 246 万亩。配合葠窝水库承担农田 20 年一遇洪水标准，辽阳市 100 年一遇洪水标准的防洪任务。

1.2.24.17　北沙河

太子河右岸一级支流，发源于辽宁省抚顺县海浪乡前楼村，流经抚顺县、本溪市溪湖区、沈阳市苏家屯区、辽宁市灯塔市，在灯塔市西马峰镇新生村汇入太子河。

流域面积 1590km²，河流长度 102km，河流平均比降 0.855‰，多年平均年降水量 717.6mm，多年平均径流深 193.0mm，流域平均宽度为 15.6km，河道弯曲系数为 1.6，河流形状系数为 0.15。

流域面积 10km² 以上的一级支流 16 条，二级支流 20 条，三级支流 3 条。流域面积 100～1000km² 的支流 4 条，50～100km² 的支流 6 条，10～50km² 的支流 29 条。

1.2.24.17.1　扬木河

北沙河右岸一级支流，发源于辽宁省抚顺县海浪乡上海浪村，流经抚顺县、沈阳市苏家屯区，在沈阳市苏家屯区姚千街道小堡屯村汇入北沙河。

流域面积 161km²，河流长度 27km，河流平均比降 3.21‰，多年平均年降水量 741.8mm，多年平均径流深 217.0mm，流域平均宽度为 6.0km，河道弯曲系数为 1.3，河流形状系数为 0.22。

流域面积 10km² 以上的一级支流 3 条，二级支流 1 条。流域面积 50～100km² 的支流 1 条，10～50km² 的支流 3 条。

1.2.24.17.2　十里河

北沙河左岸一级支流，发源于辽宁省灯塔市柳河子镇银匠堡子村，流经灯塔市、沈阳市苏家屯区，在灯塔市大河南镇二十家子村汇入北沙河。

流域面积 348km²，河流长度 45km，河流平均比降 1.21‰，多年平均年降水量 721.1mm，多年平均径流深 197.1mm，流域平均宽度为 7.7km，河道弯曲系数为 1.4，河流形状系数为 0.17。

流域面积 10km² 以上的一级支流 9 条，二级支流 2 条。流域面积 50～100km² 的支流 2 条，10～50km² 的支流 9 条。

1.2.24.17.3 戈西河

北沙河左岸一级支流，发源于辽宁省灯塔市铧子镇后铧子村，流经灯塔市，在灯塔市西马峰镇胜利村汇入北沙河。

流域面积 218km²，河流长度 33km，河流平均比降 0.789‰，多年平均年降水量 704.4mm，多年平均径流深 176.3mm，流域平均宽度为 6.6km，河道弯曲系数为 1.4，河流形状系数为 0.20。

流域面积 10km² 以上的一级支流 3 条。流域面积 50～100km² 的支流 1 条，10～50km² 的支流 2 条。

1.2.24.17.4 马峰河

北沙河左岸一级支流，发源于辽宁省灯塔市西大窑镇西大窑村，流经灯塔市，在灯塔市西马峰镇后方干堡村汇入北沙河。

流域面积 140km²，河流长度 34km，河流平均比降 0.813‰，多年平均年降水量 714.7mm，多年平均径流深 179.6mm，流域平均宽度为 4.1km，河道弯曲系数为 1.4，河流形状系数为 0.12。

流域面积 10km² 以上的一级支流 3 条，均为 10～50km² 河流。

1.2.24.18 柳壕河

太子河左岸一级支流，发源于辽宁省辽阳市文圣区南门街道，流经辽阳市文圣区、白塔区、太子河区、辽阳县，在辽阳县柳壕镇青渔湾村汇入太子河。

流域面积 518km²，河流长度 54km，河流平均比降 0.065‰，多年平均年降水量 691.5mm，多年平均径流深 143.4mm，流域平均宽度为 9.6km，河道弯曲系数为 1.4，河流形状系数为 0.18。

流域面积 10km² 以上的一级支流 3 条，二级支流 1 条。流域面积 50～100km² 的支流 2 条，10～50km² 的支流 2 条。

1.2.24.19 南沙河

太子河左岸一级支流，发源于辽宁省鞍山市千山区千山风景区庙尔台村，流经鞍山千山区、铁东区、立山区、辽阳县，在辽阳县唐马寨镇南坨子村汇入太子河。

流域面积 426km²，河流长度 58km，河流平均比降 1.34‰，多年平均年降水量 722.5mm，多年平均径流深 165.0mm，流域平均宽度为 7.3km，河道弯曲系数为 1.4，河流形状系数为 0.13。

流域面积 10km² 以上的一级支流 4 条，二级支流 3 条。流域面积 50～100km² 的支流 2 条，10～50km² 的支流 5 条。

1.2.24.20 运粮河

太子河左岸一级支流，发源于辽宁省鞍山市铁东区园林街道二一九公园，流经鞍山市铁东区、铁西区、千山区、辽阳县，在辽阳县穆家镇新台子村汇入太子河。

流域面积 246km²，河流长度 39km，河流平均比降 0.479‰，多年平均年降水量 693.3mm，多年平均径流深 133.4mm，流域平均宽度为 6.3km，河道弯曲系数为 1.6，河流形状系数为 0.16。

流域面积 10km² 以上的一级支流 3 条，均为 10～50km² 河流。

1.2.24.21 杨柳河

太子河左岸一级支流,发源于辽宁省海城市大屯镇东房身村,流经海城市、鞍山千山区、辽阳县,在辽阳县穆家镇新台子村汇入太子河。

流域面积 307km², 河流长度 60km, 河流平均比降 1.21‰, 多年平均年降水量 714.7mm, 多年平均径流深 152.3mm, 流域平均宽度为 5.1km, 河道弯曲系数为 1.6, 河流形状系数为 0.09。

流域面积 10km² 以上的一级支流 3 条。流域面积 50~100km² 的支流 1 条, 10~50km² 的支流 2 条。

1.2.24.22 五道河

太子河左岸一级支流,发源于辽宁省海城市王石镇金坑村,流经海城市,在海城市望台镇刘家台村汇入太子河。

流域面积 629km², 河流长度 62km, 河流平均比降 1.63‰, 多年平均年降水量 700.0mm, 多年平均径流深 133.9mm, 流域平均宽度为 10.1km, 河道弯曲系数为 1.5, 河流形状系数为 0.16。

流域面积 10km² 以上的一级支流 5 条,二级支流 4 条,三级支流 2 条。流域面积 100~1000km² 的支流 2 条, 50~100km² 的支流 1 条, 10~50km² 的支流 8 条。

1.2.24.22.1 上英水库

上英水库位于五道河上游。坝址坐落于鞍山市海城市王石镇。工程于 1983 年 12 月完工。坝址以上集水面积 54.0km², 水面面积 1.68km², 最大泄流量 395m³/s。

水库枢纽工程等别为Ⅲ等,永久性水工建筑物级别为 3 级,为多年调节水库,高程基面采用黄海基面。水库设计洪水标准为 100 年一遇,校核洪水标准为 2000 年一遇,水库校核洪水位为 100.97m, 总库容 2919 万 m³; 设计洪水位为 99.45m。水库枢纽主要由拦河大坝、右岸输水洞、左岸开敞式明渠溢洪道等主要建筑物组成。坝长 575m, 坝顶宽度 5.0m, 坝高 29.5m。

该水库是以防洪、农业灌溉为主,兼顾养鱼和供水等综合利用的中型水利枢纽工程。水库防洪重点保护对象为下游两镇一区内的人口和工矿企事业单位以及国家重要交通干线长大铁路等。

1.2.24.22.2 三通河

五道河右岸一级支流,发源于辽宁省海城市甘泉镇英城子村,流经海城市、鞍山市千山区,在海城市耿庄镇土台村汇入五道河。

流域面积 318km², 河流长度 35km, 河流平均比降 0.827‰, 多年平均年降水量 691.3mm, 多年平均径流深 125.3mm, 流域平均宽度为 9.1km, 河道弯曲系数为 1.5, 河流形状系数为 0.26。

流域面积 10km² 以上的一级支流 3 条,二级支流 2 条。流域面积 100~1000km² 的支流 1 条, 10~50km² 的支流 4 条。

1.2.24.22.2.1 南草河

三通河右岸一级支流,发源于辽宁省海城市腾鳌镇金甲村,流经海城市,在海城市耿庄镇灰菜村汇入三通河。

流域面积 105km², 河流长度 15km, 河流平均比降 0.705‰, 多年平均年降水量 688.3mm, 多年平均径流深 125.3mm, 流域平均宽度为 7.0km, 河道弯曲系数为 1.3, 河流形状系数为 0.47。

流域面积 10km² 以上的一级支流 1 条, 为 10~50km² 河流。

1.2.24.23 海城河

太子河左岸一级支流, 发源于辽宁省海城市孤山镇瓦子沟村, 流经海城市, 在海城市牛庄镇西小村汇入太子河。

流域面积 1377km², 河流长度 92km, 河流平均比降 1.50‰, 多年平均年降水量 717.7mm, 多年平均径流深 174.1mm, 流域平均宽度为 15.0km, 河道弯曲系数为 1.3, 河流形状系数为 0.16。

流域面积 10km² 以上的一级支流 15 条, 二级支流 15 条, 三级支流 2 条。流域面积 100~1000km² 的支流 5 条, 50~100km² 的支流 3 条, 10~50km² 的支流 24 条。

1.2.24.23.1 黑峪河

海城河右岸一级支流, 发源于辽宁省海城市接文镇三家堡村, 流经海城市, 在海城市析木镇析木村汇入海城河。

流域面积 195km², 河流长度 26km, 河流平均比降 8.73‰, 多年平均年降水量 738.6mm, 多年平均径流深 217.3mm, 流域平均宽度为 7.5km, 河道弯曲系数为 1.4, 河流形状系数为 0.29。

流域面积 10km² 以上的一级支流 3 条, 二级支流 2 条。流域面积 50~100km² 的支流 1 条, 10~50km² 的支流 4 条。

1.2.24.23.1.1 山咀水库

山咀水库位于黑峪河上游。坝址坐落于鞍山市海城市接文镇。工程于 1970 年 8 月完工。坝址以上集水面积 38.0km², 水面面积 0.69km², 最大泄流量 871m³/s。

水库枢纽工程等别为Ⅲ等, 永久性水工建筑物级别为 3 级, 为多年调节水库, 高程基面采用大连基面。水库设计洪水标准为 50 年一遇, 校核洪水标准为 1000 年一遇, 水库校核洪水位为 210.33m, 总库容 1118 万 m³; 设计洪水位为 208.48m。水利枢纽工程主要由大坝、第一溢洪道、第二溢洪道、输水洞等组成。坝长 414m, 坝顶宽度 5.0m, 最大坝高 32.6m。

该水库主要担负下游乡镇的防洪和农田灌溉任务, 在保障黑峪河中下游防洪安全上作用显著。防洪保护范围内的重点对象是海岫铁路析木段、大盘线公路析木段。

1.2.24.23.2 析木西大河

海城河左岸一级支流, 发源于辽宁省海城市岔沟镇红旗岭村, 流经海城市, 在海城市析木镇缸窑岭村汇入海城河。

流域面积 215km², 河流长度 23km, 河流平均比降 4.69‰, 多年平均年降水量 724.7mm, 多年平均径流深 183.6mm, 流域平均宽度为 9.3km, 河道弯曲系数为 1.1, 河流形状系数为 0.41。

流域面积 10km² 以上的一级支流 5 条, 均为 10~50km² 河流。

1.2.24.23.3 马风河

海城河右岸一级支流，发源于辽宁省海城市马风镇王官村，流经海城市，在海城市马风镇石门村汇入海城河。

流域面积 152km², 河流长度 22km, 河流平均比降 6.87‰, 多年平均年降水量 731.6mm, 多年平均径流深 180.0mm, 流域平均宽度为 6.9km, 河道弯曲系数为 1.2, 河流形状系数为 0.31。

流域面积 10km² 以上的一级支流 3 条。流域面积 50~100km² 的支流 1 条, 10~50km² 的支流 2 条。

1.2.24.23.4 炒铁河

海城河左岸一级支流，发源于辽宁省海城市牌楼镇黄堡村，流经海城市，在海城市响堂街道张家社区汇入海城河。

流域面积 107km², 河流长度 26km, 河流平均比降 2.24‰, 多年平均年降水量 713.4mm, 多年平均径流深 149.9mm, 流域平均宽度为 4.1km, 河道弯曲系数为 1.7, 河流形状系数为 0.16。

流域面积 10km² 以上的一级支流 2 条, 均为 10~50km² 河流。

1.2.24.23.5 八里河

海城河左岸一级支流，发源于辽宁省海城市英落镇冯沟村，流经海城市，在海城市中小镇中小村汇入海城河。

流域面积 177km², 河流长度 46km, 河流平均比降 1.64‰, 多年平均年降水量 697.7mm, 多年平均径流深 126.5mm, 流域平均宽度为 3.8km, 河道弯曲系数为 1.9, 河流形状系数为 0.08。

流域面积 10km² 以上的一级支流 1 条, 为 10~50km² 河流。

1.2.24.23.5.1 王家坎水库

王家坎水库位于八里河中上游。坝址坐落于鞍山市海城市八里镇。工程于 1959 年 9 月完工。坝址以上集水面积 62.0km², 水面面积 1.50km², 最大泄流量 398m³/s。

水库枢纽工程等别为Ⅲ等，永久性水工建筑物级别为 3 级，为多年调节水库，高程基面采用假定基面。水库设计洪水标准为 100 年一遇，校核洪水标准为 2000 年一遇，水库校核洪水位为 111.43m, 总库容 1707 万 m³; 设计洪水位为 109.59m。枢纽工程主要建筑物有拦河坝、溢洪道及输水洞。坝长 525m, 坝顶宽 6.0m, 最大坝高 18.0m。

该水库是以灌溉为主，兼顾防洪、养鱼和旅游的中型水利枢纽工程，防洪保护下游 4 个乡镇以及长大铁路、哈大公路、沈大高速公路等重要的铁路及公路枢纽的安全。

1.2.25 外辽河

浑河右岸一级支流，发源于辽宁省盘山县沙岭镇六间房村，流经盘山县、海城市、台安县，在盘山县古城子镇古城子村汇入浑河。河流长度 43km。一级支流 2 条，二级支流 2 条，三级支流 1 条，均为平原河流。

1.2.25.1 辽台排干

外辽河左岸一级支流，发源于辽宁省沈阳市辽中区于家房镇于家房社区，流经沈阳市辽中区、台安县、盘山县，在盘山县沙岭镇六间房村汇入外辽河。河流长度16km。一级支流2条，二级支流1条，均为平原河流。

1.2.26 新开河

浑河右岸一级支流，发源于辽宁省盘山县沙岭镇三台子村，流经盘山县、大洼县，在大洼县东风镇汇入浑河。河流长度27km。一级支流1条，为平原河流。

1.2.27 南河沿排干

浑河右岸一级支流，发源于辽宁省盘锦市大洼区东风镇叶家村，流经大洼区，在大洼区西安镇汇入浑河。河流长度16km。一级支流2条，为平原河流。

1.2.28 平安排水总干

浑河右岸一级支流，发源于辽宁省盘锦市大洼区唐家镇袁家村，流经大洼区，在大洼区平安镇汇入浑河。河流长度17km。无支流。

1.2.28.1 疙瘩楼水库

疙瘩楼水库位于浑河平安排水总干上。坝址坐落于盘锦市大洼区唐家镇。工程于1958年10月完工。水面面积11.60km²，最大泄流量15.0m³/s。

水库枢纽工程等别为Ⅲ等，永久性水工建筑物级别为3级，为多年调节水库，高程基面采用黄海基面。水库设计洪水标准为20年一遇，校核洪水标准为100年一遇，水库校核洪水位为6.72m，总库容4050万m³；设计洪水位为6.70m。主要工程包括围堤大坝、抽水站、排水闸等。坝长15.2km，坝顶宽5.0m，最大坝高8.5m。

该水库是以农业灌溉为主、兼顾养鱼和旅游的中型平原水库，是大洼灌区内三座中型平原水库之一，是灌区灌溉及抗旱用水的主要调蓄工程。水库依靠抽水蓄库，蓄水主要来源于大辽河。汛期水库运行水位控制在汛限水位以下，洪水排放为自由泄洪。

1.2.29 劳动河

浑河左岸一级支流，发源于辽宁省大石桥市旗口镇后会村，流经大石桥市、营口老边区、站前区，在营口市站前区新兴街道第一街坊汇入浑河。河流长度30km。一级支流6条，二级支流7条，三级支流6条。其中流域面积为100～1000km²的支流1条，50～100km²的支流1条，10～50km²的支流17条（其中包括15条平原河流）。

1.2.29.1 虎庄河

劳动河左岸一级支流，发源于辽宁省大石桥市虎庄镇镇兴村，流经大石桥市、营口市老边区、站前区，大石桥市，在营口站前区新兴街道第一街坊汇入劳动河。河流长度27km。一级支流7条，二级支流6条。其中流域面积为100～1000km²的支流1条，50～100km²的支流1条，10～50km²的支流11条（其中包括15条平原河流）。

1.2.29.1.1 他山河

虎庄河左岸一级支流，发源于辽宁省大石桥市官屯镇盘岭村，流经大石桥市、海城市，在大石桥市虎庄镇厂沟村汇入虎庄河。

流域面积 103km², 河流长度 26km, 河流平均比降 1.86‰, 多年平均年降水量 683.2mm, 多年平均径流深 111.9mm, 流域平均宽度为 4.0km, 河道弯曲系数为 2.0, 河流形状系数为 0.15。

流域面积 10km² 以上的一级支流 1 条, 为 10~50km² 河流。

1.3 民兴河

发源于辽宁省营口市老边区柳树镇西大平山村, 流经营口市西市区、老边区, 在营口市老边区辽宁沿海产业基地沿海产业基地汇入渤海。河流长度 21km。一级支流 2 条, 二级支流 2 条, 均为平原河流。

辽东湾西部沿渤海诸河水系

地理位置 辽东湾西部沿渤海诸河水系位于辽河平原以西与内蒙古自治区及河北接壤的辽宁西部地区。地理坐标在东经118°55′~121°33′、北纬40°31′~42°18′之间，东西横跨经度2°38′，南北纵贯纬度1°47′，东西约260km，南北约270km，整个水系东西宽窄，南北窄宽。水系主要由大凌河、小凌河、兴城河、六股河等河流及独流入渤海的小河流构成。流域总面积为35990km²（其中辽宁省境内面积33063km²）。

地形地貌 区域内主要为低山丘陵区，地势自西北向东南倾斜，南部松岭山脉海拔500~700m，西南部较险峻，最高峰黑山海拔1140m，东侧和辽河平原相接。由东北向西南走向的努鲁儿虎山、松岭、黑山、医巫闾山包围而成。下游发育有小面积的冲积平原，山势从北向南由海拔1000m向300m丘陵过渡，北部与内蒙古高原相接，南部形成海拔50m的狭长平原，与渤海相连。

气象水文 辽东湾西部沿渤海诸河水系属中温带季风气候，夏季多雨，冬春少雨，年平均降水量为430~650mm，降水量年际变化较大，年内分配极不均匀，多集中在7月、8月。多年平均径流深为50~250mm，7—9月的径流量约占全年的60%；多年平均蒸发量为800~1200mm。流域多年平均径流量为17.32亿m³，最大年径流量为35.8亿m³，最小年径流量仅3.44亿m³，7—9月的径流量约占全年的60%。

河流分布 辽东湾西部沿渤海诸河水系流域面积10km²以上河流共有883条。其中流域面积大于5000km²的河流2条，1000~5000km²的河流7条，100~1000km²的河流100条，50~100km²的河流93条，10~50km²的河流681条。

独流入海河流38条，其中一级支流245条，二级支流350条，三级支流210条，四级支流36条，五级支流4条。

2.1 大凌河

大凌河在北魏时称白狼河，辽代称灵河，金代称凌河，元代称凌水，明代始称大凌河。大凌河发源于辽宁省建昌县要路沟乡要路沟村大黑山北麓的水泉沟，流经建昌县、喀喇沁左翼蒙古族自治县（以下简称"喀左县"）、朝阳县、朝阳市龙城区、双塔区、北票市、义县、凌海市、盘山县，在辽宁省盘山县东郭镇南井子村汇入渤海。

流域面积23235km²，河流长度453km，其中辽宁省境内面积19989km²，长度453km。河流平均比降0.811‰，多年平均年降水量487.2mm，多年平均径流深

76.6mm，流域平均宽度为51.3km、河道弯曲系数为2.5、形状系数为0.11。

流域面积10km² 以上的一级支流108条，二级支流213条，三级支流177条，四级支流33条，五级支流4条。流域面积1000～5000km² 的支流5条，100～1000km² 的支流61条，50～100km² 的支流55条，10～50km² 的支流414条。

2.1.1 魏家岭河

大凌河左岸一级支流，发源于辽宁省建昌县魏家岭乡柴木沟村，流经建昌县，在建昌县西碱厂乡碱厂村汇入大凌河。

流域面积103km²，河流长度29km，河流平均比降7.92‰，多年平均年降水量582.5mm，多年平均径流深148.4mm，流域平均宽度为3.6km，河道弯曲系数为1.5，形状系数为0.12。

流域面积10km² 以上的一级支流2条，均为10～50km² 河流。

2.1.2 贺杖子河

大凌河右岸一级支流，发源于辽宁省建昌县贺杖子乡大庙沟村，流经建昌县，在建昌县喇嘛洞镇汤泉子村汇入大凌河。

流域面积106km²，河流长度28km，河流平均比降7.24‰，多年平均年降水量589.4mm，多年平均径流深183.2mm，河道平均宽度为3.8km，河道弯曲系数为1.3，形状系数为0.14。

流域面积10km² 以上的一级支流1条，为10～50km² 河流。

2.1.3 宫山嘴水库

宫山嘴水库位于大凌河上游，坝址坐落于葫芦岛市建昌县牤牛营子乡。工程于1962年10月完工。坝址以上集水面积656km²，水面面积7.62km²，最大泄流量6562m³/s。

水库枢纽工程等别为Ⅱ等，永久性水工建筑物级别为2级，抗震设防烈度7度，为多年调节水库，高程基面采用黄海基面。水库按100年一遇洪水设计，2000年一遇洪水校核，水库校核洪水位为402.80m，总库容1.19亿m³；设计洪水位为399.78m。主体工程包括主坝、副坝、溢流坝、输水洞、水电站和引水建筑物等。坝长458m，坝顶宽5.5m，最大坝高33.7m。

该水库是以防洪为主，兼顾城市供水、发电、灌溉、养鱼等综合利用的大型水利枢纽工程。防洪保护下游建昌县和喀左县大片区域内的25万人和37万亩耕地，以及建昌县城、喀左县城、魏塔线铁路、通向关内的国防公路、建凌大桥、水泥厂等重要基础设施和企事业单位的安全。

2.1.4 二道河

大凌河右岸一级支流，发源于辽宁省建昌县素珠营子乡王君杖子村，流经建昌县，在建昌县素珠营子乡素珠营子村汇入大凌河。

流域面积111km²，河流长度31km，河流平均比降4.93‰，多年平均年降水量

570.7mm，多年平均径流深 167.7mm，流域平均宽度为 3.6km，河道弯曲系数为 1.5，形状系数为 0.12。

流域面积 10km² 以上的一级支流 2 条，均为 10~50km² 河流。

2.1.5 黑山河

大凌河右岸一级支流，发源于辽宁省建昌县石佛乡槐树沟村，流经建昌县，在建昌县建昌镇建昌街村汇入大凌河。

流域面积 112km²，河流长度 18km，河流平均比降 7.60‰，多年平均年降水量 543.0mm，多年平均径流深 121.4mm，流域平均宽度为 6.2km，河道弯曲系数为 1.6，形状系数为 0.35。

流域面积 10km² 以上的一级支流 3 条，均为 10~50km² 河流。

2.1.6 蒿桑河

大凌河左岸一级支流，发源于辽宁省建昌县王宝营子乡安子沟村，流经建昌县、喀左县，在喀左县白塔子镇大西山村汇入大凌河。

流域面积 317km²，河流长度 38km，河流平均比降 5.06‰。多年平均年降水量 547.0mm，多年平均径流深 110.2mm，流域平均宽度为 8.3km，河道弯曲系数为 1.2，形状系数为 0.22。

流域面积 10km² 以上的一级支流 11 条，均为 10~50km² 河流。

2.1.7 渗津河

大凌河左岸一级支流，发源于辽宁省凌源市三家子蒙古族乡宣杖子村平顶山，流经凌源市、喀左县，在喀左县平房子镇桃花池村汇入大凌河。

流域面积 770km²，河流长度 68km，河流平均比降 3.21‰。多年平均年降水量 533.1mm，多年平均径流深 99.9mm，流域平均宽度为 11.3km，河道弯曲系数为 1.9，形状系数为 0.17。

流域面积 10km² 以上的一级支流 12 条，二级支流 4 条，三级支流 1 条。流域面积 100~1000km² 的支流 1 条，50~100km² 的支流 2 条，10~50km² 的支流 14 条。

2.1.7.1 奎胜店河

渗津河左岸一级支流，发源于辽宁省凌源市牛营子镇南水泉村，流经凌源市，在凌源市四合当镇五家子村汇入渗津河。

流域面积 204km²，河流长度 25km，河流平均比降 8.97‰，多年平均年降水量 519.0mm，多年平均径流深 92.9mm，流域平均宽度为 8.2km，河道弯曲系数为 1.3，形状系数为 0.33。

流域面积 10km² 以上的一级支流 3 条，二级支流 1 条。流域面积 50~100km² 的支流 1 条，10~50km² 的支流 3 条。

2.1.8 西大川河

大凌河左岸一级支流，发源于辽宁省凌源市牛营子镇老杖子村，流经凌源市、喀左县，在喀左县平房子镇三台村汇入大凌河。

流域面积 264km²，河流长度 39km，河流平均比降 6.77‰，多年平均年降水量 501.0mm，多年平均径流深 86.4mm，流域平均宽度为 6.8km，河道弯曲系数为 1.2，形状系数为 0.17。

流域面积 10km² 以上的一级支流 5 条，二级支流 1 条，均为 10～50km² 河流。

2.1.8.1　菩萨庙水库

菩萨庙水库位于西大川河中游。坝址坐落于朝阳市凌源市四官营子镇。工程于 1971 年 9 月完工。坝址以上集水面积 118km²，最大泄流量 1469m³/s。

水库枢纽工程等别为Ⅲ等，永久性建筑物等级为 3 级，为多年调节水库，高程基面采用黄海基面。洪水设计标准为 50 年一遇，校核标准为 1000 年一遇，水库校核洪水位为 410.23m，总库容 1225 万 m³；设计洪水位为 408.41m。水库主要建筑物包括拦河坝、溢洪道、输水洞。坝顶长 369m，坝顶宽 5.5m，最大坝高 25.5m。

该水库是以防洪、农业灌溉为主的中型水库，水库防洪保护下游 34 个村屯 1.2 万人、2.3 万亩耕地以及 306 国道等公共设施的安全。

2.1.9　大凌河西支

大凌河左岸一级支流，发源于内蒙古自治区宁城县必斯营子镇温杖子村，流经内蒙古自治区宁城县，河北省平泉市，辽宁省凌源市、喀左县，在辽宁省喀左县大城子街道小河湾村入大凌河。

流域面积 2331km²，河流长度 103km，其中辽宁省境内面积 1473km²，长度 65km。河流平均比降 3.27‰，多年平均年降水量 485.1mm，多年平均径流深 77.2mm，流域平均宽度为 22.6km，河道弯曲系数为 1.4，形状系数为 0.22。

流域面积 10km² 以上的一级支流 10 条，二级支流 15 条，三级支流 7 条，四级支流 1 条。流域面积在 100～1000km² 的支流 7 条，50～100km² 的支流 5 条，10～50km² 的支流 21 条。

2.1.9.1　榆树林子河

大凌河西支右岸一级支流，发源于河北省平泉市榆树林子镇土洞子村，流经河北省平泉市，辽宁省凌源市，在辽宁省凌源市宋杖子镇段杖子村入大凌河西支。

流域面积 228km²，河流长度 30km，其中辽宁省境内面积 3.6km²，长度 1.2km。河流平均比降 9.42‰，多年平均年降水量 491.8mm，多年平均径流深 83.8mm，流域平均宽度为 7.6km，河道弯曲系数为 1.2，形状系数为 0.25。

无流域面积 10km² 以上的支流。

2.1.9.2　宋杖子河

大凌河西支右岸一级支流，发源于河北省平泉市台头山镇老窝铺村，流经河北省平泉市，辽宁省凌源市，在辽宁省凌源市宋杖子镇二十里堡村入大凌河西支。

流域面积 300km²，河流长度 45km，其中辽宁省境内面积 131km²，河流长度 18km。河流平均比降 7.88‰，多年平均年降水量 501.9mm，多年平均径流深 88.0mm，流域平均宽度为 6.7km，河道弯曲系数为 1.3，形状系数为 0.15。

流域面积10km²以上的一级支流3条。流域面积50～100km²的支流1条，10～50km²的支流2条。

2.1.9.3 大王杖子河

大凌河西支右岸一级支流，发源于辽宁省凌源市大王杖子乡草篓沟村，流经凌源市，在凌源市城关街道十五里堡村汇入大凌河西支。

流域面积104km²，河流长度27km，河流平均比降9.61‰，多年平均年降水量502.1mm，多年平均径流深86.5mm，流域平均宽度为3.9km，河道弯曲系数为1.1，形状系数为0.14。

无流域面积10km²以上的支流。

2.1.9.4 热水河

大凌河西支左岸一级支流，发源于内蒙古自治区宁城县五化镇得力胡同村，流经内蒙古自治区宁城县、辽宁省凌源市，在辽宁省凌源市东城街道辛杖子村入大凌河西支。

流域面积543km²，河流长度40km，其中辽宁省境内面积405km²，河流长度18km。河流平均比降5.37‰，多年平均年降水量469.4mm，多年平均径流深70.3mm，流域平均宽度为13.6km，河道弯曲系数为1.2，形状系数为0.34。

流域面积10km²以上的一级支流4条，二级支流5条，三级支流1条。流域面积100～1000km²的支流1条，50～100km²的支流1条，10～50km²的支流8条。

2.1.9.4.1 万元店河

热水河左岸一级支流，发源于辽宁省建平县沙海镇四节梁村，流经建平县、凌源市，在凌源市万元店镇铁匠炉村入热水河。

流域面积197km²，河流长度23km，河流平均比降9.00‰，多年平均年降水量462.8mm，多年平均径流深67.1mm，流域平均宽度为8.6km，河道弯曲系数为1.2，形状系数为0.37。

流域面积10km²以上的一级支流4条，二级支流1条，均为10～50km²河流。

2.1.9.5 黄金代河

大凌河西支右岸一级支流，发源于辽宁省凌源市北炉乡三胜永村，流经凌源市，在凌源市瓦房店镇三家村入大凌河西支。

流域面积206km²，河流长度31km，河流平均比降5.23‰。多年平均年降水量501.6mm，多年平均径流深86.2mm，流域平均宽度为6.6km，河道弯曲系数为1.2，形状系数为0.21。

流域面积10km²以上的一级支流4条，均为10～50km²河流。

2.1.9.6 六官营子河

大凌河西支左岸一级支流，发源于辽宁省喀左县大营子乡大杖子村，流经喀左县，在喀左县六官营子镇后坟村入大凌河西支。

流域面积229km²，河流长度26km，河流平均比降11.9‰，多年平均年降水量477.6mm，多年平均径流深73.1mm，流域平均宽度为8.8km，河道弯曲系数为1.3，形状系数为0.34。

流域面积10km²以上的一级支流4条，二级支流2条。流域面积50～100km²的河流

2条，10~50km² 的河流 4 条。

2.1.9.6.1 瓦房店水库

瓦房店水库位于六官营子河中游。坝址坐落于朝阳市喀左县六官营子镇。工程于1982 年 10 月完工。坝址以上集水面积 120km²，水面面积 1.46km²，最大泄流量 1176m³/s。

水库枢纽工程等别为Ⅲ等，永久性建筑物等级为 3 级，为多年调节水库，高程基面采用黄海基面。防洪标准为 100 年一遇洪水设计，2000 年一遇洪水校核，水库校核洪水位为 412.22m，总库容 2409 万 m³；设计洪水位为 409.57m。水库主要建筑物包括拦河坝、溢洪道、输水洞。坝顶长 389.5m，最大坝高 46.3m。

该水库防洪保护下游 2 个镇 7 个村、喀左县城 10 万人、2 万亩耕地及其他公共设施的安全，使喀左县城的防洪标准由 5 年一遇提高到 10 年一遇，六官营子镇的防洪标准由 10 年一遇提高到 50 年一遇。

2.1.10 老爷庙河

大凌河右岸一级支流，发源于辽宁省喀左县十二德堡镇和尚沟村，流经喀左县，在喀左县东哨镇大马架子村入大凌河。

流域面积 312km²，河流长度 32km，河流平均比降 5.05‰，多年平均年降水量 513.5mm，多年平均径流深 96.4mm，流域平均宽度为 9.8km，河道弯曲系数为 1.3，形状系数为 0.30。

流域面积 10km² 以上的一级支流 5 条，二级支流 5 条。流域面积 50~100km² 的支流 2 条，10~50km² 的支流 8 条。

2.1.11 卧虎沟河

大凌河左岸一级支流，发源于辽宁省喀左县卧虎沟乡下井村，流经喀左县，在喀左县甘招镇河沿村汇入大凌河。

流域面积 123km²，河流长度 24km，河流平均比降 11.5‰，多年平均年降水量 482.5mm，多年平均径流深 75.7mm，流域平均宽度为 5.1km，河道弯曲系数为 1.2，形状系数为 0.21。

流域面积 10km² 以上的一级支流 4 条，均为 10~50km² 河流。

2.1.12 羊角沟河

大凌河右岸一级支流，发源于辽宁省喀左县羊角沟镇朱杖子村，流经喀左县，在喀左县水泉镇南亮子村汇入大凌河。

流域面积 118km²，河流长度 24km，河流平均比降 14.5‰，多年平均年降水量 498.6mm，多年平均径流深 90.8mm，流域平均宽度为 4.9km，河道弯曲系数为 1.4，形状系数为 0.20。

流域面积 10km² 以上的一级支流 2 条，均为 10~50km² 河流。

2.1.13　第二牤牛河

大凌河左岸一级支流，发源于辽宁省建平县富山街道张福店村牛河梁的努鲁儿虎山脉，流经建平县、喀左县、朝阳县，在朝阳县乌兰河硕蒙古族乡乌兰河硕村入大凌河。

流域面积 1092km²，河流长度 50km，河流平均比降 5.05‰，多年平均年降水量 465.8mm，多年平均径流深 62.9mm，流域平均宽度为 21.8km，河道弯曲系数为 1.3，形状系数为 0.44。

流域面积 10km² 以上的一级支流 14 条，二级支流 9 条，三级支流 1 条。流域面积 100～1000km² 的支流 3 条，50～100km² 的支流 4 条，10～50km² 的支流 17 条。

2.1.13.1　二道磨河

第二牤牛河左岸一级支流，发源于辽宁省建平县青峰山镇建昌沟村，流经建平县，在建平县万寿街道西村汇入第二牤牛河。

流域面积 144km²，河流长度 29km，河流平均比降 10.8‰，多年平均年降水量 457.4mm，多年平均径流深 58.4mm，流域平均宽度为 5.0km，河道弯曲系数为 1.4，形状系数为 0.17。

流域面积 10km² 以上的一级支流 1 条，为 10～50km² 河流。

2.1.13.2　深井河

第二牤牛河左岸一级支流，发源于辽宁省建平县深井镇康家窝堡村，流经建平县，在建平县万寿街道小平房村汇入第二牤牛河。

流域面积 312km²，河流长度 39km，河流平均比降 8.12‰，多年平均年降水量 461.1mm，多年平均径流深 56.4mm，流域平均宽度为 8.0km，河道弯曲系数为 1.1，形状系数为 0.21。

流域面积 10km² 以上的一级支流 4 条，二级支流 1 条。流域面积 50～100km² 的支流 1 条，10～50km² 的支流 4 条。

2.1.13.3　中三家河

第二牤牛河左岸一级支流，发源于辽宁省喀左县中三家镇辘轳井村，流经喀左县，在喀左县公营子镇公营子村汇入第二牤牛河。

流域面积 116km²，河流长度 26km，河流平均比降 16.1‰，多年平均年降水量 472.8mm，多年平均径流深 66.1mm，流域平均宽度为 4.5km，河道弯曲系数为 1.1，形状系数为 0.17。

流域面积 10km² 以上的一级支流 2 条，均为 10～50km² 河流。

2.1.14　胜利河

大凌河右岸一级支流，发源于辽宁省朝阳县胜利镇花坤头营子村，流经朝阳县，在朝阳县木头城子镇扎兰营子村汇入大凌河。

流域面积 299km²，河流长度 41km，河流平均比降 7.34‰，多年平均年降水量 498.1mm，多年平均径流深 91.7mm，流域平均宽度为 7.3km，河道弯曲系数为 1.7，形状系数为 0.18。

流域面积 10km² 以上的一级支流 7 条，二级支流 1 条。流域面积 50~100km² 的支流 1 条，10~50km² 的支流 7 条。

2.1.15　黄道营子河

大凌河左岸一级支流，发源于辽宁省朝阳县东大道乡刘炮手沟村，流经朝阳县，在朝阳县乌兰河硕蒙古族乡乌兰河硕村汇入大凌河。

流域面积 109km²，河流长度 26km，河流平均比降 14.8‰，多年平均年降水量 477.5mm，多年平均径流深 70.8mm，流域平均宽度为 4.2km，河道弯曲系数为 1.2，形状系数为 0.16。

流域面积 10km² 以上的一级支流 1 条，二级支流 1 条，均为 10~50km² 河流。

2.1.16　老虎山河

大凌河左岸一级支流，发源于内蒙古自治区敖汉旗金厂沟梁镇石匠沟村的努鲁儿虎山脉西麓，流经内蒙古自治区敖汉旗，辽宁省建平县、朝阳县、朝阳市龙城区，在朝阳县龙城区大平房镇公皋村入大凌河。

流域面积 1486km²，河流长度 82km，其中辽宁省境内面积 986km²，河流长度 41km。河流平均比降 5.39‰。多年平均年降水量 454.9mm，多年平均径流深 57.9mm，流域平均宽度为 18.1km，河道弯曲系数为 1.3，形状系数为 0.22。

流域面积 10km² 以上的一级支流 8 条，二级支流 19 条，三级支流 1 条。流域面积 100~1000km² 的支流 3 条，50~100km² 的支流 2 条，10~50km² 的支流 23 条。

2.1.16.1　喀喇沁河

老虎山河右岸一级支流，发源于辽宁省建平县喀喇沁镇阙杖子村，流经建平县、内蒙古自治区敖汉旗，在内蒙古自治区敖汉旗四家子镇牛夕河村入老虎山河。

流域面积 159km²，河流长度 25km，其中辽宁省境内面积 144km²，长度 23km。河流平均比降 11.0‰，流域多年平均年降水量 449.1mm，多年平均径流深 52.0mm，流域平均宽度为 6.4km，河道弯曲系数为 1.1，形状系数为 0.25。

流域面积 10km² 以上的一级支流 4 条，均为 10~50km² 河流。

2.1.16.2　青松岭河

老虎山河右岸一级支流，发源于辽宁省建平县青松岭乡丰山村，流经建平县，在建平县喀喇沁镇董梁村入老虎山河。

流域面积 198km²，河流长度 26km，河流平均比降 10.8‰，多年平均年降水量 456.1mm，多年平均径流深 53.2mm，流域平均宽度为 7.6km，河道弯曲系数为 1.3，形状系数为 0.29。

流域面积 10km² 以上的一级支流 5 条，均为 10~50km² 河流。

2.1.16.3　二道河

老虎山河右岸一级支流，发源于辽宁省建平县榆树林子镇老窝铺村，流经建平县，在建平县朱碌科镇七台营子村入老虎山河。

流域面积 340km²，河流长度 35km，河流平均比降 9.53‰，流域多年平均年降水量

463.4mm，多年平均径流深58.1mm，流域平均宽度为9.7km，河道弯曲系数为1.3，形状系数为0.28。

流域面积10km²以上的一级支流8条，二级支流1条。流域面积50～100km²的支流1条，10～50km²的支流8条。

2.1.17　阎王鼻子水库

阎王鼻子水库（燕山湖）位于大凌河中上游，坝址坐落于朝阳市龙城区大平房镇。工程于1999年9月完工。坝址以上集水面积9482km²，水面面积22.46km²，最大泄流量15273m³/s。

水库枢纽工程等别为Ⅱ等，永久性水工建筑物级别为2级，抗震设防烈度7度，为多年调节水库，高程基面采用黄海基面。水库按100年一遇洪水设计，1000年一遇洪水校核，水库校核洪水位216.50m，总库容为2.17亿m³；设计洪水位211.90m。主体工程为一通直拦河坝，分为挡水坝、溢流坝、冲沙闸坝、工业取水口、农业取水口及电站等部分。大坝全长383m，坝顶宽10.0m，最大坝高34.5m。

该水库是以城市供水、灌溉用水及防洪为主，兼顾发电、旅游等综合利用的大型水利枢纽工程。水库建成后，使下游城区的防洪标准由40年一遇提高到50年一遇，每年向城市供水6919万m³，补充地下水1069万m³，灌溉农田8867hm²，养殖水面2267hm²，年产水产品210t。

2.1.18　下三家河

大凌河左岸一级支流，发源于辽宁省朝阳县西五家子乡三道沟村，流经朝阳县、朝阳市龙城区，在朝阳市龙城区联合镇林家沟汇村入大凌河。

流域面积259km²，河流长度38km，河流平均比降9.31‰，多年平均年降水量467.7mm，多年平均径流深71.0mm，流域平均宽度为6.8km，河道弯曲系数为1.2，形状系数为0.18。

流域面积10km²以上的一级支流10条，均为10～50km²河流。

2.1.19　十二台河

大凌河右岸一级支流，发源于辽宁省朝阳县南双庙镇吊桥子村，流经朝阳县，在朝阳县柳城街道腰而营子村汇入大凌河。

流域面积117km²，河流长度24km，河流平均比降5.01‰，多年平均年降水量487.0mm，多年平均径流深92.0mm，流域平均宽度为4.9km，河道弯曲系数为1.4，形状系数为0.20。

流域面积10km²以上的一级支流3条，均为10～50km²河流。

2.1.20　十家子河

大凌河左岸一级支流，发源于辽宁省朝阳县大庙镇青山村，流经朝阳县、朝阳市龙城区、双塔区，在朝阳市双塔区长宝营子乡嘎岔村汇入大凌河。

流域面积 627km², 河流长度 42km, 河流平均比降 6.94‰, 多年平均年降水量 457.5mm, 多年平均径流深 67.1mm, 流域平均宽度为 14.9km, 河道弯曲系数为 1.2, 形状系数为 0.36。

流域面积 10km² 以上的一级支流 6 条, 二级支流 3 条, 三级支流 2 条。流域面积 100~1000km² 的支流 2 条, 50~100km² 的支流 1 条, 10~50km² 的支流 8 条。

2.1.20.1 古山子河

十家子河左岸一级支流, 发源于内蒙古自治区敖汉旗四家子镇长力哈达村, 流经内蒙古自治区敖汉旗, 辽宁省朝阳县、朝阳市龙城区, 在辽宁省朝阳市龙城区开发区龙泉街道东三家村汇入十家子河。

流域面积 326km², 河流长度 40km, 其中辽宁省境内面积 321km², 河流长度 36km。河流平均比降 10.2‰, 多年平均年降水量 454.8mm, 多年平均径流深 66.3mm, 流域平均宽度为 8.2km, 河道弯曲系数为 1.1, 形状系数为 0.20。

流域面积 10km² 以上的一级支流 3 条, 二级支流 2 条。流域面积 100~1000km² 的支流 1 条, 10~50km² 的支流 4 条。

2.1.20.1.1 东五家子河

古山子河右岸一级支流, 发源于辽宁省朝阳县古山子镇头三道营子村, 流经朝阳县、朝阳市龙城区, 在朝阳市龙城区七道泉子镇山咀村入古山子河。

流域面积 130km², 河流长度 31km, 河流平均比降 11.7‰, 多年平均年降水量 453.4mm, 多年平均径流深 65.4mm, 流域平均宽度为 4.2km, 河道弯曲系数为 1.1, 形状系数为 0.14。

流域面积 10km² 以上的一级支流 2 条, 均为 10~50km² 河流。

2.1.21 顾洞河

大凌河左岸一级支流, 发源于内蒙古自治区敖汉旗金厂沟梁镇下湾子村, 流经内蒙古自治区敖汉旗、辽宁省北票市、朝阳市双塔区, 在朝阳市双塔区桃花吐镇坤头营村入大凌河。

流域面积 458km², 河流长度 56km, 其中辽宁省境内面积 442km², 河流长度 54km。河流平均比降 5.89‰。多年平均年降水量 459.3mm, 多年平均径流深 68.4mm, 流域平均宽度为 8.2km, 河道弯曲系数为 1.3, 形状系数为 0.15。

流域面积 10km² 以上的一级支流 12 条, 二级支流 2 条。流域面积 50~100km² 的支流 1 条, 10~50km² 的支流 13 条。

2.1.21.1 龙潭水库

龙潭水库位于顾洞河中上游。坝址坐落于朝阳市北票市哈尔脑乡。工程于 1976 年 8 月完工。坝址以上集水面积 200km², 水面面积 1.83km², 最大泄流量 1128m³/s。

水库枢纽工程等别为Ⅲ等, 永久性建筑物等级为 3 级, 为多年调节水库, 高程基面采用黄海基面。水库设计洪水标准为 100 年一遇, 校核洪水标准为 1000 年一遇, 水库校核洪水位为 318.10m, 总库容 3300 万 m³; 设计洪水位为 315.40m。主要工程由拦河坝、溢洪道、输水洞、交通桥及上坝公路工程组成。坝顶长 603m, 坝顶宽 5.8m, 最大坝高 30.5m。

该水库是以灌溉为主的中型水利枢纽工程，水库防洪保护下游两个乡镇 12 个自然屯 1.84 万人、2.02 万亩耕地，以及锦承铁路、101 国道、京四高速公路、部分乡镇企业等公共设施的安全。

2.1.22 牤牛营子河

大凌河右岸一级支流，发源于辽宁省朝阳市双塔区孙家湾镇盛家杖子村，流经朝阳市双塔区、北票市，在北票市章吉营乡牤牛营村入大凌河。

流域面积 169km²，河流长度 25km，河流平均比降 6.39‰，多年平均年降水量 493.5mm，多年平均径流深 92.9mm，流域平均宽度为 6.8km，河道弯曲系数为 1.1，形状系数为 0.27。

流域面积 10km² 以上的一级支流 2 条，二级支流 1 条，均为 10~50km² 河流。

2.1.23 凉水河子河

大凌河左岸一级支流，发源于辽宁省北票市龙潭镇正北沟村大黑山，流经北票市，在北票市凉水河蒙古族乡万松山村入大凌河。

流域面积 744km²，河流长度 56km，其中辽宁省境内面积 741km²，河流长度 56km。河流平均比降 5.60‰，多年平均年降水量 462.5mm，多年平均径流深 68.4mm，流域平均宽度为 13.3km，河道弯曲系数为 1.1，形状系数为 0.24。

流域面积 10km² 以上的一级支流 9 条，二级支流 10 条。流域面积 100~1000km² 的支流 1 条，50~100km² 的支流 1 条，10~50km² 的支流 17 条。

2.1.23.1 东官营子河

凉水河子河左岸一级支流，发源于辽宁省北票市东官营镇瓦房村，流经北票市区，在北票市凉水河蒙古族乡凉水河村入凉水河子河。

流域面积 348km²，河流长度 47km，河流平均比降 6.31‰，多年平均年降水量 462.1mm，多年平均径流深 67.9mm，流域平均宽度为 7.4km，河道弯曲系数为 1.1，形状系数为 0.16。

流域面积 10km² 以上的一级支流 9 条，均为 10~50km² 河流。

2.1.24 牤牛河

大凌河左岸一级支流，发源于内蒙古自治区奈曼旗黄花塔拉苏木前乌兰额日格嘎查的努鲁儿虎山，流经内蒙古自治区奈曼旗，辽宁省阜蒙县、北票市，在北票市长皋乡下窖村入大凌河。

流域面积 4648km²，河流长度 146km，其中辽宁省境内面积 2785km²，河流长度 84km。河流平均比降 1.75‰。多年平均年降水量 443.4mm，多年平均径流深 60.9mm，流域平均宽度为 31.8km，河道弯曲系数为 1.5，形状系数为 0.22。

流域面积 10km² 以上的一级支流 15 条，二级支流 51 条，三级支流 10 条，四级支流 3 条。流域面积 100~1000km² 的支流 12 条，50~100km² 的支流 4 条，10~50km² 的支流 63 条。

2.1.24.1 官营子河

牤牛河左岸一级支流，发源于辽宁省阜蒙县大五家子镇小五家子村，流经阜蒙县，在阜蒙县于寺镇他本改村入牤牛河。

流域面积799km²，河流长度42km，其中辽宁省境内面积621km²，河流长度42km。河流平均比降3.02‰，多年平均年降水量448.7mm，多年平均径流深52.2mm，流域平均宽度为19.0km，河道弯曲系数为1.3，形状系数为0.45。

流域面积10km²以上的一级支流10条，二级支流6条，三级支流3条。流域面积100~1000km²的支流2条，50~100km²的支流2条，10~50km²的支流15条。

2.1.24.1.1 杨家河

官营子河右岸一级支流，发源于内蒙古自治区奈曼旗青龙山镇步步登高村，流经内蒙古自治区奈曼旗、辽宁省阜蒙县，在辽宁省阜蒙县于寺镇官营子村入官营子河。

流域面积201km²，河流长度28km，其中辽宁省境内面积38km²，河流长度7.4km。河流平均比降6.73‰，多年平均年降水量432.4mm，多年平均径流深56.0mm，流域平均宽度为7.2km，河道弯曲系数为1.2，形状系数为0.26。

流域面积10km²以上的一级支流1条，为10~50km²河流。

2.1.24.1.2 于寺河

官营子河左岸一级支流，发源于辽宁省阜蒙县大五家子镇皂力营子村，流经阜蒙县，在阜蒙县于寺镇他本改村入官营子河。

流域面积295km²，河流长度41km，河流平均比降1.99‰，多年平均年降水量461.4mm，多年平均径流深51.4mm，流域平均宽度为7.2km，河道弯曲系数为2.0，形状系数为0.18。

流域面积10km²以上的一级支流5条，二级支流3条。流域面积50~100km²的支流1条，10~50km²的支流7条。

2.1.24.2 黑城子河

牤牛河右岸一级支流，发源于内蒙古自治区敖汉旗贝子府镇王家营子村，流经内蒙古自治区敖汉旗、辽宁省北票市，在辽宁省北票市黑城子镇冠山村入牤牛河。

流域面积954km²，河流长度65km，其中辽宁省境内面积418km²，河流长度33km。河流平均比降4.29‰，多年平均年降水量437.3mm，多年平均径流深59.3mm，流域平均宽度为14.7km，河道弯曲系数为1.4，形状系数为0.23。

流域面积10km²以上的一级支流9条，二级支流3条。流域面积100~1000km²的支流3条，10~50km²的支流9条。

2.1.24.2.1 王家营子河

黑城子河左岸一级支流，发源于内蒙古自治区敖汉旗贝子府镇刘家湾子村，流经内蒙古自治区敖汉旗、辽宁省北票市，在内蒙古自治区敖汉旗宝国吐乡青山村入黑城子河。

流域面积182km²，河流长度31km，其中辽宁省境内面积1.4km²，河流长度1km。河流平均比降9.29‰，流域多年平均年降水量433.7mm，多年平均径流深58.4mm，流域平均宽度为5.9km，河道弯曲系数为1.3，形状系数为0.19。

无流域面积10km²以上的支流。

2.1.24.2.2　北四家子河

黑城子河右岸一级支流,发源于辽宁省北票市北四家乡王增店村,流经北票市,在北票市北塔镇翟家营子村入黑城子河。

流域面积 185km^2,河流长度 36km,河流平均比降 8.72‰,流域多年平均年降水量 444.9mm,多年平均径流深 60.9mm,流域平均宽度为 5.1km,河道弯曲系数为 1.2,形状系数为 0.14。

流域面积 10km^2 以上的一级支流 2 条,均为 10～50km^2 河流。

2.1.24.2.3　高家店河

黑城子河左岸一级支流,发源于内蒙古自治区敖汉旗宝国吐乡大窝铺村,流经内蒙古自治区敖汉旗、辽宁省北票市,在辽宁省北票市北塔镇白塔子村入黑城子河。

流域面积 138km^2,河流长度 35km,其中辽宁省境内面积 19km^2,长度 6.4km。河流平均比降 4.42‰,多年平均年降水量 429.3mm,多年平均径流深 63.2mm,流域平均宽度为 3.9km,河道弯曲系数为 1.4,形状系数为 0.11。

流域面积 10km^2 以上的一级支流 1 条,为 10～50km^2 河流。

2.1.24.3　化石戈河

牤牛河左岸一级支流,发源于辽宁省阜蒙县紫都台镇八里村,流经阜蒙县,在阜蒙县化石戈镇哈日诺尔村入牤牛河。

流域面积 139km^2,河流长度 18km,河流平均比降 7.47‰,多年平均年降水量 472.8mm,多年平均径流深 58.8mm,流域平均宽度为 7.7km,河道弯曲系数为 1.2,形状系数为 0.43。

流域面积 10km^2 以上的一级支流 3 条,二级支流 1 条,均为 10～50km^2 河流。

2.1.24.4　老寨川河

牤牛河右岸一级支流,发源于辽宁省北票市北四家乡王增店村,流经北票市,在北票市黑城子镇祥顺号村入牤牛河。

流域面积 363km^2,河流长度 54km,河流平均比降 6.36‰,多年平均年降水量 458.3mm,多年平均径流深 62.8mm,流域平均宽度为 6.7km,河道弯曲系数为 1.2,形状系数为 0.12。

流域面积 10km^2 以上的一级支流 8 条。流域面积 50～100km^2 的支流 1 条,10～50km^2 的支流 7 条。

2.1.24.5　马友营河

牤牛河左岸一级支流,发源于辽宁省北票市小塔子乡头道营子村,流经北票市,在北票市马友营蒙古族乡新秋村入牤牛河。

流域面积 196km^2,河流长度 33km,河流平均比降 6.49‰,多年平均年降水量 491.7mm,多年平均径流深 69.9mm,流域平均宽度为 5.9km,河道弯曲系数为 1.2,形状系数为 0.18。

流域面积 10km^2 以上的一级支流 5 条,均为 10～50km^2 河流。

2.1.24.6　十八台河

牤牛河右岸一级支流,发源于辽宁省北票市宝国老镇苏家窑村,流经北票市,在北票市宝国老镇小苏营子村入牤牛河。

流域面积 197km², 河流长度 37km, 河流平均比降 5.34‰, 多年平均年降水量 467.6mm, 多年平均径流深 66.3mm, 流域平均宽度为 5.3km, 河道弯曲系数为 1.2, 形状系数为 0.14。

流域面积 10km² 以上的一级支流 5 条，均为 10~50km² 河流。

2.1.24.7 蒙古营子河

牤牛河右岸一级支流，发源于北票市娄家店乡冯家营村，流经北票市，在北票市三宝乡大板沟入牤牛河。

流域面积 323km², 河流长度 47km, 河流平均比降 5.40‰, 多年平均年降水量 466.5mm, 多年平均径流深 68.2mm, 流域平均宽度为 6.9km, 河道弯曲系数为 1.2, 形状系数为 0.15。

流域面积 10km² 以上的一级支流 10 条，均为 10~50km² 河流。

2.1.25 白石水库

白石水库位于大凌河中游。坝址坐落于朝阳北票市上园镇。工程于 2000 年 12 月完工。坝址以上集水面积 8167km²（阎王鼻子水库至白石水库流域面积），水面面积 79.50km², 最大泄流量 26886m³/s。

水库枢纽工程等别为Ⅰ等，主要建筑物等级为 1 级，抗震设防烈度 7 度，为多年调节水库，高程基面采用黄海基面。设计洪水标准为 500 年一遇，校核洪水标准为 5000 年一遇，水库校核洪水位 133.88m，总库容为 16.45 亿 m³；设计洪水位 132.27m。枢纽总体布置自左向右分别为左岸非溢流坝段、溢流坝段、底孔坝段、取水坝段、电站坝段及右岸非溢流坝。坝长 513m，坝顶宽 12.0m，最大坝高 49.3m。

白石水库是以防洪、灌溉、城市供水为主，兼顾发电、养鱼、旅游等综合利用的大型水利枢纽工程。其主要防洪任务是使下游防洪标准由 20 年一遇提高到 50 年一遇，保护下游 97.5 万亩农田和辽河油田的防洪安全。

2.1.26 长皋河

大凌河左岸一级支流，发源于辽宁省北票市长皋乡白相屯村，流经北票市，在北票市常河营乡姜家店村入大凌河。

流域面积 195km², 河流长度 27km, 河流平均比降 6.12‰, 多年平均年降水量 493.5mm, 多年平均径流深 75.6mm, 流域平均宽度为 7.2km, 河道弯曲系数为 1.3, 形状系数为 0.27。

流域面积 10km² 以上的一级支流 5 条，二级支流 1 条。流域面积 50~100km² 的支流 1 条，10~50km² 的支流 5 条。

2.1.27 扎兰营子河

大凌河右岸一级支流，发源于辽宁省北票市三宝营乡陈奎营村，流经北票市、义县，在义县头道河镇新立屯村入大凌河。

流域面积 375km², 河流长度 37km, 河流平均比降 3.48‰, 多年平均年降水量 505.9mm, 多年平均径流深 94.8mm, 流域平均宽度为 10.1km, 河道弯曲系数为 1.7, 形状系数为 0.27。

流域面积 10km² 以上的一级支流 6 条, 二级支流 3 条。流域面积 50～100km² 的支流 3 条, 10～50km² 的支流 6 条。

2.1.28 砖城子河

大凌河右岸一级支流, 发源于辽宁省义县刘龙沟镇上高家沟村, 流经义县, 在义县头道河镇二道河村入大凌河。

流域面积 128km², 河流长度 26km, 河流平均比降 5.02‰, 多年平均年降水量 535.4mm, 多年平均径流深 100.9mm, 流域平均宽度为 4.9km, 河道弯曲系数为 1.7, 形状系数为 0.19。

流域面积 10km² 以上的一级支流 2 条, 均为 10～50km² 河流。

2.1.29 细河

大凌河左岸一级支流, 发源于辽宁省阜新市阜蒙县阜新镇平安地村骆驼山, 流经阜蒙县、阜新市新邱区、太平区、细河区、海州区、清河门区、义县, 在义县大榆树堡镇梁家塔村入大凌河。

流域面积 3096km², 河流长度 126km, 河流平均比降 1.28‰, 多年平均年降水量 503.9mm, 多年平均径流深 62.7mm, 流域平均宽度为 24.6km, 河道弯曲系数为 1.6, 形状系数为 0.20。

流域面积 10km² 以上的一级支流 27 条, 二级支流 47 条, 三级支流 11 条。流域面积 100～1000km² 的支流 9 条, 50～100km² 的支流 9 条, 10～50km² 的支流 67 条。

2.1.29.1 九营子河

细河右岸一级支流, 发源于辽宁省阜蒙县阜新镇公官营子村, 流经阜蒙县、阜新市细河区、海州区, 在阜新市细河区西苑街道沙海社区入细河。

流域面积 128km², 河流长度 19km, 河流平均比降 5.20‰, 多年平均年降水量 490.0mm, 多年平均径流深 54.3mm, 流域平均宽度为 6.7km, 河道弯曲系数为 1.1, 形状系数为 0.35。

流域面积 10km² 以上的一级支流 3 条, 均为 10～50km² 河流。

2.1.29.2 五道桥子河

细河左岸一级支流, 发源于辽宁省阜蒙县新民镇上排山楼村, 流经阜蒙县, 在阜蒙县卧凤沟乡公官营子村入细河。

流域面积 165km², 河流长度 25km, 河流平均比降 6.83‰, 多年平均年降水量 519.5mm, 多年平均径流深 61.8mm, 流域平均宽度为 6.6km, 河道弯曲系数为 1.5, 形状系数为 0.26。

流域面积 10km² 以上的一级支流 4 条, 二级支流 1 条。流域面积 50～100km² 的支流 1 条, 10～50km² 的支流 4 条。

2.1.29.3 稍户营子河

细河左岸一级支流，发源于辽宁省义县稍户营子镇花尔楼村，流经义县，在义县稍户营子镇蔡家屯村入细河。

流域面积114km²，河流长度24km，河流平均比降5.10‰，多年平均年降水量534.9mm，多年平均径流深69.2mm，流域平均宽度为4.8km，河道弯曲系数为1.3，形状系数为0.20。

流域面积10km²以上的一级支流2条，均为10~50km²河流。

2.1.29.4 大榆树堡河

细河左岸一级支流，发源于辽宁省义县大榆树堡镇石匣村，流经义县，在义县大榆树堡镇大榆堡村入细河。

流域面积126km²，河流长度18km，河流平均比降9.72‰，多年平均年降水量547.4mm，多年平均径流深80.8mm，流域平均宽度为7.0km，河道弯曲系数为1.2，形状系数为0.39。

流域面积10km²以上的一级支流3条，二级支流1条。流域面积50~100km²的支流1条，10~50km²的支流3条。

2.1.29.5 伊马图河

细河右岸一级支流，发源于辽宁省阜蒙县八家子镇乡果树村，流经阜蒙县，在阜蒙县卧凤沟乡赵家窝堡村入细河。

流域面积708km²，河流长度74km，河流平均比降3.08‰，多年平均年降水量476.4mm，多年平均径流深52.8mm，流域平均宽度为9.6km，河道弯曲系数为1.3，形状系数为0.13。

流域面积10km²以上的一级支流14条，二级支流6条。流域面积100~1000km²的支流1条，50~100km²的支流2条，10~50km²的支流17条。

2.1.29.5.1 阿门朝老河

伊马图河右岸一级支流，发源于辽宁省阜蒙县八家子镇宅山土村，流经阜蒙县，在阜蒙县红帽子镇道力板村入伊马图河。

流域面积122km²，河流长度21km，河流平均比降9.48‰，多年平均年降水量456.1mm，多年平均径流深48.3mm，流域平均宽度为5.8km，河道弯曲系数为1.3，形状系数为0.28。

流域面积10km²以上的一级支流3条，均为10~50km²河流。

2.1.29.5.2 佛寺水库

佛寺水库位于伊马图河中下游，坝址坐落于阜新市阜蒙县佛寺镇。工程于1984年9月完工。坝址以上集水面积600km²，水面面积7.88km²，最大泄流量2688m³/s。

水库枢纽工程等别为Ⅱ等，永久性水工建筑物级别为2级，抗震设防烈度7度，为多年调节水库，高程基面采用黄海基面。水库按100年一遇洪水设计，2000年一遇洪水校核，水库校核洪水位为147.83m，相应库容1.25亿m³；设计洪水位为143.82m。水库枢纽工程由主坝、副坝、溢洪道、输水洞等组成。溢洪道、输水洞均在大坝右侧。坝长720m，坝顶宽6.0m，最大坝高23.1m。

该水库是具有防洪、供水、灌溉、养鱼等综合效益的大型水利枢纽工程。承担保护下游阜新市和义县20余万人、23万亩耕地及其他重要矿区和工厂的防洪安全,可使下游的阜锦输港公路、阜锦高速公路、新义铁路的防洪标准由50年一遇提高到300年一遇。

2.1.29.6 汤头河

细河右岸一级支流,发源于辽宁省阜蒙县紫都台镇宝合堂村,流经阜蒙县、阜新市清河门区,在阜新市清河门区乌龙坝镇蒲草泡村入细河。

流域面积406km^2,河流长度63km,河流平均比降3.90‰,多年平均年降水量490.7mm,多年平均径流深61.7mm,流域平均宽度为6.4km,河道弯曲系数为2.2,形状系数为0.10。

流域面积10km^2以上的一级支流7条,二级支流2条。流域面积50~100km^2的支流1条,10~50km^2的支流8条。

2.1.29.7 东沙河

细河左岸一级支流,发源于辽宁省义县瓦子峪镇碾盘沟村,流经义县,在义县瓦子峪镇西四台村入细河。

流域面积214km^2,河流长度29km,河流平均比降6.33‰,多年平均年降水量540.4mm,多年平均径流深75.6mm,流域平均宽度为7.4km,河道弯曲系数为1.6,形状系数为0.25。

流域面积10km^2以上的一级支流5条,均为10~50km^2河流。

2.1.29.7.1 老龙口水库

老龙口水库位于东沙河中下游。坝址坐落于锦州市义县瓦子峪镇。工程于1980年12月完工。坝址以上集水面积210km^2,水面面积3.80km^2,最大泄流量921m^3/s。

水库枢纽工程等别为Ⅲ等,永久性建筑物等级为3级,为多年调节水库,高程基面采用黄海基面。洪水标准按50年一遇洪水设计,1000年一遇洪水校核,水库校核洪水位为104.02m,总库容为4246万m^3;设计洪水位为101.37m。水库枢纽工程主要由大坝、溢洪道、输水洞等组成。坝顶长450m,坝顶宽5.0m,最大坝高22.4m。

该水库是以防洪、灌溉为主的中型水库。水库下游保护瓦子峪镇的东四台、南四台、西四台、孟家屯、达子营等5个村屯的安全。

2.1.29.8 清河

细河右岸一级支流,发源于北票市小塔子乡莲花山村,流经北票市、阜蒙县、阜新市清河门区、义县,在义县高台子镇东高家屯村入细河。

流域面积226km^2,河流长度36km,河流平均比降5.57‰,多年平均年降水量507.6mm,多年平均径流深70.2mm,流域平均宽度为6.3km,河道弯曲系数为1.2,形状系数为0.17。

流域面积10km^2以上的一级支流5条,二级支流1条。流域面积50~100km^2的支流1条,10~50km^2的支流5条。

2.1.30 大定河

大凌河右岸一级支流,发源于辽宁省义县大定堡满族乡大定堡村,流经义县、凌海市，在凌海市余积镇小方西村入大凌河。

流域面积 324km²，河流长度 37km，河流平均比降 2.45‰，多年平均年降水量 553.4mm，多年平均径流深 96.6mm，流域平均宽度为 8.8km，河道弯曲系数为 1.5，形状系数为 0.24。

流域面积 10km² 以上的一级支流 6 条，二级支流 3 条。流域面积 50～100km² 的支流 1 条，10～50km² 的支流 8 条。

2.1.31 大业河

大凌河右岸一级支流，发源于辽宁省义县大定堡满族乡茶山寺村，流经义县、锦州市太和区、凌海市，在凌海市大业镇新立村汇入大凌河。

流域面积 111km²，河流长度 31km，河流平均比降 3.88‰，多年平均年降水量 559.6mm，多年平均径流深 105.2mm，流域平均宽度为 3.6km，河道弯曲系数为 1.1，形状系数为 0.12。

流域面积 10km² 以上的一级支流 1 条，为 10～50km² 河流。

2.2 干沟子

发源于辽宁省凌海市双羊镇郑帮村，流经凌海市，在凌海市建业镇哈达铺村入渤海。

流域面积 174km²，河流长度 33km，河流平均比降 0.907‰。多年平均年降水量 571.9mm，多年平均径流深 109.6mm，流域平均宽度为 5.3km，河道弯曲系数为 1.2，形状系数为 0.16。

无流域面积 10km² 以上的支流。

2.3 长湖沟

发源于辽宁省凌海市双羊镇翻身屯村，流经凌海市，在凌海市建业镇二沟村入渤海。流域面积 115km²，河流长度 29km，河流平均比降 0.598‰。多年平均年降水量 575.1mm，多年平均径流深 107.1mm，流域平均宽度为 4.09km，河道弯曲系数为 1.1，形状系数为 0.14。

无流域面积 10km² 以上的支流。

2.4 邢家沟

发源于辽宁省凌海市新庄子镇崔坨村，流经凌海市，在凌海市八千街道西八千村一苇场入渤海。

流域面积 202km²，河流长度 23km，河流平均比降 0.462‰。多年平均年降水量 580.7mm，多年平均径流深 101.1mm，流域平均宽度为 8.8km，河道弯曲系数为 1.1，形状系数为0.38。

无流域面积10km²以上的支流。

2.5 小凌河

小凌河古称唐就水，辽称小灵河，元代改称小凌河，明代又改称锦川，自明末起又改称小凌河，一直沿用至今。发源于辽宁省建昌县谷杖子乡包杖子村，流经建昌县，朝阳县，葫芦岛市南票区，锦州市太和区、古塔区、凌河区，凌海市，在凌海市锦州经济技术开发区南渔村入渤海。

流域面积5088km²，河流长度209km，河流平均比降1.12‰。多年平均年降水量539.4mm，多年平均径流深124.9mm，流域平均宽度为24.3km，河道弯曲系数为2.1，形状系数为0.12。

流域面积10km²以上的一级支流40条，二级支流69条，三级支流28条，四级支流2条。流域面积1000~5000km²的支流1条，100~1000km²的支流12条，50~100km²的支流16条，10~50km²的支流110条。

2.5.1 元宝山水库

元宝山水库位于小凌河上游。坝址坐落于辽宁省朝阳市朝阳县六家子镇。工程于1975年10月完工。坝址以上集水面积158km²，水面面积2.41km²，最大泄流量1906m³/s。

水库枢纽工程等别为Ⅲ等，永久性建筑物等级为3级，为多年调节水库，高程基面采用黄海基面。水库按100年一遇洪水设计，1000年一遇洪水校核，水库校核洪水位为282.40m，总库容2675万m³；设计洪水位为279.90m。坝顶长320m，坝顶宽5.0m，最大坝高20.4m。

该水库是以灌溉为主，兼顾防洪、养鱼、旅游为一体的中型水库，水库防洪保护下游地区9万人、12万亩耕地、1万亩林地及朝青公路、锦朝高速公路、油库等重要公共设施的安全。

2.5.2 大车户沟河

小凌河右岸一级支流，发源于辽宁省葫芦岛市连山区白马石乡上三角村，流经葫芦岛市连山区、朝阳县，在朝阳县尚志乡大车户沟村入小凌河。

流域面积112km²，河流长度26km，河流平均比降5.51‰，多年平均年降水量553.7mm，多年平均径流深141.4mm，流域平均宽度为4.3km，河道弯曲系数为1.5，形状系数为0.17。

流域面积10km²以上的一级支流2条，均为10~50km²河流。

2.5.3 黑牛营子河

小凌河左岸一级支流，发源于辽宁省朝阳县清风岭镇后西地村，流经朝阳县，在朝阳县黑牛营子乡黑牛营子村入小凌河。

流域面积 101km², 河流长度 18km, 河流平均比降 9.56‰, 多年平均年降水量 522.7mm, 多年平均径流深 109.7mm, 流域平均宽度为 5.6km, 河道弯曲系数为 1.4, 形状系数为 0.31。

流域面积 10km² 以上的一级支流 1 条, 为 10~50km² 河流。

2.5.4 大四家子河

小凌河左岸一级支流, 发源于辽宁省朝阳县南双庙镇榆兆村, 流经朝阳县, 在朝阳县羊山镇羊山村入小凌河。

流域面积 279km², 河流长度 26km, 河流平均比降 4.08‰, 多年平均年降水量 499.4mm, 多年平均径流深 99.3mm, 流域平均宽度为 10.7km, 河道弯曲系数为 1.5, 形状系数为 0.41。

流域面积 10km² 以上的一级支流 3 条, 二级支流 3 条。流域面积 50~100km² 的河流 2 条, 10~50km² 的河流 4 条。

2.5.5 四台营子河

小凌河右岸一级支流, 发源于辽宁省朝阳县王营子乡过良沟村, 流经朝阳县, 在朝阳县羊山镇塔子沟村入小凌河。

流域面积 124km², 河流长度 32km, 河流平均比降 4.90‰, 多年平均年降水量 538.4mm, 多年平均径流深 129.9mm, 流域平均宽度为 3.9km, 河道弯曲系数为 1.3, 形状系数为 0.12。

流域面积 10km² 以上的一级支流 1 条, 为 10~50km² 河流。

2.5.6 五十家子河

小凌河左岸一级支流, 发源于辽宁省朝阳县二十家子镇六家子村, 流经朝阳县, 在朝阳县二十家子镇二十家子村入小凌河。

流域面积 106km², 河流长度 21km, 河流平均比降 6.56‰, 多年平均年降水量 495.6mm, 多年平均径流深 101.0mm, 流域平均宽度为 5.0km, 河道弯曲系数为 1.4, 形状系数为 0.24。

流域面积 10km² 以上的一级支流 2 条, 均为 10~50km² 河流。

2.5.7 根德营子河

小凌河右岸一级支流, 发源于辽宁省葫芦岛市南票区缸窑岭镇古刹寺村, 流经葫芦岛市南票区、朝阳县, 在朝阳县根德营子乡麒麟宝村入小凌河。

流域面积 201km², 河流长度 34km, 河流平均比降 4.52‰, 多年平均年降水量 535.5mm, 多年平均径流深 130.4mm, 流域平均宽度为 5.9km, 河道弯曲系数为 1.3, 形状系数为 0.17。

流域面积 10km² 以上的一级支流 4 条, 二级支流 1 条, 均为 10~50km² 河流。

2.5.8 巴图营子河

小凌河左岸一级支流,发源于辽宁省北票市三宝营乡平房村,流经北票市、朝阳县,在朝阳县松岭门蒙古族乡松岭门村入小凌河。

流域面积 474km², 河流长度 57km, 河流平均比降 3.06‰, 多年平均年降水量 507.3mm, 多年平均径流深 105.2mm, 流域平均宽度为 8.3km, 河道弯曲系数为 2.0, 形状系数为 0.15。

流域面积 10km² 以上的一级支流 11 条,二级支流 3 条,均为 10~50km² 河流。

2.5.9 北小河

小凌河左岸一级支流,发源于辽宁省义县地藏寺满族乡烧锅村,流经义县、凌海市,在凌海市班吉塔镇东鸽子洞村入小凌河。

流域面积 464km², 河流长度 46km, 河流平均比降 3.06‰, 多年平均年降水量 530.9mm, 多年平均径流深 111.9mm, 流域平均宽度为 10.1km, 河道弯曲系数为 1.4, 形状系数为 0.22。

流域面积 10km² 以上的一级支流 8 条,二级支流 4 条,三级支流 2 条。流域面积 100~1000km² 的支流 1 条,50~100km² 的支流 2 条,10~50km² 的支流 11 条。

2.5.9.1 靠山屯水库

靠山屯水库(群英湖)位于北小河支流黑山庙河下游。坝址坐落于锦州市义县留龙沟镇。工程于 1960 年 9 月完工。坝址以上集水面积 65.0km², 水面面积 1.33km², 最大泄流量 467m³/s。

水库枢纽工程等别为Ⅲ等,永久性建筑物等级为 3 级,为多年调节水库,高程基面采用黄海基面。设计洪水标准为 50 年一遇,校核标准为 1000 年一遇,水库校核洪水位为 141.30m, 总库容 1595 万 m³; 设计洪水位为 138.96m。水库枢纽工程由大坝、溢洪道、输水洞等组成。坝顶长 180m, 坝顶宽 6.0m, 最大坝高 20.3m。

该水库是以防洪、灌溉、养鱼综合利用为一体的山谷型中型水库,承担着 5000 亩农田的灌溉补水任务,保护着下游义县留龙沟镇的全家屯、冯家屯、许家屯等 3 个村屯的 2000 人及 5000 亩耕地的安全,同时保护着锦朝公路、沈山铁路等基础设施的安全。

2.5.9.2 沈家台河

北小河右岸一级支流,发源于辽宁省义县地藏寺满族乡烧锅村,流经义县、凌海市,在凌海市沈家台镇张杠屯村入沈家台河。

流域面积 174km², 河流长度 22km, 河流平均比降 4.99‰, 多年平均年降水量 522.2mm, 多年平均径流深 111.1mm, 流域平均宽度为 7.9km, 河道弯曲系数为 1.2, 形状系数为 0.36。

流域面积 10km² 以上的一级支流 3 条,二级支流 2 条。流域面积 50~100km² 的支流 1 条, 10~50km² 的支流 4 条。

2.5.10 锦凌水库

锦凌水库位于小凌河干流中下游。坝址坐落于锦州市太和区新民街道,工程于 2009

年5月开工。坝址以上集水面积3029km²。

水库枢纽工程等别为Ⅱ等，永久性水工建筑物级别为2级，为多年调节水库，高程基面采用黄海基面。水库按500年一遇洪水设计，5000年一遇洪水校核，水库校核洪水位为63.56m，相应库容8.08亿m³；设计洪水位为61.32m。枢纽主要建筑物由挡水坝段、溢流坝段、底孔坝段、引水坝段及连接段等组成。坝总长1148m。坝顶宽度8m，最大坝高48.3m。

该水库以承担锦州市的防洪和供水为主，兼顾改善地下水环境。水库建成后可使锦州市城区段堤防右岸的防洪标准由现状的30年一遇提高到50年一遇，左岸的防洪标准由现状的50年一遇提高到100年一遇，沈山铁路的防洪标准由50年一遇提高到100年一遇。

2.5.11 女儿河

小凌河右岸一级支流，发源于辽宁省兴城市药王满族乡叶家屯村，流经兴城市，葫芦岛市连山区、南票区，锦州市太和区，在锦州市太和街道岭南社区入小凌河。

流域面积1495km²，河流长度129km，河流平均比降1.37‰，多年平均年降水量561.6mm，多年平均径流深148.2mm，流域平均宽度为11.6km，河道弯曲系数为1.5，形状系数为0.09。

流域面积10km²以上的一级支流27条，二级支流15条。流域面积100～1000km²的支流2条，50～100km²的支流6条，10～50km²的支流34条。

2.5.11.1 虹螺山水库

虹螺山水库位于女儿河支流倒流河上。坝址坐落于葫芦岛市南票区张相公屯乡。工程于1958年10月完工。坝址以上集水面积32.6km²，水面面积1.04km²，最大泄流量284m³/s。

水库枢纽工程等别为Ⅲ等，永久性建筑物等级为3级，为多年调节水库，高程基面采用黄海基面。水库设计洪水标准为100年一遇，校核洪水标准为1000年一遇，水库校核洪水位为124.52m，相应库容1006万m³；设计洪水位为123.26m。水库工程主要由大坝、溢洪道、输水洞等组成。坝长526m，坝顶宽6.0m，最大坝高24.0m。

该水库是以向工业和城市生活供水为主，兼顾防洪、养鱼的中型水库。水库防洪保护下游0.8万人、1.18万亩耕地及其他公共设施的安全。

2.5.11.2 乌金塘水库

乌金塘水库位于女儿河中下游。坝址坐落于葫芦岛市南票区黄土坎乡。工程于1973年12月完工。坝址以上集水面积925km²，水面面积12.66km²，最大泄流量4245m³/s。

水库枢纽工程等别为Ⅱ等，永久性水工建筑物级别为2级，抗震设防烈度6度，为多年调节水库，高程基面采用大连基面。水库按100年一遇洪水设计，5000年一遇洪水校核，水库校核洪水位为97.56m，总库容2.91亿m³；设计洪水位为91.93m。主体工程包括主坝、1副坝、2副坝、溢洪道、输水洞、水电站等。坝长288m，坝顶宽7.0m，最大坝高33.0m。

该水库是以防洪、城市供水为主，兼顾发电、养鱼、旅游等综合功能的大型水利枢纽。水库防洪保护下游葫芦岛市部分乡镇和锦州市城区共计89.7万人、耕地4.4万亩，以及京哈高速铁路、京哈高速公路、沈山铁路、102国道、大庆输油管路、5家大中型企业、重要军事、通信等基础设施的安全。

2.5.11.3 新沙河

女儿河左岸一级支流，发源于辽宁省葫芦岛市南票区沙锅屯乡上新安村，流经葫芦岛市南票区，在葫芦岛市南票区黄土坎乡申家屯村入女儿河。

流域面积 116km²，河流长度 23km，河流平均比降 6.17‰，多年平均年降水量 534.9mm，多年平均径流深 127.6mm，流域平均宽度为 5.0km，河道弯曲系数为 1.3，形状系数为 0.22。

流域面积 10km² 以上的一级支流 3 条，均为 10～50km² 河流。

2.5.11.4 金星河

女儿河右岸一级支流，发源于辽宁省葫芦岛市南票区张相公屯乡萝卜窖村，流经葫芦岛市连山区、凌海市，锦州市太和区，在锦州市太和区女儿河乡季家沟村入女儿河。

流域面积 147km²，河流长度 33km，河流平均比降 2.06‰，多年平均年降水量 562.0mm，多年平均径流深 133.2mm，流域平均宽度为 4.5km，河道弯曲系数为 1.5，形状系数为 0.13。

流域面积 10km² 以上的一级支流 2 条，均为 10～50km² 河流。

2.5.12 百股河

小凌河左岸一级支流，发源于辽宁省义县大定堡满族乡南石桥子村，流经义县、凌海市，锦州市太和区、凌河区，在锦州市凌河区紫荆街道百股村入小凌河。

流域面积 307km²，河流长度 35km，河流平均比降 3.49‰，多年平均年降水量 559.2mm，多年平均径流深 111.0mm，流域平均宽度为 8.8km，河道弯曲系数为 1.3，形状系数为 0.25。

流域面积 10km² 以上的一级支流 4 条，二级支流 2 条。流域面积 100～1000km² 的支流 1 条，流域面积 50～100km² 的支流 1 条，10～50km² 的支流 4 条。

2.5.12.1 头道河

百股河右岸一级支流，发源于辽宁省凌海市翠岩镇上苏家沟村，流经义县、凌海市、锦州市太和区、凌河区，在锦州市凌河区紫荆街道金屯村入百股河。

流域面积 100km²，河流长度 30km，河流平均比降 4.94‰，多年平均年降水量 556.0mm，多年平均径流深 114.0mm，流域平均宽度为 3.3km，河道弯曲系数为 1.3，形状系数为 0.11。

流域面积 10km² 以上的一级支流 1 条，为 10～50km² 河流。

2.6 百水壕河

发源于辽宁省凌海市南站新区水泉村，流经凌海市，在凌海市锦州经济技术开发区南陵村入渤海。

流域面积 103km²，河流长度 17km，河流平均比降 1.51‰，多年平均年降水量 575.6mm，多年平均径流深 120.6mm，流域平均宽度为 6.1km，河道弯曲系数为 1.4，

形状系数为 0.36。

流域面积 10km² 以上的一级支流 3 条，均为 10～50km² 河流。

2.7 大兴堡河

发源于辽宁省葫芦岛市南票区虹螺岘镇板石沟村，流经凌海市、葫芦岛连山区，在葫芦岛市连山区塔山乡上坎子村入渤海。

流域面积 186km²，河流长度 37km，河流平均比降 2.42‰，多年平均年降水量 573.7mm，多年平均径流深 130.9mm，流域平均宽度为 5.0km，河道弯曲系数为 2.0，形状系数为 0.14。

流域面积 10km² 以上的一级支流 6 条，均为 10～50km² 河流。

2.8 连山河

发源于辽宁省葫芦岛市连山区沙河营乡喂牛场村，流经葫芦岛市连山区、龙港区，在葫芦岛市龙港区北港街道稻池村入渤海。

流域面积 186km²，河流长度 34km，河流平均比降 3.35‰，多年平均年降水量 584.7mm，多年平均径流深 158.6mm，流域平均宽度为 5.5km，河道弯曲系数为 1.2，形状系数为 0.16。

流域面积 10km² 以上的一级支流 4 条，均为 10～50km² 河流。

2.9 五里河

发源于辽宁省葫芦岛市连山区寺儿堡镇后峪村，流经葫芦岛市连山区、龙港区，在葫芦岛市龙港区北港街道稻池村入渤海。

流域面积 214km²，河流长度 34km，河流平均比降 2.04‰，多年平均年降水量 595.7mm，多年平均径流深 158.6mm，流域平均宽度为 6.3km，河道弯曲系数为 1.4，形状系数为 0.19。

流域面积 10km² 以上的一级支流 4 条。流域面积 50～100km² 的支流 1 条，10～50km² 的支流 3 条。

2.10 兴城河

发源于辽宁省兴城市郭家镇陈家村，流经兴城市，在兴城市曹庄镇大河口村入渤海。

流域面积697km², 河流长度57km, 河流平均比降2.21‰, 多年平均年降水量598.5mm, 多年平均径流深180.1mm, 流域平均宽度为12.2km, 河道弯曲系数为1.4, 形状系数为0.21。

流域面积10km²以上的一级支流11条, 二级支流9条, 三级支流1条, 四级支流1条。流域面积100~1000km²的支流1条, 50~100km²的支流3条, 10~50km²的支流18条。

2.10.1 兴城西河

兴城河左岸一级支流, 发源于辽宁省葫芦岛市连山区杨郊乡缸窑村, 流经葫芦岛市连山区、兴城市, 在兴城市白塔满族乡清水村入兴城河。

流域面积181km², 河流长度32km, 河流平均比降3.41‰, 多年平均年降水量591.0mm, 多年平均径流深176.5mm, 流域平均宽度为5.7km, 河道弯曲系数为1.4, 形状系数为0.18。

流域面积10km²以上的一级支流4条, 二级支流1条, 三级支流1条。流域面积均为10~50km²。

2.11 东沙河

发源于辽宁省兴城市红崖子满族乡新齐村, 流经兴城市, 在兴城市沙后所满族镇石屯村入渤海。

流域面积132km², 河流长度24km, 河流平均比降2.39‰, 多年平均年降水量614.8mm, 多年平均径流深183.6mm, 流域平均宽度为5.51km, 河道弯曲系数为1.2, 形状系数为0.23。

流域面积10km²以上的一级支流3条, 均为10~50km²河流。

2.12 烟台河

发源于辽宁省兴城市碱厂满族乡白庙子村, 流经兴城市, 在兴城市海滨满族乡李金村入渤海。

流域面积320km², 河流长度45km, 河流平均比降2.93‰, 多年平均年降水量610.6mm, 多年平均径流深201.4mm, 流域平均宽度为7.1km, 河道弯曲系数为1.2, 形状系数为0.16。

流域面积10km²以上的一级支流7条, 均为10~50km²河流。

2.12.1 碱厂水库

碱厂水库位于烟台河上游。坝址坐落于葫芦岛市兴城市碱厂满族乡。工程于1968年7月完工。坝址以上集水面积126.3km², 水面面积4.73km², 最大泄流量1018m³/s。

水库枢纽工程等别为Ⅲ等,永久性建筑物等级为3级,为多年调节水库,高程基面采用黄海基面。水库设计洪水标准为100年一遇,校核洪水标准为2000年一遇,水库校核洪水位为87.63m,总库容4890万 m^3;设计洪水位为85.67m。水库主体工程由大坝、溢洪道、输水洞、电站等组成。主坝坝长200m,坝宽5m,最大坝高27.5m。

该水库是具有防洪、灌溉、养鱼等综合利用的中型水库,水库防洪保护下游南大山、沙后所、望海、海滨4个乡镇5.5万人、8.5万亩耕地,以及兴城市轴承厂、八三输油管道、沈山铁路、京沈高速公路、102国道等工矿企业和公共设施的安全。

2.13 菱角河

发源于辽宁省兴城市东辛庄满族镇胡家坟村,流经兴城市,在兴城市徐大堡镇双堆子村入渤海。

流域面积143km^2,河流长度24km,河流平均比降1.52‰,多年平均年降水量625.2mm,多年平均径流深189.8mm,流域平均宽度为6.0km,河道弯曲系数为1.6,形状系数为0.25。

流域面积10km^2以上的一级支流2条,二级支流1条,均为10～50km^2河流。

2.14 六股河

发源于辽宁省建昌县谷杖子乡吉杖子村北篓子山,流经建昌县、兴城市、绥中县,在绥中县小庄子镇大渔场村入渤海。

流域面积3069km^2,河流长度162km,河流平均比降1.61‰。多年平均年降水量592.8mm,多年平均径流深188.0mm,流域平均宽度为18.9km,河道弯曲系数为1.6,形状系数为0.12。

流域面积10km^2以上的一级支流29条,二级支流52条,三级支流5条。流域面积100～1000km^2的支流8条,50～100km^2的支流8条,10～50km^2的支流71条。

2.14.1 巴什罕河

六股河右岸一级支流,发源于辽宁省建昌县巴什罕乡戴杖子村,流经建昌县,在建昌县巴什罕乡苗油坊村入六股河。

流域面积102km^2,河流长度16km,河流平均比降4.78‰,多年平均年降水量554.5mm,多年平均径流深149.7mm,流域平均宽度为6.4km,河道弯曲系数为1.2,形状系数为0.40。

流域面积10km^2以上的一级支流4条,均为10～50km^2河流。

2.14.2 红碁河

六股河左岸一级支流,发源于辽宁省建昌县药王庙镇于家屯村,流经建昌县,在建昌县药王庙镇药王庙村入六股河。

流域面积126km², 河流长度22km, 河流平均比降6.36‰, 多年平均年降水量576.3mm, 多年平均径流深179.9mm, 流域平均宽度为5.7km, 河道弯曲系数为1.5, 形状系数为0.26。

流域面积10km²以上的一级支流3条, 均为10~50km²河流。

2.14.3 茅河

六股河右岸一级支流, 发源于辽宁省建昌县雷家店乡冰沟村, 流经建昌县, 在建昌县杨树湾子乡卡路营子村入六股河。

流域面积283km², 河流长度36km, 河流平均比降5.71‰, 多年平均年降水量566.1mm, 多年平均径流深165.9mm, 流域平均宽度为7.9km, 河道弯曲系数为1.9, 形状系数为0.22。

流域面积10km²以上的一级支流7条, 二级支流2条。流域面积50~100km²的支流1条, 10~50km²的支流8条。

2.14.4 云山洞河

六股河右岸一级支流, 发源于辽宁省建昌县养马甸子乡枣木杠沟村, 流经建昌县, 在建昌县大屯镇韩家屯村入六股河。

流域面积197km², 河流长度36km, 河流平均比降5.67‰, 多年平均年降水量584.0mm, 多年平均径流深189.4mm, 流域平均宽度为5.5km, 河道弯曲系数为2.5, 形状系数为0.15。

流域面积10km²以上的一级支流4条, 均为10~50km²河流。

2.14.4.1 马道子水库

马道子水库位于六股河支流云山洞河中游。坝址坐落于葫芦岛市建昌县大屯镇。工程于1961年10月完工。坝址以上集水面积62.0km², 水面面积0.74km², 最大泄流量1361m³/s。

水库枢纽工程等别为Ⅲ等, 永久性建筑物等级为3级, 为多年调节水库, 高程基面采用黄海基面。防洪标准为100年一遇洪水设计, 1000年一遇洪水校核, 水库校核洪水位为121.58m, 总库容1115万m³; 设计洪水位为119.86m。主要工程等级为3级, 包括主坝、副坝、溢洪道、输水洞等。坝长186m, 坝顶宽4.0m, 最大坝高24.0m。

该水库是以防洪灌溉、工业和城市供水为主的中型水库, 水库防洪保护下游大屯镇4万人、5万亩耕地, 以及沈山铁路、建绥公路306线等公共设施的安全。

2.14.5 响水河

六股河左岸一级支流, 发源于辽宁省兴城市三道沟满族乡黑沟村, 流经兴城市, 在兴城市三道沟满族乡凉水泉村入六股河。

流域面积112km², 河流长度22km, 河流平均比降7.95‰, 多年平均年降水量589.1mm, 多年平均径流深199.2mm, 流域平均宽度为5.1km, 河道弯曲系数为1.7,

形状系数为 0.23。

流域面积 10km² 以上的一级支流 3 条，均为 10～50km² 河流。

2.14.6　青山水库

青山水库位于六股河中游，坝址坐落于葫芦岛市绥中县宽邦镇。工程开工于 2010 年 6 月。坝址以上集水面积 1650km²。

水库枢纽工程等别为Ⅱ等，永久性水工建筑物级别为 2 级，抗震设防烈度 6 度，为不完全年调节水库，采用高程基面为黄海基面。水库按 500 年一遇洪水设计，5000 年一遇洪水校核，水库校核洪水位为 95.40m，总库容 6.61 亿 m³；设计洪水位为 91.80m。工程主要建筑物有主坝、副坝、溢洪道和输水洞。坝顶长 736m，坝顶宽度 7.0m，最大坝高 42.79m。

该水库是以城市供水、防洪为主，兼顾改善流域下游农业供水条件以及生态环境等综合利用，是实现葫芦岛地区水资源合理配置的跨流域调水工程。

2.14.7　黑水河

六股河右岸一级支流，发源于辽宁省建昌县养马甸子乡大杨树沟村，流经建昌县、绥中县、兴城市，在绥中县高台镇万陈村入六股河。

流域面积 554km²，河流长度 61km，河流平均比降 3.21‰，多年平均年降水量 608.1mm，多年平均径流深 208.6mm，流域平均宽度为 9.1km，河道弯曲系数为 1.2，形状系数为 0.15。

流域面积 10km² 以上的一级支流 12 条，二级支流 2 条。流域面积 50～100km² 的支流 1 条，10～50km² 的支流 13 条。

2.14.8　王宝河

六股河右岸一级支流，发源于辽宁省绥中县大王庙镇大黄羊沟村，流经绥中县，在绥中县高台镇腰古城寨村入六股河。

流域面积 422km²，河流长度 56km，河流平均比降 2.52‰，多年平均年降水量 650.2mm，多年平均径流深 225.6mm，流域平均宽度为 7.5km，河道弯曲系数为 1.4，形状系数为 0.13。

流域面积 10km² 以上的一级支流 8 条，二级支流 1 条。流域面积 50～100km² 的支流 1 条，10～50km² 的支流 8 条。

2.14.8.1　龙屯水库

龙屯水库位于王宝河中游。坝址坐落于葫芦岛市绥中县高甸子满族乡。工程于 1976 年 11 月完工。坝址以上集水面积 214km²，水面面积 7.10km²，最大泄流量 2818m³/s。

水库枢纽工程等别为Ⅱ等，永久性建筑物等级为 2 级，水库抗震设防烈度 6 度，为多年调节水库，高程基面采用黄海基面。水库工程按照 100 年一遇洪水设计，5000 年一遇洪水校核，水库校核洪水位为 79.16m，总库容 1.19 亿 m³；设计洪水位为 74.95m。主要工程包括主坝、溢洪道、输水洞等。坝顶长 742m，坝顶宽 7.2m，最大坝高 24.6m。

该水库以防洪、灌溉为主，兼有水产养殖等综合效益的多年调节大型水利枢纽工程，保护着下游绥中镇、高甸子乡、高台镇、小庄子乡、塔山镇及城郊乡的 20 万人口、15 万亩耕地的安全。

2.14.9　花营河

六股河左岸一级支流，发源于辽宁省兴城市围屏满族乡陈良村，流经兴城市，在兴城市大寨满族乡马圈村入六股河。

流域面积 105km^2，河流长度 25km，河流平均比降 1.63‰，多年平均年降水量 624.2mm，多年平均径流深 203.9mm，流域平均宽度为 4.2km，河道弯曲系数为 1.4，形状系数为 0.17。

流域面积 10km^2 以上的一级支流 4 条，均为 10~50km^2 河流。

2.15　长滩河

发源于辽宁省绥中县沙河镇三台子村，流经绥中县，在绥中县塔山屯镇东白村入渤海。

流域面积 119km^2，河流长度 27km，河流平均比降 0.905‰，多年平均年降水量 634.4mm，多年平均径流深 195.2mm，流域平均宽度为 4.4km，河道弯曲系数为 1.6，形状系数为 0.16。

流域面积 10km^2 以上的一级支流 1 条，二级支流 1 条。流域面积 50~100km^2 的支流 1 条，10~50km^2 的支流 1 条。

2.16　猫眼河

发源于辽宁省绥中县沙河镇恒河子村，流经绥中县，在绥中县荒地镇西李村入渤海。

流域面积 106km^2，河流长度 24km，河流平均比降 2.13‰，多年平均年降水量 644.3mm，多年平均径流深 205.1mm，流域平均宽度为 4.4km，河道弯曲系数为 1.5，形状系数为 0.18。

流域面积 10km^2 以上的一级支流 2 条，均为 10~50km^2 河流。

2.17　狗河

发源于辽宁省绥中县加碑岩乡窝岭村，流经绥中县，在绥中县荒地满族镇西李村入渤海。

流域面积 586km^2，河流长度 88km，河流平均比降 3.02‰，多年平均年降水量 660.1mm，多年平均径流深 238.6mm，流域平均宽度为 6.7km，河道弯曲系数为 1.4，形状系数为 0.08。

流域面积 10km² 以上的一级支流 11 条，二级支流 1 条。流域面积 50~100km² 的支流 1 条，10~50km² 的支流 11 条。

2.18　石河

发源于辽宁省绥中县加碑岩乡王台村，流经绥中县，在绥中县高岭镇照山嘴村入渤海。

流域面积 434km²，河流长度 70km，河流平均比降 3.81‰，多年平均年降水量 677.4mm，多年平均径流深 247.3mm，流域平均宽度为 8.1km，河道弯曲系数为 1.8，形状系数为 0.10。

流域面积 10km² 以上的一级支流 8 条，二级支流 2 条。流域面积 50~100km² 的支流 2 条，10~50km² 的支流 8 条。

2.18.1　大风口水库

大风口水库位于石河中游。坝址坐落于葫芦岛市绥中县前卫镇石河。工程于 1974 年 11 月完工。坝址以上集水面积 251km²，水面面积 6.84km²，最大泄流量 1819m³/s。

水库枢纽工程等别为Ⅱ等，永久性水工建筑物级别为 2 级，抗震设防烈度 6 度，为多年调节水库，高程基面采用黄海基面。水库按 100 年一遇洪水设计，5000 年一遇洪水校核，水库校核洪水位为 119.48m，总库容 2.08 亿 m³；设计洪水位为 113.66m。主体工程包括主坝、溢洪道、输水洞等。坝长 275m，坝顶宽 6.0m，最大坝高 45.3m。

该水库是以防洪、工业供水、灌溉为主，兼顾水产养殖、旅游等综合利用的大型水利枢纽。

2.19　强流河

发源于辽宁省绥中县西甸子镇北杨家村，流经绥中县，在绥中县前所镇东杨家村入渤海。

流域面积 105km²，河流长度 22km，河流平均比降 2.70‰，多年平均年降水量 670.4mm，多年平均径流深 223.4mm，流域平均宽度为 4.8km，河道弯曲系数为 1.2，形状系数为 0.22。

流域面积 10km² 以上的一级支流 2 条，均为 10~50km² 河流。

2.20　九江河

发源于河北省秦皇岛市抚宁区驻操营镇甘城子村，流经河北省秦皇岛市抚宁区，辽宁省绥中县，在辽宁省绥中县万家镇甘家村入渤海。

流域面积188km²，河流长度35km，其中辽宁省境内面积149km²，河流长度22km。河流平均比降4.16‰，多年平均年降水量687.1mm，多年平均径流深229.6mm，流域平均宽度为5.4km，河道弯曲系数为1.4，形状系数为0.15。

流域面积10km²以上的一级支流1条，二级支流1条，均为10～50km²河流。

辽东湾东部沿渤海诸河水系

地理位置 辽东湾东部沿渤海诸河水系地处辽宁省西南部，辽东半岛的西部，包括大连市西部、营口市南部地区，位于东经121°13′~122°53′、北纬39°19′~40°34′之间，东西横跨经度1°40′，南北纵贯纬度1°15′；东西约110km，南北约210km，呈"刀"形。东以老帽山、天桥山与辽东湾西部沿渤海诸河水系分界，西南与渤海相邻，北以千山余脉步云山为界与辽河水系接壤；总面积为8517km²。

地形地貌 辽东湾东部沿渤海诸河水系东部地势较高，一般海拔500m以上，为低山丘陵地形；北部为海拔200~300m岗丘地形的松辽分水岭；西部即渤海。

辽东湾东部沿渤海诸河水系的高程变化特点是自北向南，一般由东部、西部、北部的250~450m降至140~200m，再向南向海边降至3~50m，并与渤海衔接。东部山势挺拔，峰峦叠嶂；东北部为低山丘陵，主要有老帽山、天桥山等；中部为浅丘漫岗，海拔在200m左右；西部沿海地带低平，为狭窄的滨海平原，海拔不到50m。

气象水文 辽东湾东部沿渤海诸河水系属南温带亚湿润大陆性季风气候，气候温暖，四季分明，雨热同季，日照充足。年平均气温在9℃左右，全年气温1月最低，平均在−8℃左右，最低温度为−25~−30℃。7月温度最高，平均在25℃左右，绝对最高温度为33~35℃。多年平均年降水量为500~700mm，山地多于平原，从东南向西北递减。水系年降水量集中于每年的7月、8月。多年平均径流深为100~300mm。辽东湾东部沿渤海诸河水系夏季多暴雨，强度大、频率高、集流快，常使水位涨落急剧，造成下游地区洪涝。

河流分布 辽东湾东部沿海诸河水系流域面积10km²以上的河流共有182条。流域面积1000~5000km²的河流2条，100~1000km²的河流17条，50~100km²的河流25条，10~50km²的河流138条。

独流入海河流38条，其中一级支流101条，二级支流38条，三级支流5条。

3.1 大旱河

发源于辽宁省大石桥市百寨街道腰屯村大青山，流经大石桥市、营口老边区、盖州市，在盖州市西海街道西河口村汇入渤海。

流域面积339km²，河流长度40km，河流平均比降0.664‰，多年平均年降水量665.5mm，多年平均径流深129.6mm，流域平均宽度为8.5km，河道弯曲系数为1.4，形状系数为 0.21。

流域面积 10km² 以上的一级支流有 6 条，二级支流 1 条。流域面积 50~100km² 的支流 1 条，10~50km² 的支流 6 条。

3.2 大清河

发源于辽宁省大石桥市建一镇板长峪村，流经大石桥市、盖州市，在盖州市西海街道西河口村汇入渤海。

流域面积 1452km²，河流长度 99km，河流平均比降 2.05‰，多年平均年降水量 707.5mm，多年平均径流深 189.0mm，流域平均宽度为 14.7km，河道弯曲系数为 1.6，形状系数为 0.15。

流域面积 10km² 以上的一级支流有 18 条，二级支流 13 条，三级支流 5 条。流域面积 100~1000km² 的支流 2 条，50~100km² 的支流 7 条，10~50km² 的支流 27 条。

3.2.1 吕王河

大清河左岸一级支流，发源于辽宁省大石桥市黄土岭镇四道沟村，流经大石桥市，在大石桥市黄土岭镇黄土岭村汇入大清河。

流域面积 135km²，河流长度 22km，河流平均比降 13.8‰，多年平均年降水量 749.4mm，多年平均径流深 276.2mm，流域平均宽度为 6.1km，河道弯曲系数为 1.5，形状系数为 0.28。

流域面积 10km² 以上的一级支流有 4 条，二级支流 1 条，流域面积均为 10~50km²。

3.2.2 石门水库

石门水库位于大清河上游。坝址坐落于盖州市榜式堡镇。工程于 1971 年 5 月完工。坝址以上集水面积 410km²，水面面积 4.80km²，最大泄流量 5286m³/s。

水库枢纽工程等别为Ⅱ等，永久性建筑物等级为 2 级，水库抗震设防烈度 7 度，为多年调节水库，高程基面采用大连基面。水库枢纽工程按照 200 年一遇洪水设计，3000 年一遇洪水校核，水库校核洪水位为 143.85m，总库容 1.021 亿 m³；设计洪水位为 141.10m。主要枢纽工程包括主坝、溢洪道、输水洞、水电站等。坝顶长度 350m，坝顶宽 6.0m，最大坝高 47.0m。

石门水库保护下游盖州城区、高屯镇、榜式堡镇等 11 个乡镇、20 多万人、20 余万亩耕地，以及下游国家主要运输干线中长铁路、沈大高速公路、哈大公路、"八三"输油管线等主要设施的安全。

3.2.3 西大清河

大清河右岸一级支流，发源于辽宁省海城市英落镇后窑村，流经海城市、大石桥市、盖州市，在盖州市高屯镇现峪村汇入大清河。

流域面积 369km², 河流长度 42km, 河流平均比降 1.79‰, 多年平均年降水量 700.0mm, 多年平均径流深 149.8mm, 流域平均宽度为 8.8km, 河道弯曲系数为 1.5, 形状系数为 0.21。

流域面积 10km² 以上的一级支流有 5 条, 二级支流 4 条。流域面积 50~100km² 的支流 2 条, 10~50km² 的支流 7 条。

3.2.3.1 三道岭水库

三道岭水库位于西大清河中游。坝址坐落于营口市大石桥市周家镇。工程于 1974 年 7 月完工。坝址以上集水面积 133km², 水面面积 3.31km², 最大泄流量 678m³/s。

水库枢纽工程等别为Ⅲ等，永久性建筑物等级为 3 级，为多年调节水库，高程基面采用黄海基面。水库设计洪水标准为 50 年一遇，校核洪水标准为 1000 年一遇，水库校核洪水位为 94.45m, 总库容 3419 万 m³; 设计洪水位为 92.06m。水库主体工程由大坝、溢洪道、输水洞、灌溉洞和引水建筑物 5 部分组成。坝长 575m, 坝顶宽 7.0m, 最大坝高 17.3m。

该水库是以防洪、灌溉为主的年调节中型水库，水库保护下游大石桥市和盖州市的 9 个镇（区）、20 个厂矿企业、1~3 个农场，以及长大铁路、沈火公路等重要交通设施，影响 30 万人、30 万亩耕地。

3.2.3.2 周家水库

周家水库位于西大清河支流大金寺河中上游。坝址坐落于营口市大石桥市周家镇。工程于 1963 年 8 月完工。坝址以上集水面积 42.0km², 水面面积 0.95km², 最大泄流量 447m³/s。

水库枢纽工程等别为Ⅲ等，永久性建筑物等级为 3 级，为多年调节水库，高程基面采用黄海基面。工程标准按 100 年一遇洪水设计，1000 年一遇洪水校核，水库校核洪水位为 129.03m, 总库容 1185 万 m³; 设计洪水位为 127.26m。水库枢纽工程主要有大坝、溢洪道、非常溢洪道、输水洞等。坝顶长 480.5m, 坝顶宽 4.5m, 最大坝高 21.6m。

该水库是以灌溉、防洪、城市供水、养鱼等综合利用的中型水库。水库下游影响耕地 2 万亩、人口 3.5 万, 距中长铁路 57km, 距盖州镇 52km, 距大石桥镇 30km。

3.3 北海河

发源于辽宁省盖州市沙岗镇上屯村，流经盖州市，在盖州市团山街道北海村汇入渤海。

流域面积 103km², 河流长度 17km, 河流平均比降 1.89‰, 多年平均年降水量 655.9mm, 多年平均径流深 141.6mm, 流域平均宽度为 6.1km, 河道弯曲系数为 1.3, 形状系数为 0.36。

流域面积 10km² 以上的一级支流 2 条，均为 10~50km² 河流。

3.4 沙河

发源于辽宁省盖州市双台镇四方台村，流经盖州市、营口市鲅鱼圈区，在营口市鲅鱼圈区望海街道小懂屯村汇入渤海。

流域面积 177km^2，河流长度 30km，河流平均比降 3.82‰，多年平均年降水量 669.7mm，多年平均径流深 171.7mm，流域平均宽度为 5.9km，河道弯曲系数为 1.6，形状系数为 0.20。

流域面积 10km^2 以上的一级支流 4 条，均为 10~50km^2 河流。

3.5 熊岳河

发源于辽宁省盖州市杨运镇北岔村，流经盖州市、营口市鲅鱼圈区，在营口市鲅鱼圈区熊岳镇于园子村汇入渤海。

流域面积 346km^2，河流长度 43km，河流平均比降 4.24‰，多年平均年降水量 700.3mm，多年平均径流深 230.0mm，流域平均宽度为 8.0km，河道弯曲系数为 1.3，形状系数为 0.19。

流域面积 10km^2 以上的一级支流 7 条，二级支流 2 条。流域面积 50~100km^2 的支流 1 条，10~50km^2 的支流 8 条。

3.6 浮渡河

发源于辽宁省瓦房店市万家岭镇冒山村，流经瓦房店市、盖州市，在瓦房店市李官镇矿洞山村汇入渤海。

流域面积 467km^2，河流长度 45km，河流平均比降 3.41‰，多年平均年降水量 677.7mm，多年平均径流深 210.3mm，流域平均宽度为 10.4km，河道弯曲系数为 1.4，形状系数为 0.23。

流域面积 10km^2 以上的一级支流 11 条，二级支流 1 条。流域面积 50~100km^2 的支流 2 条，10~50km^2 的支流 10 条。

3.7 永宁河

发源于辽宁省瓦房店市土城乡温家村，流经瓦房店市，在瓦房店市永宁镇盐场村汇入渤海。

流域面积 156km², 河流长度 31km, 河流平均比降 1.71‰, 多年平均年降水量 630.5mm, 多年平均径流深 170.7mm, 流域平均宽度为 5.0km, 河道弯曲系数为 1.8, 形状系数为 0.16。

流域面积 10km² 以上的一级支流 4 条, 均为 10～50km² 河流。

3.7.1 八一水库

八一水库位于永宁河中游。坝址坐落于大连市瓦房店市永宁镇。工程于 1958 年 9 月完工。坝址以上集水面积 61.0km², 水面面积 4.26km², 最大泄流量 155m³/s。

水库枢纽工程等别为Ⅲ等, 永久性建筑物等级为 3 级, 为多年调节水库, 高程基面采用黄海基面。水库防洪标准复核为 100 年一遇洪水设计, 1000 年一遇洪水校核, 水库校核洪水位为 33.13m, 总库容 3306 万 m³; 设计洪水位为 32.04m。水库枢纽由大坝、副坝、溢洪道、输水洞等工程组成。坝长 760m, 坝顶宽 5.5m, 最大坝高 14.8m。

该水库是集防洪、灌溉、供水、养鱼等综合利用的中型水利枢纽工程, 防洪保护下游杨家乡、老虎屯镇共计 2.3 万人、1.6 万亩耕地以及黑大公路等基础设施的安全。

3.8 苇套河

发源于辽宁省瓦房店市西杨乡三墩台村, 流经瓦房店市, 在瓦房店市永宁镇孔家村汇入渤海。

流域面积 204km², 河流长度 22km, 河流平均比降 1.85‰, 多年平均年降水量 613.0mm, 多年平均径流深 155.4mm, 流域平均宽度为 9.3km, 河道弯曲系数为 1.4, 形状系数为 0.42。

流域面积 10km² 以上的一级支流有 4 条。流域面积 50～100km² 的支流 1 条, 10～50km² 的支流 3 条。

3.9 红沿河

发源于辽宁省瓦房店市驼山乡曹屯村, 流经瓦房店市, 在瓦房店市红沿河镇红沿河村汇入渤海。

流域面积 106km², 河流长度 19km, 河流平均比降 1.52‰, 多年平均年降水量 597.2mm, 多年平均径流深 141.7mm, 流域平均宽度为 5.6km, 河道弯曲系数为 1.2, 形状系数为 0.29。

流域面积 10km² 以上的一级支流 1 条, 为 10～50km² 河流。

3.10 复州河

发源于辽宁省普兰店区同益街道和平村, 流经普兰店市、瓦房店市, 在瓦房店市三台满族乡娘娘宫村汇入渤海。

流域面积 1648km², 河流长度 129km, 河流平均比降 1.33‰。多年平均年降水量 653.8mm, 多年平均径流深 204.8mm, 流域平均宽度为 12.8km, 河道弯曲系数为 1.8, 形状系数为 0.10。

流域面积 10km² 以上的一级支流 24 条, 二级支流 18 条。流域面积 100~1000km² 的支流 3 条, 50~100km² 的支流 4 条, 10~50km² 的支流 35 条。

3.10.1 七道房水库

七道房水库位于复州河上游。坝址坐落于大连市普兰店区安波街道。工程于 1977 年 10 月完工。坝址以上集水面积 66.3km², 水面面积 0.97km², 最大泄流量 1121m³/s。

水库枢纽工程等别为Ⅲ等, 永久性建筑物等级为 3 级, 为多年调节水库, 高程基面采用黄海基面。水库防洪标准为 50 年一遇洪水设计, 500 年一遇洪水校核, 水库校核洪水位为 173.65m, 总库容 1125 万 m³; 设计洪水位为 172.42m。水库枢纽由大坝、溢洪道、输水洞等工程组成。最大坝高 29.4m, 坝长 250m, 坝顶宽度 4.0~6.0m。

该水库是以防洪、灌溉为主, 兼有养鱼等综合效益的中型水利枢纽工程。水库担负着下游 0.3 万人、1 万亩耕地、1 个乡镇, 以及中长铁路、东西通道等重要基础设施的防洪任务。

3.10.2 松树水库

松树水库位于复州河上游。坝址坐落于大连瓦房店市松树镇。工程于 1971 年 6 月完工。坝址以上集水面积 302.4km², 水面面积 8.56km², 最大泄流量 1652m³/s。

水库枢纽工程等别为Ⅱ等, 永久性水工建筑物级别为 2 级, 抗震设防烈度 7 度, 为多年调节水库, 高程基面采用黄海基面。水库按 500 年一遇洪水设计, 5000 年一遇洪水校核, 水库校核洪水位为 116.62m, 总库容 1.67 亿 m³; 设计洪水位为 114.45m。水库枢纽由拦河坝、溢洪道、输水洞和发电站等工程组成。主坝坝长 303m, 坝顶宽 5.0m, 最大坝高 34.9m。

该水库是以防洪及城市供水为主, 兼顾养鱼、灌溉、旅游等的大型水利枢纽工程。松树水库与东风水库联合调度使复州河下游免除 20 年一遇洪水灾害的威胁。

3.10.3 回头河

复州河左岸一级支流, 发源于辽宁省瓦房店市九龙街道袁沟村, 流经普兰店区、瓦房店市, 在瓦房店市得利寺镇蔡房身村汇入复州河。

流域面积 104km², 河流长度 27km, 河流平均比降 2.81‰, 多年平均年降水量 662.3mm, 多年平均径流深 226.3mm, 流域平均宽度为 3.9km, 河道弯曲系数为 1.5, 形状系数为 0.14。

流域面积 10km² 以上的一级支流 2 条, 均为 10~50km² 河流。

3.10.4 东风水库

东风水库位于复州河中游干流上。坝址坐落于大连市瓦房店市太阳街道办事处。工程于 1995 年 6 月完工。坝址以上集水面积 662km²，水面面积 11.60km²，最大泄流量 2696m³/s。

水库枢纽工程等别为Ⅱ等，永久性水工建筑物级别为 2 级，抗震设防烈度 7 度，为多年调节水库，采用高程基面为黄海基面。水库按 100 年一遇洪水设计，2000 年一遇洪水校核，水库校核洪水位为 55.70m，总库容 1.42 亿 m³；设计洪水位为 53.90m。水库枢纽由主坝、溢洪道、输水洞和水电站四个部分组成。溢洪道在大坝右端，输水洞在大坝左端山体内开凿穿山隧洞而成。坝长 765m，坝顶宽 6.0m，最大坝高 25.6m。

该水库是以灌溉和防洪为主，兼顾工业供水、发电、渔业、养殖业及旅游等的综合性水利枢纽工程，使复州河下游河道的防洪标准提高到 20 年一遇。

3.10.5 九道河

复州河右岸一级支流，发源于辽宁省瓦房店市万家岭镇太平村，流经瓦房店市，在瓦房店市太阳街道王店村汇入复州河。

流域面积 157km²，河流长度 33km，河流平均比降 2.73‰，多年平均年降水量 656.4mm，多年平均径流深 203.9mm，流域平均宽度为 4.8km，河道弯曲系数为 1.5，形状系数为 0.14。

流域面积 10km² 以上的一级支流 3 条，均为 10～50km² 河流。

3.10.6 大河水库

大河水库位于复州河支流马场河下游。坝址坐落于瓦房店市复州城镇。工程于 1958 年 7 月完工。坝址以上集水面积 38.0km²，水面面积 3.80km²，最大泄流量 385m³/s。

水库枢纽工程等别为Ⅲ等，永久性建筑物等级为 3 级，为多年调节水库，高程基面采用黄海基面。水库防洪标准为 50 年一遇洪水设计，1000 年一遇洪水校核，水库校核洪水位为 31.08m，总库容 1128 万 m³；设计洪水位为 30.18m。水库枢纽由大坝、溢洪道、输水洞等工程组成。坝长 570m，最大坝高 14.6m，坝顶宽 5.0m。

该水库是以灌溉、防洪为主，兼有供水、养鱼等综合效益的中型水利枢纽工程。水库担负着下游 3 万亩耕地、2.3 万人，以及复州城镇、哈大公路等基础设施的防洪任务。

3.10.7 岚崮河

复州河左岸一级支流，发源于辽宁省瓦房店市九龙街道吴店村，流经瓦房店市，在瓦房店市三台满族乡东蓝旗村汇入复州河。

流域面积 330km²，河流长度 53km，河流平均比降 1.12‰，多年平均年降水量 618.9mm，多年平均径流深 179.2mm，流域平均宽度为 6.2km，河道弯曲系数为 1.7，形状系数为 0.12。

流域面积 10km² 以上的一级支流 11 条，均为 10～50km² 河流。

3.10.7.1 九龙水库

九龙水库位于岚崮河中游。坝址坐落于大连瓦房店市九龙街道。工程于 1958 年 7 月完工。坝址以上集水面积 152.8km²，水面面积 3.00km²，最大泄流量 981m³/s。

水库枢纽工程等别为Ⅲ等，永久性建筑物等级为3级，为多年调节水库，高程基面采用黄海基面。水库防洪标准为100年一遇洪水设计，2000年一遇洪水校核，水库校核洪水位为44.22m，总库容2681万 m^3，设计洪水位为41.95m。水库枢纽由大坝、溢洪道、输水洞等工程组成。坝长290m，坝顶宽3.5m，最大坝高16.1m。

该水库是以防洪、灌溉为主，兼有工业、城市供水和养殖等综合效益的中型水库，担负着下游5万亩耕地、3万人口，以及杨家乡、老虎屯镇、黑大公路等的防洪任务。

3.10.8　莲花水库

莲花水库位于复州河支流李屯河中游。坝址坐落于大连瓦房店市三台满族乡。工程于1967年8月完工。坝址以上集水面积38.0km^2，水面面积3.20km^2，最大泄流量48.5m^3/s。

水库枢纽工程等别为Ⅲ等，永久性建筑物等级为3级，为多年调节水库，高程基面采用黄海基面。防洪标准核定为20年一遇洪水设计，500年一遇洪水校核，校核洪水位为6.72m，总库容1310万 m^3，设计洪水位为5.45m。水库枢纽由大坝、溢洪道等工程组成。坝长71.0m，坝顶宽2.0m，最大坝高5.3m。

该水库是集灌溉、养殖、防洪于一体的中型水利枢纽工程，担负着下游1300亩耕地、1000人的防洪任务。

3.11　冯王坞河

发源于辽宁省大连市金州区复州湾街道山河村，流经大连市金州区，在瓦房店市谢屯镇沙山村汇入渤海。

流域面积173km^2，河流长度20km，河流平均比降1.08‰，多年平均年降水量596.1mm，多年平均径流深142.4mm，流域平均宽度为8.7km，河道弯曲系数为1.2，形状系数为0.43。

无流域面积10km^2以上的支流。

3.12　南极河

发源于辽宁省瓦房店市九龙街道九龙村，流经大连市金州区，在大连市金州区复州湾街道李屯村汇入渤海。

流域面积232km^2，河流长度25km，河流平均比降1.55‰，多年平均年降水量600.7mm，多年平均径流深159.1mm，流域平均宽度为9.3km，河道弯曲系数为1.6，形状系数为0.37。

流域面积10km^2以上的一级支流3条。流域面积50～100km^2的支流1条，10～50km^2的支流2条。

3.13 鞍子河

发源于辽宁省瓦房店市岗店街道云台村,流经瓦房店市、普兰店区,在普兰店区南山街道海湾社区汇入渤海。

流域面积179km², 河流长度34km, 河流平均比降2.18‰, 多年平均年降水量639.0mm, 多年平均径流深213.7mm, 流域平均宽度为5.3km, 河道弯曲系数为1.5, 形状系数为0.15。

流域面积10km²以上的一级支流3条,二级支流1条,流域面积均为10~50km²。

3.14 三十里河

发源于辽宁省大连市金州区亮甲店街道陈家社区,流经大连市金州区,在大连市金州区三十里堡街道青岛社区汇入渤海。

流域面积238km², 河流长度30km, 河流平均比降2.39‰, 多年平均年降水量599.8mm, 多年平均径流深160.3mm, 流域平均宽度为7.1km, 河道弯曲系数为1.5, 形状系数为0.24。

流域面积10km²以上的一级支流5条,二级支流2条。流域面积50~100km²的支流1条,10~50km²的支流6条。

3.14.1 鸽子塘水库

鸽子塘水库位于独流入海的三十里河中游。坝址坐落于大连市金州区三十里堡街道。工程于1959年7月完工。坝址以上集水面积51.0km², 水面面积1.64km², 最大泄流量367m³/s。

水库枢纽工程等别为Ⅲ等,永久性建筑物等级为3级,为多年调节水库,高程基面采用黄海基面。防洪标准按100年一遇洪水设计,2000年一遇洪水校核,水库校核洪水位为45.14m, 总库容1906万m³; 设计洪水位为43.58m。水库枢纽由大坝、副坝、溢洪道、输水洞等工程组成。最大坝高19.3m, 坝长156m, 坝顶宽度5.5m。

该水库是以防洪、灌溉为主,兼有城市供水、养殖等综合效益的中型水利枢纽工程。水库担负着下游三十里堡镇、七顶山乡,以及沈大高速公路、哈大公路、长大铁路等重要基础设施的防洪任务。

3.15 北大河水库

北大河水库位于独流入海的北大河中游。坝址坐落于大连市金州区二十里堡街道。

工程于 1942 年 11 月完工。坝址以上集水面积 39.6km²，水面面积 1.10km²，最大泄流量 594m³/s。

水库枢纽工程等别为Ⅲ等，永久性建筑物等级为 3 级，为多年调节水库，高程基面采用黄海基面。水库防洪标准复核为 100 年一遇洪水设计，1000 年一遇洪水校核，水库校核洪水位为 55.78m，总库容 1169 万 m³；设计洪水位为 55.12m。水库枢纽由大坝、溢洪道和取水塔等组成。坝长 309m，坝顶宽 4.0m，最大坝高 29.3m。

该水库是以城市供水为主，兼顾防洪的中型水利枢纽工程。水库担负着下游 6 万余人、3 万亩耕地，以及哈大和金城两条铁路、沈大高速公路、107 国道等基础设施的防洪任务。

辽东半岛沿黄海诸河水系

地理位置 辽东半岛沿黄海诸河水系地处辽宁省南部，辽东半岛的东部，包括丹东市南部、鞍山市东南部、大连市东部地区，位于东经121°07′~124°24′、北纬38°43′~40°41′之间，东西横跨经度3°17′，南北纵贯纬度1°58′。整个水系东西窄，南北宽，呈条形。西以老帽山、天桥山与辽东湾西部沿渤海诸河水系分界，西南与渤海相邻，北以千山余脉步云山为界与辽河水系接壤。总面积为17210km²。

地形地貌 辽东半岛沿黄海诸河水系的高程变化特点是自北向南、自西向东倾斜降低，西北部群山逶迤，峰峦重叠，辽南群峰之首步云山海拔1130.7m；中部丘陵起伏，海拔为450~250m；东南部沿海地势低平。

气象水文 辽东半岛沿黄海诸河水系西南部属南温带亚湿润气候区，气候温和，多年平均气温9~10℃，多年平均年降水量为600~800mm；东北部区域属中温带湿润气候区，多年平均气温6~8℃，多年平均年降水量为800~1100mm，雨量多且强度大，日照时数少，无霜日数少。全年降水主要集中在6—9月，7月、8月降水量约占全年总量的50%。多年平均径流深为150~550mm，多年平均蒸发量为1100~1500mm。

河流分布 辽东半岛沿黄海诸河水系流域面积10km²以上的河流共有459条，其中流域面积大于5000km²的河流1条，1000~5000km²的河流2条，100~1000km²的河流46条，50~100km²的河流40条，10~50km²的河流370条。

独流入海河流53条，其中一级支流181条，二级支流152条，三级支流59条，四级支流13条，五级支流1条。

4.1 龙王塘水库

龙王塘水库位于独流入海的龙王塘河下游。坝址坐落于大连市旅顺口区龙王塘街道。工程于1925年3月完工。坝址以上集水面积37.7km²，水面面积1.55km²，最大泄流量710m³/s。

水库枢纽工程等别为Ⅲ等，永久性建筑物等级为3级，为多年调节水库，高程基面采用黄海基面。水库防洪标准为100年一遇洪水设计，1000年一遇洪水校核，水库校核洪水位为30.40m，总库容1976万m³；设计洪水位为29.84m。水库枢纽由主坝、副坝、溢洪道、取水塔等组成。坝长156m，坝顶宽4.2m，最大坝高39.7m。

该水库是以供水为主，兼有防洪、养鱼等综合效益的中型水利枢纽工程。水库担负着下游龙王塘镇关房村2000人及基础设施和企事业单位的防洪任务。

4.2 大西山水库

大西山水库位于独流入海的马栏河中游。坝址坐落于大连市甘井子区红旗街道。工程于1934年5月完工。坝址以上集水面积29.1km^2，水面面积2.05km^2，最大泄流量756m^3/s。

水库枢纽工程等别为Ⅲ等，永久性建筑物等级为3级，为多年调节水库，高程基面采用黄海基面。水库防洪标准为100年一遇洪水设计，1000年一遇洪水校核，水库校核洪水位为53.31m，总库容2299万m^3；设计洪水位为52.63m。水库枢纽由大坝、溢洪道和取水塔等工程组成。坝长570m，坝顶宽5.5m，最大坝高34.6m。

该水库是以调节城市供水为主，兼顾防洪、养鱼等综合利用的中型水利枢纽工程。

4.3 卧龙水库

卧龙水库位于独流入海的东大河中游。坝址坐落于大连市金州区董家沟街道。工程于1972年6月完工。坝址以上集水面积43.9km^2，水面面积1.32km^2，最大泄流量514m^3/s。

水库枢纽工程等别为Ⅲ等，永久性建筑物等级为3级，为多年调节水库，高程基面采用黄海基面。水库防洪标准为100年一遇洪水设计，2000年一遇洪水校核，水库校核洪水位为23.60m，总库容1170万m^3；设计洪水位为22.30m。水库枢纽由大坝、溢洪道和输水洞等组成。大坝总长374m，坝顶宽度5.0m，最大坝高20.8m。

该水库是以防洪、灌溉为主，兼有城镇和城市供水、养殖等综合利用的中型水利枢纽工程。水库担负着下游开发区7000人及丹大高速公路等基础设施的防洪任务。

4.4 青云河

发源于辽宁省大连市金州区向应街道关家村，流经大连市金州区，在大连市金州区大李家街道石槽村汇入黄海。

流域面积128km^2，河流长度27km，河流平均比降2.00‰。多年平均年降水量609.9mm，多年平均径流深188mm，流域平均宽度为4.7km，河道弯曲系数为1.2，河流形状系数为0.18。

流域面积10km^{2}以上的一级支流1条，为10~50km^{2}河流。

4.4.1 青云河水库

青云河水库位于青云河中游。坝址坐落于大连市金州区得胜街道。工程于1974年9月完工。坝址以上集水面积64.5km^2，水面面积2.22km^2，最大泄流量581m^3/s。

水库枢纽工程等别为Ⅲ等，永久性建筑物等级为3级，为多年调节水库，高程基面采用黄海基面。水库防洪标准为100年一遇洪水设计，1000年一遇洪水校核，水库校核洪水位为21.54m，总库容1015万 m^3；设计洪水位为20.83m。水库枢纽由大坝、溢洪道、输水洞等工程组成。大坝总长527m，坝顶宽度4.0m，最大坝高11.5m。

该水库是以防洪、灌溉为主，兼有城镇和城市供水、养殖等综合效益的中型水利枢纽工程。水库担负着下游得胜镇和大李家镇3000人、3000亩耕地，以及金猴公路、丹大高速公路等基础设施的防洪任务。

4.5 登沙河

发源于辽宁省大连市普兰店区太平街道矿洞社区，流经普兰店区、大连市金州区，在大连市金州区登沙河街道段家社区汇入黄海。

流域面积208km^2，河流长度30km，河流平均比降1.45‰。多年平均年降水量620.5mm，多年平均径流深202.9mm，流域平均宽度为6.9km，河道弯曲系数为1.2，河流形状系数为0.23。

流域面积10km^2以上的一级支流6条，二级支流1条，均为10~50km^2河流。

4.6 大沙河

发源于辽宁省大连市普兰店区乐甲街道鲁风村，流经瓦房店市、大连市金州区、普兰店区，在普兰店区大刘家街道麦家社区汇入黄海。

流域面积999km^2，河流长度99km，河流平均比降1.16‰。多年平均年降水量680.6mm，多年平均径流深253.5mm，流域平均宽度为10.1km，河道弯曲系数为1.8，河流形状系数为0.10。

流域面积10km^2以上的一级支流23条，二级支流10条。流域面积100~1000km^2的支流1条，50~100km^2的支流2条，10~50km^2的支流30条。

4.6.1 刘大水库

刘大水库位于大沙河中上游。坝址坐落于大连市普兰店区沙包街道。工程于1971年9月完工。坝址以上集水面积278.3km^2，水面面积11.67km^2，最大泄流量1006m^3/s。

水库枢纽工程等别为Ⅱ等，永久性水工建筑物级别为2级，抗震设防烈度7度，为多年调节水库，高程基面采用黄海基面。水库按100年一遇洪水设计，5000年一遇洪水校核，水库校核洪水位为95.79m，总库容1.89亿 m^3；设计洪水位为91.62m。水库枢纽由主坝、溢洪道、输水洞和发电站等工程组成。坝长380m，坝顶宽5.0m，最大坝高28.1m。

该水库是以防洪和城市供水为主，兼有灌溉、养鱼和发电等综合效益的大型水利枢纽工程。水库使下游防洪标准由5年一遇提高到20年一遇。

4.6.2 五四水库

五四水库位于大沙河一级支流长山河中游。坝址坐落于大连市普兰店区丰荣街道北台村。工程于1970年8月完工。坝址以上集水面积26.5km²，水面面积1.49km²，最大泄流量139m³/s。

水库枢纽工程等别为Ⅲ等，永久性建筑物等级为3级，为多年调节水库，高程基面采用黄海基面。水库防洪标准为50年一遇洪水设计，1000年一遇洪水校核，水库校核洪水位为39.51m，总库容1237万m³；设计洪水位为38.23m。水库枢纽由大坝、溢洪道、输水洞等工程组成。坝长375m，坝顶宽5.0m，最大坝高15.3m。

该水库是以防洪、灌溉为主，兼有工业、城市供水和养殖等综合效益的中型水库，担负着下游1.5万亩耕地、1.2万人口、金城铁路、丹普公路等重要基础设施的防洪任务。

4.7 夹河

大沙河左岸一级支流，发源于辽宁省大连市普兰店区莲山街道安家社区，流经普兰店区，在普兰店区唐家房街道许家社区汇入大沙河。

流域面积160km²，河流长度32km，河流平均比降1.71‰。多年平均年降水量669.4mm，多年平均径流深251.5mm，流域平均宽度为5.0km，河道弯曲系数为1.3，河流形状系数为0.16。

流域面积10km²以上的一级支流3条，均为10~50km²河流。

4.7.1 洼子店水库

洼子店水库位于夹河支流洼店河中游。坝址坐落于大连市普兰店区大刘家街道。工程于1945年8月完工。坝址以上集水面积12.6km²，水面面积1.80km²，最大泄流量49.0m³/s。于2009年2月除险加固完成。

水库枢纽工程等别为Ⅲ等，永久性建筑物等级为3级，为多年调节水库，高程基面采用黄海基面。水库防洪标准为100年一遇洪水设计，2000年一遇洪水校核，水库校核洪水位为21.25m，总库容1275万m³；设计洪水位为20.60m。水库枢纽由大坝、溢洪道、取水塔、输水管线等组成。坝长500m，坝顶宽5.0m，最大坝高15.0m。

该水库是以调节城市供水为主，兼顾防洪的中型水利枢纽工程。水库担负着下游大刘家街道1500余人，以及自来水公司泵站、金皮公路、金城铁路等基础设施的防洪任务。洼子店水库是引碧流河水与英那河水入大连供水的中转站。

4.8 清水河

发源于辽宁省大连市普兰店区莲山街道水门子社区，流经普兰店区，在普兰店区杨树房街道赵家村汇入黄海。

流域面积 191km², 河流长度 37km, 河流平均比降 1.59‰。多年平均年降水量 675.7mm, 多年平均径流深 263.3mm, 流域平均宽度为 5.2km, 河道弯曲系数为 1.4, 河流形状系数为 0.14。

流域面积 10km² 以上的一级支流 4 条, 均为 10~50km² 河流。

4.8.1 大梁屯水库

大梁屯水库位于清水河中游。坝址坐落于大连市普兰店区莲山街道。工程于 1958 年 7 月完工。坝址以上集水面积 45.5km², 水面面积 3.38km², 最大泄流量 135m³/s。

水库枢纽工程等别为Ⅲ等, 永久性建筑物等级为 3 级, 为多年调节水库, 高程基面采用黄海基面。水库防洪标准为 100 年一遇洪水设计, 1000 年一遇洪水校核, 水库校核洪水位为 41.32m, 总库容 2479 万 m³; 设计洪水位为 40.45m。水库枢纽由大坝、溢洪道、输水洞等工程组成。坝长 522m, 坝顶宽 6.0m, 最大坝高 15.1m。

该水库是以农业灌溉为主, 兼有城镇供水、防洪、养鱼等综合效益的中型水利枢纽工程。

4.9 赞子河

发源于辽宁省大连市普兰店区莲山街道高瓦房社区, 流经普兰店区, 在普兰店区皮口街道建设社区汇入黄海。

流域面积 234km², 河流长度 35km, 河流平均比降 1.43‰。多年平均年降水量 706.0mm, 多年平均径流深 291.0mm, 流域平均宽度为 6.7km, 河道弯曲系数为 1.3, 河流形状系数为 0.19。

流域面积 10km² 以上的一级支流 5 条, 二级支流 1 条, 均为 10~50km² 河流。

4.10 余粮河

发源于辽宁省大连市普兰店区星台街道小徐屯社区, 流经普兰店区, 在普兰店区皮口街道夹心社区汇入黄海。

流域面积 136km², 河流长度 23km, 河流平均比降 1.25‰。多年平均年降水量 704.9mm, 多年平均径流深 293.7mm, 流域平均宽度为 5.9km, 河道弯曲系数为 1.2, 河流形状系数为 0.26。

流域面积 10km² 以上的一级支流 2 条, 均为 10~50km² 河流。

4.11 碧流河

发源于辽宁省盖州市卧龙泉镇北阳村, 流经盖州市、庄河市、大连市普兰店区, 在普兰店区城子坦街道碧流河社区汇入黄海。

流域面积 2839km²，河流长度 165km，河流平均比降 1.31‰，多年平均年降水量 761.5mm，多年平均径流深 309.9mm，流域平均宽度为 17.2km，河道弯曲系数为 1.7，河流形状系数为 0.10。

流域面积 10km² 以上的一级支流 39 条，二级支流 30 条，三级支流 8 条，四级支流 1 条。流域面积 100～1000km² 的支流 7 条，50～100km² 的支流 9 条，10～50km² 的支流 62 条。

4.11.1　太平庄河

碧流河左岸一级支流，发源于辽宁省盖州市矿洞沟镇张家堡村，流经盖州市，在盖州市矿洞沟镇塔寺村汇入碧流河。

流域面积 132km²，河流长度 28km，河流平均比降 10.7‰。多年平均年降水量 798.3mm，多年平均径流深 342.7mm，流域平均宽度为 4.7km，河道弯曲系数为 1.6，河流形状系数为 0.17。

流域面积 10km² 以上的一级支流 2 条，二级支流 1 条，均为 10～50km² 河流。

4.11.2　玉石水库

玉石水库位于碧流河上游。坝址坐落于营口市盖州市矿洞沟镇。工程于 2002 年 10 月完工。坝址以上集水面积 313km²，水面面积 6.38km²，最大泄流量 1681m³/s。

水库枢纽工程等别为Ⅲ等，永久性建筑物等级为 3 级，为多年调节水库，高程基面采用黄海基面。设计洪水标准为 50 年一遇，校核洪水标准为 500 年一遇，水库校核洪水位为 202.70m，总库容 8852 万 m³；设计洪水位为 201.40m。坝长 266.5m，坝顶宽 6.0m，最大坝高 50.2m。

该水库是以灌溉、防洪、城市供水、工业供水、养鱼等综合利用的中型水库，水库下游影响范围主要是八家子村和四家子村，共计人口 3700 人、耕地 7200 亩。

4.11.3　卧龙泉河

碧流河右岸一级支流，发源于辽宁省盖州市卧龙泉镇义和村，流经盖州市，在盖州市矿洞沟镇薛屯村汇入碧流河。

流域面积 120km²，河流长度 24km，河流平均比降 8.63‰。多年平均年降水量 747.8mm，多年平均径流深 286.3mm，流域平均宽度为 5.0km，河道弯曲系数为 1.3，河流形状系数为 0.21。

流域面积 10km² 以上的一级支流 1 条，为 10～50km² 河流。

4.11.4　响水河

碧流河右岸一级支流，发源于辽宁省盖州市万福镇万福村，流经盖州市，在盖州市万福镇万福村汇入碧流河。

流域面积 340km²，河流长度 37km，河流平均比降 5.89‰。多年平均年降水量

715.1mm，多年平均径流深 243.8mm，流域平均宽度为 9.2km，河道弯曲系数为 1.4，河流形状系数为 0.25。

流域面积 10km² 以上的一级支流 5 条，二级支流 3 条，三级支流 1 条。流域面积 50~100km² 的支流 2 条，10~50km² 的支流 7 条。

4.11.5 蛤蜊河

碧流河左岸一级支流，发源于辽宁省庄河市步云山乡步云山村，流经庄河市，在庄河市桂云花满族乡桂云花村汇入碧流河。

流域面积 301km²，河流长度 58km，河流平均比降 4.90‰。多年平均年降水量 820.4mm，多年平均径流深 359.0mm，流域平均宽度为 5.2km，河道弯曲系数为 1.6，河流形状系数为 0.09。

流域面积 10km² 以上的一级支流 7 条，二级支流 3 条。流域面积 50~100km² 的河流 1 条，10~50km² 的河流 9 条。

4.11.6 八家子河

碧流河右岸一级支流，发源于辽宁省大连市普兰店区安波街道金鸡村，流经普兰店区，在普兰店区安波街道米屯村汇入碧流河。

流域面积 115km²，河流长度 20km，河流平均比降 2.40‰。多年平均年降水量 764.9mm，多年平均径流深 303.4mm，流域平均宽度为 5.8km，河道弯曲系数为 1.3，河流形状系数为 0.29。

流域面积 10km² 以上的一级支流 2 条，均为 10~50km² 河流。

4.11.7 碧流河水库

碧流河水库位于碧流河中游。坝址坐落于大连市普兰店区双塔街道。工程于 1986 年 10 月完工。坝址以上集水面积 2085km²，水面面积 49.62km²，最大泄流量 9152m³/s。

水库枢纽工程等别为 Ⅱ 等，永久性水工建筑物级别为 2 级，抗震设防烈度 7 度，为多年调节水库，高程基面采用黄海基面。水库按 500 年一遇洪水设计，1 万年一遇洪水校核，水库校核洪水位 72.60m，总库容为 9.34 亿 m³；设计洪水位 71.00m。水库枢纽由主坝、副坝、溢洪道、输水洞和发电站等工程组成。总长 708.5m，最大坝高 53.5m，坝顶宽 7.0m。

该水库是以防洪和城市供水为主，兼有发电、灌溉、养殖、旅游等综合效益的大型水利枢纽。水库防洪保护着下游 5 个乡镇的 5 万人口和 10 万亩粮田，以及丹普公路、碧流河桥、城庄铁路桥、黄海大道等其他重要基础设施的安全。

4.11.8 董屯河

碧流河右岸一级支流，发源于辽宁省大连市普兰店区双塔街道栗寺沟村，流经普兰店区，在普兰店区双塔街道彭屯村汇入碧流河。

流域面积 123km²，河流长度 22km，河流平均比降 7.47‰。多年平均年降水量

755.3mm，多年平均径流深 319.9mm，流域平均宽度为 5.6km，河道弯曲系数为 1.8，河流形状系数为 0.25。

流域面积 10km² 以上的一级支流 2 条，二级支流 1 条，均为 10~50km² 河流。

4.11.9 吊桥河

碧流河右岸一级支流，发源于辽宁省大连市普兰店区星台街道初店村，流经普兰店区，在普兰店区城子坦街道春满社区汇入碧流河。

流域面积 146km²，河流长度 31km，河流平均比降 2.05‰。多年平均年降水量 732.9mm，多年平均径流深 316.9mm，流域平均宽度为 4.7km，河道弯曲系数为 1.2，河流形状系数为 0.15。

流域面积 10km² 以上的一级支流 3 条，均为 10~50km² 河流。

4.11.9.1 红旗水库

红旗水库位于吊桥河中上游。坝址坐落于大连市普兰店区星台街道。工程于 1969 年 8 月完工。坝址以上集水面积 96.01km²，水面面积 6.30km²，最大泄流量 487m³/s。于 2004 年 8 月除险加固完成。

水库枢纽工程等别为Ⅲ等，永久性建筑物等级为 3 级，为多年调节水库，高程基面采用黄海基面。水库设计洪水标准为 50 年一遇，校核洪水标准为 1000 年一遇，水库校核洪水位为 27.62m，总库容 4886 万 m³；设计洪水位为 26.54m。水库枢纽工程由大坝、溢洪道和输水洞等组成。坝长 390m，坝顶宽 5.0m，最大坝高 15.5m。

该水库是以农业灌溉为主，兼顾防洪、城镇供水、养鱼的多功能中型水利枢纽工程。防洪保护下游 1 座 5 万人的城镇和 2 万亩耕地，以及 1 条 6.6 万伏高压线、大庄公路、丹普公路等重要设施。

4.12 小沙河

发源于辽宁省庄河市光明山镇松林村，流经庄河市，在庄河市明阳街道永增村汇入黄海。

流域面积 149km²，河流长度 39km，河流平均比降 1.74‰。多年平均年降水量 770.2mm，多年平均径流深 366.4mm，流域平均宽度为 3.8km，河道弯曲系数为 1.2，河流形状系数为 0.10。

流域面积 10km² 以上的一级支流 2 条，均为 10~50km² 河流。

4.13 三岔河

发源于辽宁省庄河市城山镇吉庆村，流经庄河市，在庄河市大郑镇东房身村汇入黄海。

流域面积120km²，河流长度20km，河流平均比降1.87‰。多年平均年降水量768.2mm，多年平均径流深370.6mm，流域平均宽度为6.0km，河道弯曲系数为1.3，河流形状系数为0.30。

流域面积10km²以上的一级支流3条，均为10~50km²河流。

4.14　小寺河

发源于辽宁省庄河市光明山镇佟岭村，流经庄河市，在庄河市城关街道海洋社区汇入黄海。

流域面积241km²，河流长度32km，河流平均比降1.27‰。多年平均年降水量792.7mm，多年平均径流深398.3mm，流域平均宽度为7.5km，河道弯曲系数为1.4，河流形状系数为0.24。

流域面积10km²以上的一级支流5条，二级支流2条。流域面积50~100km²的支流1条，10~50km²的支流6条。

4.15　庄河

发源于辽宁省庄河市蓉花山镇双岭村，流经庄河市，在庄河市城关街道龙王庙村汇入黄海。

流域面积618km²，河流长度62km，河流平均比降1.68‰。多年平均年降水量839.2mm，多年平均径流深407.8mm，流域平均宽度为10.0km，河道弯曲系数为1.4，河流形状系数为0.16。

流域面积10km²以上的一级支流8条，二级支流8条。流域面积100~1000km²的支流1条，50~100km²的支流1条，10~50km²的支流14条。

4.15.1　庄河西支

庄河右岸一级支流，发源于辽宁省庄河市长岭镇长岭村，流经庄河市，在庄河市太平岭满族乡土城村汇入庄河。

流域面积266km²，河流长度32km，河流平均比降2.42‰。多年平均年降水量831.4mm，多年平均径流深394.7mm，流域平均宽度为8.3km，河道弯曲系数为1.4，河流形状系数为0.26。

流域面积10km²以上的一级支流8条，均为10~50km²河流。

4.15.1.1　朱家隈水库

朱家隈水库位于庄河西支下游。坝址坐落于大连庄河市太平岭满族乡。工程于1958年7月完工。坝址以上集水面积260.1km²，水面面积17.32km²，最大泄流量610m³/s。

水库枢纽工程等别为Ⅱ等，永久性水工建筑物级别为2级，抗震设防烈度7度，为多年调节水库，高程基面采用黄海基面。水库按 100 年一遇洪水设计，2000 年一遇洪水校核，水库校核洪水位为 45.05m，总库容 1.51 亿 m³；设计洪水位为 44.02m。水库主体工程由主坝、副坝、溢洪道、输水洞等组成。坝长 340m，坝顶宽度 4.0m，最大坝高 19.5m。

该水库是以灌溉为主，兼顾防洪、养鱼、发电和城市供水等综合利用的大型水利枢纽。水库防洪保护下游庄河市城区、6 个乡（镇）21 个村 79 个自然屯 5.25 万人、6.23 万亩耕地，以及 17 家厂矿企事业单位、3 条国家级公路、4 座大型公路桥等基础设施的安全。

4.16 寡妇河

发源于辽宁省庄河市太平岭满族乡歇马村，流经庄河市，在庄河市兴达街道小河东村汇入黄海。

流域面积 136km²，河流长度 26km，河流平均比降 2.92‰。多年平均年降水量 812.0mm，多年平均径流深 431.7mm，流域平均宽度为 5.2km，河道弯曲系数为 1.1，河流形状系数为 0.20。

流域面积 10km² 以上的一级支流 2 条，二级支流 1 条，均为 10~50km² 河流。

4.17 英那河

发源于辽宁省岫岩满族自治县（以下简称"岫岩县"）龙潭镇鹿圈村，流经岫岩县、庄河市，在庄河市黑岛镇蔡家村汇入黄海。

流域面积 884km²，河流长度 93km，河流平均比降 2.14‰，多年平均年降水量 889.1mm，多年平均径流深 432.8mm，流域平均宽度为 9.5km，河道弯曲系数为 1.7，河流形状系数为 0.10。

流域面积 10km² 以上的一级支流 14 条，二级支流 8 条，三级支流 3 条。流域面积 100~1000km² 的支流 1 条，50~100km² 的支流 1 条，10~50km² 的支流 23 条。

4.17.1 沙河

英那河左岸一级支流，发源于辽宁省岫岩县龙潭镇林场，流经岫岩县、庄河市，在庄河市塔岭镇石岭村汇入英那河。

流域面积 321km²，河流长度 36km，河流平均比降 4.47‰。多年平均年降水量 916.3mm，多年平均径流深 446.9mm，流域平均宽度为 8.9km，河道弯曲系数为 1.5，河流形状系数为 0.25。

流域面积 10km² 以上的一级支流 6 条，二级支流 2 条。流域面积 50~100km² 的支流 1 条，10~50km² 的支流 7 条。

4.17.2 英那河水库

英那河水库位于英那河中游。坝址坐落于大连市庄河市塔岭镇。工程于1974年10月完工。坝址以上集水面积692km², 水面面积23.65km², 最大泄流量4446m³/s。

水库枢纽工程等别为Ⅱ等，永久性水工建筑物级别为2级，抗震设防烈度7度，为多年调节水库，高程基面采用黄海基面。水库按500年一遇洪水设计，2000年一遇洪水校核，水库校核洪水位为81.20m，总库容2.87亿m³；设计洪水位为80.54m。水库主体工程由挡水坝、金屯副坝、溢洪道、输水洞等组成。坝长338m，坝顶宽7.5m，最大坝高44.5m。

该水库是以供水为主，兼有防洪、灌溉、养殖、旅游等综合效益的大型水利枢纽工程。水库使下游的丹普公路桥防洪标准由原来不足20年一遇提高到50年一遇。

4.18 湖里河

发源于辽宁省庄河市塔岭镇隈子村，流经庄河市，在庄河市青堆镇盛家村汇入黄海。流域面积469km²，河流长度48km，河流平均比降1.32‰。多年平均年降水量885.8mm，多年平均径流深472.1mm，流域平均宽度为9.8km，河道弯曲系数为1.6，河流形状系数为0.20。

流域面积10km²以上的一级支流7条，二级支流7条。流域面积100~1000km²的支流1条，50~100km²的支流2条，10~50km²的支流11条。

4.18.1 转角楼水库

转角楼水库位于湖里河中上游。坝址坐落于大连庄河市青堆镇。工程于1969年10月完工。坝址以上集水面积146km²，水面面积15.21km²，最大泄流量660m³/s。

水库枢纽工程等别为Ⅱ等，永久性水工建筑物级别为2级，抗震设防烈度7度，为多年调节水库，高程基面采用黄海基面。水库按300年一遇洪水设计，2000年一遇洪水校核，水库校核洪水位为43.71m，总库容1.42亿m³；设计洪水位为43.14m。水库主体工程由主坝、副坝、溢洪道、输水洞、发电站等组成。坝长197m，坝顶宽6.0m，最大坝高24.9m。

该水库是以灌溉为主，防洪、养鱼、发电、城市供水为辅的综合性大型水利枢纽。水库防洪保护下游3个乡镇、企业等基础设施的安全。

4.18.2 响水河

湖里河左岸一级支流，发源于辽宁省庄河市鞍子山乡金山村，流经庄河市，在庄河市青堆镇宝宁村汇入湖里河。

流域面积124km²，河流长度24km，河流平均比降5.65‰。多年平均年降水量896.9mm，多年平均径流深482.8mm，流域平均宽度为5.2km，河道弯曲系数为1.2，河流形状系数为0.22。

流域面积10km² 以上的一级支流3条，均为10～50km² 河流。

4.19 地窨河

发源于辽宁省庄河市鞍子山乡花院村，流经庄河市，在庄河市栗子房镇南尖村汇入黄海。

流域面积129km²，河流长度20km，河流平均比降1.62‰。多年平均年降水量870.1mm，多年平均径流深479.3mm，流域平均宽度为6.5km，河道弯曲系数为1.2，河流形状系数为0.32。

流域面积10km² 以上的一级支流1条，为10～50km² 河流。

4.19.1 永记水库

永记水库位于地窨河中游。坝址坐落于大连市庄河市栗子房镇。工程于1958年8月完工。坝址以上集水面积35.4km²，水面面积4.21km²，最大泄流量347m³/s。

水库枢纽工程等别为Ⅲ等，永久性建筑物等级为3级，为多年调节水库，高程基面采用假定基面。水库防洪标准为100年一遇洪水设计，1000年一遇洪水校核，水库校核洪水位为20.33m，总库容3035万m³；设计洪水位为19.38m。水库枢纽由大坝、溢洪道、输水洞等工程组成。坝长476m，坝顶宽5.0m，最大坝高12.0m。

该水库是以防洪、灌溉为主，兼有养鱼等综合效益的中型水利枢纽工程。防洪保护下游1个乡镇3.5万人、8.6万亩耕地，以及1条高速公路、1条国家级公路、1条22万V高压输电线路、2条通信光缆等基础设施和企事业单位的安全。

4.20 大洋河

大洋河清代称洋河。河流发源于辽宁省岫岩县偏岭镇丰富村，流经岫岩县、凤城市、东港市，在东港市黄土坎镇沙碛村流入黄海。

流域面积6554km²，河流长度182km。河流平均比降0.721‰，多年平均年降水量905.4mm，多年平均径流深456.2mm，流域平均宽度为36.0km，河道弯曲系数为1.8，河流形状系数为0.20。

大洋河为辽东半岛上最大的河流。大洋河流域内山岭重叠，沟壑密布，植被较差，水土流失较重。下游沿河两岸地势平坦，洪水上涨迅速，加之受潮水顶托，经常泛滥成灾，自土门子水库和大洋河防洪堤建成后，下游洪涝灾害有所减轻。大洋河上游河床多为卵石和粗沙，中游为粗沙，凤城以下为细沙，石山子至河口段为泥质河床。

流域面积10km² 以上的一级支流39条，二级支流81条，三级支流48条，四级支流12条，五级支流1条。流域面积1000～5000km² 的支流1条，100～1000km² 的支流16

条，50～100km² 的支流 19 条，10～50km² 的支流 145 条。

4.20.1 哈达河

大洋河右岸一级支流，发源于辽宁省岫岩县哈达碑镇玉石矿村，流经岫岩县，在岫岩县阜昌街道西北营村汇入大洋河。

流域面积 545km²，河流长度 36km，河流平均比降 5.71‰。多年平均年降水量 811.2mm，多年平均径流深 358.8mm，流域平均宽度为 15.1km，河道弯曲系数为 1.2，河流形状系数为 0.42。

流域面积 10km² 以上的一级支流 4 条，二级支流 8 条。流域面积 100～1000km² 的支流 2 条，50～100km² 的支流 1 条，10～50km² 的支流 9 条。

4.20.1.1 干沟河

哈达河右岸一级支流，发源于辽宁省岫岩县哈达碑镇希林村，流经岫岩县，在岫岩县哈达碑镇哈达碑村汇入哈达河。

流域面积 120km²，河流长度 23km，河流平均比降 10.2‰。多年平均年降水量 793.0mm，多年平均径流深 348.8mm，流域平均宽度为 5.2km，河道弯曲系数为 1.2，河流形状系数为 0.23。

流域面积 10km² 以上的一级支流 2 条，均为 10～50km² 河流。

4.20.1.2 汤池河

哈达河右岸一级支流，发源于辽宁省岫岩县石灰窑镇太平岭村，流经岫岩县，在岫岩县哈达碑镇谢家堡村汇入哈达河。

流域面积 236km²，河流长度 41km，河流平均比降 5.57‰。多年平均年降水量 829.3mm，多年平均径流深 365.2mm，流域平均宽度为 5.8km，河道弯曲系数为 1.4，河流形状系数为 0.14。

流域面积 10km² 以上的一级支流 5 条，均为 10～50km² 河流。

4.20.2 雅河

大洋河右岸一级支流，发源于辽宁省岫岩县前营子镇童家店村，流经岫岩县，在岫岩县雅河社区巴家堡村汇入大洋河。

流域面积 264km²，河流长度 44km，河流平均比降 4.50‰。多年平均年降水量 900.3mm，多年平均径流深 418.7mm，流域平均宽度为 6.0km，河道弯曲系数为 1.4，河流形状系数为 0.14。

流域面积 10km² 以上的一级支流 5 条。流域面积 50～100km² 的支流 1 条，10～50km² 的支流 4 条。

4.20.3 牤牛河

大洋河左岸一级支流，发源于辽宁省岫岩县苏子沟镇大何家堡村，流经岫岩县，在岫岩县红旗营子乡唐家堡村汇入大洋河。

流域面积 190km²，河流长度 37km，河流平均比降 3.97‰。多年平均年降水量

873.7mm，多年平均径流深 432.1mm，流域平均宽度为 5.2km，河道弯曲系数为 1.5，河流形状系数为 0.14。

流域面积 10km² 以上的一级支流 2 条，二级支流 1 条，均为 10～50km² 河流。

4.20.3.1 黑山水库

黑山水库位于牤牛河上游。坝址坐落于岫岩县苏子沟镇。工程于 1958 年 9 月完工。坝址以上集水面积 49.2km²，水面面积 1.29km²，最大泄流量 754m³/s。

水库枢纽工程等别为Ⅲ等，永久性建筑物等级为 3 级，为多年调节水库，高程基面采用假定基面。水库设计洪水标准为 50 年一遇，校核洪水标准为 1000 年一遇，水库校核洪水位为 103.30m，总库容 1212 万 m³；设计洪水位为 102.08m。主要建筑物有拦河土坝、溢洪道、输水洞。坝长 765m，坝顶宽 6.0m，最大坝高 19.9m。

黑山水库是以灌溉为主，兼顾防洪、发电和养殖的中型水利枢纽工程，防洪保护下游乡镇村屯 11000 余人及其他重要的生产、生活等基础设施。

4.20.4　沟连河

大洋河右岸一级支流，发源于辽宁省岫岩县杨家堡镇夹道沟村，流经岫岩县，在岫岩县岭沟乡塘岭村汇入大洋河。

流域面积 219km²，河流长度 39km，河流平均比降 3.77‰。多年平均年降水量 942.8mm，多年平均径流深 500.2mm，流域平均宽度为 5.6km，河道弯曲系数为 1.7，河流形状系数为 0.14。

流域面积 10km² 以上的一级支流 5 条，二级支流 1 条，均为 10～50km² 河流。

4.20.5　哨子河

大洋河左岸一级支流，发源于辽宁省岫岩县牧牛镇益临店村，流经岫岩县、凤城市，在凤城市沙里寨镇洋河村流入大洋河。

流域面积 2167km²，河流长度 144km，河流平均比降 1.44‰。多年平均年降水量 860.4mm，多年平均径流深 412.0mm，流域平均宽度为 15.0km，河道弯曲系数为 2.1，河流形状系数为 0.10。

流域面积 10km² 以上的一级支流 24 条，二级支流 28 条，三级支流 10 条，四级支流 1 条。流域面积 100～1000km² 的支流 5 条，50～100km² 的支流 5 条，10～50km² 的支流 53 条。

4.20.5.1　三家子河

哨子河左岸一级支流，发源于辽宁省岫岩县三家子镇华山村，流经岫岩县，在岫岩县三家子镇安乐屯村汇入哨子河。

流域面积 189km²，河流长度 27km，河流平均比降 7.32‰。多年平均年降水量 800.6mm，多年平均径流深 334.8mm，流域平均宽度为 7.0km，河道弯曲系数为 1.3，河流形状系数为 0.26。

流域面积 10km² 以上的一级支流 2 条，二级支流 1 条，三级支流 1 条。流域面积 50～100km² 的支流 1 条，10～50km² 的支流 3 条。

4.20.5.2 青苔峪河

哨子河左岸一级支流，发源于辽宁省岫岩县石庙子镇石棉村，流经岫岩县，在岫岩县黄花甸镇黄花甸村汇入哨子河。

流域面积 514km²，河流长度 43km，河流平均比降 3.74‰。多年平均年降水量 854.3mm，多年平均径流深 396.4mm，流域平均宽度为 12.0km，河道弯曲系数为 1.4，河流形状系数为 0.28。

流域面积 10km² 以上的一级支流 8 条，二级支流 8 条。流域面积 100~1000km² 的支流 1 条，50~100km² 的支流 1 条，10~50km² 的支流 14 条。

4.20.5.2.1 青河

青苔峪河右岸一级支流，发源于辽宁省岫岩县清凉山镇清凉山村，流经岫岩县，在岫岩县黄花甸镇青河口村汇入青苔峪河。

流域面积 219km²，河流长度 31km，河流平均比降 4.19‰。多年平均年降水量 874.9mm，多年平均径流深 425.1mm，流域平均宽度为 7.1km，河道弯曲系数为 1.6，河流形状系数为 0.23。

流域面积 10km² 以上的一级支流 5 条，均为 10~50km² 河流。

4.20.5.3 古洞河

哨子河右岸一级支流，发源于辽宁省岫岩县大房身镇太阳村，流经岫岩县，在岫岩县黄花甸镇关门山村汇入哨子河。

流域面积 199km²，河流长度 36km，河流平均比降 5.84‰。多年平均年降水量 823.0mm，多年平均径流深 380.8mm，流域平均宽度为 5.5km，河道弯曲系数为 1.3，河流形状系数为 0.15。

流域面积 10km² 以上的一级支流 4 条，均为 10~50km² 河流。

4.20.5.4 渭水河

哨子河左岸一级支流，发源于辽宁省岫岩县大营子镇陶家隈子村，流经岫岩县，在岫岩县大营子镇石头岭村汇入哨子河。

流域面积 299km²，河流长度 36km，河流平均比降 5.34‰。多年平均年降水量 947.2mm，多年平均径流深 507.2mm，流域平均宽度为 8.3km，河道弯曲系数为 1.2，河流形状系数为 0.23。

流域面积 10km² 以上的一级支流 8 条，二级支流 1 条。流域面积 50~100km² 的支流 1 条，10~50km² 的支流 8 条。

4.20.6 亮子河

大洋河左岸一级支流，发源于辽宁省凤城市宝山镇历家村，流经凤城市，在凤城市沙里寨镇李家村汇入大洋河。

流域面积 591km，河流长度 56km，河流平均比降 2.83‰。多年平均年降水量 1021.1mm，多年平均径流深 537.5mm，流域平均宽度为 10.6km，河道弯曲系数为 1.4，河流形状系数为 0.19。

流域面积 10km² 以上的一级支流 9 条，二级支流 5 条，三级支流 2 条。流域面积 100~

1000km² 的支流 1 条，50～100km² 的支流 1 条，10～50km² 的支流 14 条。

4.20.6.1　红旗河

亮子河左岸一级支流，发源于辽宁省凤城市宝山镇小四台村，流经凤城市，在凤城市沙里寨镇蔡家村汇入亮子河。

流域面积 281km²，河流长度 44km，河流平均比降 2.27‰。多年平均年降水量 1041.6mm，多年平均径流深 547.6mm，流域平均宽度为 6.4km，河道弯曲系数为 1.3，河流形状系数为 0.15。

流域面积 10km² 以上的一级支流 5 条，二级支流 2 条。流域面积 50～100km² 的支流 1 条，10～50km² 的支流 6 条。

4.20.7　土牛河

大洋河左岸一级支流，发源于辽宁省凤城市边门镇谢家村，流经凤城市、东港市，在凤城市蓝旗镇镶白旗村汇入大洋河。

流域面积 615km²，河流长度 56km，河流平均比降 1.86‰。多年平均年降水量 1047.1mm，多年平均径流深 567.8mm，流域平均宽度为 11.0km，河道弯曲系数为 1.4，河流形状系数为 0.20。

流域面积 10km² 以上的一级支流 13 条，二级支流 4 条。流域面积 50～100km² 的支流 5 条，10～50km² 的支流 12 条。

4.20.7.1　土门子水库

土门子水库位于土牛子河中游。坝址坐落于丹东市凤城市红旗镇。工程于 1977 年 10 月完工。坝址以上集水面积 276km²，水面面积 14.50km²，最大泄流量 2973m³/s。

水库枢纽工程等别为Ⅱ等，永久性水工建筑物级别为 2 级，抗震设防烈度 6 度，为多年调节水库，高程基面采用黄海基面。水库按 100 年一遇洪水设计，1000 年一遇洪水校核，水库校核洪水位为 64.05m，总库容 1.91 亿 m³；设计洪水位为 62.69m。主体工程包括主坝、副坝、溢流坝、输水洞、水电站等。坝长 319m，坝顶宽 8.0～9.0m，最大坝高 36.8m。

该水库是以灌溉、防洪为主，兼顾发电、养鱼、旅游等的综合性大型水利枢纽。水库防洪保护下游红旗、蓝旗、龙王庙、小甸子、黄土坎、马家店镇 6 个乡镇 10 万人、13.1 万亩耕地，以及 40 多家中小企业、凤城至大连公路等基础设施的安全。

4.20.8　小洋河

大洋河右岸一级支流，发源于辽宁省岫岩县洋河镇马家堡村，流经岫岩县、东港市，在东港市小甸子镇海洋红农场小甸子分厂汇入大洋河。

流域面积 246km²，河流长度 49km，河流平均比降 2.42‰。多年平均年降水量 932.0mm，多年平均径流深 507.4mm，流域平均宽度为 5.0km，河道弯曲系数为 1.5，河流形状系数为 0.10。

流域面积 10km² 以上的一级支流 6 条，均为 10～50km² 河流。

4.20.8.1 罗圈背水库

罗圈背水库位于小洋河中游。坝址坐落于东港市孤山镇。工程于1972年10月完工。坝址以上集水面积106km², 水面面积2.45km², 最大泄流量1022m³/s。

水库枢纽工程等别为Ⅲ等, 永久性建筑物等级为3级, 为多年调节水库, 高程基面采用假定基面。设计洪水标准为100年一遇, 校核洪水标准为500年一遇, 水库校核洪水位为90.77m, 总库容5424万m³; 设计洪水位为89.77m。水库枢纽工程由挡水坝、溢洪道、输水洞、电站组成。坝长295m, 坝顶宽9.1m, 最大坝高40.0m。

该水库是以灌溉为主, 兼顾防洪、发电、养鱼等综合利用的中型水利枢纽工程。防洪保护下游2万人、4万亩农田, 以及丹大高速公路、鹤大公路和大盘公路等基础设施。

4.20.9 双岔河

大洋河右岸一级支流, 发源于辽宁省东港市新农镇马圈子村, 流经东港市、庄河市, 在东港市孤山镇刘大房村汇入大洋河。

流域面积361km², 河流长度36km, 河流平均比降0.780‰。多年平均年降水量879.9mm, 多年平均径流深488.8mm, 流域平均宽度为10.0km, 河道弯曲系数为1.3, 河流形状系数为0.28。

河流域面积10km²以上的一级支流4条, 二级支流1条。流域面积50~100km²的支流1条, 10~50km²的支流4条。

4.20.9.1 刁家坝水库

刁家坝水库位于双岔河上游。坝址坐落于东港市新农镇。工程于1944年4月完工。坝址以上集水面积48.7km², 水面面积6.87km², 最大泄流量229m³/s。

水库枢纽工程等别为Ⅲ等, 永久性建筑物等级为3级, 为多年调节水库, 高程基面采用黄海基面。水库设计洪水标准为50年一遇, 校核洪水标准为300年一遇, 水库校核洪水位为9.10m, 总库容2859万m³; 设计洪水位为8.63m。水库枢纽工程主要有大坝、溢洪道、输水洞等。坝长400m, 坝顶宽6.0m, 最大坝高13.7m。

该水库是以灌溉为主兼防洪、养鱼及其他任务的中型水利枢纽工程。水库防洪保护下游4个镇32个村1.5万人和3.5万亩耕地, 以及数十个企业、201国道、丹庄高速公路等基础设施的安全。

4.20.9.2 双岔河东支

双岔河右岸一级支流, 发源于辽宁省东港市新农镇鹿圈沟村, 流经东港市, 在东港市孤山镇谷家屯村汇入双岔河。

流域面积108km², 河流长度26km, 河流平均比降3.28‰。多年平均年降水量902.0mm, 多年平均径流深501.3mm, 流域平均宽度为4.3km, 河道弯曲系数为1.3, 河流形状系数为0.20。

河流域面积10km²以上的一级支流1条, 均为10~50km²河流。

4.20.9.2.1 廉家坝水库

廉家坝水库位于双岔河东支中游。坝址坐落于东港市新农镇。工程于1945年4月完工。坝址以上集水面积43.4km², 水面面积6.26km², 最大泄流量221m³/s。

水库枢纽工程等别为Ⅲ等，永久性建筑物等级为3级，为多年调节水库，高程基面采用假定基面。水库设计洪水标准为50年一遇，校核洪水标准为300年一遇，水库校核洪水位为9.52m，总库容3238万m^3；设计洪水位为9.01m。水库枢纽工程主要有大坝、溢洪道、输水洞等。坝长348m，坝顶宽6.0m，最大坝高11.5m。

该水库是以防洪灌溉为主兼作养鱼等综合利用的中型水利枢纽工程。水库防洪保护下游4个镇32个村2.11万人和6.19万亩耕地，以及数十个企业、201国道、丹庄高速公路等基础设施的安全。

4.21 枣儿沟河

发源于辽宁省东港市马家店镇三道岗村，流经东港市，在东港市北井子镇临海村汇入黄海。

流域面积110km^2，河流长度20km，河流平均比降0.456‰。多年平均年降水量877.5mm，多年平均径流深514.0mm，流域平均宽度为5.1km，河道弯曲系数为1.2，河流形状系数为0.24。

流域面积10km^2以上的一级支流2条，均为10～50km^2河流。

4.22 龙态河

发源于辽宁省东港市合隆满族乡齐家堡村，流经东港市，在东港市北井子镇北井子虾场汇入黄海。

流域面积265km^2，河流长度38km，河流平均比降0.805‰。多年平均年降水量901.1mm，多年平均径流深542.6mm，流域平均宽度为6.7km，河道弯曲系数为1.4，河流形状系数为0.18。

流域面积10km^2以上的一级支流2条，二级支流3条。流域面积100～1000km^2的支流1条，10～50km^2的支流4条。

4.22.1 合隆水库

合隆水库位于龙态河上游。坝址坐落于东港市合隆满族乡。工程于1948年12月完工。坝址以上集水面积40.0km^2，水面面积4.68km^2，最大泄流量333m^3/s。

水库枢纽工程等别为Ⅲ等，永久性建筑物等级为3级，为多年调节水库，高程基面采用假定基面。水库设计洪水标准为50年一遇，校核洪水标准为300年一遇，水库校核洪水位为22.85m，总库容1479万m^3；设计洪水位为22.38m。水库枢纽工程主要有大坝、溢洪道、输水洞等。坝长2795m，坝顶宽6.0m，最大坝高6.2m。

该水库是以灌溉为主，兼防洪、养鱼及其他任务的中型水利枢纽工程。水库防洪保护下游大东区、新兴区、新城子区的居民和5万亩农田，以及其他基础设施、企事业单位的安全。

4.22.2 傲营河

龙态河右岸一级支流，发源于辽宁省东港市马家店镇三道岗村，流经东港市，在东港市长山镇山东村汇入龙态河。

流域面积 110km², 河流长度 20km, 河流平均比降 0.591‰。多年平均年降水量 909.8mm, 多年平均径流深 551.1mm, 流域平均宽度为 5.5km, 河道弯曲系数为 1.3, 河流形状系数为 0.28。

流域面积 10km² 以上的一级支流 3 条，均为 10～50km² 河流。

4.22.2.1 太平水库

太平水库位于傲营河中游。坝址坐落于东港市合隆满族乡。工程于 1956 年 7 月完工。坝址以上集水面积 22.5km², 水面面积 3.16km², 最大泄流量 180m³/s。

水库枢纽工程等别为Ⅲ等，永久性建筑物等级为 3 级，为多年调节水库，高程基面采用假定基面。水库设计洪水标准为 50 年一遇，校核洪水标准为 300 年一遇，水库校核洪水位为 13.12m, 总库容 1227 万 m³; 设计洪水位为 12.65m。水库枢纽工程主要由大坝、输水洞、溢洪道等部分组成。坝长 945m, 坝顶宽 6.0m, 最大坝高 8.2m。

该水库是以防洪、灌溉为主，结合养鱼等综合利用的中型水利枢纽工程。水库防洪保护下游马家店镇 2 个村近 2000 人、5 万亩耕地及其他基础设施的安全。

4.22.2.2 何家岗水库

何家岗水库位于流域吊水楼子河上。坝址坐落于东港市马家店镇。工程于 1957 年 7 月完工。坝址以上集水面积 30.3km², 水面面积 5.83km², 最大泄流量 133m³/s。

水库枢纽工程等别为Ⅲ等，永久性建筑物等级为 3 级，为多年调节水库，高程基面采用假定基面。水库设计洪水标准为 50 年一遇，校核洪水标准为 300 年一遇，水库校核洪水位为 13.04m, 总库容 2218 万 m³; 设计洪水位为 12.57m。水库枢纽工程包括土坝、溢洪道、输水洞三部分组成。坝长 1768m, 坝顶宽 6.0m, 最大坝高 9.4m。

该水库是以防洪灌溉为主，兼顾养鱼等综合利用的中型水利枢纽工程。水库防洪保护下游马家店、合隆 2 个镇 4 个村近 3000 人、5 万亩耕地以及其他基础设施的安全。

4.23 新沟河

发源于辽宁省东港市十字街镇坎子下村，流经东港市，在东港市大东街道汇入黄海。

流域面积 289km², 河流长度 34km, 河流平均比降 0.311‰。多年平均年降水量 882.5mm, 多年平均径流深 531.8mm, 流域平均宽度为 8.5km, 河道弯曲系数为 1.4, 河流形状系数为 0.25。

流域面积 10km² 以上的一级支流 3 条，均为 10～50km² 河流。

4.23.1 十字街水库

十字街水库位于新沟河支流红旗河上游。坝址坐落于东港市十字街镇。工程于 1958

年 6 月完工。坝址以上集水面积 17.0km²，水面面积 1.61km²，最大泄流量 122m³/s。

水库枢纽工程等别为Ⅲ等，永久性建筑物等级为 3 级，为多年调节水库，高程基面采用假定基面。水库设计洪水标准为 50 年一遇，校核洪水标准为 300 年一遇，水库校核洪水位为 10.13m，总库容 1095 万 m³；设计洪水位为 9.63m。枢纽主要水工建筑物有拦河坝、溢洪道、输水洞等。坝长 770m，坝顶宽 6.0m，最大坝高 7.5m。

该水库是以防洪、灌溉为主，兼顾养鱼等综合利用的中型水利枢纽工程。水库防洪保护下游东港市区的居民和 1.6 万亩耕地，以及丹大高速公路、201 国道、刘小园军用飞机场等其他基础设施的安全。

鸭绿江水系

地理位置 鸭绿江为中朝界河，鸭绿江水系中国境内部分地处吉林、辽宁两省东部边境地区。辽宁省范围内包括抚顺市东部、本溪市东部、丹东市东南部地区，位于东经 $123°36'\sim128°19'$，北纬 $39°46'\sim42°18'$，东西横跨经度 $4°43'$，南北纵贯纬度 $2°32'$。流域形状近似椭圆形，长轴呈东北—西南方向。中国境内总面积为 $32861.3km^2$，辽宁省境内面积 $16839km^2$，占总面积的 51.2%。

地形地貌 流域面积多高山，河道落差大，上游坡陡流急，中游支流多，下游江面开阔水量大，水中含沙量小；中国境内地势北高南低，江头若伏若断，江水蜿蜒曲折，河谷切割较深，急流险滩不断，江岸两边高山矗立，悬崖绝壁比比皆是，峡谷跌水到处可见，森林郁密，植被良好，河水清澈，上游海拔为 $1000\sim1500m$，沿程地势逐渐降低。

气象水文 鸭绿江水系属中温带湿润气候区，冬夏分明，夏季炎热多雨，冬季寒冷干燥。下游靠近黄海地区，受海洋性气候影响具有冬暖夏凉的特点。流域多年平均气温 $5.7℃$，多年平均日照数为 $2400\sim2500h$，全年无霜期 $130\sim199$ 天。流域多年平均年降水量 $921mm$，其中上游为 $600\sim800mm$，中游为 $800\sim1000mm$，下游为 $1000\sim1200mm$，夏季雨量丰沛为东北地区之冠。多年平均水面蒸发量为 $610mm$。鸭绿江来水主要为雨雪补给，水量丰沛，水力资源极为丰富，流域多年平均年径流量约 320 亿 m^3。

河流分布 鸭绿江水系流经辽宁省流域面积 $10km^2$ 以上的河流共有 488 条，其中流域面积 $5000km^2$ 以上的河流 3 条，分别为鸭绿江干流、浑江及爱河；$1000\sim5000km^2$ 的河流 5 条，$100\sim1000km^2$ 的河流 36 条，$50\sim100km^2$ 的河流 51 条，$10\sim50km^2$ 的河流 393 条。

独流入海河流 1 条，其中一级支流 32 条，二级支流 128 条，三级支流 199 条，四级支流 98 条，五级支流 28 条，六级支流 1 条，七级支流 1 条。

5.1 鸭绿江

鸭绿江是中朝两国的边界河流，汉代称马訾水，唐代称鸭绿水，宋辽以后称鸭绿江，因江水绿如鸭头而得名。发源于吉林省东南中朝边境长白县长白山主峰白头山南麓的天池，流经朝鲜民主主义人民共和国、我国吉林省，辽宁省宽甸县、丹东市振安区、元宝区、振兴区、东港市，在辽宁省东港市大东街道丹东港汇入黄海。

流域总面积 $32861km^2$，河流长度 $821km$，其中辽宁省境内面积 $16839km^2$，河流长

5　鸭绿江水系

度 23427km。河流平均比降 0.885‰，多年平均年降水量 913.9mm，多年平均径流深 490.1mm，流域平均宽度为 40.0km，河道弯曲系数为 2.1，河流形状系数为 0.05。

流域面积 10km² 以上的一级支流 32 条，二级支流 128 条，三级支流 199 条，四级支流 98 条，五级支流 28 条，六级支流 1 条，七级支流 1 条。流域面积大于 5000km² 的支流 2 条，1000~5000km² 的支流 5 条，100~1000km² 的支流 37 条，50~100km² 的支流 50 条，10~50km² 的支流 393 条。

5.1.1　浑江

鸭绿江右岸一级支流，汉代称盐难水、沸流水，元代称大虫江，明代称婆猪江，清代称佟佳江，别名混江，于民国时期形成今名。河流发源于吉林省白山市江源区正岔街道七岔村，流经吉林省，辽宁省桓仁县、宽甸县，在辽宁省宽甸县振江镇浑江村汇入鸭绿江。

流域面积 15340km²，河流长度 431km；其中辽宁省境内面积 6876km²，河流长度 2310km。河流平均比降 0.891‰，多年平均年降水量 880.6mm，多年平均径流深 442.5mm，流域平均宽度为 35.6km，河道弯曲系数为 2.8，河流形状系数为 0.08。

流域面积 10km² 以上的一级支流 32 条，二级支流 104 条，三级支流 56 条，四级支流 8 条。流域面积 1000~5000km² 的支流 2 条，100~1000km² 的支流 15 条，50~100km² 的支流 23 条，10~50km² 的支流 160 条。

5.1.1.1　富尔江

浑江右岸一级支流，发源于辽宁省新宾县北四平乡火石村，流新宾县、吉林省通化县、辽宁省桓仁县，在辽宁省桓仁县北甸子乡北甸子村汇入浑江。

流域面积 1923km²，河流长度 116km，其中辽宁省境内面积 1379km²，长度 116km。河流平均比降 1.24‰，多年平均年降水量 794.9mm，多年平均径流深 334.8mm，流域平均宽度为 16.6km，河道弯曲系数为 1.6，河流形状系数为 0.14。

流域面积 10km² 以上的一级支流 20 条，二级支流 17 条，三级支流 3 条。流域面积 100~1000km² 的支流 2 条，50~100km² 的支流 6 条，10~50km² 的支流 32 条。

5.1.1.1.1　旺清河

富尔江右岸一级支流，发源于辽宁省新宾县北四平乡北旺清村，流经新宾县，在新宾县旺清门镇旺清门村汇入富尔江。

流域面积 191km²，河流长度 40km，河流平均比降 4.19‰，多年平均年降水量 773.6mm，多年平均径流深 296.0mm，流域平均宽度为 4.7km，河道弯曲系数为 1.4，河流形状系数为 0.12。

流域面积 10km² 以上的一级支流 6 条，均为 10~50km² 河流。

5.1.1.1.2　巨流河

富尔江右岸一级支流，发源于辽宁省新宾县永陵镇陡岭林场，流经新宾县，在新宾县响水河子乡芳草村汇入富尔江。

流域面积 399km²，河流长度 40km，河流平均比降 3.51‰，多年平均年降水量 787.4mm，多年平均径流深 330.8mm，流域平均宽度为 10.0km，河道弯曲系数为 1.2，河流形状系数为 0.25。

流域面积 10km² 以上的一级支流 10 条，二级支流 3 条。流域面积 50~100km² 的支流 2 条，10~50km² 的支流 11 条。

5.1.1.2 红汀子河

浑江左岸一级支流，发源于辽宁省桓仁县二棚甸子镇四平村，流经桓仁县，在桓仁县二棚甸子镇横道川村汇入浑江。

流域面积 308km²，河流长度 36km，河流平均比降 5.39‰，多年平均年降水量 930.6mm，多年平均径流深 524.8mm，流域平均宽度为 8.6km，河道弯曲系数为 1.7，河流形状系数为 0.24。

流域面积 10km² 以上的一级支流 6 条，二级支流 3 条。流域面积 50~100km² 的支流 1 条，10~20km² 的支流 8 条。

5.1.1.3 哈达河

浑江右岸一级支流，发源于辽宁省桓仁县黑沟乡大川村，流经桓仁县，在桓仁县桓仁镇刘家沟村汇入浑江。

流域面积 177km²，河流长度 36km，河流平均比降 6.92‰，多年平均年降水量 807.6mm，多年平均径流深 375.1mm，流域平均宽度为 4.9km，河道弯曲系数为 1.4，河流形状系数为 0.14。

流域面积 10km² 以上的一级支流 3 条，均为 10~50km² 河流。

5.1.1.4 大二河

浑江右岸一级支流，发源于辽宁省桓仁县华来镇高俭地村，流经桓仁县，在桓仁县桓仁镇平原城村汇入浑江。

流域面积 740km²，河流长度 61km，河流平均比降 4.22‰，多年平均年降水量 796.0mm，多年平均径流深 360.7mm，流域平均宽度为 12.1km，河道弯曲系数为 1.5，河流形状系数为 0.20。

流域面积 10km² 以上的一级支流 10 条，二级支流 9 条，三级支流 2 条。流域面积 100~1000km² 的支流 2 条，50~100km² 的支流 3 条，10~50km² 的支流 16 条。

5.1.1.4.1 果松川河

大二河右岸一级支流，发源于辽宁省桓仁县华来镇果松川村，流经桓仁县，在桓仁县华来镇冯家堡村汇入大二河。

流域面积 108km²，河流长度 19km，河流平均比降 10.7‰，多年平均年降水量 802.3mm，多年平均径流深 392.0mm，流域平均宽度为 5.7km，河道弯曲系数为 2.3，河流形状系数为 0.30。

流域面积 10km² 以上的一级支流 3 条，均为 10~50km² 河流。

5.1.1.4.2 富砂河

大二河左岸一级支流，发源于辽宁省桓仁县华来镇高台子村，流经桓仁县，在桓仁县华来镇光复村汇入大二河。

流域面积 235km²，河流长度 28km，河流平均比降 5.79‰，多年平均年降水量 791.2mm，多年平均径流深 338.4mm，流域平均宽度为 8.4km，河道弯曲系数为 1.2，河流形状系数为 0.30。

流域面积 10km² 以上的一级支流 4 条，二级支流 2 条。流域面积 50~100km² 的支流 1 条，10~20km² 的支流 5 条。

5.1.1.5 大雅河

浑江右岸一级支流，发源于辽宁省桓仁县八里甸子镇马鹿泡村，流经桓仁县，在桓仁县雅河朝鲜族乡雅河村汇入浑江。

流域面积 750km²，河流长度 83km，河流平均比降 4.33‰，多年平均年降水量 884.2mm，多年平均径流深 467.5mm，流域平均宽度为 9.0km，河道弯曲系数为 1.7，河流形状系数为 0.11。

流域面积 10km² 以上的一级支流 21 条，二级支流 5 条，三级支流 1 条。流域面积 50~100km² 的支流 3 条，10~50km² 的支流 24 条。

5.1.1.6 雅河

浑江右岸一级支流，发源于辽宁省宽甸县八河川镇蜂蜜沟村，流经宽甸县，在宽甸县青山沟镇青山湖村汇入浑江。

流域面积 370km²，河流长度 53km，河流平均比降 5.24‰，多年平均年降水量 997.8mm，多年平均径流深 582.1mm，流域平均宽度为 7.0km，河道弯曲系数为 1.4，河流形状系数为 0.13。

流域面积 10km² 以上的一级支流 7 条，二级支流 2 条。流域面积 50~100km² 的支流 2 条，10~50km² 的支流 7 条。

5.1.1.7 半拉江

浑江左岸一级支流，发源于辽宁省宽甸县大川头镇白石砬子自然保护区，流经宽甸县，在宽甸县太平哨镇坦甸子村汇入浑江。

流域面积 1321km²，河流长度 93km，河流平均比降 2.79‰，多年平均年降水量 1067.2mm，多年平均径流深 636.1mm，流域平均宽度为 14.2km，河道弯曲系数为 2.3，河流形状系数为 0.15。

流域面积 10km² 以上的一级支流 17 条，二级支流 17 条，三级支流 2 条。流域面积 100~1000km² 的支流 2 条，50~100km² 的支流 5 条，10~50km² 的支流 29 条。

5.1.1.7.1 下甸子河

半拉江右岸一级支流，发源于辽宁省宽甸县硼海镇三道湾村，流经宽甸县，在宽甸县硼海镇夹皮沟村汇入半拉江。

流域面积 113km²，河流长度 26km，河流平均比降 7.47‰，多年平均年降水量 1112.6mm，多年平均径流深 672.1mm，流域平均宽度为 4.3km，河道弯曲系数为 2.7，河流形状系数为 0.17。

流域面积 10km² 以上的一级支流 2 条，均为 10~50km² 河流。

5.1.1.7.2 北股河

半拉江左岸一级支流，发源于辽宁省宽甸县八河川镇八河川村，流经宽甸县，在宽甸县太平哨镇太平哨村汇入半拉江。

流域面积 468km²，河流长度 77km，河流平均比降 3.17‰，多年平均年降水量 1041.2mm，多年平均径流深 602.4mm，流域平均宽度为 6.1km，河道弯曲系数为 1.9，

河流形状系数为 0.08。

流域面积 10km² 以上的一级支流 10 条，二级支流 1 条。流域面积 50~100km² 的支流 1 条，10~50km² 的支流 10 条。

5.1.1.8 新华河

浑江右岸一级支流，发源于辽宁省宽甸县步达远镇胜利村，流经宽甸县，在宽甸县步达远镇长岭村汇入浑江。

流域面积 114km²，河流长度 25km，河流平均比降 8.26‰，多年平均年降水量 1008.0mm，多年平均径流深 613.8mm，流域平均宽度为 4.6km，河道弯曲系数为 1.5，河流形状系数为 0.18。

流域面积 10km² 以上的一级支流 3 条，均为 10~50km² 河流。

5.1.1.9 漏河

浑江左岸一级支流，发源于辽宁省桓仁县沙尖子镇影壁山村，流经桓仁县，在桓仁县沙尖子镇沙尖子村汇入浑江。

流域面积 205km²，河流长度 31km，河流平均比降 6.51‰，多年平均年降水量 954.7mm，多年平均径流深 562.0mm，流域平均宽度为 6.6km，河道弯曲系数为 1.6，河流形状系数为 0.21。

流域面积 10km² 以上的一级支流 5 条，二级支流 1 条，均为 10~50km² 河流。

5.1.1.10 五里甸子河

浑江左岸一级支流，发源于辽宁省桓仁县五里甸子镇三架窝棚村，流经桓仁县，在桓仁县五里甸子镇五里甸子村汇入浑江。

流域面积 163km²，河流长度 25km，河流平均比降 8.39‰，多年平均年降水量 954.0mm，多年平均径流深 566.8mm，流域平均宽度为 6.5km，河道弯曲系数为 1.3，河流形状系数为 0.26。

流域面积 10km² 以上的一级支流 3 条，均为 10~50km² 河流。

5.1.1.11 下露河

浑江右岸一级支流，发源于辽宁省宽甸县下露河朝鲜族乡双联村，流经宽甸县，在宽甸县下露河朝鲜族乡通江村汇入浑江。

流域面积 183km²，河流长度 27km，河流平均比降 7.18‰，多年平均年降水量 981.9mm，多年平均径流深 604.8mm，流域平均宽度为 6.8km，河道弯曲系数为 1.6，河流形状系数为 0.25。

流域面积 10km² 以上的一级支流 5 条，二级支流 1 条。流域面积 50~100km² 的支流 1 条，10~50km² 的支流 5 条。

5.1.2 杨林河

鸭绿江右岸一级支流，发源于辽宁省宽甸县大西岔镇杨林村，流经宽甸县，在宽甸县大西岔镇临江村汇入鸭绿江。

流域面积 140km²，河流长度 20km，河流平均比降 5.37‰，多年平均年降水量 1011.5mm，多年平均径流深 633.2mm，流域平均宽度为 7.0km，河道弯曲系数为 1.2，

河流形状系数为 0.35。

流域面积 10km² 以上的一级支流 4 条，均为 10～50km² 河流。

5.1.3 蒿子沟河

鸭绿江右岸一级支流，发源于辽宁省宽甸县红石镇上蒿子沟村，流经宽甸县，在宽甸县红石镇小久村汇入鸭绿江。

流域面积 197km²，河流长度 43km，河流平均比降 2.51‰，多年平均年降水量 1106.4mm，多年平均径流深 683.1mm。流域平均宽度为 10.4km，河道弯曲系数为 1.6，河流形状系数为 0.24。

流域面积 10km² 以上的一级支流 2 条，二级支流 5 条，三级支流 2 条。流域面积 100～1000km² 的支流 2 条，50～100km² 的支流 1 条，10～50km² 的支流 6 条。

5.1.3.1 坦甸河

蒿子沟河右岸一级支流，发源于辽宁省宽甸县永甸镇上趟子村，流经宽甸县，在宽甸县永甸镇碑沟村汇入蒿子沟河。

流域面积 212km²，河流长度 31km，河流平均比降 7.41‰，多年平均年降水量 1115.9mm，多年平均径流深 689.1mm，流域平均宽度为 6.2km，河道弯曲系数为 2.1，河流形状系数为 0.20。

流域面积 10km² 以上的一级支流 2 条，二级支流 2 条。流域面积 50～100km² 的支流 1 条，10～50km² 的支流 3 条。

5.1.3.2 红石砬子河

蒿子沟河左岸一级支流，发源于辽宁省宽甸县红石镇红石砬子村，流经宽甸县，在宽甸县红石镇小久村汇入蒿子沟河。

流域面积 105km²，河流长度 24km，河流平均比降 5.51‰，多年平均年降水量 1110.0mm，多年平均径流深 660.0mm，流域平均宽度为 4.4km，河道弯曲系数为 1.6，河流形状系数为 0.18。

流域面积 10km² 以上的一级支流 3 条，均为 10～50km² 河流。

5.1.4 水丰水库

水丰水库位于鸭绿江下游，属中朝共有，归朝鲜管理。坝址中国境内为辽宁省丹东市宽甸县长甸镇，距丹东市区 90km。工程于 1943 年 9 月完工。坝址以上集水面积 45860km²，水面面积 274.0km²，最大泄流量 38665m³/s。

水库枢纽工程等别为Ⅰ等，主要建筑物级别为 1 级，抗震设防烈度 7 度。为多年调节水库，高程基面采用仁川高程。水库设计洪水标准为 1000 年一遇，校核洪水标准为 10000 年一遇，水库校核洪水位为 131.05m，相应库容 149 亿 m³；设计洪水位为 127.40m，相应库容 134 亿 m³。坝长 900m，最大坝高 106m。

水丰水库是鸭绿江上修建的第一座大型水电工程，水丰水利枢纽工程是以发电为主，兼有防洪等综合效益的年调节水库。

5.1.5 蒲石河

鸭绿江右岸一级支流,发源于辽宁省宽甸县大川头镇白石砬子自然保护区,流经宽甸县,在宽甸县古楼子乡大蒲石河村汇入鸭绿江。

流域面积 1158km²,河流长度 132km,河流平均比降 2.23‰。多年平均年降水量 1120.8mm,多年平均径流深 653.4mm,流域平均宽度为 8.8km,河道弯曲系数为 1.9,河流形状系数为 0.07。

流域面积 10km² 以上的一级支流 21 条,二级支流 15 条,三级支流 1 条。流域面积 100～1000km² 的支流 2 条,50～100km² 的支流 4 条,10～20km² 的支流 31 条。

5.1.5.1 楼房河

蒲石河左岸一级支流,发源于辽宁省宽甸县石湖沟乡石湖沟村,流经宽甸县,在宽甸县石湖沟乡甬子沟村汇入蒲石河。

流域面积 109km²,河流长度 21km,河流平均比降 6.62‰。多年平均年降水量 1120.9mm,多年平均径流深 671.7mm,流域平均宽度为 5.2km,河道弯曲系数为 1.6,河流形状系数为 0.25。

流域面积 10km² 以上的一级支流 3 条,均为 10～50km² 河流。

5.1.5.2 毛甸子河

蒲石河右岸一级支流,发源于辽宁省宽甸县毛甸子镇二道岗子村,流经宽甸县,在宽甸县杨木川镇土城子村汇入蒲石河。

流域面积 198km²,河流长度 35km,河流平均比降 4.73‰。多年平均年降水量 1099.0mm,多年平均径流深 630.2mm,流域平均宽度为 5.7km,河道弯曲系数为 1.8,河流形状系数为 0.16。

流域面积 10km² 以上的一级支流 4 条,二级支流 1 条,均为 10～50km² 河流。

5.1.6 安平河

鸭绿江右岸一级支流,发源于辽宁省宽甸县杨木川镇杨木川村,流经宽甸县,在宽甸县古楼子乡古楼子村汇入鸭绿江。

流域面积 236km²,河流长度 58km,河流平均比降 4.80‰。多年平均年降水量 1119.4mm,多年平均径流深 650.7mm,流域平均宽度为 4.0km,河道弯曲系数为 1.7,河流形状系数为 0.07。

流域面积 10km² 以上的一级支流 6 条,均为 10～50km² 河流。

5.1.7 爱河

鸭绿江右岸一级支流,唐代称乌骨江。爱河原名为瑷河,2006 年丹东市地名委员会办公室因"瑷"为生僻字,"瑷河"更名为"爱河"。该河发源于辽宁省凤城市爱阳镇东新村,流经凤城市、宽甸县、丹东市振安区,在丹东市振安区九连城镇上尖村汇入鸭绿江。

流域面积 5809km²,河流长度 192km,河流平均比降 1.10‰。多年平均年降水量 1024.6mm,多年平均径流深 538.2mm,流域平均宽度为 30.3km,河道弯曲系数为 2.0,

河流形状系数为 0.16。

流域面积 10km² 以上的一级支流 40 条，二级支流 71 条，三级支流 38 条，四级支流 20 条，五级支流 1 条，六级支流 1 条。流域面积 1000～5000km² 的支流 2 条，100～1000km² 的支流 11 条，50～100km² 的支流 16 条，10～50km² 的支流 142 条。

5.1.7.1　大边沟河

爱河左岸一级支流，发源于辽宁省宽甸县灌水镇林川林场，流经宽甸县、凤城市，在凤城市爱阳镇爱阳城村汇入爱河。

流域面积 210km²，河流长度 32km，河流平均比降 6.51‰。多年平均年降水量 1055.1mm，多年平均径流深 537.1mm，流域平均宽度为 6.6km，河道弯曲系数为 1.4，河流形状系数为 0.21。

流域面积 10km² 以上的一级支流 3 条，二级支流 1 条，均为 10～50km² 河流。

5.1.7.2　牛毛生河

爱河左岸一级支流，发源于辽宁省宽甸县双山子镇黎明林场，流经宽甸县，在宽甸县灌水镇二道河子村汇入爱河。

流域面积 397km²，河流长度 48km，河流平均比降 4.47‰。多年平均年降水量 1070.5mm，多年平均径流深 573.1mm，流域平均宽度为 8.3km，河道弯曲系数为 1.4，河流形状系数为 0.17。

流域面积 10km² 以上的一级支流 10 条，二级支流 3 条。流域面积 50～100km² 的支流 1 条，10～50km² 的支流 12 条。

5.1.7.3　牤牛河

爱河左岸一级支流，发源于辽宁省宽甸县青椅山镇赫甸城村，流经宽甸县、凤城市，在凤城市石城镇荣家村汇入爱河。

流域面积 129km²，河流长度 29km，河流平均比降 7.13‰。多年平均年降水量 1106.5mm，多年平均径流深 626.8mm，流域平均宽度为 4.4km，河道弯曲系数为 2.9，河流形状系数为 0.15。

流域面积 10km² 以上的一级支流 2 条，二级支流 1 条，流域面积均为 10～50km²。

5.1.7.4　八道河

爱河右岸一级支流，发源于辽宁省凤城市赛马镇东甸村，流经凤城市，在凤城市大堡蒙古族乡大堡村汇入爱河。

流域面积 906km²，河流长度 95km，河流平均比降 2.62‰。多年平均年降水量 1026.4mm、多年平均径流深 516.7mm，流域平均宽度为 9.5km，河道弯曲系数为 1.6，河流形状系数为 0.10。

流域面积 10km² 以上的一级支流 15 条，二级支流 11 条。流域面积 100～1000km² 的支流 1 条，50～100km² 的支流 3 条，10～50km² 的支流 22 条。

5.1.7.4.1　三股流河

八道河左岸一级支流，发源于辽宁省凤城市大兴镇安乐村，流经凤城市，在凤城市大堡蒙古族乡武装村汇入八道河。

流域面积 240km²，河流长度 45km，河流平均比降 4.33‰。多年平均年降水量

1039.8mm，多年平均径流深 546.0mm，流域平均宽度为 5.3km，河道弯曲系数为 1.6，河流形状系数为 0.12。

流域面积 10km² 以上的一级支流 6 条。流域面积 50~100km² 的支流 1 条，10~50km² 的支流 5 条。

5.1.7.5 草河

爱河右岸一级支流，发源于辽宁省本溪县草河掌镇草河掌村，流经本溪县、凤城市，在凤城市草河街道爱河村汇入爱河。

流域面积 2200km²，河流长度 146km，河流平均比降 1.73‰。多年平均年降水量 954.6mm，多年平均径流深 480.6mm，流域平均宽度为 15.1km，河道弯曲系数为 1.9，河流形状系数为 0.10。

流域面积 10km² 以上的一级支流 21 条，二级支流 17 条，三级支流 20 条，四级支流 1 条，五级支流 1 条。流域面积 1000~5000km² 的支流 1 条，100~1000km² 的支流 4 条，50~100km² 的支流 5 条，10~50km² 的支流 50 条。

5.1.7.5.1 山羊峪河

草河右岸一级支流，发源于辽宁省凤城市青城子镇桃源村，流经凤城市，在凤城市凤凰城街道中兴村汇入草河。

流域面积 1060km²，河流长度 93km，河流平均比降 2.17‰。多年平均年降水量 916.8mm，多年平均径流深 459.7mm，流域平均宽度为 11.4km，河道弯曲系数为 2.1，河流形状系数为 0.12。

流域面积 10km² 以上的一级支流 11 条，二级支流 15 条，三级支流 1 条，四级支流 1 条。流域面积 100~1000km² 的支流 3 条，50~100km² 的支流 3 条，10~50km² 的支流 22 条。

5.1.7.5.1.1 方家河

山羊峪河右岸一级支流，发源于辽宁省凤城市青城子镇永胜村，流经凤城市，在凤城市四门子镇四门子村汇入山羊峪河。

流域面积 102km²，河流长度 26km，河流平均比降 8.06‰。多年平均年降水量 872.2mm，多年平均径流深 415.9mm，流域平均宽度为 3.9km，河道弯曲系数为 1.6，河流形状系数为 0.15。

流域面积 10km² 以上的一级支流 2 条，均为 10~50km² 河流。

5.1.7.5.1.2 暖河

山羊峪河右岸一级支流，发源于辽宁省凤城市鸡冠山镇沙子岗村，流经凤城市，在凤城市通远堡镇大甸子村汇入山羊峪河。

流域面积 213km²，河流长度 40km，河流平均比降 6.49‰。多年平均年降水量 926.7mm，多年平均径流深 487.5mm，流域平均宽度为 5.3km，河道弯曲系数为 1.7，河流形状系数为 0.13。

流域面积 10km² 以上的一级支流 4 条，二级支流 1 条，三级支流 1 条。流域面积 50~100km² 的支流 1 条，10~50km² 的支流 5 条。

5.1.7.5.1.3　金家河

山羊峪河左岸一级支流，发源于辽宁省本溪县草河口镇云盘村，流经本溪县、凤城市，在凤城市通远堡镇林家台村汇入山羊峪河。

流域面积 $257km^2$，河流长度 $39km$，河流平均比降 $3.76‰$。多年平均年降水量 $918.7mm$，多年平均径流深 $449.3mm$，流域平均宽度为 $6.6km$，河道弯曲系数为 1.3，河流形状系数为 0.17。

流域面积 $10km^2$ 以上的一级支流 7 条，均为 $10\sim50km^2$ 河流。

5.1.7.5.2　南大河

草河右岸一级支流，发源于辽宁省凤城市鸡冠山镇大阳沟村，流经凤城市，在凤城市草河街道平安村汇入草河。

流域面积 $306km^2$，河流长度 $40km$，河流平均比降 $4.17‰$。多年平均年降水量 $1029.1mm$，多年平均径流深 $546.3mm$，流域平均宽度为 $7.7km$，河道弯曲系数为 1.6，河流形状系数为 0.19。

流域面积 $10km^2$ 以上的一级支流 5 条，二级支流 5 条。流域面积 $50\sim100km^2$ 的支流 1 条，$10\sim50km^2$ 的支流 9 条。

5.1.7.6　饮马河

爱河右岸一级支流，发源于辽宁省凤城市边门镇赫家村，流经凤城市、丹东市振安区，在丹东市振安区汤山城镇榆树林村汇入爱河。

流域面积 $307km^2$，河流长度 $29km$，河流平均比降 $2.03‰$。多年平均年降水量 $1099.4mm$，多年平均径流深 $602.9mm$，流域平均宽度为 $10.6km$，河道弯曲系数为 1.3，河流形状系数为 0.37。

流域面积 $10km^2$ 以上的一级支流 7 条，二级支流 3 条。流域面积 $50\sim100km^2$ 的支流 2 条，$10\sim50km^2$ 的支流 8 条。

5.1.7.7　民生河

爱河左岸一级支流，发源于辽宁省宽甸县毛甸子镇二道岗子村，流经宽甸县、凤城市，在凤城市东汤镇房木村汇入爱河。

流域面积 $202km^2$，河流长度 $29km$，河流平均比降 $5.95‰$。多年平均年降水量 $1091.2mm$，多年平均径流深 $624.9mm$，流域平均宽度为 $7.0km$，河道弯曲系数为 1.3，河流形状系数为 0.24。

流域面积 $10km^2$ 以上的一级支流 5 条，二级支流 2 条。流域面积 $50\sim100km^2$ 的支流 1 条，$10\sim50km^2$ 的支流 6 条。

5.1.8　大沙河

鸭绿江右岸一级支流，发源于辽宁省丹东市振安区五龙背镇五龙背村，流经丹东市振安区、元宝区，在丹东市元宝区兴东街道邻江名城社区汇入鸭绿江。

流域面积 $214km^2$，河流长度 $31km$，河流平均比降 $1.87‰$。多年平均年降水量 $1093.3mm$，多年平均径流深 $612.8mm$，流域平均宽度为 $6.9km$，河道弯曲系数为 1.5，河流形状系数为 0.22。

流域面积10km² 以上的一级支流5条，二级支流1条，均为10～50km² 河流。

5.1.9 安民河

鸭绿江右岸一级支流，发源于辽宁省丹东市振安区同兴镇光明村，流经丹东市振安区、东港市、振兴区，在丹东市振兴区安民镇西安民村汇入鸭绿江。

流域面积134km²，河流长度31km，河流平均比降1.30‰。多年平均年降水量978.7mm，多年平均径流深583.7mm，流域平均宽度为4.3km，河道弯曲系数为1.2，河流形状系数为0.14。

流域面积10km² 以上的一级支流2条，均为10～50km² 河流。

5.1.10 柳林河

鸭绿江右岸一级支流，发源于辽宁省东港市长安镇三级台村，流经东港市、丹东市振兴区，在丹东市振兴区江海街道海龙村汇入鸭绿江。

流域面积355km²，河流长度54km，河流平均比降0.978‰。多年平均年降水量1003.4mm，多年平均径流深582.5mm，流域平均宽度为6.6km，河道弯曲系数为1.5，河流形状系数为0.12。

流域面积10km² 以上的一级支流7条，二级支流3条。流域面积50～100km² 的支流1条，10～50km² 的支流9条。

5.1.10.1 铁甲水库

铁甲水库位于柳林河上游。坝址坐落于丹东市振兴区汤池镇。工程于1962年12月完工。坝址以上集水面积241km²，水面面积17.37km²，最大泄流量1550m³/s。

水库枢纽工程等别为Ⅱ等，永久性水工建筑物级别为2级，抗震设防烈度7度，为多年调节水库，高程基面采用假定基面。水库按200年一遇洪水设计，2000年一遇洪水校核，水库校核洪水位为93.59m，相应库容2.56亿m³；设计洪水位为92.23m。水库主体工程由主坝、副坝、溢洪道、输水洞、发电站等组成。坝长600m，坝顶宽8.0m，最大坝高24.5m。

该水库是以灌溉为主，兼顾防洪、发电、养鱼等综合利用的大型水利枢纽。水库防洪保护下游前阳特区、大东港、9个乡镇、1个农场以及其他等重要基础设施和企事业单位的安全。

5.1.11 石佛沟河

鸭绿江右岸一级支流，发源于辽宁省东港市十字街镇宏天村，流经东港市、丹东市振兴区，在东港市前阳镇石佛村汇入鸭绿江。

流域面积173km²，河流长度38km，河流平均比降0.633‰。多年平均年降水量912.6mm，多年平均径流深559.5mm，流域平均宽度为4.6km，河道弯曲系数为1.1，河流形状系数为0.12。

无流域面积10km² 以上的支流。

松花江水系

地理位置 松花江水系地处东北地区的北部。辽宁省内包括抚顺市清原县东部地区,位于东经119°24′~132°32′,北纬41°42′~51°40′,东西横跨经度13°08′,南北纵贯纬度9°58′。流域总面积为554627km²,辽宁省境内面积541km²。

地形地貌 流域三面环山,西部是大兴安岭北段,海拔1000~1400m;北部是小兴安岭,多由低山、丘陵构成;东部为老爷岭和长白山等组成的中低山,海拔为800~1100m;中部为松辽平原和三江平原的一部分,属黑土带,并分布着一些沼泽和泡子,在中低山和平原间分布着丘陵和台地。

气象水文 松花江水系地处温度大陆性季风气候区,冬季严寒漫长,夏季降雨集中,春季干燥多风,年内温差较大。多年平均气温为3~5℃。流域面积降水分布不均,多年平均年降水量为400~750mm,由东南向西北递减,降雨主要集中在6—9月,占全年降水量的70%~80%。松花江是我国东北地区的一条少沙河流,流域多年平均年径流量783.97亿m³。

河流分布 松花江流域水系发育,支流众多,辽宁省境内则较少,流域面积10km²以上的河流共有17条。流域面积5000km²以上的河流1条,为辉发河;100~1000km²的河流3条,50~100km²的河流1条,10~50km²的河流12条。

三级支流1条,四级支流9条,五级支流6条,六级支流1条。

6.1 辉发河

第二松花江左岸一级支流,古时曾名卫乐江、回跋江、回霸江、灰扒江。该河发源于辽宁省清原县南山城镇大北岔村,流经辽宁省清原县、吉林省,在吉林省桦甸市金沙镇工农村汇入松花江。

流域面积14905km²,河流长度270km,其中辽宁省境内541km²,河流长度29km。河流平均比降0.514‰,多年平均年降水量732.7mm,多年平均径流深259.3mm,流域平均宽度为55.2km,河道弯曲系数为1.5,河流形状系数为0.20。

流域面积10km²以上的一级支流9条,二级支流6条,三级支流1条。流域面积100~1000km²的支流3条,50~100km²的支流1条,10~50km²的支流12条。

6.1.1 二道河

辉发河左岸一级支流,发源于辽宁省清原县南山城镇东庙村,流经清原县,在清原县南山城镇南山城村汇入辉发河。

流域面积145km²,河流长度18km,河流平均比降4.65‰。多年平均年降水量750.2mm,多年平均径流深261.3mm,流域平均宽度为8.1km,河道弯曲系数为1.2,河流形状系数为0.45。

流域面积10km²以上的一级支流2条,二级支流1条,流域面积均为10~50km²。

6.1.2 姜家街沟

辉发河右岸一级支流,发源于辽宁省清原县南山城镇黑石头村,流经辽宁清原县,吉林省梅河口市,在吉林省梅河口市小杨满族朝鲜族乡汇入辉发河。

流域面积118km²,河流长度20km,其中辽宁省境内面积46.7km²,河流长度14km。河流平均比降4.59‰。多年平均年降水量737.7mm,多年平均径流深243.0mm,流域平均宽度为5.9km,河道弯曲系数为1.2,河流形状系数为0.30。

无流域面积10km²以上的支流。

6.1.3 西河

辉发河左岸一级支流,发源于辽宁省清原县英额门镇孤山子村,流经清原县、吉林省梅河口市,在吉林省梅河口市山城镇城东村汇入辉发河。

流域面积485km²,河流长度40km,其中辽宁省境内面积114.9km²,河流长度20km。河流平均比降0.456‰。多年平均年降水量721.3mm,多年平均径流深211.8mm,流域平均宽度为12.1km,河道弯曲系数为1.3,河流形状系数为0.30。

流域面积10km²以上的一级支流3条,均为10~50km²河流。

滦河及冀东沿海诸河水系

地理位置 滦河及冀东沿海诸河水系西南以燕山山脉与潮白—蓟运河为界，北部和东部分别以苏克斜鲁山、七老图山和松岭及西拉木伦河、老哈河、大凌河、小凌河等流域相邻，南部东侧为洋河、饮马河流域，西侧为沂河流域。分水界不明显，南临渤海。水系位于东经 114°49′～119°51′，北纬 38°54′～42°42′，流域面积约为 190640km²。流域平均长度 450km，平均宽度 700km，滦河及冀东沿海诸河水系流域总面积为 55310m²，辽宁省境内面积为 1621m²。

地形地貌 整个流域西北高，东南低。西北部坝上高原，平均海拔 1200～1500m。坝上高原后，进入冀北山地丘陵区，海拔 1300～1500m，坡陡流急，河流下切强烈，地表破碎，黄土分布广。中部为燕山山地，海拔 800～1200m，向南逐渐降到 200～500m，包括中山、低山、丘陇及盆地等地貌类型。南部为平原，包括燕山山前冲积扇、冲积平原及滦河三角洲，海拔大部分在 20m 以下，地表平坦，河谷宽浅，曲流发育。

滦河水系在大地构造上属于中朝陆台北缘的内蒙古自治区地轴东北部及燕山准地槽区，属标准的阿尔比斯式褶皱构造。

气象水文 滦河及冀东沿海诸河水系属于温带东亚季风气候区。春季受蒙古大陆性气团影响，气温回升快，风速大，气候干燥，蒸发量大，往往形成干旱天气；夏季受海洋性气团影响，比较湿润，气温高，降雨量多，且多暴雨，但因历年夏季太平洋副热带高压的进退时间、强度、影响范围等不一致，致使降雨量的变差很大，旱涝时有发生；秋季为夏冬的过渡季节，一般年份秋高气爽，降雨量较少；冬季受西伯利亚大陆性气团控制，寒冷少雪。流域年平均气温为 1.5～14℃，年平均相对湿度 50%～70%；年平均降水量 539mm，属半湿润半干旱地带；年平均陆面蒸发量 470mm，水面蒸发量 1100mm。

河流分布 辽宁省境内面积 10km² 以上河流共有 34 条。流域面积 5000km² 以上的河流 1 条，为青龙河；100～1000km² 的河流 5 条，50～100km² 的河流 9 条，10～50km² 的河流 19 条。

独流入海河流 1 条，其中一级支流 1 条，二级支流 12 条，三级支流 17 条，四级支流 3 条。

7.1 石河

石河发源于辽宁省绥中县加碑岩乡黄木杖子村，流经辽宁省绥中县、河北省秦皇岛市抚宁区、海港区、山海关区，在河北省秦皇岛山海关区第一关镇侯庄子村入渤海。

流域面积 647km²，河流长度 80km，其中辽宁省境内面积 38.6km²，河流长度 20.2km。河流平均比降 3.33‰，多年平均年降水量 702.3mm，多年平均径流深 253.9mm。石河流域平均宽度为 8.1km，河道弯曲系数为 1.8，河流形状系数为 0.10。

无流域面积 10km² 以上的支流。

7.2 青龙河

滦河左岸一级支流，发源于河北省平泉市松树台乡冯家店村，流经河北省平泉市、辽宁省凌源市、河北省宽城县、青龙县、卢龙县、迁安市，在河北省卢龙县卢龙镇朱庄子村入滦河。

流域面积 6267km²，河流长度 265km，其中辽宁省境内面积 1582km²，河流长度 53km。河流平均比降 1.56‰，多年平均年降水量 635.5mm，多年平均径流深 177.4mm，流域平均宽度为 23.6km，河道弯曲系数为 2.5，河流形状系数为 0.09。

流域面积 10km² 以上的一级支流 11 条，二级支流 17 条，三级支流 3 条。流域面积 100~1000km² 的支流 4 条，50~100km² 的支流 9 条，10~50km² 的支流 18 条。

7.2.1 窟窿山河

青龙河左岸一级支流，发源于辽宁省凌源市松岭子镇大场子村，流经凌源市，在凌源市三道河子镇五道河子村入青龙河。

流域面积 213km²，河流长度 34km，河流平均比降 6.26‰，多年平均年降水量 533.4mm，多年平均径流深 101.0mm，流域平均宽度为 6.3km，河道弯曲系数为 1.5，河流形状系数为 0.18。

流域面积 10km² 以上的一级支流 1 条，为 10~50km² 河流。

7.2.2 三十家子河

青龙河左岸一级支流，发源于河北省平泉市台头山镇塔子山村，流经河北省平泉市、辽宁省凌源市，在辽宁省凌源市前进乡坤都沟门村入青龙河。

流域面积 479km²，河流长度 35km，其中辽宁省境内面积 350km²，河流长度 26km。河流平均比降 4.93‰，多年平均年降水量 525.9mm，多年平均径流深 97.9mm，流域平均宽度为 13.7km，河道弯曲系数为 1.2，河流形状系数为 0.39。

流域面积 10km² 以上的一级支流 7 条，二级支流 1 条。流域面积 100~1000km² 的支流 1 条，50~100km² 的支流 1 条，10~50km² 的支流 6 条。

7.2.2.1 刘杖子河

三十家子河右岸一级支流，发源于河北省平泉市杨树岭镇水泉沟村，流经河北省平泉市、辽宁省凌源市，在辽宁省凌源市刘杖子镇东房申村入三十家子河。

流域面积 117km²，河流长度 21km，其中辽宁境内面积 55.1km²，河流长度 9km。

河流平均比降 10.5‰，多年平均年降水量 534.3mm，多年平均径流深 100.2mm，流域平均宽度为 5.6km，河道弯曲系数为 1.3，河流形状系数为 0.27。

流域面积 10km² 以上的一级支流 1 条，为 10~50km² 河流。

7.2.3 清水河

青龙河左岸一级支流，发源于辽宁省建昌县老大杖子乡杏花村，流经建昌县、凌源市，在凌源市杨杖子镇百牛群村入青龙河。

流域面积 388km²，河流长度 72km，河流平均比降 4.37‰，多年平均年降水量 594.0mm，多年平均径流深 139.0mm，流域平均宽度为 5.4km，河道弯曲系数为 3.4，河流形状系数为 0.07。

流域面积 10km² 以上的一级支流 7 条，二级支流 1 条。流域面积 50~100km² 的支流 1 条，10~50km² 的支流 7 条。

附录 A 行 政 分 区 河 流

行政分区河流情况按市地级统计单元及县级统计单元分别汇总阐述。辽宁省辖14个行政市，共14个单元；行政县（市、区）及市辖区（市内各辖区合并作为1个统计单元），共58个单元。

以流域面积在 10km² 以上河流为普查标准，以干流发源或流经属地为统计原则，进行河流目录编制及数量统计，各地级行政区不同规模山地河流及平原水网河流数量情况见表 A.1。

表 A.1　　　　　　　　　　辽宁省行政分区河流数量统计表

地级行政区	河流总数量/条	山区河流数量/条					平原河流数量/条
		5000km² 以上	1000～5000km²	100～1000km²	50～100km²	10～50km²	
全省	3565	16	32	383	357	2643	134
沈阳市	235	5	4	37	22	119	48
大连市	324		2	34	28	260	
鞍山市	223	5	2	28	19	145	24
抚顺市	328	4	4	32	43	245	
本溪市	251	2	4	24	19	202	
丹东市	436	4	6	35	47	344	
锦州市	238	3	4	42	27	162	
营口市	140	1	2	11	17	80	29
阜新市	273	2	6	36	30	199	
辽阳市	128	2	3	10	11	93	9
铁岭市	300	3	6	38	20	233	
朝阳市	516	4	5	66	56	385	
盘锦市	58	4	2	8	1	5	38
葫芦岛市	286	2	2	33	32	217	

注　跨市河流重复统计。

A1　沈阳市

沈阳市是辽宁省省会，位于辽宁省中部，城区坐落在浑河两岸，沈阳市位于辽宁省中部，地处东经 122°24′～123°49′，北纬 41°11′～43°03′，现辖10个区、1个县级市、2个县。沈阳市地处辽河平原，地势平坦开阔，境内最高山为北八虎山，主峰庙台山，海拔

442.9m；处在中温带亚湿润地区，属大陆性季风气候，四季分明，多年平均年降水量480～750mm；1月平均气温－11℃，7月平均气温24.7℃，年平均气温8.4℃；年日照时数2468.0h，无霜期162.5天。

流经沈阳市10km²以上河流共计235条，其中，山地河流187条，平原河流48条。在山地河流中，流域面积5000km²以上河流5条，1000～5000km²河流4条，100～1000km²河流37条，50～100km²河流22条，10～50km²河流119条，河流数量统计见表A.2；主要河流有辽河、浑河、绕阳河、蒲河、秀水河等，见表A.2和表A.3。

表A.2　　　　　　　　　　　沈阳市行政分区河流数量统计表

地级行政区	河流总数量/条	山地河流数量/条					平原河流数量/条
		5000km²以上	1000～5000km²	100～1000km²	50～100km²	10～50km²	
全市	235	5	4	37	22	119	48
市区	79	2	2	12	10	29	24
新民市	59	3	3	14	4	31	4
辽中区	24	2	1	3	1	5	12
康平县	41	2	1	8	3	13	14
法库县	69	1	1	10	6	47	4

注　跨县（区）河流重复统计。

表A.3　　　　　　　　　　　沈阳市主要河流情况一览表

河名	入境/发源地	流经地	出境/注入地	境内河长/km	境内集水面积km²	境内主要支流
辽河	康平县北三家子街道	康平县、法库县、沈北新区、新民市、辽中区	辽中区于家房镇	313	8079	绕阳河、秀水河、柳河、养息牧河
浑河	浑南区高坎街道	沈阳市区、辽中区	辽中区于家房镇	154	4781	蒲河、白塔堡河、拉古河、小沙河
绕阳河	新民市姚堡乡	新民市、辽中区	辽中区大黑岗子镇	58	1393	贺家排水总干、杜屯排干
蒲河	浑南区望滨街道	东陵区、沈北新区、于洪区、新民市、辽中区	辽中区朱家房镇	183	2538	九龙河、北运河、修家窑排干
秀水河	康平县金沙台蒙古满族乡	康平县、法库县、新民市	新民市公主屯镇	110	1588	尖山子河、新开河、二道河

A1.1　沈阳市区

沈阳市区位于沈阳市南部，城区坐落在浑河两岸，地处东经123°00′～123°49′，北纬41°27′～42°12′；包括和平、沈河、大东、皇姑、铁西、苏家屯、浑南、沈北新区、于洪9个区。

流经沈阳市区10km²以上河流共计79条，其中，山地河流55条，平原河流24条。在山地河流中，流域面积5000km²以上河流有2条，1000～5000km²河流2条，100～1000km²河流12条，50～100km²河流10条，10～50km²河流29条；主要河流有辽河、浑河、蒲河、北沙河等,见表 A.4。

表 A.4 沈阳市区主要河流情况一览表

河名	入境/发源地	流经地	出境	境内河长/km	境内集水面积/km²	境内主要支流
辽河	沈北新区黄家街道	沈北新区	沈北新区石佛寺街道	19	389	左小河、万泉河
浑河	浑南区高坎镇	浑南区、和平区、于洪区、苏家屯区	于洪区彰驿站街道	75	3082	白塔堡河、小沙河、牤牛河
蒲河	沈北新区马刚街道	沈北新区、东陵区、于洪区	于洪区马三家子街道	89	1255	南小河、九龙河
北沙河	苏家屯区姚千街道	苏家屯区	苏家屯区红菱街道	48	631	杨木河、柳塘沟河

A1.2 新民市

新民市位于沈阳市中部西侧,地处东经 $122°24'\sim123°21'$,北纬 $41°42'\sim42°18'$。

流经新民市 $10km^2$ 以上河流共计 59 条,其中,山地河流 55 条,平原河流 4 条。在山地河流中,流域面积 $5000km^2$ 以上河流 3 条,$1000\sim5000km^2$ 河流 3 条,$100\sim1000km^2$ 河流 14 条,$50\sim100km^2$ 河流 4 条,$10\sim50km^2$ 河流 31 条;境内主要河流有辽河、绕阳河、蒲河、养息牧河、秀水河等,见表 A.5。

表 A.5 新民市主要河流情况一览表

河名	入境/发源地	流经地	出境/注入地	境内河长/km	境内集水面积/km²	境内主要支流
辽河	罗家房镇	罗家房镇、陶家屯镇、东蛇山子镇、三道岗子镇、公主屯镇、兴隆镇、兴隆堡镇、新民市区、柳河沟镇、大民屯镇、前当堡镇、金五台子乡	金五台子镇	122	2780	绕阳河、秀水河、柳河、养息牧河
绕阳河	姚堡乡	姚堡乡、卢家屯乡、大红旗镇、红旗乡、金五台子乡	金五台子乡	58	1045	邵绕排干、马绕排干、杜屯排干、袁海亮排干
蒲河	兴隆堡镇	兴隆堡镇、胡台镇、张家屯镇、法哈牛镇、前当堡镇	前当堡镇	34	517	小浑河、五十家子排干、曹家窝堡排干
养息牧河	于家窝堡乡	于家窝堡乡、大柳屯镇、公主屯镇、高台子镇、新民市区	东城街道	43	313	双徐河、地河排干
秀水河	东蛇山子镇	东蛇山子镇、新农村乡、公主屯镇	公主屯镇	24	197	老窑河

A1.3 辽中区

辽中区位于沈阳市西南部,地处东经122°28′~123°06′,北纬41°11′~41°48′。

流经辽中区10km²以上河流共计27条,其中,山地河流12条,平原河流12条。在山地河流中,流域面积5000km²以上河流2条,1000~5000km² 河流1条,100~1000km²河流3条,50~100km²河流1条,10~50km²河流5条;境内主要河流有辽河、浑河、蒲河等,见表A.6。

表 A.6　　　　　　　　　　辽中区主要河流情况一览表

河名	入境/发源地	流经地	出境/注入地	境内河长/km	境内集水面积/km²	境内主要支流
辽河	冷子堡镇	冷子堡镇、老大房镇、养士堡镇、满都户镇、牛心坨镇、城郊镇、六间房镇、朱家房镇、于家房镇	朱家房镇	75	462	
浑河	长滩镇	长滩镇、茨榆坨镇、肖寨门镇、朱家房镇、于家房镇	于家房镇	79	1182	蒲河、细河
蒲河	杨士岗镇	杨士岗镇、刘二堡镇、冷子堡镇、养士堡镇、潘家堡镇、六间房镇、朱家房镇	朱家房镇	60	766	乌伯牛排干、黑鱼沟排干

A1.4 康平县

康平县位于沈阳市北部,地处东经122°44′~123°38′,北纬42°30′~43°03′。

流经康平县10km²以上河流共计41条,其中,山地河流27条,平原河流14条。在山地河流中,流域面积5000km²以上河流2条,1000~5000km²河流1条,100~1000km²河流8条,50~100km²河流3条,10~50km²河流13条;境内主要河流有辽河、秀水河、西马莲河等,见表A.7。

表 A.7　　　　　　　　　　康平县主要河流情况一览表

河名	入境/发源地	流经地	出境/注入地	境内河长/km	境内集水面积/km²	境内主要支流
辽河	北三家子街道	北三家子街道、北四家子乡、两家子乡、郝官屯镇	郝官屯镇	70	1840	公河
秀水河	金沙台乡	金沙台乡、柳树屯乡、东升蒙古族满族乡、西关屯乡	西关屯乡	43	516	二道河、南小凌河
西马莲河	张强镇	张强镇、东升蒙古族满族乡、牛二所口镇	二牛所口镇	27	198	二道河

A1.5 法库县

法库县位于沈阳市偏北部,地处东经122°44′~123°46′,北纬42°08′~42°40′。

流经法库县10km² 以上河流共计69条,其中,山地河流65条,平原河流4条。在山地河流中,流域面积5000km² 以上河流1条,1000~5000km² 河流1条,100~1000km² 河流10条,50~100km² 河流6条,10~50km² 河流47条;境内主要河流有辽河、秀水河、拉马河、尖山子河、三合成河等,见表A.8。

表A.8 法库县主要河流情况一览表

河名	入境/发源地	流经地	出境/注入地	境内河长/km	境内集水面积/km²	境内主要支流
辽河	和平乡	和平乡、柏家沟镇、依牛堡镇、三面船镇	三面船镇	51	2281	秀水河、拉马河、王河
秀水河	卧牛石乡	卧牛石乡、四家子蒙古族乡、双台子乡、秀水河子镇、登仕堡子乡	秀水河子镇	60	875	尖山子河、新开河
拉马河	慈恩寺乡	慈恩寺乡、五台子镇、十间房镇、大孤家子镇、冯贝堡镇、依牛堡子镇	依牛堡子	55	638	小岭河、十间房河
尖山子河	卧牛石乡	卧牛石乡、包家屯镇、秀水河子镇	秀水河子镇	32	322	拉马章河、三合成河
三合成河	包家屯镇	包家屯镇、叶茂台镇、秀水河子镇	秀水河子镇	25	177	獾子洞河

A2 大连市

大连市位于辽东半岛的南端,地处东经120°58′~123°31′,北纬38°43′~40°13′。

大连市地处辽东半岛低山丘陵区,三面环海,地势北高南低,步云山海拔1130m,是境内最高山峰;河流具有短小、独流入海及季节性变化的特点。处在暖温带湿润地区,属季风性和海洋性气候,夏无酷暑,冬无严寒,气候宜人,多年平均年降水量560~920mm;1月平均气温−3.9℃,7月平均气温23.4℃,年平均气温10.9℃;年日照时数2739.7h,无霜期219.1天。

流经大连市10km² 以上河流共计324条,其中,流域面积1000~5000km² 的河流2条,100~1000km² 河流34条,50~100km² 河流28条,10~50km² 河流260条;主要河流有碧流河、复州河、大沙河、英那河及庄河等,见表A.9和表A.10。

附录 A　行政分区河流

表 A.9　　　　　　　　　　　大连市行政分区河流数量统计表

地级行政区	河流总数量/条	山地河流数量/条					平原河流数量/条
		5000km² 以上	1000～5000km²	100～1000km²	50～100km²	10～50km²	
全市	324		2	34	28	260	
市区	69			5	11	53	
普兰店区	84		2	10	5	67	
庄河市	107		1	13	8	85	
瓦房店市	87		1	10	9	67	
长海县							

注　跨县（区）河流重复统计。

表 A.10　　　　　　　　　　　大连市主要河流情况一览表

河名	入境/发源地	流经地	出境	境内河长/km	境内集水面积/km²	境内主要支流
碧流河	庄河市桂云花满族乡	庄河市、普兰店区	普兰店区城子坦镇	100	1525	蛤蜊河、吊桥河、太平庄河、董屯河、八家子河
复州河	普兰店区同益乡	普兰店区及瓦房店市	瓦房店市三台满族乡	129	1648	岚崮河、九道河、回头河、珍珠河
大沙河	普兰店区乐甲满族乡	普兰店区及瓦房店市	普兰店区大刘家镇	99	999	夹河、长山河、大盛河
英那河	庄河市仙人洞镇	庄河市	庄河市黑岛镇	84	567	沙河
庄河	庄河市蓉花山镇	庄河市	庄河市城关街道	62	618	庄河西支、向阳河

A2.1　大连市区

大连市区位于大连市西南端，地处东经 120°58′～122°16′，北纬 38°43′～39°33′；包括沙河口、甘井子、旅顺口、金州、西岗、中山 6 个区。

流经大连市区 10km² 以上河流共计 69 条，其中，流域面积在 100～1000km² 的河流 5 条，50～100km² 河流 11 条，10～50km² 河流 53 条；主要河流有三十里河、登沙河、青云河等，见表 A.11。

表 A.11　　　　　大连市区主要河流情况一览表

河名	入境/发源地	流经地	出境/注入地	境内河长/km	境内集水面积/km²	境内主要支流
三十里河	金州区于亮甲店街道	金州区	金州区三十里堡街道	30	213	龙口河、广宁寺河
登沙河	金州区华家屯镇	金州区	金州区登沙河街道	23	162	城东河、华家河、顺利河
青云河	金州区向应街道	金州区	金州区大李家街道	27	128	缸窑河

A2.2　普兰店区

普兰店区位于大连市中部，地处东经121°51′～122°37′，北纬39°18′～40°00′。

流经普兰店区10km²以上河流共计84条，其中，流域面积1000～5000km²的河流2条，100～1000km²河流10条，50～100km²河流5条，10～50km²河流67条；主要河流有碧流河、复州河、大沙河、赞子河、清水河等，见表A.12。

表 A.12　　　　　普兰店区主要河流情况一览表

河名	入境/发源地	流经地	出境/注入地	境内河长/km	境内集水面积/km²	境内主要支流
碧流河	安波街道	安波街道、双塔街道、墨盘街道、城子坦街道	城子坦街道	74	709	吊桥河、中山河、董屯河、八家子河
复州河	同益街道	同益街道、安波街道、四平街道	四平街道	37	294	岔沟河、湾沟河、关屯河、安波河
大沙河	乐甲街道	乐甲街道、四平街道、大谭街道、丰荣街道、大刘家街道、唐家房街道、杨树房街道	大刘家街道	99	959	夹河、长山河、大盛河
赞子河	莲山街道	莲山街道、星台街道、皮口街道	皮口街道	35	234	葡萄沟河、张屯河
清水河	莲山街道	莲山街道、皮口街道、唐家房街道、杨树房街道	杨树房街道	37	191	大杨树房河、八家河

A2.3　庄河市

庄河市位于大连市东北部，地处东经122°29′～123°31′，北纬39°25′～40°12′，现辖5个街道、21个乡镇。

流经庄河市10km²以上河流共计107条，其中，流域面积1000～5000km²的河流1

条，100～1000km² 河流 13 条，50～100km² 河流 8 条，10～50km² 河流 85 条；主要河流有碧流河、英那河、庄河、湖里河、蛤蜊河等，见表 A.13。

表 A.13　　　　　　　　　　庄河市主要河流情况一览表

河名	入境/发源地	流经地（乡、镇）	出境/注入地	境内河长/km	境内集水面积/km²	境内主要支流
碧流河	桂云花满族乡	桂云花满族乡、荷花山镇、城山镇、明阳街道	明阳镇	100	817	夹河、蛤蜊河、横道河
英那河	仙人洞镇	仙人洞镇、塔岭镇、大营镇、青堆镇、吴炉镇、黑岛镇	黑岛镇	84	567	沙河、小峪河
庄河	蓉花山镇	蓉花山镇、太平岭满族乡、光明山镇、徐岭镇、城关街道	城关街道	62	618	庄河西支、向阳河
湖里河	塔岭镇	塔岭镇、大营镇、青堆镇、鞍子山镇	青堆镇	48	469	老头河、响水河、丰利河
蛤蜊河	步云山乡	步云山乡、桂云花满族乡	桂云花满族乡	58	301	崔店河

A2.4　瓦房店市

瓦房店市位于大连市西北部，地处东经 121°26′～122°17′，北纬 39°21′～40°07′，现辖 11 个街道、21 个乡镇。

流经瓦房店市 10km² 以上河流共计 87 条，其中，流域面积 1000～5000km² 的河流 1 条，100～1000km² 河流 10 条，50～100km² 河流 9 条，10～50km² 河流 67 条；除过境的大沙河外，主要河流还有复州河、浮渡河、岚崮河等，见表 A.14。

表 A.14　　　　　　　　　　瓦房店市主要河流情况一览表

河名	入境/发源地	流经地	出境/注入地	境内河长/km	境内集水面积/km²	境内主要支流
复州河	松树镇	松树镇、得利寺镇、瓦窝镇、太阳街道、老虎屯镇、复州城镇、杨家满族乡、仙浴湾镇、三台满族乡	三台满族乡	92	135	岚崮河、珍珠河、太阳河、九道河、回头河
浮渡河	万家岭镇	万家岭镇、许屯镇、李官镇	李官镇	45	337	红沙河
岚崮河	九龙街道	九龙街道、老虎屯镇、杨家满族乡、三台满族乡	三台满族乡	53	330	贺望河

A2.5 长海县

长海县位于大连市东南海域,是辽宁省唯一的海岛县;地处东经122°18′~123°13′,北纬39°01′~39°19′;陆地总面积119km²,现辖5个乡镇。

长海县由100多个岛、坨、礁组成,境内河流均较小,岛上小溪、沟道的流域面积均在10km²以下。

A3 鞍山市

鞍山市位于辽宁省中部,地处东经122°10′~123°46′,北纬39°59′~41°35′;现辖4个区、1个县级市、2个县。

鞍山市地势为东南高,西北底;东南部岫岩地处千山丘陵区,最高山峰为岫岩县帽盔山,海拔高程1141.5m;西部为辽河冲积平原,地势平坦,土壤肥沃。鞍山处在温带亚湿润兼湿润区,属大陆性季风气候,多年平均年降水量620~1000mm;多年平均气温8.8℃,年日照时数2520.9h,无霜期182.0天。

流经鞍山市10km²以上河流共计223条,其中,山地河流199条,平原河流24条。在山地河流中,流域面积5000km²以上河流5条,1000~5000km²河流2条,100~1000km²河流28条,50~100km²河流19条,10~50km²河流145条;主要河流辽河、浑河、太子河、大洋河、哨子河、海城河等,见表A.15和表A.16。

表A.15 鞍山市行政分区河流数量统计表

地级行政区	河流总数量/条	山地河流数量/条					平原河流数量/条
		5000km²以上	1000~5000km²	100~1000km²	50~100km²	10~50km²	
全市	223	5	2	28	19	145	24
市区	17			4	5	8	
海城市	61	2	1	11	5	39	3
台安县	25	3		1			21
岫岩县	126	1	1	14	10	100	

注 跨县(区)河流重复统计。

表A.16 鞍山市主要河流情况一览表

河名	入境/发源地	流经地	出境/注入地	境内河长/km	境内集水面积/km²	境内主要支流
辽河	台安县西佛镇	台安县	台安县富家镇	83	1089	小柳河
浑河	台安县黄沙坨镇	台安县、海城市	海城市西四镇	74	3538	太子河
太子河	海城市高坨镇	海城市	海城市西四镇	33	2879	五道河、杨柳河、海城河

续表

河名	入境/发源地	流经地	出境/注入地	境内河长 /km	境内集水面积 /km²	境内主要支流
大洋河	岫岩县偏岭镇	岫岩县	岫岩县哨子河乡	120	4185	哈达河、雅河、南过河、牤牛河、沟连河及哨子河
哨子河	岫岩县牧牛乡	岫岩县	岫岩县哨子河乡	144	2093	青苔峪河、渭水河、大房身河
海城河	海城市孤山镇	海城市	海城市牛庄镇	92	1377	八里河、马凤河、炒铁河、析木西大河、黑峪河及东腰河

A3.1 鞍山市区

鞍山市区位于鞍山市东北部，地处东经122°45′～123°14′，北纬40°54′～41°13′；包括铁东、铁西、立山及千山4个区。

流经鞍山市区10km²以上河流共计17条，其中，流域面积在100～1000km²的河流4条，50～100km²河流5条，10～50km²河流8条；主要河流有南沙河、杨柳河等，见表A.17。

表 A.17　　　　　　　　鞍山市区主要河流情况一览表

河名	入境/发源地	流经地	出境/注入地	境内河长 /km	境内集水面积 /km²	境内主要支流
南沙河	铁东区大孤山街道	铁东区、立山区及铁西区	铁西区达道湾街道	36	288	大孤山河、判甲炉河
杨柳河	千山区大屯镇	千山区、铁东区、铁西区	铁西区宁远镇街道	26	165	唐家房河

A3.2 海城市

海城市位于鞍山市中部，地处东经122°18′～123°09′，北纬40°28′～41°11′。

流经海城市10km²以上河流共计61条，其中，山地河流58条，平原河流3条。在山地河流中，流域面积5000以上河流2条，1000～5000km²河流1条，100～1000km²河流11条，50～100km²河流5条，10～50km²河流39条；主要河流有浑河、太子河、海城河、五道河、三通河等，见表A.18。

表 A.18　　　　　　　　海城市主要河流情况一览表

河名	入境/发源地	流经地	出境/注入地	境内河长 /km	境内集水面积 /km²	境内主要支流
浑河	高坨镇	高坨镇、温香镇、西四镇	西四镇	68	2605	太子河

续表

河名	入境/发源地	流经地	出境/注入地	境内河长/km	境内集水面积/km²	境内主要支流
太子河	高坨镇	高坨镇、腾鳌镇、温香镇、望台镇、西四镇、牛庄镇	西四镇	33	2252	海城河、五道河、三通河
海城河	孤山镇	孤山镇、析木镇、八里镇、马风镇、海城市城区、东四街道、西柳镇、中小镇、牛庄镇、望台镇	牛庄镇	92	1377	八里河、马风河、炒铁河、析木西大河、黑峪河及东腰河
五道河	王石镇	王石镇、南台镇、海城市城区、东四街道、耿庄镇、望台镇	望台镇	62	629	三通河、后五道河、闻石河
三通河	南台镇	南台镇、腾鳌镇、耿庄镇	耿庄镇	30	307	南草河、前柳河、后柳河

A3.3 台安县

台安县位于鞍山市北部，地处东经122°11′~122°40′，北纬41°00′~41°35′。

流经台安县10km² 以上河流共计25条，其中，山地河流4条，平原河流21条。在山地河流中，流域面积5000以上河流3条，100~1000km² 河流1条；主要河流有辽河、浑河、绕阳河、小柳河等，见表A.19。

表 A.19　　　　　　台安县主要河流情况一览表

河名	入境/发源地	流经地	出境/注入地	境内河长/km	境内集水面积/km²	境内主要支流
辽河	西佛镇	西佛镇、达牛镇、新开河镇、富家镇	富家镇	83	1089	小柳河
浑河	黄沙坨镇	黄沙坨镇、高力房镇、韭菜台镇	韭菜台镇	41	306	
绕阳河	桓洞镇	桓洞镇、桑林镇	桑林镇	19	300	
小柳河	桓洞镇	桓洞镇、西佛镇、八角台街道、新开河镇、富家镇、新台镇	富家镇	51		旧绕阳河、九股河、胜利河、苏家沟

A3.4 岫岩县

岫岩县位于鞍山市东南部，地处东经122°51′~123°46′，北纬39°59′~40°50′。

流经岫岩满族自治县10km² 以上河流共计126条，其中，流域面积在5000km² 以上

155

的河流1条，1000~5000km² 河流1条，100~1000km² 河流14条，50~100km² 河流10条，10~50km² 河流100条；境内主要河流有大洋河、哨子河、哈达河、青苔峪河等，见表A.20。

表 A.20　　　　　　　　　岫岩满族自治县主要河流情况一览表

河名	入境/发源地	流经地	出境/注入地	境内河长/km	境内集水面积/km²	境内主要支流
大洋河	偏岭镇	偏岭镇、阜昌街道、杨家堡镇、红旗营子乡、岭沟乡、哨子河乡	哨子河乡	120	4184	哈达河、雅河、南过河、牤牛河、沟连河及哨子河
哨子河	牧牛乡	牧牛镇、三家子镇、药山镇、黄花甸镇、朝阳镇、苏子沟镇、红旗营子乡、大营子镇、哨子河乡	哨子河乡	144	2093	青苔峪河、渭水河、大房身河
哈达河	哈达碑镇	哈达碑镇、阜昌街道	阜昌街道	36	545	汤池河、干沟河、桑皮峪河
青苔峪河	石庙子镇	石庙子镇、黄花甸镇	黄花甸镇	43	457	青河

A4　抚顺市

抚顺市位于辽宁省东部，地理位置在东经123°39′~125°29′，北纬41°14′~42°29′；现辖4个区、3个县。

抚顺市总体地势东高西低，东部的钢山主峰海拔1346.7m，为省内最高峰；处在中温带东北山地湿润区，属大陆性季风气候，多年平均年降水量720~900mm；年平均气温6.8℃，1月平均气温−13.5℃，7月平均气温23.6℃；年日照时数2520.9h，无霜期150.5天。

流经抚顺市10km²以上河流共计328条，其中，流域面积在5000km²以上的河流4条，1000~5000km² 河流4条，100~1000km² 河流32条，50~100km² 河流43条，10~50km² 河流245条；主要河流有浑河、太子河、清河、苏子河、富尔江等，见表A.21和表A.22。

表 A.21　　　　　　　　　抚顺市行政分区河流数量统计表

地级行政区	河流总数量/条	山地河流数量/条					平原河流数量/条
		5000km²以上	1000~5000km²	100~1000km²	50~100km²	10~50km²	
全市	328	4	4	32	43	245	
市区	37	1		7	7	22	
抚顺县	57	1	2	8	3	43	
新宾县	134	2	2	10	18	102	
清原县	111	3	1	10	17	80	

注　跨县（区）河流重复统计。

表 A.22　　　　　　　　　　抚顺市主要河流情况一览表

河名	入境/发源地	流经地	出境/注入地	境内河长/km	境内集水面积/km²	境内主要支流
浑河	清原县湾甸子镇	清原县、新宾县、抚顺县、东洲区、顺城区、新抚区、望花区	望花区李石街道	205	8671	苏子河、东洲河、社河、英额河、古城子河
太子河	新宾县平顶山镇	新宾县	新宾县下夹河乡	66	1408	草盆河、刘家河、双河
清河	清原县英额门镇	清原县	清原县大孤家镇	52	591	二道沟河、马鹿沟河
苏子河	新宾县红升乡	新宾县、抚顺县	抚顺县上马镇	148	2161	二道河子、洞上河、二道河
富尔江	新宾县北四平乡	新宾县	新宾县响水河子乡	66	976	旺清河

A4.1　抚顺市区

抚顺市区位于抚顺市西部北部，地处东经123°39′～124°24′，北纬41°35′～42°05′；包括东洲、顺城、望花、新抚4个区。

流经抚顺市区10km²以上河流共计37条，其中，流域面积在5000km²以上的河流1条，100～1000km² 河流7条，50～100km² 河流7条，10～50km² 河流22条；主要河流有浑河、章党河、古城子河等，见表A.23。

表 A.23　　　　　　　　　　抚顺市区主要河流情况一览表

河名	入境/发源地	流经地	出境/注入地	境内河长/km	境内集水面积/km²	境内主要支流
浑河	东洲区章党镇	东洲区、顺城区、新抚区及望花区	望花区城区	39	726	古城子河、拉古河、东洲河、莲岛河
章党河	东洲区哈达镇	东洲区	东洲区碾盘乡	25	257	哈达河、西小堡河
古城子河	望花区拉古满族乡	望花区、新抚区	望花区古城街望花桥	17	118	千金河

A4.2　抚顺县

抚顺县位于抚顺市西部，地处东经123°42′～124°27′，北纬41°27′～41°56′。

附录 A　行政分区河流

流经抚顺县 10km² 以上河流共计 57 条，其中，流域面积在 5000km² 以上的河流 1 条，1000~5000km² 河流 2 条，100~1000km² 河流 8 条，50~100km² 河流 3 条，10~50km² 河流 43 条；境内主要河流有浑河、东洲河、社河等，见表 A.24。

表 A.24　　　　　　　　　　抚顺县主要河流情况一览表

河名	入境/发源地	流经地	出境/注入地	境内河长/km	境内集水面积/km²	境内主要支流
浑河	上马镇	上马镇	上马镇	31	2340	苏子河、章党河、百花河、社河
东洲河	救兵镇	救兵镇	救兵镇	46	466	王木河、塔二仗河
社河	后安镇	后安镇、上马镇	上马镇	54	520	有前安河

A4.3　新宾县

新宾县位于抚顺市东南部，地处东经 124°16′~125°28′，北纬 41°14′~41°59′。

流经新宾县 10km² 以上河流共计 134 条，其中，流域面积在 5000km² 以上的河流 2 条，1000~5000km² 河流 2 条，100~1000km² 河流 10 条，50~100km² 河流 18 条，10~50km² 河流 102 条；境内主要河流有太子河、苏子河、富尔江、二道河子等，见表 A.25。

表 A.25　　　　　　　　　　新宾县主要河流情况一览表

河名	入境/发源地	流经地	出境/注入地	境内河长/km	境内集水面积/km²	境内主要支流
太子河	平顶山镇	平顶山镇、苇子峪镇、下夹河乡	下夹河乡	66	1185	马圈子河、刘家河、双河
苏子河	红升乡	红升乡、新宾镇、永陵镇、木奇镇、上夹河镇、南杂木镇	南杂木镇	128	2058	二道河子、二道河、洞上河
富尔江	北四平乡	北四平乡、旺清门镇、响水河子乡	响水河子乡	66	976	巨流河、旺清
二道河子	榆树乡	榆树乡、永陵镇	永陵镇	31	533	罗圈河、哈山河、金岗河

A4.4　清原县

清原县位于抚顺市东北部；地处东经 124°20′~125°29′，北纬 41°47′~42°29′。

流经清原县 10km² 以上河流共计 111 条，其中，流域面积在 5000km² 以上的河流 3 条，1000~5000km² 河流 1 条，100~1000km² 河流 10 条，50~100km² 河流 17 条，10~50km² 河流 80 条；境内主要河流有浑河、辉发河、清河、柴河、英额河等，见表 A.26。

表 A.26　　　　　　　　　　　清原县主要河流情况一览表

河名	入境/发源地	流经地	出境/注入地	境内河长/km	境内集水面积/km²	境内主要支流
浑河	湾甸子镇	湾甸子镇、大苏河乡、清原镇、北三家乡、南口前镇、红透山镇	红透山镇	133	2297	英额河、黑牛河、海阳河、沙河、树基沟河
辉发河	南山城镇	南山城镇	南山城镇	29	541	二道河、杨河、西河、南山城河
清河	英额门镇	英额门镇、土口子乡、大孤家镇	大孤家镇	52	591	柴家甸河、北大沟河、马鹿沟河、吊弓沟河
柴河	枸乃甸乡	枸乃甸乡、夏家堡镇	夏家堡镇	47	491	文屯河、下川河
英额河	英额门	英额门镇、清原镇	清原镇	44	519	小孤家子河、西砬门河

A5　本溪市

本溪市位于辽东山地丘陵中部，太子河上游，四周群山环绕。地处东经123°34′~125°48′，北纬40°48′~41°34′；现辖4个区、2个县。

本溪市境内群山绵延，峻岭起伏，整个地势由四周向中部倾斜，最高山峰花脖山海拔1336m，为全省最高点。本溪市处在中温带东部山地湿润区，属大陆性季风气候，多年平均年降水量750~1000mm；年平均气温7.8℃，1月平均气温-11.5℃，7月平均气温24.0℃。

流经本溪市10km²以上河流共计251条，其中，流域面积5000km²以上的河流2条，1000~5000km² 河流4条，100~1000km² 河流24条，50~100km² 河流19条，10~50km² 河流202条；境内主要河流有浑江、太子河、草河、细河等，见表A.27和表A.28。

表 A.27　　　　　　　　　　　本溪市行政分区河流数量统计表

地级行政区	河流总数量/条	山地河流数量/条					平原河流数量/条
		5000km²以上	1000~5000km²	100~1000km²	50~100km²	10~50km²	
全市	251	2	4	24	19	202	
市区	53	1	2	4	4	42	
本溪县	93	1	2	12	4	74	
桓仁县	108	1	1	8	11	87	

注　跨县（区）河流重复统计。

附录 A　行政分区河流

表 A.28　　　　　　　　　　本溪市主要河流情况一览表

河名	入境/发源地	流经地	出境/注入地	境内河长/km	境内集水面积/km²	境内主要支流
浑江	桓仁县北甸子乡	桓仁县	桓仁县五里甸子镇	157	3551	富尔江、大二河、大雅河
太子河	本溪县南甸子镇	本溪县、明山区、溪湖区、平山区	平山区北台街道	117	4355	细河、南太子河
草河	本溪县草河掌镇	本溪县	本溪县草河城镇	55	505	套峪河、小黄河、沙河、黑峪河
细河	本溪县连三关镇	本溪县、南芬区、平山区	本溪平山区北台街道	89	1043	三道河、大石河、正沟河

A5.1　本溪市区

本溪市区位于本溪市西北部，地处东经123°35′～124°01′，北纬40°56′～41°33′；包括平山、溪湖、南芬、明山4个区。

流经本溪市区10km²以上河流共计53条，其中，流域面积5000km²以上的河流1条，1000～5000km²河流2条，100～1000km²河流4条，50～100km²河流4条，10～50km²河流42条；境内主要河流有太子河、北沙河、细河等，见表A.29。

表 A.29　　　　　　　　　　本溪市区主要河流情况一览表

河名	入境/发源地	流经地	出境/注入地	境内河长/km	境内集水面积/km²	境内主要支流
太子河	明山区牛心台街道	明山区、平山区	平山区北台街道	36	1518	卧龙河、南沙河、细河
北沙河	溪湖区张其寨街道	溪湖区	溪湖区日月岛街道	16	205	北沙河南支
细河	南芬区下马塘街道	南芬区、平山区	平山区北台街道	54	741	徐家河、大石河、三道河

A5.2　本溪县

本溪县位于本溪市中部，地处东经123°34′～124°46′，北纬40°48′～41°34′。

流经本溪县10km²以上河流共计93条，其中，流域面积5000km²以上的河流1条，1000～5000km²河流2条，100～1000km²河流12条，50～100km²河流4条，10～50km²河流74条；境内主要河流有太子河、草河、细河、南太子河、小汤河等，见表A.30。

表 A.30　　　　　　　　　　本溪县主要河流情况一览表

河名	入境/发源地	流经地	出境/注入地	境内河长/km	境内集水面积/km²	境内主要支流
太子河	南甸子镇	南甸子镇、清河城镇、小市镇、高官镇	高官镇	85	2836	南太子河、马圈子河、小汤河
草河	草河掌镇	草河掌镇、草河城镇	草河城镇	55	505	套峪河、金家河
细河	连三关镇	连三关镇	连三关镇	36	301	正沟河
南太子河	东营房乡	东营房乡、碱厂镇、南甸子镇	南甸子镇	88	951	红土甸河、南孤山河、杉松河、三道河
小汤河	草河掌镇	草河掌镇、小市镇	小市镇	58	480	胡家堡子河、磨石峪河

A5.3　桓仁县

桓仁县位于本溪市东部，地处东经124°43′～125°48′，北纬40°54′～41°34′。

流经桓仁县10km²以上河流共计108条，其中，流域面积5000km²以上的河流1条，1000～5000km²河流1条，100～1000km²河流8条，50～100km²河流11条，10～50km²河流87条；境内主要河流有浑江、富尔江、大雅河、大二河等，见表A.31。

表 A.31　　　　　　　　　　桓仁县主要河流情况一览表

河名	入境/发源地	流经地	出境/注入地	境内河长/km	境内集水面积/km²	境内主要支流
浑江	北甸子镇	北甸子镇、二棚甸子镇、黑沟乡、桓仁镇、雅河朝鲜族乡、向阳乡、沙尖子镇、五里甸子镇	五里甸子镇	157	3551	富尔江、大二江、大雅河、哈达河、红汀子河、漏河
富尔江	古城镇	古城镇、北甸子乡	北甸子乡	50	402	拐磨子河、友谊河
大雅河	八里甸子镇	八里甸子镇、普乐堡镇、雅河朝鲜族乡	雅河朝鲜族乡	83	750	黛龙江河、夹道子河、牛毛沟河
大二河	华来镇	华来镇、桓仁镇	桓仁镇	61	740	暖河子河、果松川河、富砂河、大甸子河

A6　丹东市

丹东市位于辽宁省东南部，隔鸭绿江与朝鲜民族主义共和国相邻，地处东经123°22′～125°43′，北纬39°44′～41°10′；现辖3个区、2个县级市、1个县。

行政分区河流

丹东市地处辽东山地丘陵区,地势自东北向西南倾斜;北部的花脖山海拔1336m,是境内最高山峰,还有摩天岭、四方顶和尚帽子山等千米以上山峰。处在中温带湿润地区,属大陆性季风气候,多年平均年降水量820~1150mm;1月平均气温-7.4℃,7月平均气温23.0℃,年平均气温8.9℃;年日照时数2459.0h,无霜期165.9天。

流经丹东市10km²以上河流共计436条,其中,流域面积在5000km²以上的河流4条,1000~5000km² 河流6条,100~1000km² 河流35条,50~100km² 河流47条,10~50km² 河流344条;主要河流有鸭绿江、浑江、大洋河、爱河、蒲石河等,见表A.32和表A.33。

表 A.32 丹东市行政分区河流数量统计表

地级行政区	河流总数量/条	山地河流数量/条					平原河流数量/条
		5000km²以上	1000~5000km²	100~1000km²	50~100km²	10~50km²	
全市	436	4	6	35	47	344	
市区	35	2		5	4	24	
凤城市	174	2	4	13	19	136	
东港市	64	2		8	7	47	
宽甸县	182	3	2	16	19	142	

注 跨县(区)河流重复统计。

表 A.33 丹东市主要河流情况一览表

河名	入境/发源地	流经地	出境/注入地	境内河长/km	境内集水面积/km²	境内主要支流
鸭绿江	宽甸县振江镇	宽甸县、振安区、元宝区、振兴区、东港市	东港市大东新兴街道	234	11802	浑江、蒲石河、爱河、柳林河
浑江	宽甸县青山沟镇	宽甸县	宽甸县振江镇	131	2347	雅河、半拉江、下露河
大洋河	凤城市沙里寨镇	凤城市、东港市	东港市黄土坎镇	62	2316	亮子河、土牛河、小洋河
爱河	凤城市爱阳镇东新村	凤城市、宽甸县、振安区	振安区九连城镇	192	530	草河、毛牛河、八道河
蒲石河	宽甸县大川头镇	宽甸县	振安区九连城镇	132	1158	毛甸子河、楼房河

A6.1 丹东市区

丹东市区位于丹东市东南部,地处东经124°05′~124°44′、北纬39°51′~40°24′;包括振兴、元宝、振安3个区。

流经丹东市区10km²以上河流共计35条,其中,流域面积5000km²以上的河流2

条，100～1000km² 河流 5 条，50～100km² 河流 4 条，10～50km² 河流 24 条；主要河流有鸭绿江、爱河、饮马河、大沙河、安民河等，见表 A.34。

表 A.34　　　　　　　　　丹东市区主要河流情况一览表

河名	入境/发源地	流经地	出境/注入地	境内河长/km	境内集水面积/km²	境内主要支流
鸭绿江	振安区九连城镇	振安区、元宝区、振兴区	振兴区江海街道	56	1034	爱河、大沙河、安民河
爱河	振安区汤山城镇	振安区	振安区九连城镇	42	304	饮马河、梨树河
饮马河	振安区汤山城镇	振安区	振安区汤山城镇	10	165	三龙河
大沙河	振安区五龙背镇	振安区、元宝区	元宝区兴东街道	31	214	漏河、孙家堡河
安民河	振安区同兴镇光明村	振安区、振兴区	振兴区安民镇	30	125	萌芽河、三股流河

A6.2　凤城市

凤城市位于丹东市西北部，地处东经 123°32′～124°33′，北纬 40°02′～41°06′。

流经凤城市 10km² 以上河流共计 174 条，其中，流域面积 5000km² 以上的河流 2 条，1000～5000km² 河流 4 条，100～1000km² 河流 13 条，50～100km² 河流 19 条，10～50km² 河流 136 条；主要河流有爱河、大洋河、草河、八道河、土牛河等，见表 A.35。

表 A.35　　　　　　　　　凤城市主要河流情况一览表

河名	入境/发源地	流经地	出境/注入地	境内河长/km	境内集水面积/km²	境内主要支流
爱河	爱阳镇	爱阳镇、石城镇、大堡镇、凤城市区、东汤镇、边门镇	东汤镇	135	4068	八道河、草河、饮马河、民生河
大洋河	沙里寨镇	沙里寨镇、蓝旗镇	蓝旗镇	26	1386	亮子河、土牛河
草河	弟兄山镇	弟兄山镇、刘家河镇、鸡冠山镇、凤城市区	草河街道	91	1695	山羊峪河、南大河
八道河	赛马镇	赛马镇、弟兄山镇、刘家河镇、大兴镇、大堡蒙古族乡	大堡蒙古族乡	95	906	三股流河、山嘴河、南庙河
土牛河	边门镇	边门镇、红旗镇、蓝旗镇	蓝旗镇	56	613	东杨木沟河、西杨木沟河、小南河

A6.3 东港市

东港市位于丹东市南部,地处东经123°22′~124°18′,北纬39°44′~40°14′。

流经东港市10km²以上河流共计64条,其中,流域面积5000km²以上的河流2条,100~1000km²河流8条,50~100km²河流7条,10~50km²河流47条;境内主要河流有大洋河、龙态河、柳林河及双岔河等,见表A.36。

表 A.36　　　　　　　　　东港市主要河流情况一览表

河名	入境/发源地	流经地	出境/注入地	境内河长/km	境内集水面积/km²	境内主要支流
大洋河	黑沟镇	黑沟镇、小甸子镇、龙王庙镇、黄土坎镇、孤山镇	黄土坎镇	62	930	小洋河、土牛河、双岔河
龙态河	合隆满族乡	合隆满族乡、长山镇、马家店镇、北井子镇	北井子镇	38	256	傲营河、西大沟河
柳林河	长安镇	长安镇、前阳镇	前阳镇	43	260	杨家河、广老河
双岔河	新农镇	新农镇、孤山镇、菩萨庙镇	孤山镇	36	291	双岔河东支河

A6.4 宽甸县

宽甸县位于丹东市东北部,地处东经124°20′~125°43′,北纬40°12′~41°10′。

流经宽甸县10km²以上河流共计182条,其中,流域面积5000km²以上的河流3条,1000~5000km²河流2条,100~1000km²河流16条,50~100km²河流19条,10~50km²河流142条;境内主要河流有鸭绿江、浑江、爱河、蒲石河及半拉江等,见表A.37。

表 A.37　　　　　　　　　宽甸县主要河流情况一览表

河名	入境/发源地	流经地	出境/注入地	境内河长/km	境内集水面积/km²	境内主要支流
鸭绿江	振江镇	振江镇、大西岔镇、红石镇、长甸镇、古楼子乡、虎山镇	虎山镇	167	6266	浑江、半拉江、蒲石河
浑江	青山沟镇	青山沟镇、太平哨镇、步达远镇、下露河朝鲜族乡、振江镇	振江镇	131	2347	雅河、半拉江、下露河
爱河	灌水镇	灌水镇	灌水镇	48	929	牛毛坞河、大边沟河、牤牛河

续表

河名	入境/发源地	流经地	出境/注入地	境内河长/km	境内集水面积/km²	境内主要支流
蒲石河	大川头镇	大川头镇、石湖沟乡、青椅山镇、毛甸子镇、杨木川镇、永甸镇、长甸镇、古楼子镇	古楼子乡大蒲石河村	132	1152	毛甸子河、楼房河
半拉江	大川头镇	大川头镇、硼海镇、太平哨镇	太平哨镇	93	1321	北股河、下甸子河、松杉河

A7 锦州市

锦州市位于辽宁省偏西部,辽西走廊的东端。地处东经120°42′~122°36′,北纬40°46′~42°08′;现辖3个区、2个县级市、2个县。

锦州市地势由西北部山地向东南滨海平原倾斜,西北部有松岭山脉,东北部有医巫闾山山脉,主峰望海寺,海拔866m,为境内最高山峰。处于暖温带亚湿润地区,属大陆性季风气候,多年平均年降水量510~620mm;1月平均气温-7.9℃,7月平均气温24.3℃,年平均气温9.5℃;年日照时数2682.4h,无霜期181.8天。

流经锦州市10km²以上河流共计238条。其中,流域面积5000km²以上河流3条,1000~5000km²河流4条,100~1000km²河流42条,50~100km²河流27条,10~50km²河流162条。主要河流有大凌河、绕阳河、小凌河、东沙河、西沙河等,见表A.38和表A.39。

表 A.38　　　　　　　　锦州市行政分区河流数量统计表

地级行政区	河流总数量/条	山地河流数量/条					平原河流数量/条
		5000km²以上	1000~5000km²	100~1000km²	50~100km²	10~50km²	
全市	238	3	4	42	27	162	
市区	32	1	1	8	3	19	
凌海市	59	2		15	9	33	
北镇市	42	1	2	10	4	25	
黑山县	53	1	1	13	6	32	
义县	85	1	1	11	11	61	

注　跨县(区)河流重复统计。

附录 A 行政分区河流

表 A.39　　　　　　　　　　　锦州市主要河流情况一览表

河名	入境/发源地	流经地	出境/注入地	境内河长 /km	境内集水面积 /km²	境内主要支流
大凌河	义县头道河满族乡	义县、凌海市	凌海市八千镇	153	2759	细河、大定河、潮沟河
绕阳河	黑山县小东镇	黑山县、北镇市	北镇市	112	4619	东沙河、庞家河、羊肠子河、西沙河
小凌河	凌海市班吉塔镇	凌海市、古塔区、凌河区、太和区	太和区娘娘庙街道	97	1463	百股河、女儿河
东沙河	黑山县新立屯镇	黑山县、北镇市	北镇市柳家乡	88	1136	金沙河、奉仕河、羊乃河、朝阳寺河
西沙河	北镇市大市镇	黑山县、北镇市	北镇市赵屯镇	74	1266	窟窿台河、黑鱼沟河、鸭子河

A7.1　锦州市区

锦州市区位于锦州市西南部，地处东经120°56′~121°24′，北纬40°46′~41°19′。包括古塔、太和及凌河3个区。

流经锦州市区10km²以上河流共计32条。其中，流域面积5000km²以上河流1条，1000~5000km²河流1条，100~1000km²河流8条，50~100km²河流3条，10~50km²河流19条。主要河流有小凌河、女儿河、百股河等，见表A.40。

表 A.40　　　　　　　　　　　锦州市区主要河流情况一览表

河名	入境/发源地	流经地	出境/注入地	境内河长 /km	境内集水面积 /km²	境内主要支流
小凌河	太和区钟屯乡	太和区、古塔区及凌河区	太和区娘娘庙街道	24	359	女儿河、百股河
女儿河	太和区女儿河街道	太和区	太和区新民街道	23	88.8	桃园河
百股河	太和区大薛街道	太和区、凌河区	凌河区辖区	15	95.5	头道河、水泉河

A7.2　凌海市

凌海市位于锦州市西南部，地处东经120°42′~121°46′，北纬40°51′~41°26′；现辖2个街道、18个乡镇。

流经凌海市10km²以上河流共计59条。其中，流域面积5000km²以上的河流2条，

100~1000km² 河流 15 条，50~100km² 河流 9 条，10~50km² 河流 33 条。主要河流有大凌河、小凌河、北小河、潮沟河等，见表 A.41。

表 A.41　　　　　　　　　　凌海市主要河流情况一览表

河名	入境/发源地	流经地	出境/注入地	境内河长/km	境内集水面积/km²	境内主要支流
大凌河	白台子镇	白台子镇、余积镇、大业镇、大凌河街道、金城街道、新庄子镇、右卫镇、安屯镇、八千镇	八千镇	85	490	牛心河、大业河、喜鹊沟河
小凌河	班吉塔镇	班吉塔镇、板石沟乡、翠岩镇	板石沟乡	75	878	百股河、牤牛河、北小河
北小河	沈家台镇	沈家台镇、班吉塔镇	班吉塔镇	19	233	沈家台河
潮沟河	金城街道	金城街道、右卫镇、安屯镇	安屯镇	38	161	南屁岗子河

A7.3　北镇市

北镇市位于锦州东北部，地处东经 121°33′~122°13′，北纬 41°19′~41°49′。

流经北镇市 10km² 以上河流共计 42 条。其中，流域面积 5000km² 以上的河流 1 条，1000~5000km² 河流 2 条，100~1000km² 河流 10 条，50~100km² 河流 4 条，10~50km² 河流 25 条。主要河流有绕阳河、西沙河、黑鱼沟河、鸭子河、羊肠河等，见表 A.42。

表 A.42　　　　　　　　　　北镇市主要河流情况一览表

河名	入境/发源地	流经地	出境/注入地	境内河长/km	境内集水面积/km²	境内主要支流
绕阳河	柳家乡	柳家乡、吴家乡	吴家乡	14	1692	庞家河、羊肠河、西沙河
西沙河	大市镇	大市镇、正安镇、中安镇、高山子镇、吴家镇、青堆子镇、赵屯镇	赵屯镇	74	1257	石佛寺河、窟窿台河、黑鱼沟河、鸭子河
黑鱼沟河	罗罗堡镇	罗罗堡镇、廖屯镇、赵屯镇、青堆子镇	赵屯镇	50	292	广宁河
鸭子河	罗罗堡镇	罗罗堡镇、鲍家乡、廖屯镇、常兴店镇、沟帮子街道	沟帮子街道	34	259	常兴河、贺张沟河
羊肠河	正安镇	正安镇、中安镇、高山子镇、吴家镇	吴家镇	36	157	望牛河、吴家河

A7.4 黑山县

黑山县位于锦州市东北部，地处东经121°49′~122°36′，北纬41°27′~42°08′。

流经黑山县10km² 以上河流共计53条。其中，流域面积5000km² 以上的河流1条，1000~5000km² 河流1条，100~1000km² 河流13条，50~100km² 河流6条，10~50km² 河流32条。较大河流有绕阳河、东沙河、羊肠河、奉仕河等，见表A.43。

表 A.43　　　　　　　　　　黑山县主要河流情况一览表

河名	入境/发源地	流经地	出境/注入地	境内河长/km	境内集水面积/km²	境内主要支流
绕阳河	小东镇	小东镇、半拉门镇、绕阳河镇、姜屯镇、大兴乡、新兴乡、四家子镇	四家子镇	98	2497	三排干、四排干、东沙河、庞家河
东沙河	新立屯镇	新立屯、英城子乡、薛屯乡、无梁殿镇、胡家镇、绕阳河镇、镇安镇、大虎山街道、常兴镇、四家子镇	四家子镇	83	1108	金沙河、奉仕河、羊乃河、朝阳寺河
羊肠河	白厂门镇	白厂门镇、八道壕镇、太和镇、镇安镇、段家乡	段家乡	75	350	八道壕河、白厂门河
奉仕河	小东镇	黑山县的小东镇、吴梁殿镇及绕阳河镇	绕阳河镇曹家窝铺村	28	248	大道沟子河

A7.5 义县

义县位于锦州市西北部，地处东经120°52′~121°45′，北纬41°16′~41°48′。

流经义县10km² 以上河流共计85条。其中，流域面积5000km² 以上河流1条，1000~5000km² 河流1条，100~1000km² 河流11条，50~100km² 河流11条，10~50km² 河流61条。主要河流有大凌河、细河、大定河等，见表A.44。

表 A.44　　　　　　　　　　义县主要河流情况一览表

河名	入境/发源地	流经地	出境/注入地	境内河长/km	境内集水面积/km²	境内主要支流
大凌河	头道河满族乡	头道河满族乡、城管街道、义州街道、九道岭镇、聚粮屯满族乡、大榆树堡镇、张家堡镇、白庙子乡	白庙子乡	69	2250	细河、扎兰营子河、万佛堂河、龙王庙河、砖城子河、沙河、邵家屯河
细河	稍户营子镇	稍户营子镇、高台子镇、瓦子峪镇、九道岭镇、大榆树堡镇	大榆堡村	44	796	清河、东沙河、柳河、大榆树堡河
大定河	大定堡满族乡	大定堡满族乡、七里河镇、白庙子乡	白庙子乡	34	317	长枣河、团山子河

A8 营口市

营口市位于辽宁省中南部,地处东经121°56′~123°01′,北纬39°55′~40°57′;现辖4个区、2个县级市。

营口市地势东高西低,东南部为千山山脉,步云山海拔1130m,为境内最高山峰;山势蜿蜒起伏,沟谷纵横。中部丘陵向西渐渐平缓。西北部为辽河冲积平原和滨海平原;处在中温带亚湿润地区,属大陆性季风气候,多年平均年降水量630~850mm;1月平均气温−8.5℃,7月平均气温25.0℃,年平均气温9.5℃;年日照时数2774.4h,无霜期188.4天。

流经营口市10km² 以上河流共计140条,其中,山地河流111条,平原河流29条。在山地河流中,流域面积5000km² 以上河流1条,1000~5000km² 河流2条,100~1000km² 河流11条,50~100km² 河流17条,10~50km² 河流80条;主要河流有浑河(营口段称大辽河)、大清河、熊岳河、碧流河、大旱河等,见表A.45和表A.46。

表 A.45 营口市行政分区河流数量统计表

地级行政区	河流总数量/条	山地河流数量/条					平原河流数量/条
		5000km² 以上	1000~5000km²	100~1000km²	50~100km²	10~50km²	
全市	140	1	2	11	17	80	29
市区	32	1		3	2	7	19
大石桥市	54	1	1	4	4	24	20
盖州市	80		2	9	14	55	

注 跨县(区)河流重复统计。

表 A.46 营口市主要河流情况一览表

河名	入境/发源地	流经地	出境/注入地	境内河长/km	境内集水面积/km²	境内主要支流
浑河(大辽河段)	大石桥市石佛镇	大石桥市、站前区、西市区	西市区沿河街道	62	1095	劳动河
大清河	大石桥市建一镇	大石桥市、盖州市	盖州市西海街道	99	1324	吕王河、西大清河、暖泉河
熊岳河	盖州市杨运镇	盖州市及鲅鱼圈区	鲅鱼圈区熊岳镇	43	346	熊岳河北支、南岔河、水峪河
碧流河	盖州市卧龙泉镇	盖州市	盖州市什字街镇	91	1314	太平庄河、卧龙泉河、响水河
大旱河	大石桥市南楼街道	大石桥市、老边区、盖州市	盖州市西海街道	40	339	二道河、永安河、鸭子泡河

A8.1 营口市区

营口市区位于渤海辽东湾东北岸，大辽河入海口处。地处东经122°02′～122°28′，北纬40°08′～40°55′。包括站前、西市、鲅鱼圈及老边4个区。

流经营口市区10km²以上河流共计32条，其中，山地河流13条，平原河流19条。在山地河流中，流域面积5000km²以上河流1条，100～1000km²河流3条，50～100km²河流2条，10～50km²河流7条；主要河流有浑河、沙河、大旱河、民兴河等，见表A.47。

表 A.47　　　　　　　　营口市区主要河流情况一览表

河名	入境/发源地	流经地	出境/注入地	境内河长/km	境内集水面积/km²	境内主要支流
浑河	站前区	站前区、西市区	西市区	20	288	劳动河、老边河
沙河	鲅鱼圈区芦屯镇	鲅鱼圈区	鲅鱼圈区城区	15	95.5	安平河
大旱河	老边区柳树镇	柳树镇、沿海街道	老边区南端	19	39.5	
民兴河	西市区沿海街道	西市区、老边区	西市区沿海街道	22		

A8.2 大石桥市

大石桥市位于营口市北部，辽河下游东岸。地处东经122°05′～123°01′，北纬40°19′～40°57′。

流经大石桥市10km²以上河流共计54条，其中，山地河流34条，平原河流20条。在山地河流中，流域面积5000km²以上河流1条，1000～5000km²河流1条，100～1000km²河流4条，50～100km²河流4条，10～50km²河流24条；主要河流有浑河、大清河、西大清河、大旱河等，见表A.48。

表 A.48　　　　　　　　大石桥市主要河流情况一览表

河名	入境/发源地	流经地	出境/注入地	境内河长/km	境内集水面积/km²	境内主要支流
浑河	石佛镇	石佛镇、沟沿镇、水源镇	水源镇	42	807	老虎头河、青天河、劳动河
大清河	建一镇	建一镇、黄土岭镇	黄土岭镇	31	617	吕王河
西大清河	周家镇	周家镇、汤池镇	汤池镇	23	236	泥河子河
大旱河	南楼街道	大石桥市区、永安镇	永安镇	21	188	二道河

A8.3 盖州市

盖州市位于营口市南部。地处东经121°56′~122°54′，北纬39°55′~40°34′。现辖8个街道、19个乡镇。

流经盖州市10km² 以上河流共计80条，其中，流域面积1000~5000km² 的河流2条，100~1000km² 河流9条，50~100km² 河流14条，10~50km² 河流55条；主要河流有碧流河、大清河、熊岳河等，见表A.49。

表 A.49　　　　　　　　盖州市主要河流情况一览表

河名	入境/发源地	流经地	出境/注入地	境内河长/km	境内集水面积/km²	境内主要支流
碧流河	卧龙泉镇	卧龙泉镇、矿洞沟镇、万福镇、什字街镇	什字街镇	91	1314	响水河、卧龙泉河、太平庄河
大清河	榜示堡镇	榜示堡镇、高屯镇、团甸子镇、徐屯镇、盖州市辖区	盖州市西海街道	68	707	大庙沟河、大胡峪河、暖泉河、小河沿河
熊岳河	杨运镇	杨运镇、陈屯镇、九垄地街道	九垄地街道	43	326	熊岳河北支

A9 阜新市

阜新市位于辽宁省西北部，地处东经121°01′~122°59′，北纬41°41′~42°51′，现辖5个区、2个县。

阜新市地处辽西山地丘陵东缘，地势西部较高，东南部较低，多低山丘陵，地形特点是"四山五丘一平原"。阜蒙县境内的乌兰木图山，海拔831.00m，为境内最高山峰；处在中温带半干旱地区，属大陆性季风气候，多年平均年降水量430~540mm；1月平均气温-10.6℃，7月平均气温24.3℃，年平均气温8.1℃；年日照时数2761.8h，无霜期158.7天。

流经阜新市10km² 以上河流共计273条，其中，流域面积5000km² 以上的河流2条，1000~5000km² 河流6条，100~1000km² 河流36条，50~100km² 河流30条，10~50km² 河流199条；主要河流有绕阳河、柳河、细河、东沙河、养息牧河等，见表A.50和表A.51。

表 A.50　　　　　　　阜新市行政分区河流数量统计表

地级行政区	河流总数量/条	山地河流数量/条					平原河流数量/条
		5000km² 以上	1000~5000km²	100~1000km²	50~100km²	10~50km²	
全市	273	2	6	36	30	199	
市区	21		1	3	3	14	
阜蒙县	193	2	4	22	24	141	
彰武县	77	2	2	15	6	52	

注　跨县（区）河流重复统计。

表 A.51　　　　　　　　　　阜新市主要河流情况一览表

河名	入境/发源地	流经地	出境/注入地	境内河长/km	境内集水面积/km²	境内主要支流
绕阳河	阜蒙县扎兰营子镇	阜蒙县、彰武县	阜蒙县泡子镇	134	3668	押京河、苇塘河、二道河、东沙河
柳河	阜蒙县福兴地镇	阜蒙县、彰武县	彰武县两家子镇	181	1757	阿哈来河、大青沟河、盘山楼河、金家河
细河	阜蒙县阜新镇	阜蒙县、新邱区、太平区、细河区、海州区、清河门区	清河门区河西镇	98	2244	高林台河、伊马图河、汤头河
东沙河	阜蒙县沙拉镇	阜蒙县	阜蒙县富荣镇	53	1024	七家子河、诺日营子河、苍土河
养息牧河	彰武县章古台镇	彰武县	彰武县西六家子蒙古族满族乡	80	1496	头道河、三道河、地河、小地河、双徐河

A9.1　阜新市区

阜新市区位于阜新市的西南部，地处东经121°19′～121°54′，北纬41°41′～42°08′，包括海州、新邱、太平、清河门及细河5个区。

流经阜新市区10km²以上河流共计21条，其中，流域面积1000～5000km²的河流1条，100～1000km² 河流3条，50～100km² 河流3条，10～50km² 河流14条；主要河流有细河、清河、汤头河、九营子河等，见表A.52。

表 A.52　　　　　　　　　　阜新市区主要河流情况一览表

河名	入境/发源地	流经地	出境/注入地	境内河长/km	境内集水面积/km²	境内主要支流
细河	新邱区长营子镇	新邱区、细河区、太平区、海州区、清河门区	清河门区河西镇	51	418	高林台、九营子河、汤头河、清河

A9.2　阜蒙县

阜蒙县位于阜新市西南部。地处东经121°01′～122°26′，北纬41°45′～42°35′。

流经阜蒙县10km²以上河流共计193条，其中，流域面积5000km²以上的河流2条，1000～5000km² 河流4条，100～1000km² 河流22条，50～100km² 河流24条，10～50km² 河流141条；主要河流有绕阳河、细河、柳河、牤牛河、伊马图河等，见表A.53。

表 A.53　　　　　　　　　　阜蒙县主要河流情况一览表

河名	入境/发源地	流经地	出境/注入地	境内河长/km	境内集水面积/km²	境内主要支流
绕阳河	扎兰营子乡	扎兰营子乡、鹜欢池镇、建设镇、大固本镇及泡子镇	泡子镇	134	2570	押京河、鹞鹰河、二十营子河、大固本河
细河	阜新镇	阜新镇、东梁镇、卧凤沟乡、伊马图镇	伊马图镇	60	1826	高林台河、伊马图河、汤头河
柳河	福兴地镇	福兴地镇、旧庙镇、平安地镇	平安地镇	53	966	福兴地河、阿哈来河
牤牛河	于寺镇	于寺镇、化石戈镇	化石戈镇	39	856	官营子河、化石戈河
伊马图河	八家子镇	八家子镇、红帽子镇、王府镇、佛寺镇、东梁镇、伊马图镇	伊马图镇	74	708	阿门朝老河、前衙门河、泉阳河

A9.3　彰武县

彰武县位于阜新市东北部，地处东经121°53′～122°59′，北纬42°08′～42°51′。

流经彰武县10km²以上河流共计77条，其中，流域面积5000km²以上的河流2条，1000～5000km²河流2条，100～1000km²河流15条，50～100km²河流6条，10～50km²河流52条；主要河流有养息牧河、绕阳河、柳河等，见表A.54。

表 A.54　　　　　　　　　　彰武县主要河流情况一览表

河名	入境/发源地	流经地	出境/注入地	境内河长/km	境内集水面积/km²	境内主要支流
养息牧河	章古台镇	章古台镇、四合城镇、后新秋镇、兴隆堡乡、二道营子蒙古乡、西六家子蒙古乡、东六家子镇	东六家子镇	80	1496	三道河、头道河、地河、小地河、双徐河
绕阳河	哈尔套镇	哈尔套镇、平乡镇、双庙镇、五峰镇、两家子镇	两家子镇	78	1031	哈尔套河、苇塘河、沙河
柳河	四堡子乡	四堡子乡、满堂红镇、大冷镇、丰田乡、前福兴地镇、双庙镇、五峰镇、西六家子蒙古族乡、两家子、彰武县辖区	两家子乡东南端	129	791	大青沟河、三合屯渠、盘山楼河、金家河

A10 辽阳市

辽阳市位于辽宁省中部，地处东经 $122°35'\sim123°41'$，北纬 $40°42'\sim41°37'$。现辖 5 个区，1 个县级市，1 个县。

辽阳市东南高，西北低，东南部是千山山脉，峰峦层叠，白云山、大黑山等山峰海拔高程均在千米以上，北部为冲积平原，西部为辽河平原。处在中温带湿润地区，属大陆性季风气候，多年平均年降水量 640～830mm；1 月平均气温 -10.5℃，7 月平均气温 24.7℃，年平均气温在 8.7℃；年日照时数 2491.1h，无霜期 165.5 天。

流经辽阳市 $10km^2$ 以上河流共计 128 条，其中，山地河流 119 条，平原河流 9 条。在山地河流中，流域面积 $5000km^2$ 以上河流 2 条，$1000\sim5000km^2$ 河流 3 条，$100\sim1000km^2$ 河流 10 条，$50\sim100km^2$ 河流 11 条，$10\sim50km^2$ 河流 93 条；主要河流有浑河、太子河、汤河、兰河、北沙河等，见表 A.55 和表 A.56。

表 A.55　　　　　　　　　辽阳市行政分区河流数量统计表

地级行政区	河流总数量/条	山地河流数量/条					平原河流数量/条
		$5000km^2$ 以上	$1000\sim5000km^2$	$100\sim1000km^2$	$50\sim100km^2$	$10\sim50km^2$	
全市	128	2	3	10	11	93	9
市区	36	1	2	4	3	25	1
辽阳县	76	2	2	7	5	59	1
灯塔市	34	2	2	4	3	14	9

注　跨县（区）河流重复统计。

表 A.56　　　　　　　　　辽阳市主要河流情况一览表

河名	入境/发源地	流经地	出境/注入地	境内河长/km	境内集水面积/km²	境内主要支流
浑河	灯塔市沈旦堡镇	灯塔市、辽阳县	辽阳县唐马寨镇	81	4735	太子河、浑沙河
太子河	灯塔市鸡冠山乡	灯塔市、弓长岭区、文圣区、宏伟区、白塔区、太子河区、辽阳县	辽阳县唐马寨镇	146	4161	汤河、兰河、北沙河
汤河	辽阳县吉洞峪满族乡	辽阳县、弓长岭区	文圣区小屯镇	87	1422	汤河西支、河栏沟河
兰河	辽阳县甜水满族乡	辽阳县	辽阳县寒岭镇	65	516	东沟河、弯沟河
北沙河	灯塔市大河南镇	灯塔市	灯塔市西马峰镇	29	674	西马峰河、戈西河

A10.1 辽阳市区

辽阳市区位于辽阳市中部,地处东经122°56′~123°34′,北纬41°02′~41°26′,包括白塔、文圣、宏伟、弓长岭及太子河5个区。

流经辽阳市区10km²以上河流共计36条,其中,流域面积在5000km²以上的河流1条,1000~5000km²河流2条,100~1000km²河流4条,50~100km²河流3条,10~50km²河流25条,平原河流1条;主要河流有太子河、汤河、柳壕河等,见表A.57。

表A.57　　　　　　　　辽阳市区主要河流情况一览表

河名	入境/发源地	流经地	出境/注入地	境内河长/km	境内集水面积/km²	境内主要支流
太子河	弓张岭区平安乡	弓张岭区、文圣区、太子河区、宏伟区、白塔区	太子河区望水台街道	32	568	汤河、新开河、小汤河
汤河	弓长岭区汤河镇	弓长岭区、文圣区	文圣区小屯镇	18	227	汤河西支、小汤河
柳壕河	文圣区南门街道	文圣区、白塔区、太子河区	太子河区沙岭镇	14	122	南地河

A10.2 辽阳县

辽阳县位于辽阳市中南部,地处东经122°35′~123°41′,北纬40°42′~41°26′,现辖15个乡镇。

流经辽阳县10km²以上河流共计76条,其中,山地河流75条,平原河流1条。在山地河流中,流域面积5000km²以上河流2条,1000~5000km²河流2条,100~1000km²河流7条,50~100km²河流5条,10~50km²河流59条;主要河流有浑河、太子河、汤河、兰河、汤河西支等,见表A.58。

表A.58　　　　　　　　辽阳县主要河流情况一览表

河名	入境/发源地	流经地	出境/注入地	境内河长/km	境内集水面积/km²	境内主要支流
浑河	小北河镇	小北河镇、唐马寨镇	唐马寨镇	52	2835	太子河、浑沙河
太子河	寒岭镇	寒岭镇、黄泥洼镇、小北河镇、唐马寨镇、穆家镇	唐马寨镇	93	2655	汤河、兰河、南沙河、柳壕河、运粮河、杨柳河
汤河	吉洞峪满族乡	吉洞峪满族乡、河栏镇	河栏镇	72	1195	汤河西支、河栏沟河
兰河	甜水满族乡	甜水满族乡、寒岭镇	寒岭镇	65	476	湾沟河、古家河
汤河西支	吉洞峪满族乡	吉洞峪满族乡、八会镇、下达河乡	下达河乡	55	540	河栏沟河

A10.3 灯塔市

灯塔市位于辽阳市北部，地处东经122°54′～123°40′，北纬41°13′～41°37′。

流经灯塔市10km²以上河流共计34条，其中，山地河流25条，平原河流9条。在山地河流中，流域面积5000km²以上河流2条，1000～5000km²河流2条，100～1000km²河流4条，50～100km²河流3条，10～50km²河流14条；主要河流有浑河、太子河、北沙河、十里河、戈西河等，见表A.59。

表A.59　　　　　　　　　　灯塔市主要河流情况一览表

河名	入境/发源地	流经地	出境/注入地	境内河长/km	境内集水面积/km²	境内主要支流
浑河	沈旦堡镇	沈旦堡镇、五星镇	五星镇	29	1332	浑沙河、韭菜河排干
太子河	鸡冠山乡	鸡冠山乡、西大窑镇、西马峰镇、五星镇	五星镇	56	937	北沙河、韭鸡冠山河
北沙河	柳条寨镇	柳条寨镇、大河南镇、佟二堡镇、西马峰及灯塔市辖区	西马峰镇	29	670	十里河、西马峰河、戈西河
十里河	柳河子镇	柳河子镇、铧子镇、大河南镇	大河南镇	45	219	张海河
戈西河	铧子镇	铧子镇、灯塔市区、西马峰镇	西马峰镇	33	218	幸福河

A11　铁岭市

铁岭市位于辽宁省东北部，地处东经123°26′～125°07′，北纬41°59′～43°30′。

铁岭市地势东高西低，东部为低山丘陵区，中部为略有起伏的残丘平原，西部为广阔的辽河冲积平原，开原市东部的城子山海拔868m，为境内最高山峰；处在中温带亚湿润地区，属大陆性季风气候，多年平均年降水量490～820mm；市区1月平均气温−11.9℃，7月平均气温24.4℃，年平均气温7.9℃；年日照时数2601.4h，无霜期159.6天。

流经铁岭市10km²以上河流共计300条，其中，流域面积5000km²以上的河流3条，1000～5000km²河流6条，100～1000km²河流38条，50～100km²河流20条，10～50km²河流233条；主要河流有辽河、清河、招苏台河、寇河等，见表A.60和表A.61。

表 A.60　　　　　　　　　铁岭市行政分区河流数量统计表

地级行政区	河流总数量/条	山地河流数量/条					平原河流数量/条
		5000km² 以上	1000~5000km²	100~1000km²	50~100km²	10~50km²	
全市	300	3	6	38	20	233	
市区	25	2	3	2	3	15	
铁岭县	59	1	3	11	4	40	
调兵山市	10			3	1	6	
开原市	85	2	2	9	4	68	
昌图县	77	2	2	13	8	52	
西丰县	83	1	1	12	4	65	

注 跨县（区）河流重复统计。

表 A.61　　　　　　　　　铁岭市主要河流情况一览表

河名	入境/发源地	流经地	出境/注入地	境内河长/km	境内集水面积/km²	境内主要支流
辽河	昌图县七家子镇	昌图县、开原市、铁岭银州区及铁岭县	铁岭县阿吉镇	208	12854	招苏台河、亮子河、清河、柴河
清河	开原市李家台镇	开原市、清河区	清河区张相镇	107	4259	二道沟河、阿拉河、碾盘河、寇河、马仲河
招苏台河	昌图县傅家镇	昌图县	昌图县通江口镇	150	3041	条子河、小南河、新开河、二道河
寇河	西丰县振兴镇	西丰县、开原市	开原市老城街道	113	1871	艾青河、叶赫河、西小河

A11.1　铁岭市区

铁岭市区位于铁岭市中部，地处东经 123°44′~124°27′，北纬 42°09′~42°38′，包括银州、清河 2 个区。

流经铁岭市区 10km² 以上河流共计 25 条，其中，流域面积 5000km² 以上的河流 2 条，1000~5000km² 河流 3 条，100~1000km² 河流 2 条，50~100km² 河流 3 条，10~50km² 河流 15 条；较大河流有辽河、清河、泛河、柴河等，见表 A.62。

附录 A 行政分区河流

表 A.62　　　　　　　　　　铁岭市区主要河流情况一览表

河名	入境/发源地	流经地	出境/注入地	境内河长/km	境内集水面积/km²	境内主要支流
辽河	银州区龙川乡	银州区	银州区龙川乡	4.7	652	柴河、泛河
清河	清河区杨树林子镇	清河区	清河区杨树林子镇	34	477	小清河、寇河、苔碧河、聂家沟河
泛河	银州区的经济开发区	银州区	银州区的经济开发区	13	118	双龙河、石家沟河
柴河	银州区龙川乡	银州区	银州区龙川乡	7.4	36.6	龙尾河

A11.2 铁岭县

铁岭县位于铁岭市南部，地处东经 $123°26'\sim124°33'$，北纬 $41°59'\sim42°33'$。

流经铁岭县 10km² 以上河流共计 59 条，其中，流域面积 5000km² 以上的河流 1 条，1000~5000km² 河流 3 条，100~1000km² 河流 11 条，50~100km² 河流 4 条，10~50km² 河流 40 条；主要河流有辽河、柴河、泛河等，见表 A.63。

表 A.63　　　　　　　　　　铁岭县主要河流情况一览表

河名	入境/发源地	流经地	出境/注入地	境内河长/km	境内集水面积/km²	境内主要支流
辽河	双井子镇	双井子镇、镇西堡镇、平顶堡镇、蔡牛镇、凡河镇、阿吉镇、新台子镇	阿吉镇	111	2120	拉马河、亮沟河、泛河、长沟河、柴河、万泉河、王河
柴河	大甸子镇	大甸子镇、熊官屯镇	熊官屯镇	30	230	土台子河、云盘沟河
泛河	白旗寨满族乡	白旗寨白旗寨满族乡、鸡冠山乡、大甸子镇、李千户镇、泛河镇	泛河镇	107	917	岱海寨河、龙汀河、二龙河、恶龙河、莲花河

A11.3 调兵山市

调兵山市位于铁岭市西南部，地处东经 $123°26'\sim123°42'$，北纬 $42°20'\sim42°34'$。

流经调兵山市 10km² 以上河流共计 10 条，其中，流域面积 100~1000km² 的河流 3 条，50~100km² 河流 1 条，10~50km² 河流 6 条；主要河流有长沟河、王河等。

长沟河为辽河一级支流，发源于调兵山市晓南镇锁龙沟村，流经调兵山市及铁岭县，在铁岭县蔡牛镇察家坝村入辽河，河长 30km，流域面积 170km²。长沟河为调兵山市的跨境河流，流经调兵山市晓南镇及晓明镇；境内河长 23km，集水面积 156km²，主要支流有南岭河、高力沟河、后峪河等，见表 A.64。

表 A.64　　　　　　　　　调兵山市主要河流情况一览表

河名	入境/发源地	流经地	出境/注入地	境内河长/km	境内集水面积/km²	境内主要支流
长沟河	晓南镇	晓南镇、晓明镇	晓明镇	23	156	南岭河、高力沟河、后峪河
王河	大明镇	大明镇	大明镇	8.0	77.8	新开河、柏家沟河

A11.4　开原市

开原市位于铁岭市中部，地处东经 123°43′~124°49′，北纬 42°06′~42°54′。

流经开原市 10km² 以上河流共计 85 条，其中，流域面积 5000km² 以上的河流 2 条，1000~5000km² 河流 2 条，100~1000km² 河流 9 条，50~100km² 河流 4 条，10~50km² 河流 68 条；主要河流有辽河、清河、柴河、中固河、寇河等，见表 A.65。

表 A.65　　　　　　　　　开原市主要河流情况一览表

河名	入境/发源地	流经地	出境/注入地	境内河长/km	境内集水面积/km²	境内主要支流
辽河	庆云堡镇	庆云堡镇、业民镇、中固镇	中固镇	50	2813	清河、亮子河、中固河
清河	李家台乡	李家台乡、八棵树镇、老城街道、金沟子镇、八宝镇、庆云堡镇、业民镇	业民镇	73	1313	阿拉河、小西河、碾盘河、寇河、小清河、马仲河
柴河	上肥地满族乡	上肥地满族乡、下肥地满族乡、黄旗寨满族乡及靠山镇		48	683	南柴河
中固河	松山堡乡	松山镇、中固镇	中固镇	62	528	小沙河、南沙河
寇河	威远堡镇	威远堡镇、城东乡、老城街道	老城街道	29	424	叶赫河、西小河

A11.5　昌图县

昌图县位于铁岭市北部，地处东经 123°32′~124°27′，北纬 42°33′~43°30′。

流经昌图县 10km² 以上河流共计 77 条，其中，流域面积 5000km² 以上的河流 2 条，1000~5000km² 河流 2 条，100~1000km² 河流 13 条，50~100km² 河流 8 条，10~50km² 河流 52 条；主要河流有辽河、招苏台河、东辽河、二道河、条子河等，见表 A.66。

表 A.66　昌图县主要河流情况一览表

河名	入境/发源地	流经地	出境/注入地	境内河长/km	境内集水面积/km²	境内主要支流
辽河	长发镇	长发镇、后窑镇、大四家子镇、通江口镇	通江口镇	92	4323	东辽河、招苏台河、亮子河
招苏台河	曲家店镇	曲家店镇、傅家镇、古榆树镇、前双井镇、七家子镇、长发镇、宝力镇、后窑镇、金家镇、大四家子镇、通江口镇	通江口镇	150	3041	条子河、小南河、新开河、二道河、小河子河
东辽河	三江口镇	三江口镇、古榆树镇、七家子镇	七家子镇	93	471	三胜排水渠、熊船口排水渠、古榆中央排干
二道河	毛家店镇	毛家店镇、朝阳镇、四合镇、东嘎镇、宝力镇	宝力镇	127	1379	牤牛南河、双庙子河、小腰河、红山河、苇子河、二小屯河
条子河	老四平镇	老四平镇、平安堡镇、八面城镇、曲家店镇	曲家店镇	66	341	北太平河

A11.6　西丰县

西丰县位于铁岭市东部，地处东经 124°16′～125°07′，北纬 42°21′～43°08′。

流经西丰县 10km² 以上河流共计 83 条，其中，流域面积 5000km² 以上的河流 1 条，1000～5000km² 河流 1 条，100～1000km² 河流 12 条，50～100km² 河流 4 条，10～50km² 河流 65 条；主要河流有寇河、碾盘河、东辽河、二道沟河、艾清河等，见表 A.67。

表 A.67　西丰县主要河流情况一览表

河名	入境/发源地	流经地	出境/注入地	境内河长/km	境内集水面积/km²	境内主要支流
寇河	振兴镇	振兴镇、更刻镇、西丰镇、明德满族乡、郜家店镇	郜家店镇	84	1415	小口寇、乌鲁河、石人沟河、岔沟河、艾青河
碾盘河	和隆满族乡	和隆满族乡、凉泉镇、房木镇	房木镇	48	512	大妞河
东辽河	平岗镇	平岗镇、天德镇	天德镇	24	393	猪嘴河、北小河
二道沟河	和隆满族乡	和隆满族乡、凉水镇、房木镇	房木镇	29	227	三道沟河、头道沟河

A12　朝阳市

朝阳市位于辽宁省西部，大凌河畔，辽、冀、蒙三省区交界地带。地处东经118°50′~121°18′，北纬40°35′~42°24′，现辖2个区、2个县级市、3个县。

朝阳市地处辽西山地丘陵地带，地势由西北向东南呈阶梯式降低。凌源市红石砬子山，海拔1256m，为境内最高山峰；处在中温带半干旱地区，属大陆性季风气候，多年平均年降水量390~610mm；1月平均气温－9.7℃，7月平均气温24.8℃，年平均气温9.0℃。年日照时数2747.9h，无霜期170天。

流经朝阳市10km²以上河流共计516条，其中，流域面积5000km²以上的河流4条，1000~5000km²河流5条，100~1000km²河流66条，50~100km²河流56条，10~50km²河流385条；主要河流有大凌河、小凌河、老哈河、青龙河、牤牛河等，见表A.68和表A.69。

表A.68　　　　　　　　　　朝阳市行政分区河流数量统计表

地级行政区	河流总数量/条	山地河流数量/条					平原河流数量/条
		5000km²以上	1000~5000km²	100~1000km²	50~100km²	10~50km²	
全市	516	4	5	66	56	385	
市区	35	1	1	6	5	22	
朝阳县	113	2	2	14	13	82	
北票市	134	1	1	16	11	105	
凌源市	72	1	1	13	11	46	
建平县	126	1	3	19	9	94	
喀左县	65	1	2	8	10	44	

注　跨县（区）河流重复统计。

表A.69　　　　　　　　　　朝阳市主要河流情况一览表

河名	入境/发源地	流经地	出境/注入地	境内河长/km	境内集水面积/km²	境内主要支流
大凌河	喀左县南公营子镇	喀左县、朝阳县、朝阳市区及北票市	北票市常河营乡	232	12924	大凌河（西支）、第二牤牛河、老虎山河、牤牛河
小凌河	朝阳县瓦房子镇	朝阳县	朝阳县松岭门蒙古族乡	113	2006	大车户沟河、大四家子河、根德营子河、巴图营子河

续表

河名	入境/发源地	流经地	出境/注入地	境内河长/km	境内集水面积/km²	境内主要支流
老哈河	建平县三家蒙古族乡	建平县	建平县哈拉道口镇	114	3386	三家河、海棠河、四汗城河、黑水河、蹦河
青龙河	凌源市大河北镇	凌源市	凌源市刀尔登镇	53	1361	三十家子河、窟窿山河、清水河
牤牛河	北票市台吉营乡	北票市	北票市长皋乡	84	1926	黑城子河、老寨川河、马友营子河、十八台河、蒙古营子河、扎兰营子河

A12.1 朝阳市区

朝阳市区位于朝阳市中部,地处东经120°03′~120°40′,北纬41°22′~41°47′,包括双塔区和龙城区2个区。

流经朝阳市区10km²以上河流共计35条,其中,流域面积5000km²以上的河流1条,1000~5000km²河流1条,100~1000km²河流6条,50~100km²河流5条,10~50km²河流22条;主要河流有大凌河、下三家河、十家子河、牤牛营子河及顾洞河等,见表A.70。

表A.70　　　　　　　　　朝阳市区主要河流情况一览表

河名	入境/发源地	流经地	出境/注入地	境内河长/km	境内集水面积/km²	境内主要支流
大凌河	龙城区大平房镇	大平房镇、燕山街道、双塔区城区、长宝营子乡、他拉皋镇及桃花吐镇	双塔区长宝营子乡	64	1136	老虎山河、下三家河、十家子河、顾洞河
下三家河	龙城区联合镇	龙城区联合镇、燕山街道	龙城区燕山街道	22	153	黄杖子河、塘坊河、王三沟河
十家子河	龙城区边杖子镇	龙城区边杖子镇、龙城区城区、双塔区城区、长宝营子乡	双塔区长宝营子乡	22	208	大方申河、古山子河
牤牛营子河	双塔区孙家湾镇	双塔区孙家湾镇	双塔区孙家湾镇	21	112	白达营子河
顾洞河	双塔区桃花吐镇	双塔区桃花吐镇	双塔区桃花吐镇	12	103	桃花吐河

A12.2 朝阳县

朝阳县位于朝阳市中部,地处东经119°52′~120°48′,北纬40°55′~41°55′。

流经朝阳县10km² 以上河流共计113条,其中,流域面积5000km² 以上的河流2条,1000~5000km² 河流2条,100~1000km² 河流14条,50~100km² 河流13条,10~50km² 河流82条;主要河流有大凌河、小凌河、胜利河、十家子河、巴图营子河等,见表A.71。

表 A.71　　　　　　　　　　朝阳县主要河流情况一览表

河名	入境/发源地	流经地	出境/注入地	境内河长/km	境内集水面积/km²	境内主要支流
大凌河	木头城子镇	木头城子镇、乌兰河硕蒙古族乡、东大道乡、台子镇、柳城镇	柳城镇	69	1956	奈林皋河、胜利河、老虎山河、李杖子河
小凌河	瓦房子镇	瓦房子镇、六家子镇、黑牛营子乡、尚志乡、羊山镇、二十家子镇、根德营子乡、东大屯乡及松岭门蒙古族乡	松岭门蒙古族乡	113	1802	黑牛营子河、大四家子河、根德营子河
胜利河	胜利乡	胜利乡、木头城子镇	木头城子镇	41	299	马家店河
十家子河	大庙镇	大庙镇	大庙镇	20	413	大方申河、古山子河
巴图营子河	七道岭乡	七道岭乡、松岭门蒙古族乡	松岭门蒙古族乡	34	283	黑大沟河、庞家窝铺河

A12.3 北票市

北票市位于朝阳市东北部,地处东经120°15′~121°18′,北纬41°23′~42°17′。

流经北票市10km² 以上河流共计134条,其中,流域面积5000km² 以上的河流1条,1000~5000km² 河流1条,100~1000km² 河流16条,50~100km² 河流11条,10~50km² 河流105条;主要河流有大凌河、牤牛河、凉水河子河、黑城子河、老寨川河等,见表A.72。

表 A.72　　　　　　　　　　北票市主要河流情况一览表

河名	入境/发源地	流经地	出境/注入地	境内河长/km	境内集水面积/km²	境内主要支流
大凌河	南八家子乡	南八家子乡、章吉营乡、凉水河蒙古族乡、大板镇、长皋乡、上园镇、常河营乡	常河营乡	60	4214	凉水河子河、老虎山河、长皋河

附录 A 行政分区河流

续表

河名	入境/发源地	流经地	出境/注入地	境内河长/km	境内集水面积/km²	境内主要支流
牤牛河	台吉营乡	台吉营乡、黑城子镇、泉巨永乡、三宝乡、马友营蒙古族乡、长皋乡、凉水河蒙古族乡	凉水河蒙古族乡	84	1926	黑城子河、老寨川河、马友营河、蒙古营河
凉水河子河	龙潭镇	龙潭镇、西官营镇、大三家镇、台吉镇、凉水河蒙古族乡	凉水河蒙古族乡	56	744	东官营子河、大三家子河
黑城子河	北塔镇	北塔镇、台吉营乡、黑城子镇	黑城子镇	33	415	北四家子河、高家店河
老寨川河	北四家乡	北四家乡、娄家店乡、宝国老镇、黑城子镇	黑城子镇	54	363	八里营子河

A12.4 凌源市

凌源市位于朝阳市西南部，地处东经118°50′～119°38′，北纬40°35′～41°26′。

流经凌源市10km²以上河流共计72条，其中，流域面积5000km²以上的河流1条，1000～5000km²河流1条，100～1000km²河流13条，50～100km²河流11条，10～50km²河流46条；主要河流有青龙河、大凌河西支、热水河、渗津河、三十家子河等，见表A.73。

表 A.73　　　　　　　　凌源市主要河流情况一览表

河名	入境/发源地	流经地	出境/注入地	境内河长/km	境内集水面积/km²	境内主要支流
青龙河	大河北镇	大河北镇、前进乡、三道子乡、刀尔登镇、杨杖子镇	刀尔登镇	53	1361	三十家子河、窟窿山河、三道河子河、刀尔登河
大凌河西支	宋杖子镇	宋杖子镇、城关街道、凌源市城区、东城街道、瓦房店镇、乌兰白镇	乌兰白镇	43	996	宋杖子河、大王杖子河、热水河、黄金代河
热水河	小城子镇	小城子镇、兴源街道、凌源市城区	凌源市城区	18	325	三官营子河
渗津河	三家子蒙古族乡	三家子蒙古族乡、沟门子镇、四合当镇	四合当镇	62	666	南营河、奎胜店河
三十家子河	三十家子镇	三十家子镇、刘杖子乡、前进乡	前进乡	26	350	卧虎山河、刘杖子河

A12.5　建平县

建平县位于朝阳市西北部，地处东经119°13′～120°03′，北纬41°18′～42°24′。

流经建平县10km² 以上河流共计126条，其中，流域面积在5000km² 以上的河流1条，1000～5000km² 河流3条，100～1000km² 河流19条，50～100km² 河流9条，10～50km² 河流94条；主要河流有老哈河、第二牤牛河、蹦河、海棠河等，见表A.74。

表 A.74　　　　　　　　　　　　建平县主要河流情况一览表

河名	入境/发源地	流经地	出境/注入地	境内河长/km	境内集水面积/km²	境内主要支流
老哈河	三家蒙古族乡	三家蒙古族乡、太平庄乡、昌隆镇、黑水镇、老官地镇、哈拉道口镇	哈拉道口镇	114	3386	东小河、海棠河、八家河、黑水河、蹦河
第二牤牛河	富山街道	富山街道、建平城区、铁南街道、万寿街道	万寿街道	28	718	二道磨河、深井河
蹦河	杨树岭乡	杨树岭乡、建平镇、马场镇、北甘家子镇	北甘家子镇	74	961	东张营子河、柴杖子河、汤士沟河
海棠河	张家营子镇	张家营子镇、奎德素镇、白山乡、太平庄乡	太平庄乡	54	757	奎德素河、海青营子河、四汗城河

A12.6　喀左县

喀左县位于朝阳市中部，地处东经119°27′～120°04′，北纬40°46′～41°34′。

流经喀左县10km² 以上河流共计65条，其中，流域面积5000km² 以上的河流1条，1000～5000km² 河流2条，100～1000km² 河流8条，50～100km² 河流10条，10～50km² 河流44条；主要河流有大凌河、大凌河西支、第二牤牛河、老爷庙河等，见表A.75。

表 A.75　　　　　　　　　　　　喀左县主要河流情况一览表

河名	入境/发源地	流经地	出境/注入地	境内河长/km	境内集水面积/km²	境内主要支流
大凌河	南公营子镇	南公营子镇、白塔子镇、平房子镇、南哨街道、草场乡、兴隆庄镇、东哨乡、甘招镇、羊角沟镇、水泉乡	水泉乡	85	2231	大凌河西支、第二牤牛河、蒿桑河、渗津河、老爷庙河、卧虎沟河、羊角沟河

附录 A 行政分区河流

续表

河名	入境/发源地	流经地	出境/注入地	境内河长/km	境内集水面积/km²	境内主要支流
大凌河西支	坤都营子乡	坤都营子乡、六官营子镇、大城子街道	大城子街道	23	397	六官营子河、大碾子沟河
第二牤牛河	公营子镇	公营子镇、水泉乡	水泉乡	24	352	中三家河、小塔子沟河、大窑沟河
老爷庙河	十二德堡镇	十二德堡镇、老爷庙镇、东哨乡	东哨乡	32	312	下十八台河、十二德堡河

A13 盘锦市

盘锦市位于辽宁省中部的辽河三角洲地带,地处东经121°33′~122°29′,北纬40°39′~41°28′;现辖3个区、1个县。

盘锦市境内平均海拔4m,为九河下梢,沼泽广布,滨海多洼地海滩。地势平坦,多水无山。处在中温带亚湿润地区,属大陆性季风气候,多年平均年降水量580~640mm;1月平均气温-9.1℃,7月平均气温24.5℃,年平均气温8.9℃;年日照时数2690.7h,无霜期173.3天。

流经盘锦市10km²以上河流共计58条,其中,山地河流20条,平原河流38条。在山地河流中,流域面积5000km²以上河流4条,1000~5000km²河流2条,100~1000km²河流8条,50~100km²河流1条,10~50km²河流5条;主要河流有辽河、浑河、绕阳河、月牙河、西沙河等,见表A.76和表A.77。

表 A.76 盘锦市行政分区河流数量统计表

地级行政区	河流总数量/条	山地河流数量/条					平原河流数量/条
		5000km²以上	1000~5000km²	100~1000km²	50~100km²	10~50km²	
全市	58	4	2	8	1	5	38
市区	17	3		5		3	6
盘山县	26	3	2	5	1		13
大洼区	29	2					27

注 跨县(区)河流重复统计。

表 A.77 盘锦市主要河流情况一览表

河名	入境/发源地	流经地	出境/注入地	境内河长/km	境内集水面积/km²	境内主要支流
辽河	盘山县	盘山县、盘锦市区、大洼区	大洼区	120	2609	绕阳河、小柳河、潮沟河
浑河	盘山县	盘山县、大洼区	大洼区	101	895	

续表

河名	入境/发源地	流经地	出境/注入地	境内河长/km	境内集水面积/km²	境内主要支流
绕阳河	盘山县	盘山县、盘锦市区	盘锦市区	76	851	月牙河、西沙河
月牙河	盘山县	盘山县、盘锦市区	盘锦市区	22	214	大羊河、盘锦河
西沙河	盘山县	盘山县	盘山县	30	164	鸭子河

A13.1　盘锦市区

盘锦市区位于盘锦市中部,地处东经121°33′~122°12′,北纬40°50′~41°17′,包括双台子、兴隆台2个区。

流经盘锦市区10km²以上河流共计17条,其中,山地河流11条,平原河流6条,在山地河流中,流域面积5000km²以上河流3条,100~1000km²河流5条,10~50km²河流3条;主要河流有辽河、绕阳河、太平河等,见表A.78。

表 A.78　　　　　　　　盘锦市区主要河流情况一览表

河名	入境/发源地	流经地	出境/注入地	境内河长/km	境内集水面积/km²	境内主要支流
辽河	兴隆台区	兴隆台区、双台子区	兴隆台区	33	251	
绕阳河	兴隆台区	兴隆台区	兴隆台区	29	57.8	
太平河	双台子区	双台子区、兴隆台区	兴隆台区	12		

A13.2　盘山县

盘山县位于盘锦市北部,地处东经121°33′~122°29′,北纬40°51′~41°28′,现辖13个乡镇。

流经盘山县10km²以上河流共计26条,其中,山地河流13条,平原河流13条。在山地河流中,流域面积5000km²以上河流3条,1000~5000km²河流2条,100~1000km²河流5条,50~100km²河流1条,10~50km²河流2条;主要河流有辽河、浑河、绕阳河、月牙河等,见表A.79。

表 A.79　　　　　　　　盘山县主要河流情况一览表

河名	入境/发源地	流经地	出境/注入地	境内河长/km	境内集水面积/km²	境内主要支流
辽河	沙岭镇	沙岭镇、坝墙子镇、陈家镇、吴家镇	吴家镇	96	1541	绕阳河、小柳河、太平河
浑河	古城子镇	古城子镇	古城子镇	21	207	新开河、外辽河
绕阳河	高升镇	高升镇、得胜镇、胡家镇、太平镇、羊圈子镇	羊圈子镇	76	793	西沙河
月牙河	甜水镇	甜水镇、羊圈子镇	羊圈子镇	22	214	大羊河、锦盘河

A13.3 大洼区

大洼区位于盘锦市南部，地处东经121°48′~122°21′，北纬40°39′~41°09′。

流经大洼区10km² 以上河流共计29条，其中，山地河流2条，平原河流27条。在山地河流中，流域面积5000km² 以上河流2条；主要河流有辽河、浑河以及一些平原河网排干，见表A.80。

表 A.80 大洼区主要河流情况一览表

河名	入境/发源地	流经地	出境/注入地	境内河长/km	境内集水面积/km²	境内主要支流
辽河	新兴镇	新兴镇、赵圈河镇	赵圈河镇	52	817	
浑河	东风镇	东风镇、西安镇、辽滨苇场、平安镇、田庄台镇、荣兴镇	荣兴镇	80	688	

A14 葫芦岛市

葫芦岛市位于辽宁省西南部，辽西走廊西端。地处东经119°12′~121°03′，北纬39°59′~41°13′，现辖3个区、1个县级市、2个县。

葫芦岛市北部为辽西山地丘陵地带，南部为滨海平原（辽西走廊），地势西北高东南低，建昌县大青山，海拔1223m，为境内最高山峰；处在暖温带亚湿润地区，属大陆性季风气候，多年平均年降水量520~670mm；1月平均气温-8.1℃，7月平均气温24.2℃，年平均气温9.4℃；年日照时数2594.5h，无霜期190.4天。

流经葫芦岛市10km² 以上河流共计286条，其中，流域面积5000km² 以上的河流2条，1000~5000km² 河流2条，100~1000km² 河流33条，50~100km² 河流32条，10~50km² 河流217条；主要河流有大凌河、小凌河、六股河、女儿河等，见表A.81和表A.82。

表 A.81 葫芦岛市行政分区河流数量统计表

地级行政区	河流总数量/条	山地河流数量/条					平原河流数量/条
		5000km² 以上	1000~5000km²	100~1000km²	50~100km²	10~50km²	
全市	286	2	2	33	32	217	
市区	72	1	1	8	11	51	
兴城市	64		2	7	5	50	
绥中县	66		1	10	10	45	
建昌县	101	2	1	11	8	79	

注 跨县（区）河流重复统计。

表 A.82　　　　　　　　　葫芦岛市主要河流情况一览表

河名	入境/发源地	流经地	出境/注入地	境内河长/km	境内集水面积/km²	境内主要支流
大凌河	建昌县	建昌县	建昌县	72	1193	新开岭河、魏家岭河、贺杖子河
六股河	建昌县	建昌县、兴城市、绥中县	绥中县	162	3069	黑水河、响水河、茅河、王宝河
女儿河	兴城市	兴城市、葫芦岛市区	葫芦岛市区	115	1364	凉水井子河、双富河、新沙河

A14.1　葫芦岛市区

葫芦岛市区位于葫芦岛市东北部，地处东经120°13′～121°03′，北纬40°39′～41°13′；包括连山、龙港及南票3个区。

流经葫芦岛市区10km²以上河流共计72条，其中，流域面积5000km²以上的河流1条，1000～5000km²河流1条，100～1000km²河流8条，50～100km²河流11条，10～50km²河流51条；较大河流有女儿河、金星河、新沙河等，见表A.83。

表 A.83　　　　　　　　　葫芦岛市区主要河流情况一览表

河名	入境/发源地	流经地	出境/注入地	境内河长/km	境内集水面积/km²	境内主要支流
女儿河	新台门镇	新台门镇、山神庙子乡、钢屯镇、暖池塘镇、黄土坎乡、台集屯镇、虹螺蚬镇、金星镇	金星镇	95	1243	凉水井子河、双富河、金星河、新沙河
金星河	张相公屯乡	张相公屯乡、虹螺蚬镇、金星镇	金星镇	31	119	干河沟河
新沙河	沙锅屯乡	沙锅屯乡、九龙街道、黄土坎乡	黄土坎乡	23	116	赵屯河、木匠沟河、红砬河

A14.2　兴城市

兴城市位于葫芦岛市东南部，地处东经120°05′～120°50′，北纬40°15′～40°50′。

流经兴城市10km²以上河流共计64条，其中，流域面积1000～5000km²的河流2条，100～1000km²河流7条，50～100km²河流5条，10～50km²河流50条；主要河流有六股河、女儿河、兴城河、烟台河、菱角河等，见表A.84。

行政分区河流

表 A.84　　　　　　　　　　　兴城市主要河流情况一览表

河名	入境/发源地	流经地	出境/注入地	境内河长/km	境内集水面积/km²	境内主要支流
六股河	三道沟满族乡	三道沟满族乡、高家岭满族乡、大寨满族乡、东辛庄镇、刘台子满族乡	刘台子满族乡	66	479	响水河、张发河、花营河
女儿河	药王满族乡	药王满族乡	药王满族乡	20	121	药王河、冯屯河、冷家屯河
兴城河	郭家镇	郭家镇、旧门满族乡、红崖子镇、白塔满族乡、羊安满族乡、曹庄镇、兴城市城区	兴城市城区	57	582	旧门东河、兴城西河、兴城东河、红崖子河
烟台河	碱厂满族乡	碱厂满族乡、南大乡满族乡、望海满族乡、沙后所镇、徐大堡镇	徐大堡镇	45	320	白庙子河、朱家河、北英河、范家沟河
菱角河	东辛庄镇	东辛庄镇、刘台子满族乡、徐大堡镇	徐大堡镇	24	143	前刘河、苏屯河

A14.3　绥中县

绥中县位于葫芦岛市南部，地处东经 119°34′～120°31′，北纬 39°59′～40°38′。

流经绥中县 10km² 以上河流共计 66 条，其中，流域面积 1000～5000km² 的河流 1 条，100～1000km² 河流 10 条，50～100km² 河流 10 条，10～50km² 河流 45 条；较大河流有六股河、狗河、黑水河、石河、九江河等，见表 A.85。

表 A.85　　　　　　　　　　　绥中县主要河流情况一览表

河名	入境/发源地	流经地	出境/注入地	境内河长/km	境内集水面积/km²	境内主要支流
六股河	宽帮镇	宽帮镇、西平坡满族乡、高台镇、绥中县城区、小庄子镇	小庄子镇	71	853	八家子河、二台子河、黑水河、王宝河
狗河	加碑岩乡	加碑岩乡、秋子沟乡、明水满族乡、范家满族乡、前卫镇、沙河镇、网户满族乡、荒地镇	荒地镇	88	586	加碑岩河
黑水河	葛家满族乡	葛家满族乡、宽帮镇、西平坡满族乡、大寨满族乡	大寨满族乡	35	247	二道房子河、棒槌沟河、苇子沟河
石河	加碑岩乡	加碑岩乡、永安堡乡、前卫镇、王宝镇、高岭镇	高岭镇	70	434	塔子沟河、西沙河
九江河	李家堡乡	李家堡乡、西甸子镇、万家镇	万家镇	22	148	秋皮河

A14.4 建昌县

建昌县位于葫芦岛市西北部山区,地处东经119°12′~120°18′,北纬40°24′~41°06′。

流经建昌县10km² 以上河流共计101条,其中,流域面积5000km² 以上的河流2条,1000~5000km² 河流1条,100~1000km² 河流11条,50~100km² 河流8条,10~50km² 河流79条;主要河流有大凌河、六股河、黑水河、茅河、蒿桑河等,见表A.86。

表A.86 建昌县主要河流情况一览表

河名	入境/发源地	流经地	出境/注入地	境内河长/km	境内集水面积/km²	境内主要支流
大凌河	要路沟乡	要路沟乡、头道营子乡、西碱厂乡、喇嘛洞镇、建昌镇、牤牛营子乡	牤牛营子乡	72	1193	新开岭河、魏家岭河、贺杖子河、二道河
六股河	谷杖子乡	谷杖子乡、娘娘庙乡、玲珑塔镇、二道湾子蒙古族乡、药王庙镇、杨树湾子乡、大屯镇、八家子镇	八家子镇	91	1734	黄杖子河、八什罕河、小德营子河、红棋河、茅河、云山洞河、黑水河
黑水河	养马甸子乡	养马甸子乡、和尚房子乡	和尚房子乡	26	306	温杖子河
茅河	雷家店乡	雷家店乡、黑山科乡、杨树湾子乡	杨树湾子乡	36	283	吕杖子河、姜杖子河
蒿桑河	王宝营子乡	王宝营子乡、汤神庙镇	汤神庙镇	26	201	双杨树河、大梨树沟河

附录 B 水资源分区河流

水资源分区是为适应水资源评价、规划、开发利用和管理等工作的需要划定的。辽宁省水资源分区是依据辽宁省水资源评价、全国水利普查成果划定。

辽宁省水资源分区分为四级，一级区 3 个，二级区 8 个，三级区 12 个，四级区 32 个。各级分区河流分布情况，见表 B.1。

表 B.1 辽宁省水资源分区及河流情况

水资源分区名称				河流、河段/条				
一级	二级	三级	四级	1000km² 以上	100~1000 km²	50~100 km²	10~50 km²	平原河流
辽河区	西辽河	西拉木伦河及老哈河	老哈河	2	13	6	63	
	东辽河	东辽河	二龙山水库以上	1	3	0	11	
			二龙山水库以下	1	1	2	0	
			小计	2	4	2	11	
	辽河干流	柳河口以上	石佛寺水库以上区间	7	37	28	263	15
			石佛寺水库以下区间	3	19	8	73	
			柳河	1	7	4	30	
			小计	11	63	40	366	15
		柳河口以下	柳河口以下区间	1	2	0	1	24
			绕阳河	3	32	24	140	7
			小计	4	34	25	141	31
		小计		15	97	64	507	46
	浑太河	浑河	大伙房水库以上	2	14	19	113	
			大伙房水库以下	2	11	14	49	40
			大辽河	1	1	1	2	40
			小计	5	26	34	164	80
		太子河	太子河	5	37	31	285	
		小计		10	63	65	449	80
	鸭绿江	浑江口以上	浑江桓仁水库以下	3	15	23	161	
		浑江口以下	爱河	3	11	16	142	
			浑江口以下鸭绿江干流区间	2	10	12	90	
			小计	5	22	27	232	
		小计		8	36	51	393	

续表

水资源分区名称				河流、河段/条				
一级	二级	三级	四级	1000km² 以上	100～1000 km²	50～100 km²	10～50 km²	平原河流
辽河区	东北沿黄渤海诸河	沿黄渤海东部诸河	鸭绿江—大洋河区间		4	1	17	
			大洋河	2	17	18	145	
			大洋河—碧流河区间		11	6	73	
			碧流河	1	7	9	62	
			碧流河—旅顺口区间		7	6	73	
			旅顺口—复州河区间		4	7	30	
			复州河	1	3	4	35	
			复州河—大清河区间		6	6	38	
			大清河	1	3	7	29	
			大清河—大辽河区间		1	1	6	8
			小　计	5	63	65	508	8
		沿渤海西部诸河	大凌河	6	62	56	414	
			小凌河	2	15	16	114	
			小凌河—六股河区间		8	7	53	
			六股河	1	8	8	69	
			六股河—山海关区间		7	6	31	
			小　计	9	100	93	681	
		小　计		14	161	161	1189	8
	小　计			51	375	349	2611	134
松花江区	第二松花江	丰满以上	辉发河	1	3	1	12	
海河区	滦河及冀东沿海	滦河山区	青龙河	1	5	9	19	
全　省　总　计				53	384	356	2643	134

一级区覆盖辽宁省全境，分别为辽河区、松花江区、海河区。辽河区范围，北起铁岭市昌图县三江口镇，最南端至大连市旅顺口区铁山街道，东起丹东市宽甸县镇江镇，西至朝阳市凌源市大河北乡；辽宁省大部分地区属辽河区，主要河流有辽河、柳河、绕阳河、浑河、太子河、鸭绿江、浑江、爱河、大洋河、碧流河、复州河、大清河、大凌河、小凌河、六股河等。松花江区在辽宁省境内覆盖范围较小，包括抚顺市清原县草市镇、南山城镇，主要河流有辉发河。海河区在辽宁省境内仅包括葫芦岛市建昌县、朝阳市和凌源市的12个乡镇，主要河流有青龙河。

二级区分别为西辽河、东辽河、辽河干流、浑太河、鸭绿江、东北沿黄渤海诸河、第二松花江、滦河及冀东沿海。

附录 B 水资源分区河流

三级区分别为西拉木伦河及老哈河、东辽河、柳河口以上、柳河口以下、浑河、太子河、浑江口以上、浑江口以下、沿黄渤海东部诸河、沿渤海西部诸河、丰满以上、滦河山区。

辽宁省四级分区是在一级、二级、三级水资源分区基础上，根据辽宁省流域特性，共划分 32 个。

按水资源分区参与统计的辽宁省河流（段），10km² 以上共 3570 条（未包括岛屿河流 3 条），对跨四级区的河流分别进行统计，重复统计的河流包括：东辽河，统计 2 次；辽河干流，统计 3 次；浑河干流，统计 3 次。扣除重复统计河流（段），实际河流 3565 条。

B1 西拉木伦河及老哈河

该区位于辽宁省朝阳市西北端，东、西、北部被内蒙古自治区环绕，南部与大凌河流域相邻。该三级区包括老哈河 1 个四级区；按行政区划，该区在朝阳市境内，行政县（区）只有建平县。

老哈河四级区流域范围，由老哈河及其支流集水区组成，老哈河干流长 114.0km。

B2 东辽河

该区位于辽宁省铁岭市北端，西部与内蒙古自治区接壤，东、北部与吉林省接壤，南部一部分与清河流域相邻，一部分与招苏台河流域相邻。按流域水资源分区，该三级区包括二龙山水库以上、二龙山水库以下 2 个四级区；按行政区划，该三级区在铁岭市境内，包括县（区）有西丰县、昌图县。区内东辽河干流河长 116.6km。

B2.1 二龙山水库以上

该区位于辽宁省铁岭市东北端，东、西、北部与吉林省接壤，南与清河流域相邻。

二龙山水库以上四级区包括县（区）只有西丰县。二龙山水库以上四级区流域范围，由二龙山水库以上东辽河集水区组成，区内东辽河长 23.8km。

B2.2 二龙山水库以下

该区位于辽宁省铁岭市北端，西部与内蒙古自治区接壤，东、北部与吉林省接壤，南部与招苏台河流域相邻。二龙山水库以下四级区包括县（区）只有昌图县。二龙山水库以下四级区流域范围，由二龙山水库以下东辽河入辽河干流省内集水区组成，区内东辽河长 92.8km。

B3 柳河口以上

该区位于辽宁省北部，西临绕阳河流域、东与吉林省接壤、南与浑河流域相邻、北依内蒙古自治区和吉林省。按流域水资源分区，该三级区包括石佛寺水库以上区间、石佛寺水库以下区间、柳河3个四级区；按行政区划，该三级区包括沈阳市、抚顺市、铁岭市、阜新市。

B3.1 石佛寺水库以上区间

该四级区位于"柳河口以上"三级区中东部，主要包括沈阳市区、康平县、法库县、清原县、铁岭市区、铁岭县、西丰县、昌图县、铁法市、开原市。流域范围由石佛寺水库以上区间辽河干流及支流集水区组成，区内辽河干流河长211.2km。

B3.2 石佛寺水库以下区间

该四级区位于"柳河口以上"三级区西部，主要包括沈阳市区、康平县、法库县、新民市、彰武县、铁岭县。流域范围由石佛寺水库至柳河入辽河口区间辽河干流及支流集水区组成。区内辽河干流河长101.2km。

B3.3 柳河

该四级区位于"柳河口以上"三级区最西部狭长地带，主要包括新民市、阜蒙县、彰武县。流域范围由柳河及其支流集水区组成，区内柳河河长252.6km。

B4 柳河口以下

该区位于辽宁省中西部，东与浑河流域连接，西与大凌河流域相邻，南与辽东湾濒临，北与内蒙古自治区相望。按流域水资源分区，该三级区包括柳河口以下区间、绕阳河2个四级区；按行政区划，该三级区包括沈阳市、鞍山市、锦州市、盘锦市、阜新市。

B4.1 柳河口以下区间

该四级区位于"柳河口以下"三级区东南部，主要包括新民市、辽中县、台安县、盘山县、盘锦市区、大洼县、凌海市。流域范围由柳河入辽河口至辽河入海口区间辽河干流及支流集水区组成，区内辽河长242.4km。

B4.2 绕阳河

该四级区位于"柳河口以下"三级区西北部，主要包括阜蒙县、彰武县、阜新市区、新民市、辽中县、黑山县、北镇市、凌海市、盘山县、台安县。流域范围由绕阳河及其支流集水区组成。

B5 浑河

该区位于辽宁省中部，东与吉林省相望，西与辽河下游流域相邻，南临太子河流域，北依辽河中游流域。按流域水资源分区,该三级区包括大伙房水库以上、大伙房水库以下、大辽河3个四级区;按行政区划,包括抚顺市、铁岭市、沈阳市、辽阳市、鞍山市、盘锦市、营口市。

B5.1 大伙房水库以上

该区位于"浑河"三级区的中东部,主要包括抚顺市区、抚顺县、新宾县、清原县。流域范围由大伙房水库以上浑河及其支流集水区组成,区内浑河河长164.9km。

B5.2 大伙房水库以下

该区位于"浑河"三级区中西部,主要包括抚顺市区、抚顺县、沈阳市区、新民市、辽中县、辽阳县、灯塔市、台安县、海城市、铁岭县。流域范围由大伙房水库以下至浑河入大辽河河口区间浑河及其支流组成,区内浑河河长229.2km。

B5.3 大辽河

该四级区位于"浑河"三级区西南端,主要包括海城市、营口市区、大石桥市、盘锦市大洼区、盘山县。区内浑河河长101.2km。

B6 太子河

该三级区位于辽宁省中南部,东与鸭绿江流域相连,西邻浑河下游流域,南与大清河流域和大洋河流域相邻,北依浑河中上游流域。按流域水资源分区,该三级区包括太子河1个四级区;按行政区划,该三级区包括沈阳市、鞍山市、抚顺市、本溪市、丹东市、辽阳市。

B7 浑江口以上

该区位于辽宁省东部,东与吉林接壤,西连太子河上游流域,南邻鸭绿江中下游,北靠浑河流域。按流域水资源分区,该三级区包括浑江桓仁水库以下1个四级区。按行政区划,该三级区包括抚顺市、本溪市、丹东市。

B8 浑江口以下

该区位于辽宁省东南部,东与朝鲜接壤,西与太子河和大洋河相连,南接鸭绿江下游,北依太子河上游流域。按流域水资源分区,该三级区包括爱河、浑江口以下鸭绿江干流区间2个四级区。按行政区划,该三级区包括本溪市、丹东市。区内河流分布情况。

B8.1 爱河

该区位于"浑江口以下"三级区偏西部，主要包括本溪县、丹东市区、宽甸县、凤城市。流域范围由爱河及其支流集水区组成。

B8.2 浑江口以下鸭绿江干流区间

该区位于"浑江口以下"三级区东南部。主要包括丹东市区、宽甸县、东港市。流域范围由鸭绿江及其支流集水区组成。区内鸭绿江河长230.8km。

B9 沿黄渤海东部诸河

该区位于辽宁省南部，毗邻辽东湾，东与朝鲜接壤，西濒渤海、南临黄海、北与太子河流域相邻。流域水资源分区，该三级区包括鸭绿江—大洋河区间、大洋河、大洋河—碧流河区间、碧流河、碧流河—旅顺口区间、旅顺口—复州河区间、复州河、复州河—大清河区间、大清河、大清河—大辽河区间10个四级区。按行政区划，该三级区包括丹东市、鞍山市、大连市、营口市。

B9.1 鸭绿江—大洋河区间

该区位于"沿黄渤海东部诸河"三级区的东南部，包括县（区）有东港市。

B9.2 大洋河

该区位于"沿黄渤海东部诸河"三级区的东北部，主要包括岫岩县、东港市、凤城市。流域范围由大洋河及其支流集水区组成。

B9.3 大洋河—碧流河区间

该区位于"沿黄渤海东部诸河"三级区的东南部，主要包括庄河市、岫岩市。

B9.4 碧流河

该区位于"沿黄渤海东部诸河"三级区的中南部，主要包括普兰店市、庄河市、盖州市。流域范围由碧流河及其支流集水区组成。

B9.5 碧流河—旅顺口区间

该区位于"沿黄渤海东部诸河"三级区的南部，濒临黄海，主要包括大连市区、瓦房店市、普兰店市。

B9.6 旅顺口—复州河区间

该区位于"沿黄渤海东部诸河"三级区的南部，濒临渤海。主要包括大连市区、瓦房店市、普兰店市。

B9.7 复州河

该区位于"沿黄渤海东部诸河"三级区的西南部，主要包括瓦房店市、普兰店市。流域范围由复州河及其支流集水区组成。

B9.8 复州河—大清河区间

该区位于"沿黄渤海东部诸河"三级区的西部，主要包括瓦房店市、营口市区、盖州市。

B9.9 大清河

该区位于"沿黄渤海东部诸河"三级区的西北部，主要包括海城市、盖州市、大石桥市。流域范围由大清河及其支流集水区组成。

B9.10 大清河—大辽河区间

该区位于"沿黄渤海东部诸河"三级区的西北端，主要包括营口市区、盖州市、大石桥市。

B10 沿渤海西部诸河

该区位于辽宁省西部，濒临辽东湾，东与绕阳河流域相连，西与内蒙古自治区和河北省接壤，南临辽东湾，北靠内蒙古自治区。按流域水资源分区，该三级区包括大凌河、小凌河、小凌河—六股河区间、六股河、六股河—山海关区间5个四级区。按行政区划，该三级区包括锦州市、阜新市、朝阳市、盘锦市、葫芦岛市。

B10.1 大凌河

该区横跨"沿渤海西部诸河"三级区东、西边界，位于"沿渤海西部诸河"区北部，主要包括建昌县、凌源市、喀左县、建平县、朝阳市区、朝阳县、北票市、阜新市区、阜蒙县、义县、凌海市、盘山县。流域范围由大凌河及其支流集水区组成。

B10.2 小凌河

该区位于"沿渤海西部诸河"三级区中部，主要包括锦州市区、义县、凌海市、朝阳县、北票市、葫芦岛市区、兴城市。流域范围由小凌河及其支流集水区组成。

B10.3 小凌河—六股河区间

该区位于"沿渤海西部诸河"三级区东南部，主要包括凌海市、葫芦岛市区、兴城市。

B10.4 六股河

该区位于"沿渤海西部诸河"三级区西南部,主要包括绥中县、建昌县、兴城市。流域范围由六股河及其支流集水区组成。

B10.5 六股河—山海关区间

该区位于"沿渤海西部诸河"三级区南端,在绥中县境内。

B11 丰满以上

位于辽宁省东端,西与大伙房上游相邻,东与吉林省接壤。按流域水资源分区,该三级区包括辉发河1个四级区。按行政区划,该三级区在抚顺市。

该三级区内辉发河四级区,在抚顺市清原县境内。流域范围由辉发河及其支流集水区组成。

B12 滦河山区

该区位于辽宁省西端,东与大凌河流域上游相邻,西与河北省接壤。按流域水资源分区,该三级区包括青龙河1个四级区。按行政区划,该三级区包括朝阳市、葫芦岛市。

该三级区只有青龙河1个四级区,主要包括县(区)有凌源市、建昌县。流域范围由青龙河及其支流集水区组成,区内青龙河河长54.6km。

附录 C　河流特征名词解释

（1）河源、河口。河源指河流干流的发源地；河口指河流流出位置，包括入海河口、入湖河口、支流河口、内陆河消亡区等。

（2）河长。指河流由河源至河口的中泓长度。在地理信息系统的球面坐标系下直接计算，单位为 km。

（3）流域面积。指集水区内地表面积。在地理信息系统的球面坐标系下直接量算流域集水区域多边形的面积，单位为 km^2。

（4）比降。指河流干流河道平均比降，单位为‰。

（5）河流级别。直接入海或流入内陆湖泊的河流称干流，流入干流的称为一级支流，流入一级支流的称为二级支流，以此类推。

（6）河网密度。指干支流总河长与流域面积之比值，表征河流疏密程度。

（7）流域形状系数。指流域面积与河长平方之比值，又称流域形状系数，系数大时，表明流域外形接近方形，这种流域水量集中较快；系数小时，表明流域外形接近长条形，水量集中较慢。河源至河口两端点间的河长。

（8）流域平均宽度。指流域面积与河长之比值，单位为 km。

（9）弯曲系数。指干流与其直线距离之比。

附录 D 辽宁省河流名录表

表 D.1 辽宁省大型河流（$F \geq 5000 km^2$）名录表

序号	河流名称	流域面积/km^2	河流长度/km	河流级别	注入江河（湖、海）	岸别	河源地址	经流	河口地址	比降/‰
1	辽河	191946	1383	0	渤海	无	内蒙古自治区克什克腾旗芝瑞镇马架子村	内蒙古自治区克什克腾旗、林西县、翁牛特旗、巴林右旗、阿鲁科尔沁旗、奈曼旗、开鲁县、通辽市科尔沁左翼中旗、科尔沁左翼后旗、吉林省双辽市、辽宁省康平县、昌图县、法库县、开原市、铁岭市、铁岭县、沈阳市沈北新区、新民市、沈阳市辽中区、盘山县、盘锦市双台子区	辽宁省盘锦市大洼区赵圈河镇辽河口自然保护区	0.43
2	鸭绿江	32861	821	0	黄海	无	吉林省长白县	吉林省长白县、临江市、白山市浑江区、集安市、辽宁省宽甸县、丹东市振安区、丹东市元宝区、丹东市振兴区、东港市；朝鲜	辽宁省东港市大东街道丹东东港	0.89
3	老哈河	29623	451	1	辽河	右岸	河北省平泉市柳溪镇大窝铺村二道水泉沟门	河北省平泉市、内蒙古自治区宁城县、赤峰市松山区、敖汉旗、喀喇沁旗、翁牛特旗、奈曼旗、辽宁省建平县	内蒙古自治区奈曼旗八仙筒镇西孟家段村	0.90
4	浑河	28260	495	0	渤海	无	辽宁省清原县湾甸子镇滚栈沟村	辽宁省清原县、新宾县、抚顺市新抚区、抚顺市顺城区、抚顺市望花区、抚顺市东洲区、抚顺市、抚顺市于洪区、沈阳市苏家屯区、沈阳市和平区、沈阳市于洪区、沈阳市辽中区、辽阳县、灯塔市、沈阳市沈北新区、台安县、盘山县、大石桥市、盘锦市大洼区、营口市老边区、营口市站前区、营口市西市区	辽宁省营口市西市区渤海大街西炮台	0.42
5	大凌河	23235	453	0	渤海	无	辽宁省建昌县要路沟乡要路沟村	辽宁省建昌县、喀左县、朝阳市双塔区、北票市、义县、凌海市、朝阳市龙城县、朝阳县、盘山县	辽宁省盘山县东郭镇南井子村	0.81

附录D 辽宁省河流名录表

续表

序号	河流名称	流域面积/km²	河流长度/km	河流级别	注入江河(湖、海)	岸别	河源地址	流经	河口地址	比降/‰
6	浑江	15340	431	1	鸭绿江	右岸	吉林省白山市江源区正岔街道七岔村	吉林省白山市江源区、通化市浑江区、通化市东昌区、通化县、集安市、辽宁省桓仁县、宽甸县	辽宁省宽甸县振江镇浑江村	0.89
7	辉发河	14905	270	3	第二松花江	无	辽宁省清原县南山城镇大北岔村	辽宁省清原县、吉林省梅河口市、辉南县、磐石市、桦甸市	吉林省桦甸市金沙乡工农村	0.51
8	太子河	13493	363	1	浑河	左岸	辽宁省新宾县平顶山镇橙厂村	辽宁省新宾县、本溪市明山区、本溪县、本溪市溪湖区、本溪市平山区、灯塔市、辽阳市弓长岭区、辽阳市宏伟区、辽阳县、辽阳市太子河区、辽阳市白塔区、海城市	辽宁省海城市西四镇八家子村	0.74
9	东辽河	11189	377	1	辽河	左岸	吉林省东辽县辽河源镇安北村	吉林省东辽县、辽源市西安区、辽源市龙山区、吉林省西丰县、辽宁省昌图县、吉林省伊通县、公主岭市、梨树县、双辽市、内蒙古自治区科尔沁左翼后旗、辽宁省康平县	辽宁省昌图县长发镇王子村	0.46
10	绕阳河	10348	326	1	辽河	右岸	辽宁省阜蒙县扎兰营子乡七家子村	辽宁省阜蒙县、彰武县、新民市、黑山县、台安县、盘锦兴隆台区	辽宁省盘山县东郭镇万金滩	0.40
11	大洋河	6554	182	0	黄海	无	辽宁省岫岩县偏岭镇丰富村	辽宁省岫岩县、盘锦岩县、凤城市、东港市	辽宁省东港市黄土坎镇沙碱村	0.72
12	青龙河	6267	265	1	滦河	无	河北省平泉市松树台乡冯家店村罗圈	河北省平泉市、辽宁省凌源市、河北省宽城县、青龙县、卢龙县	河北省卢龙县卢龙镇朱庄子村	1.56
13	爱河	5809	192	1	鸭绿江	右岸	辽宁省凤城市爱阳镇东新村	辽宁省凤城市、宽甸县、丹东振安区	辽宁省丹东市振安区九连城镇上尖村	1.10
14	柳河	5345	302	1	辽河	右岸	内蒙古自治区库伦旗扣河子镇五星村	内蒙古自治区库伦旗、辽宁省阜新县、彰武县、新民市	辽宁省新民市东城街道绕锅社区	1.04
15	清河	5150	159	1	辽河	左岸	辽宁省清原县英额门镇转湘湖村	辽宁省清原县、开原市、铁岭清河区	辽宁省开原市亚民镇清江村	1.47
16	小凌河	5088	209	0	渤海	无	辽宁省建昌县谷杖子乡包杖子村	辽宁省建昌县、朝阳县、锦州市太和区、葫芦岛市南票区、凌海市	辽宁省锦州市锦州经济技术开发区	1.12

附录 D 辽宁省河流名录表

表 D.2 辽宁省中型河流（1000km² ≤ F < 5000km²）名录表

序号	河流名称	流域面积 /km²	河流长度 /km	河流级别	注入江河（湖、海）	岸别	河源地址	流 经	河口地址	比降 /‰
1	招苏台河	4828	263	1	辽河	左岸	吉林省梨树县十家堡镇王相村	吉林省梨树县、辽宁省昌图县	辽宁省昌图县通江口镇义兴村	0.39
2	牤牛河	4648	146	1	大凌河	左岸	内蒙古自治区苏木前乌兰额日格嘎查	内蒙古自治区奈曼旗、北票市	辽宁省北票市长皋乡下营村	1.75
3	细河	3096	126	1	大凌河	左岸	辽宁省阜蒙县阜新镇平安地村	辽宁省阜蒙县、阜新市新邱区、阜新市太平区、阜新市海州区、义县、阜新市清河门区	辽宁省义县大榆树堡镇梁家塔村	1.28
4	六股河	3069	162	0	渤海	无	辽宁省建昌县合杖子乡吉杖子村	辽宁省建昌县、兴城市、绥中县	辽宁省绥中县小庄子镇大涌塔村	1.61
5	碧流河	2839	165	0	黄海	无	辽宁省盖州市卧龙泉镇北阳村	辽宁省盖州市、庄河市、大连市普兰店区	辽宁省大连市普兰店区碧流街道碧流河社区	1.31
6	大凌河西支	2331	103	1	大凌河	左岸	内蒙古自治区宁城县必斯营子镇温杖子村	内蒙古自治区宁城县、河北省平泉市、辽宁省凌源市	辽宁省喀喇沁左翼蒙古族自治县大城子镇小河湾村	3.27
7	草河	2200	146	2	爱河	右岸	辽宁省本溪县草河掌镇草河村	辽宁省本溪县、凤城市	辽宁省凤城市草河街道爱河村	1.73
8	寇河	2170	113	2	清河	右岸	辽宁省西丰县振兴镇枫树村	辽宁省西丰县、开原市、铁岭市清河区	辽宁省开原市老城街道	1.80
9	东沙河	2167	142	2	绕阳河	右岸	辽宁省阜蒙县扎兰营子镇七家子村	辽宁省阜蒙县、黑山县、北镇市、盘山县	辽宁省盘山县高升街道后屯村	0.83
10	哨子河	2167	144	1	大洋河	左岸	辽宁省岫岩县牧牛镇益临店村	辽宁省岫岩县、凤城市	辽宁省凤城市沙里寨镇洋河村	1.44
11	苏子河	2161	148	1	浑河	左岸	辽宁省新宾县红升乡关家村	辽宁省新宾县、抚顺县	辽宁省抚顺县夹河乡古楼村	1.57

附录D 辽宁省河流名录表

续表

序号	河流名称	流域面积/km²	河流长度/km	河流级别	注入江河（湖、海）	岸别	河源地址	流经	河口地址	比降/‰
12	秀息牧河	1981	123	1	辽河	右岸	辽宁省彰武县章古台镇邰家村	辽宁省彰武县、新民市	辽宁省新民市东城街道北山村	0.93
13	富尔江	1923	116	2	浑江	右岸	辽宁省新宾县北四平乡火石村	辽宁省新宾县、吉林省通化市、辽宁省桓仁县	辽宁省桓仁县北甸子乡北甸子村	1.24
14	秀水河	1903	139	1	辽河	右岸	辽宁省彰武县章古台镇富源村	辽宁省彰武县、内蒙古自治区科尔沁左翼后旗、宁康平县、法库县、新民市	辽宁省新民市公主屯镇关家窝堡村	0.79
15	复州河	1648	129	0	渤海	无	辽宁省普兰店区同益街道和平村	辽宁省大连市普兰店区、瓦房店市	辽宁省瓦房店市三台满族乡娘娘宫村	1.33
16	北沙河	1590	102	2	太子河	右岸	辽宁省抚顺县海浪乡前楼村	辽宁省抚顺县、本溪市本溪湖区、沈阳市苏家屯区、灯塔市	辽宁省灯塔市西马峰镇新生村	0.86
17	二道河	1544	145	2	招苏台河	左岸	吉林省四平市铁东区山门镇古洞村	吉林省四平市铁东区、辽宁省昌图县	辽宁省昌图县高家窝堡村	0.66
18	女儿河	1495	129	1	小凌河	右岸	辽宁省兴城市药王满族乡叶家屯村	辽宁省兴城市、葫芦岛市连山区、锦州太和区	辽宁省锦州太和街道	1.37
19	老虎山河	1486	82	1	大凌河	左岸	内蒙古自治区敖汉旗金厂沟梁镇石匠村	内蒙古自治区敖汉旗、辽宁省建平县、朝阳市龙城区	辽宁省朝阳县龙城公皋岭社区南大平房镇	5.39
20	西沙河	1454	97	2	绕阳河	右岸	辽宁省阜新县新民镇卡拉房子村	辽宁省阜新县、北镇市、盘山县	辽宁省盘山县羊圈子镇湾南村	0.82
21	大清河	1452	99	0	渤海	无	辽宁省大石桥市建一镇板长峪村	辽宁省大石桥市、盖州市	辽宁省盖州市西海街道河口村	2.05
22	柴河	1441	133	1	辽河	左岸	辽宁省清原县枸乃甸乡中心屯村	辽宁省清原县、开原市、铁岭市、铁岭银州区	辽宁省铁岭县镇西堡镇李家屯村	1.91

附录 D 辽宁省河流名录表

续表

序号	河流名称	流域面积/km²	河流长度/km	河流级别	注入江河(湖、海)	岸别	河源地址	流经	河口地址	比降/‰
23	汤河	1422	87	2	太子河	左岸	辽宁省辽阳县洞哈满族乡粉城墙村	辽宁省辽阳县、辽阳市弓长岭区	辽宁省辽阳市文圣区小屯镇双庙子西小村	2.82
24	海城河	1377	92	2	太子河	左岸	辽宁省海城市孤山镇瓦子沟村	辽宁省海城市	辽宁省海城市牛庄镇西小村	1.50
25	蒲河	1359	202	1	浑河	右岸	辽宁省铁岭县横道河子镇武家沟村	辽宁省铁岭县、沈阳市沈北新区、沈阳市于洪区、沈阳市新民市、沈阳市辽中区	辽宁省沈阳市辽中区老观坨镇后老薄村	0.41
26	半拉江	1321	93	2	浑江	左岸	辽宁省宽甸县大川头杨树岭自然保护区	辽宁省宽甸县	辽宁省宽甸县太平哨镇甸子村	2.79
27	蹦河	1293	115	2	老哈河	右岸	辽宁省建平县杨树岭乡套卜河下村	辽宁省建平县、内蒙古自治区敖汉旗	内蒙古自治区敖汉旗四道湾子镇小河沿村	2.26
28	蒲石河	1158	132	1	鸭绿江	右岸	辽宁省宽甸县大川头白石砬子自然保护区	辽宁省宽甸县	辽宁省宽甸县古楼子乡大蒲石河村	2.23
29	细河	1126	119	2	太子河	左岸	辽宁省凤城市青城子镇白云山村	辽宁省凤城市、本溪县、本溪市平山区、辽阳县、灯塔市	辽宁省灯塔市鸡冠山乡大家沟村	3.02
30	第二牤牛河	1092	50	1	大凌河	左岸	辽宁省建平县富山街道牛河梁村	辽宁省建平县、喀左县、朝阳县	辽宁省朝阳县乌兰河硕蒙古族乡乌兰河硕村	5.05
31	山羊峪河	1060	93	3	草河	右岸	辽宁省凤城市青城子镇桃源村	辽宁省凤城市	辽宁省凤城市凤凰城街道中兴村	2.17
32	泛河	1046	120	1	辽河	左岸	辽宁省铁岭县桃源满族乡夹河厂村	辽宁省铁岭县、铁岭市银州区	辽宁省铁岭县凡河镇药王庙村	1.62

205

附录 D 辽宁省河流名录表

表 D.3 辽宁省小型河流（$100km^2 \leq F < 1000km^2$）名录表

序号	河流名称	流域面积/km²	河流长度/km	河流级别	注入江河(湖、海)	岸别	河源地址	经流	河口地址	比降/‰
1	大沙河	999	99	0	黄海	无	辽宁省大连市普兰店区乐甲街道鲁凤村	辽宁省大连市普兰店区、瓦房店市、大连市金州区	辽宁省大连市普兰店区大刘家街道麦家社区	1.16
2	黑城子河	954	65	2	牤牛河	右岸	内蒙古自治区敖汉旗贝子府镇王家营子村	内蒙古自治区敖汉旗、辽宁省北票市	辽宁省北票市黑城子镇冠山村	4.29
3	南太子河	951	88	2	太子河	左岸	辽宁省本溪县东营房乡洋湖沟村	辽宁省本溪县	辽宁省本溪市南甸镇马城子村	3.16
4	西马莲河	935	99	3	卧龙湖	无	辽宁省彰武县阿尔乡镇北甸子村	辽宁省彰武县、内蒙古自治区	辽宁省康平县小齐家窝堡村	1.68
5	八道河	906	95	2	爱河	右岸	辽宁省凤城市赛马镇东甸村	辽宁省凤城市	辽宁省凤城市大堡蒙古族乡大堡村	2.62
6	英那河	884	93	0	黄海	无	辽宁省岫岩县龙潭镇鹿圈村	辽宁省岫岩县、庄河市	辽宁省庄河市黑岛镇蔡家村	2.14
7	条子河	820	105	2	招苏台河	左岸	吉林省四平市铁东区石岭镇郭家村	吉林省梨树县、四平市铁东区、四平市铁西区、辽宁省昌图县	辽宁省昌图县曲家店镇他本改村	0.81
8	官营子河	799	42	2	牤牛河	左岸	辽宁省阜蒙县大五家子镇小五家子村	辽宁省阜蒙县	辽宁省阜蒙县于寺镇房子村	3.02
9	渗津河	770	68	1	大凌河	左岸	辽宁省凌源市三十家子蒙古族乡宣杖子村	辽宁省凌源市、喀左县	辽宁省喀左县平房子镇桃花池村	3.21
10	海棠河	757	54	2	老哈河	右岸	辽宁省建平县张家营子镇青山村	辽宁省建平县	辽宁省建平县太平庄镇和乐村	2.45
11	大雅河	750	83	2	浑江	右岸	辽宁省桓仁县八里甸子镇马鹿泡村	辽宁省桓仁县	辽宁省桓仁县雅河朝鲜族乡雅河村	4.33

辽宁省河流名录表 附录 D

续表

序号	河流名称	流域面积/km²	河流长度/km	河流级别	注入江河（湖、海）	岸别	河源地址	流经	河口地址	比降/‰
12	凉水河子河	744	56	1	大凌河	左岸	辽宁省北票市龙潭镇正北沟村	辽宁省北票市	辽宁省北票市凉水河蒙古族乡万松山村	5.60
13	大二河	740	61	2	浑江	右岸	辽宁省桓仁县华来镇高俭地村	辽宁省桓仁县	辽宁省桓仁县桓仁镇平原城村	4.22
14	拉马河	733	61	1	辽河	右岸	辽宁省法库县慈恩寺乡门家沟村	辽宁省法库县、铁岭县	辽宁省铁岭县阿吉镇陈平堡村	0.77
15	伊马图河	708	74	2	细河	右岸	辽宁省阜蒙县八家子镇果树村	辽宁省阜蒙县	辽宁省阜蒙县卧凤沟乡赵家窝堡村	3.08
16	兴城河	697	57	0	渤海	无	辽宁省兴城市郭家满族镇陈家村	辽宁省兴城市	辽宁省兴城市曹庄镇大河口村	2.21
17	月牙河	658	47	2	绕阳河	右岸	辽宁省北镇市闾阳镇石堡子村	辽宁省北镇市、凌海市、盘山县	辽宁省盘山县东郭镇月牙子村	0.70
18	石河	647	80	0	渤海	无	辽宁省绥中县加碑岩乡黄木杖子村	辽宁省绥中县、河北省抚宁县、秦皇岛市山海关区、秦皇岛市海港区	河北省秦皇岛市山海关区第一关镇侯庄子村	3.33
19	羊肠河	635	98	2	绕阳河	右岸	辽宁省阜新县国华乡靳新店村	辽宁省阜新县、黑山县	辽宁省北镇市新立农场三分场	1.31
20	东马莲河	635	93	3	卧龙湖	无	内蒙古自治区科尔沁左翼后旗甘旗卡镇雅玛吐嘎查	内蒙古自治区科尔沁左翼后旗、辽宁省康平县	辽宁省康平县二牛所口镇任家窝铺村	1.76
21	五道河	629	62	2	太子河	左岸	辽宁省海城市王石镇金坑村	辽宁省海城市	辽宁省海城市望台镇刘家台村	1.63
22	叶赫河	629	61	3	寇河	右岸	吉林省四平市铁东区石岭子镇十里堡村	吉林省梨树县、四平市铁东区、辽宁省开原市	辽宁省开原市威远堡镇纪家村	2.32

附录D 辽宁省河流名录表

续表

序号	河流名称	流域面积/km²	河流长度/km	河流级别	注入江河(湖、海)	岸别	河源地址	流经	河口地址	比降/‰
23	十家子河	627	42	1	大凌河	左岸	辽宁省朝阳县大庙镇青山村	辽宁省朝阳县、朝阳市龙城区、朝阳市双塔区	辽宁省朝阳市双塔区长宝营子乡嘎岔村	6.94
24	庄河	618	62	0	黄海	无	辽宁省庄河市蓉花山镇双岭村	辽宁省庄河市	辽宁省庄河市城关街道龙王庙村	1.68
25	土牛河	615	56	1	大洋河	左岸	辽宁省凤城市边门镇谢家村	辽宁省凤城市、东港市	辽宁省凤城市蓝旗镇白旗村	1.86
26	二道河	604	68	2	绕阳河	右岸	辽宁省阜蒙县沙拉镇北查海村	辽宁省阜蒙县	辽宁省阜蒙县泡子镇怒河旗村	1.68
27	亮子河	591	56	1	大洋河	左岸	辽宁省凤城市宝山镇历家村	辽宁省凤城市	辽宁省凤城市沙里寨镇李家村	2.83
28	狗河	586	88	0	渤海	无	辽宁省绥中县加碑岩乡筲箕沟村	辽宁省绥中县	辽宁省绥中县地满族镇西李村	3.02
29	中固河	571	62	1	辽河	左岸	辽宁省开原市松山镇二道沟村	辽宁省开原市、铁岭县	辽宁省铁岭县镇西堡镇下塔子村	3.13
30	阿哈来河	568	53	2	柳河	右岸	辽宁省阜蒙县八家子镇七家子村	辽宁省阜蒙县	辽宁省阜蒙县旧庙镇哈四村	2.04
31	亮子河	566	106	1	辽河	左岸	辽宁省昌图县泉头镇黄顶子村	辽宁省昌图县、开原市	辽宁省开原市庆云堡镇后施家堡村	0.85
32	汤河西支	562	59	3	汤河	左岸	辽宁省辽阳县吉洞峪满族乡礼备沟村	辽宁省辽阳县、弓长岭区	辽宁省弓长岭区汤河镇柳河汤民委员会	2.93
33	黑水河	554	61	1	六股河	右岸	辽宁省建昌县养马甸子乡大杨树沟村	辽宁省建昌县、绥中县、兴城市	辽宁省绥中县高台镇万豚村	3.21

辽宁省河流名录表 附录 D

续表

序号	河流名称	流域面积/km²	河流长度/km	河流级别	注入江河(湖、海)	岸别	河源地址	流经	河口地址	比降/‰
34	碾盘河	552	55	2	清河	右岸	辽宁省西丰县和隆满族乡万和村	辽宁省西丰县、开原市	辽宁省开原市八棵树镇前耿王庄村	3.21
35	东小河	551	45	2	老哈河	右岸	辽宁省建平县沙海镇四节梁村	辽宁省建平县、内蒙古自治区宁城县	内蒙古自治区宁城县汐子镇二十家子村	1.20
36	哈达河	545	36	1	大洋河	右岸	辽宁省岫岩县哈达碑镇玉石矿村	辽宁省岫岩县	辽宁省岫岩县阜昌街道西北营村	5.71
37	热水河	543	40	2	大凌河西支	左岸	内蒙古自治区宁城县五化镇得力胡同村	内蒙古自治区宁城县、辽宁省凌源市	辽宁省凌源市东城街道辛杖子村	5.37
38	二道河子河	533	31	2	苏子河	左岸	辽宁省新宾县榆树乡边外村	辽宁省新宾县	辽宁省新宾县永陵镇前进村	5.74
39	东洲河	528	60	1	浑河	左岸	辽宁省抚顺县救兵镇山龙村	辽宁省抚顺县、抚顺市东洲区	辽宁省抚顺市东洲区东洲街道东洲社区	4.15
40	社河	520	54	1	浑河	左岸	辽宁省抚顺县后安镇夏家村	辽宁省抚顺县	辽宁省抚顺县上马镇台沟村	4.89
41	英额河	519	44	1	浑河	右岸	辽宁省清原县英额门镇咎岭龙背村	辽宁省清原县	辽宁省清原县清原镇马前梁村	3.79
42	柳壕河	518	54	2	太子河	左岸	辽宁省辽阳县文圣区南门道甜水满门道	辽宁省辽阳文圣区、辽阳市白塔区、辽阳市太子河区、辽阳县	辽宁省辽阳县柳壕镇青渔湾村	0.07
43	兰河	516	65	2	太子河	右岸	辽宁省辽阳县甜水满族乡鸡爪村	辽宁省辽阳县	辽宁省辽阳县寒岭镇栗子同村	5.45
44	青营岭河	514	43	2	哨子河	左岸	辽宁省岫岩县石庙子镇棉村	辽宁省岫岩县	辽宁省岫岩县黄花甸镇黄花甸村	3.74

附录D 辽宁省河流名录表

续表

序号	河流名称	流域面积/km²	河流长度/km	河流级别	注入江河（湖、海）	岸别	河源地址	经流	河口地址	比降/‰
45	王河	500	47	1	辽河	右岸	辽宁省法库县慈恩寺乡刘家窝堡村	辽宁省法库县、调兵山市、铁岭县	辽宁省铁岭县镇西堡镇果园子村	0.47
46	万泉河	490	47	1	辽河	左岸	辽宁省铁岭县李千户镇金家沟村	辽宁省铁岭县、沈阳市沈北新区	辽宁省沈阳市沈北新区黄家街道高坎社区	1.16
47	西河	485	40	4	辉发河	左岸	辽宁省清原县英额门镇孤山子村	辽宁省清原县、吉林省梅河口市	吉林省梅河口市山城镇城东村	0.46
48	小汤河	480	58	2	太子河	左岸	辽宁省本溪县草河掌镇佟家堡村	辽宁省本溪县	辽宁省本溪县小市镇上堡村	5.22
49	三十家子河	479	35	2	青龙河	左岸	河北省平泉市台头山镇塔子山村	河北省平泉市、辽宁省凌源市	辽宁省凌源市前进乡坤都沟门村	4.93
50	巴图营子河	474	57	1	小凌河	左岸	辽宁省朝阳市三宝营乡平房村	辽宁省朝阳县	辽宁省朝阳县松岭门蒙古族乡松岭门村	3.06
51	湖里河	469	48	0	黄海	无	辽宁省庄河市塔岭镇隈子村	辽宁省庄河市	辽宁省庄河市青堆镇盛家村	1.32
52	北肢河	468	77	3	半拉江	左岸	辽宁省宽甸县八河川镇冒山村	辽宁省宽甸县	辽宁省宽甸县太平哨镇太平哨村	3.17
53	浮渡河	467	45	0	渤海	无	辽宁省瓦房店市万家岭乡烧锅村	辽宁省瓦房店市、盖州市	辽宁省瓦房店市李官镇矿洞沟村	3.41
54	北小河	464	46	1	小凌河	左岸	辽宁省义县地藏寺满族乡烧锅村	辽宁省义县、凌海市	辽宁省凌海市班吉塔镇东跨子洞村	3.06
55	顾洞河	458	56	1	大凌河	左岸	内蒙古自治区敖汉旗金厂沟梁镇下湾子村	内蒙古自治区敖汉旗、辽宁省北票市、朝阳市双塔区	辽宁省朝阳市双塔区桃花吐镇坤头营子村	5.89

辽宁省河流名录表 附录D

续表

序号	河流名称	流域面积/km²	河流长度/km	河流级别	注入江河(湖、海)	岸别	河源地址	流经	河口地址	比降/‰
56	尖山子河	453	51	2	秀水河	右岸	辽宁省彰武县大四家子镇东梁村	辽宁省彰武县、康平县、法库县	辽宁省法库县秀水河子镇秀水河子村	1.18
57	石河	434	70	0	渤海	无	辽宁省绥中县加碑岩乡王台村	辽宁省绥中县	辽宁省绥中县高岭镇照山嘴子村	3.81
58	南沙河	426	58	2	太子河	左岸	辽宁省鞍山千山区千山风景区庙尔台村	辽宁省鞍山市千山区、鞍山市铁东区、辽阳县	辽宁省辽阳县唐马寨镇南陀子村	1.34
59	王宝河	422	56	2	六股河	右岸	辽宁省绥中县大王庙镇大黄羊沟村	辽宁省绥中县	辽宁省绥中县高台镇腰古城寨村	2.52
60	潮沟河	419	65	1	辽河	右岸	辽宁省海市金城原种场	辽宁省海市、盘山县、盘锦市兴隆台区	辽宁省盘山县东郭镇欢草岭	0.24
61	马圈子河	407	32	1	太子河	右岸	辽宁省抚顺县马圈子乡大平村	辽宁省抚顺县、本溪县	辽宁省本溪县清河城镇万利村	2.97
62	汤头河	406	63	2	细河	右岸	辽宁省阜新县紫都台镇宝台堂村	辽宁省阜蒙县、阜新市清河门区	辽宁省阜新市清河门区乌龙坝镇蒲草泡村	3.90
63	巨流河	399	40	3	富尔江	右岸	辽宁省新宾县永陵镇陡岭林场	辽宁省新宾县	辽宁省新宾县响水河子乡芳草村	3.51
64	牛毛生河	397	48	2	爱河	左岸	辽宁省宽甸县双山子镇黎明林场	辽宁省宽甸县	辽宁省宽甸县灌水镇二道河子村	4.47
65	清水河	388	72	2	青龙河	左岸	辽宁省建昌县老大杖子乡杏花村	辽宁省建昌县、凌源市	辽宁省凌源市杨杖子镇百牛群村	4.37
66	贺家排水总干	387	47	2	绕阳河	左岸	辽宁省沈阳市辽中区老大房镇高家窝	辽宁省沈阳市辽中区、黑山县、台安县	辽宁省台安县桑林子镇魏家村	0.21

211

附录D 辽宁省河流名录表

续表

序号	河流名称	流域面积 /km²	河流长度 /km	河流级别	注入江河（湖、海）	岸别	河源地址	流经	河口地址	比降 /‰
67	扎兰营子河	375	37	1	大凌河	右岸	辽宁省北票市三宝营乡陈奎营村	辽宁省北票市、义县	辽宁省义县头道河镇新立屯村	3.48
68	雅河	370	53	2	浑江	右岸	辽宁省宽甸县八河川镇蜂蜜沟村	辽宁省宽甸县	辽宁省宽甸县青山沟镇青山湖村	5.24
69	西大清河	369	42	1	大清河	右岸	辽宁省海城市英落镇后营村	辽宁省海城市、大石桥市、盖州市	辽宁省盖州市高屯镇现峪村	1.79
70	地河	363	71	2	养息牧河	右岸	辽宁省彰武县阿尔乡镇北甸子村	辽宁省彰武县、内蒙古自治区科尔沁左翼后旗	辽宁省彰武县西六家子镇三河岔村	2.40
71	老寨川河	363	54	2	忙牛河	右岸	辽宁省北票市四家子乡王增店村	辽宁省北票市	辽宁省北票市黑城子镇样顺号村	6.36
72	双岔河	361	36	1	大洋河	右岸	辽宁省东港市新农镇马圈子	辽宁省东港市、庄河市	辽宁省东港市孤山镇刘大房村	0.78
73	苇塘河	358	72	2	绕阳河	左岸	辽宁省彰武县四堡子镇冷家村	辽宁省彰武县	辽宁省彰武县双庙镇明水村	1.24
74	朝阳寺河	357	65	3	东沙河	右岸	辽宁省阜蒙县大板镇新华村	辽宁省阜蒙县、黑山县	辽宁省黑山县胡家镇胡家村	2.87
75	柳林河	355	54	1	鸭绿江	右岸	辽宁省东港市长安镇三级台村	辽宁省东港市	辽宁省丹东市振兴区江海街道海龙村	0.98
76	邵绕排干	355	19	2	绕阳河	左岸	辽宁省新民市周坨子镇韩坨子村	辽宁省新民市	辽宁省新民市姚堡乡中腰堡村	0.18
77	十里河	348	45	3	北沙河	左岸	辽宁省灯塔市柳河子镇银匠堡子村村民委员会	辽宁省灯塔市、沈阳市苏家屯区	辽宁省灯塔市大河南镇二十家子村	1.21

辽宁省河流名录表 附录 D

续表

序号	河流名称	流域面积 /km²	河流长度 /km	河流级别	注入江河（湖、海）	岸别	河源地址	流经	河口地址	比降 /‰
78	东官营子河	318	47	2	凉水河子河	左岸	辽宁省北票市东官营子乡瓦房村	辽宁省北票市	辽宁省北票市凉水河蒙古族乡凉水河村	6.31
79	熊岳河	316	43	0	渤海	无	辽宁省盖州市杨运镇北岔村	辽宁省盖州市、营口市鲅鱼圈区	辽宁省鲅鱼圈区熊岳镇子园子村	4.24
80	二道河	310	35	2	老虎山河	右岸	辽宁省建平县榆树林子镇老烧铺村	辽宁省建平县	辽宁省建平县朱碌科镇七合营子村	9.53
81	响水河	340	37	1	碧流河	右岸	辽宁省盖州市万福镇万福村	辽宁省盖州市	辽宁省盖州市万福镇万福村	5.89
82	大旱河	339	40	0	渤海	无	辽宁省大石桥市百寨街道腰屯村	辽宁省大石桥市、营口市老边区、盖州市	辽宁省营口市老边区海街道河口村	0.66
83	鸭子河	336	46	3	西沙河	右岸	辽宁省北镇市五峰林场	辽宁省北镇市、盘山县	辽宁省盘山县羊圈子镇沙河子村	1.27
84	岚崮河	330	53	1	复州河	左岸	辽宁省瓦房店市九龙街道吴护村	辽宁省瓦房店市	辽宁省瓦房店市三台满族乡东盔旗村	1.12
85	红山河	330	67	3	二道河	左岸	辽宁省昌图县泉头镇护林村	辽宁省昌图县	辽宁省昌图县宝力镇丰源村	1.28
86	古山子河	326	40	2	十家子河	左岸	内蒙古自治区敖汉旗四家子镇长力哈达村	内蒙古自治区敖汉旗、辽宁省朝阳县、朝阳市龙城区	辽宁省朝阳龙城开发区龙泉街道东三家村	10.20
87	大定河	324	37	1	大凌河	右岸	辽宁省义县大定堡满族乡大定堡村	辽宁省义县、凌海市	辽宁省凌海市余积镇小方西地村	2.45
88	蒙古营子河	323	47	2	牤牛河	右岸	辽宁省北票市娄家店乡冯家营村	辽宁省北票市	辽宁省北票市三宝乡大板沟	5.40

附录D 辽宁省河流名录表

续表

序号	河流名称	流域面积/km²	河流长度/km	河流级别	注入江河(湖、海)	岸别	河源地址	流经	河口地址	比降/‰
89	章党河	322	40	1	浑河	右岸	辽宁省铁岭县横道河子镇东三岔子村	辽宁省铁岭县、抚顺市东洲区	辽宁省抚顺市东洲区章党街道章党村	3.12
90	沙河	321	36	1	英那河	左岸	辽宁省岫岩县龙潭镇林场	辽宁省岫岩县、庄河市	辽宁省庄河市塔岭镇石岭村	4.47
91	烟台河	320	45	0	渤海	无	辽宁省兴城市碱厂满族乡白庙子村	辽宁省兴城市	辽宁省兴城市海滨满族乡李金村	2.93
92	三通河	318	35	3	五道河	右岸	辽宁省海城市甘泉镇英城子村	辽宁省海城市、鞍山千山区	辽宁省海城市耿庄镇土台子村	0.83
93	蒿桑河	317	38	1	大凌河	左岸	辽宁省建昌县王宝营子乡安子沟村	辽宁省建昌县、喀左县	辽宁省喀左县白塔子镇大西山村	5.06
94	九龙河	314	34	2	蒲河	右岸	辽宁省沈阳沈北新区财落街道郝集体村	辽宁省沈阳市沈北新区、沈阳市于洪区	辽宁省沈阳市于洪区光辉街道集体村	0.56
95	深井河	312	39	2	第二忙牛河	左岸	辽宁省建平县深井镇康家窝堡村	辽宁省建平县	辽宁省建平县万寿街道小平房村	8.12
96	老爷庙河	312	32	1	大凌河	右岸	辽宁省喀左县十二德堡镇和尚沟村	辽宁省喀左县	辽宁省喀左县东哨镇大马架子村	5.05
97	燕飞里排干	311	28	1	辽河	左岸	辽宁省新民市罗家房镇曹家村	辽宁省新民市	辽宁省新民市兴隆堡镇王家窝堡村	0.34
98	红汀子河	308	36	2	浑江	左岸	辽宁省桓仁县二棚甸子镇四平村	辽宁省桓仁县	辽宁省桓仁县二棚甸子镇横道川村	5.39
99	杨柳河	307	60	2	太子河	左岸	辽宁省海城市大屯镇东房身村	辽宁省海城市、鞍山市千山区、辽阳县	辽宁省辽阳县穆家镇新台子村	1.21

附录 D 辽宁省河流名录表

续表

序号	河流名称	流域面积 /km²	河流长度 /km	河流级别	注入江河（湖、海）	岸别	河源地址	流经	河口地址	比降 /‰
100	饮马河	307	29	2	爱河	右岸	辽宁省凤城市边门镇赫家村	辽宁省凤城市、丹东市振安区	辽宁省丹东市振安区汤山城镇榆树林村	2.03
101	百股河	307	35	1	小凌河	左岸	辽宁省义县大定堡满族乡南石桥子村	辽宁省义县、凌海市、锦州市太和区	辽宁省锦州市凌河区紫荆街道紫荆村	3.49
102	南大河	306	40	3	草河	右岸	辽宁省凤城市鸡冠山镇大阳沟村	辽宁省凤城市	辽宁省凤城市草河街道平安村	4.17
103	古城子河	305	40	1	浑河	左岸	辽宁省抚顺县石文镇八家子村	辽宁省抚顺县、抚顺市望花区、抚顺市新抚区	辽宁省抚顺市望花区古城街道望花桥	2.68
104	蛤蜊河	301	58	1	碧流河	左岸	辽宁省庄河市步云山乡步云山村	辽宁省庄河市	辽宁省庄河市桂花满族乡桂云花村	4.90
105	宋杖子河	300	45	2	大凌河西支	右岸	河北省平泉市台头山镇老窝铺村稻材山	河北省平泉市、辽宁省凌源市	辽宁省凌源市宋杖子镇二十里堡村	7.88
106	胜利河	299	41	1	大凌河	右岸	辽宁省朝阳县胜利镇花坤头营子村	辽宁省朝阳县	辽宁省朝阳县木头营子乡岭村	7.34
107	渭水河	299	36	2	哨子河	左岸	辽宁省岫岩县大营子镇陶家隈村	辽宁省岫岩县	辽宁省岫岩县大营子镇石头岭村	5.34
108	于寺河	295	41	3	官营子河	左岸	辽宁省阜蒙县大五家子镇电力营子村	辽宁省阜蒙县	辽宁省阜蒙县于寺镇他本改村	1.99
109	付家窝堡排干	294	24	1	辽河	右岸	辽宁省新民市高台子镇张屯宝村	辽宁省新民市	辽宁省新民市东城街道饶钢社区	0.33
110	黑鱼沟河	292	50	3	西沙河	右岸	辽宁省北镇市罗罗堡镇五峰寺村	辽宁省北镇市	辽宁省北镇市赵屯镇陈家堡村	2.45

附录D 辽宁省河流名录表

续表

序号	河流名称	流域面积/km²	河流长度/km	河流级别	注入江河（湖、海）	岸别	河源地址	流经	河口地址	比降/‰
111	袁海亮排干	291	26	2	绕阳河	左岸	辽宁省新民市金五台子镇	辽宁省新民市、沈阳市辽中区、黑山县	辽宁省黑山县新兴镇北金家	0.05
112	新沟河	289	34	0	黄海	无	辽宁省东港市十字街镇炊子下村	辽宁省东港市	辽宁省东港市大东街道锦江渔委会	0.31
113	黑水河	289	27	2	老哈河	右岸	辽宁省建平县昌隆镇大营子村	辽宁省建平县	辽宁省建平县昌隆镇三道沟营子村	6.15
114	苇河	283	36	1	六股河	右岸	辽宁省建昌县雷家店乡冰沟村	辽宁省建昌县	辽宁省建昌县杨树湾子乡卡路营子村	5.71
115	红旗河	281	44	2	亮子河	左岸	辽宁省凤城市宝山镇小四台村	辽宁省凤城市	辽宁省凤城市沙里寨镇蔡家村	2.27
116	大四家子河	279	26	1	小凌河	左岸	辽宁省朝阳县南双庙镇榆兆村	辽宁省朝阳县	辽宁省朝阳县羊山镇羊山村	4.08
117	马仲河	273	51	2	清河	右岸	辽宁省昌图县昌图镇东明村	辽宁省昌图县、开原市	辽宁省开原市金沟子镇二社	1.76
118	庄河西支	266	32	1	庄河	右岸	辽宁省庄河市长岭镇长岭村	辽宁省庄河市	辽宁省河市太平岭满族乡土城村	2.42
119	龙态河	256	38	0	东沙河	无	辽宁省东港市合隆满族乡齐家堡村	辽宁省东港市	辽宁省东港市北井子镇北井子虾场	0.81
120	雅河	264	44	1	黄海	右岸	辽宁省岫岩县前营子镇童家店村	辽宁省岫岩县	辽宁省岫岩县雅河社区巴家堡村	4.50
121	西大川河	264	39	1	大凌河	左岸	辽宁省凌源市牛营子镇老杖子村	辽宁省凌源市、喀左县	辽宁省喀左县平房子镇三合村	6.77

辽宁省河流名录表 附录 D

续表

序号	河流名称	流域面积/km²	河流长度/km	河流级别	注入江河(湖、海)	岸别	河源地址	流经	河口地址	比降/‰
122	四排干	264	41	2	大凌河	右岸	辽宁省黑山县绕阳河镇张刘西屯	辽宁省黑山县	辽宁省黑山县四家子镇马圈子村	0.28
123	四汗城河	262	37	3	绕阳河	左岸	辽宁省建平县小塘镇七家村	辽宁省建平县	辽宁省建平县白山乡嘎海吐村	3.18
124	下三家河	259	38	1	海棠河	左岸	辽宁省朝阳县西五家子乡三道沟村	辽宁省朝阳县、朝阳市龙城区	辽宁省朝阳市龙城区联合镇林家沟村	9.31
125	金家河	257	39	4	大凌河	左岸	辽宁省本溪县草河口镇云盘村	辽宁省本溪县、凤城市	辽宁省凤城市通远堡镇家合村	3.76
126	八宝海河	257	40	3	山羊峪河	左岸	辽宁省阜蒙县老河土镇梅力板村	辽宁省阜蒙县、黑山县	辽宁省黑山县英城子乡闫山村	1.35
127	押京河	254	38	2	绕阳河	左岸	辽宁省阜蒙县平安地镇那汉村	辽宁省阜蒙县	辽宁省阜蒙县塔营子镇塔营子村	3.12
128	奉仕河	248	28	3	东沙河	左岸	辽宁省黑山县小东镇小民屯村	辽宁省黑山县	辽宁省黑山县绕阳河镇曹窝铺村	0.66
129	小洋河	246	49	1	大洋河	右岸	辽宁省岫岩县洋河镇马家堡村	辽宁省岫岩县	辽宁省东港市小甸子镇海洋红农场小甸子分厂	2.42
130	福兴地河	246	26	2	柳河	右岸	辽宁省阜蒙县福兴地乌兰木头村	辽宁省阜蒙县、内蒙古自治区库伦旗	内蒙古自治区库伦旗扣河子镇罗家杖子村	3.97
131	运粮河	246	39	2	太子河	左岸	辽宁省鞍山市铁东区园林街道二一九公园	辽宁省鞍山市铁东区、鞍山市千山区、辽阳县	辽宁省辽阳县穆家镇新台子村	0.48
132	大青沟	242	38	2	柳河	左岸	内蒙古自治区科尔沁左翼后旗甘旗卡镇拉斯台嘎查	内蒙古自治区科尔沁左翼后旗、辽宁省彰武县	辽宁省彰武县大冷蒙古族镇犀沟村	4.15

附录D 辽宁省河流名录表

续表

序号	河流名称	流域面积/km²	河流长度/km	河流级别	注入江河（湖、海）	岸别	河源地址	河流经	河口地址	比降/‰
133	小寺河	241	32	0	黄海	无	辽宁省庄河市光明山镇佟岭村	辽宁省庄河市	辽宁省庄河市城关街道海洋社区	1.27
134	三股流河	240	45	3	八道河	左岸	辽宁省凤城市大兴镇安乐村	辽宁省凤城市	辽宁省凤城市大堡蒙古族乡武装村	4.33
135	三合成河	239	38	3	尖山子河	右岸	辽宁省彰武县大四家子镇大四家子村	辽宁省彰武县、法库县	辽宁省法库县秀水河子镇黄家堡村	1.56
136	三道河	238	36	3	细河	右岸	辽宁省本溪市南芬区思山岭街道南沟村	辽宁省本溪市南芬区、本溪市平山区	辽宁省本溪市平山区桥头街道办事处河东村	9.01
137	三十里河	238	30	0	渤海	无	辽宁省大连市金州区亮甲申街道陈小堡村	辽宁省大连市金州区	辽宁省大连市金州区三十里堡街道青岛社区	2.39
138	安平河	236	58	1	渤海	右岸	辽宁省宽甸县木川镇杨木川村	辽宁省宽甸县	辽宁省宽甸县古楼子乡古楼子村	4.80
139	刘家河	236	30	2	鸭绿江	右岸	辽宁省新宾县苇子峪镇西岭小堡村	辽宁省新宾县	辽宁省新宾县苇子峪镇嘴家村	7.99
140	汤池河	236	41	2	太子河	右岸	辽宁省岫岩县石灰窑镇太平岭村	辽宁省岫岩县	辽宁省岫岩县哈达碑镇嘴家堡村	5.57
141	富砂河	235	28	3	哈达河	左岸	辽宁省桓仁县华来镇高台子村	辽宁省桓仁县	辽宁省桓仁县华来镇光复村	5.79
142	双庙子河	234	41	3	大二河	左岸	辽宁省昌图县下二合镇绿化村	辽宁省昌图县	辽宁省昌图县鹭鹚树镇袁家村	1.41
143	鳖子河	234	35	0	二道河	无	辽宁省大连市普兰店区莲山街道高瓦房社区	辽宁省大连市普兰店区	辽宁省大连市普兰店区皮口街道建设社区	1.43

辽宁省河流名录表 附录D

续表

序号	河流名称	流域面积/km²	河流长度/km	河流级别	注入江河（湖、海）	岸别	河源地址	流经	河口地址	比降/‰
144	二道沟河	233	32	2	黄海	右岸	辽宁省西丰县和隆满族乡双岭村	辽宁省西丰县、清原县	辽宁省清原县大孤家镇兴隆合村	5.17
145	南坡河	232	25	0	清河	无	辽宁省瓦房店市九龙街道九龙村	辽宁省大连市金州区	辽宁省大连市金州区复州湾镇李屯村	1.55
146	六官营子河	229	26	2	渤海	左岸	辽宁省喀左县大官子乡大杖子村	辽宁省喀左县	辽宁省喀左县六官营子镇后坟村	11.90
147	大羊河	229	34	3	大凌河西支	右岸	辽宁省凌海市三台子镇上铁厂村	辽宁省凌海市、盘山县	辽宁省盘山县羊圈子镇马伏房村	1.44
148	庞家河	228	50	2	月牙河	右岸	辽宁省黑山县太和镇尖山子村	辽宁省黑山县、北镇市	辽宁省北镇市新生农场鱼铺	0.40
149	榆树林子河	228	30	2	绕阳河	右岸	河北省平泉市榆树林子镇土洞子村北沟	河北省平泉市、辽宁省凌源市	辽宁省凌源市杖子镇段杖子村	9.42
150	羊乃河	226	37	3	大凌河西支	右岸	辽宁省黑山县芳山镇四台子村	辽宁省黑山县	辽宁省黑山县明家镇胡家村	0.84
151	三家河	226	28	3	东沙河	右岸	辽宁省建平县小塘镇小塘村	辽宁省建平县、内蒙古自治区宁城县	内蒙古自治区宁城县天义镇梓椤树村	2.53
152	清河	226	36	2	东小河	右岸	辽宁省北票市小塔子乡莲花山村	辽宁省北票市、阜蒙县、阜新市清河门区、义县	辽宁省义县高台子镇东高家屯村	5.57
153	艾青河	220	33	3	细河	右岸	辽宁省西丰县德兴乡隆化村	辽宁省西丰县	辽宁省西丰县明德满族乡东屏村	4.81
154	青河	219	31	3	寇河	右岸	辽宁省岫岩县清凉山镇清凉山村	辽宁省岫岩县	辽宁省岫岩县黄花甸镇青河口村	4.19

续表

序号	河流名称	流域面积/km²	河流长度/km	河流级别	注入江河(湖、海)	岸别	河源地址	河流经	河口地址	比降/‰
155	沟连河	219	39	1	青苔峪河	右岸	辽宁省岫岩县杨家堡镇夹道沟村	辽宁省岫岩县	辽宁省岫岩县岭沟乡塘岭村	3.77
156	戈西河	218	33	3	大洋河	左岸	辽宁省灯塔市铧子镇后铧子村民委员会	辽宁省灯塔市	辽宁省灯塔市西马峰镇胜利村	0.79
157	杜屯排干	216	22	2	北沙河	左岸	辽宁省新民市梁山镇大獾洞村	辽宁省新民市	辽宁省新民市大红旗镇马长岗村	0.43
158	南柴河	215	31	2	绕阳河	左岸	辽宁省开原市黄旗寨满族乡上顶子村	辽宁省开原市	辽宁省开原市黄旗寨镇大寨子村	5.70
159	析木西大河	215	23	3	柴河	左岸	辽宁省海城市岔沟镇红旗岭村	辽宁省海城市	辽宁省海城市析木镇缸窑岭村	4.69
160	大沙河	214	31	1	海城河	右岸	辽宁省丹东振安区五龙背镇五龙村	辽宁省丹东市振安区	辽宁省丹东市元宝区兴东街道邻江名城社区	1.87
161	东沙河	214	29	2	鸭绿江	左岸	辽宁省义县瓦子峪镇碾盘沟村	辽宁省义县	辽宁省义县瓦子峪镇西四合村	6.33
162	五里河	214	34	0	细河	无	辽宁省葫芦岛市连山区寺儿堡镇大场子村	辽宁省葫芦岛市连山区、葫芦岛市龙港区	辽宁省葫芦岛市龙港区北港街道稻池村	2.04
163	窟窿山河	213	34	2	青龙河	左岸	辽宁省凌源市松岭子镇大场子村	辽宁省凌源市	辽宁省凌源市三道河子镇五道河子村	6.26
164	暖河	213	40	4	山羊岭河	右岸	辽宁省凤城市鸡冠山镇砂子岗村	辽宁省凤城市	辽宁省凤城市通远堡镇大甸子村	6.49
165	地河排干	213	26	2	养息牧河	左岸	辽宁省法库县叶茂台镇头台子村	辽宁省法库县、新民市	辽宁省新民市大柳屯镇安民村	0.85

辽宁省河流名录表 附录D

续表

序号	河流名称	流域面积/km²	河流长度/km	河流级别	注入江河（湖、海）	岸别	河源地址	流经	河口地址	比降/‰
166	坦甸河	191	212	2	高子沟河	右岸	辽宁省宽甸县永甸镇上趟子村	辽宁省宽甸县	辽宁省宽甸县永甸镇碑沟村	7.41
167	阿拉河	211	34	2	清河	右岸	辽宁省西丰县和隆满族乡达成村	辽宁省西丰县、开原市	辽宁省开原市八棵树镇官粮窖村	6.17
168	双河	210	36	2	太子河	左岸	辽宁省新宾县大四平镇马架子村	辽宁省新宾县	辽宁省新宾县下夹河乡岗东村	6.89
169	大边沟河	210	32	2	爱河	左岸	辽宁省宽甸县灌水镇林川林场	辽宁省宽甸县、凤城市	辽宁省凤城市爱阳镇爱阳城村	6.51
170	登沙河	208	30	0	黄海	无	辽宁省大连市普兰店区太平街道矿洞社区	辽宁省大连市普兰店区、大连市金州区	辽宁省大连市金州区登沙河街道段家村	1.45
171	沙河	208	28	2	绕阳河	左岸	辽宁省彰武县丰田乡四间房村	辽宁省彰武县	辽宁省彰武县五峰镇合不土村	1.19
172	黄金代河	206	31	2	大凌河西支	右岸	辽宁省凌源市北炉乡三胜永村	辽宁省凌源市	辽宁省凌源市瓦房店镇三家村	5.23
173	澛河	205	31	2	浑江	左岸	辽宁省桓仁县沙尖子镇影壁山村	辽宁省桓仁县	辽宁省桓仁县沙尖子镇沙尖子村	6.51
174	奎胜店河	204	25	2	渗津河	左岸	辽宁省凌源市牛营子镇南水泉村	辽宁省凌源市	辽宁省凌源市四合当镇五家子村	8.97
175	苇套河	204	22	0	渤海	无	辽宁省瓦房店市西杨乡三墩合村	辽宁省瓦房店市	辽宁省瓦房店市永宁镇孔家村	1.85
176	民生河	202	29	2	爱河	左岸	辽宁省宽甸县毛甸子镇二道岗子村	辽宁省宽甸县、凤城市	辽宁省凤城市东汤镇房木村	5.95

221

附录D 辽宁省河流名录表

续表

序号	河流名称	流域面积/km²	河流长度/km	河流级别	注入江河(湖、海)	岸别	河源地址	流经	河口地址	比降/%
177	南屁岗子河	202	39	2	潮沟河	左岸	辽宁省凌海市右卫满族镇苗屯昌盛村	辽宁省凌海市、盘锦市兴隆台区	辽宁省盘山县东郭镇欢营岭村	0.05
178	邢家沟	202	23	0	渤海	无	辽宁省凌海市新庄子镇崔坨村	辽宁省凌海市	辽宁省凌海市八千一等场	0.46
179	杨家河	201	28	3	官营子河	右岸	内蒙古自治区奈曼旗青龙山镇步登高村	内蒙古自治区奈曼旗、辽宁省阜新县	辽宁省阜新县于寺镇官营子村	6.73
180	根德营子河	201	34	1	小凌河	右岸	辽宁省葫芦岛市南票区虹螺岘镇古刹寺村	辽宁省葫芦岛市南票区、朝阳县	辽宁省朝阳县根德营子乡麒麟宝村	4.52
181	小梨树河	200	32	2	东辽河	左岸	吉林省东辽县平岗镇平安村	吉林省东辽县、辽宁省西丰县	吉林省东辽县泉太镇大顶村	2.73
182	马绕排干	199	24	2	绕阳河	左岸	辽宁省新民市梁山镇团结村	辽宁省新民市	辽宁省新民市卢家屯乡黄花村	0.47
183	古洞河	199	36	2	哨子河	右岸	辽宁省岫岩县大房身镇太阳村	辽宁省岫岩县	辽宁省岫岩县黄花镇关门山村	5.84
184	青松岭河	198	26	2	老虎山河	左岸	辽宁省建平县青松岭乡丰山村	辽宁省建平县	辽宁省建平县喇嘛沁镇童梁村	10.80
185	双徐河	198	34	2	养息牧河	右岸	辽宁省法库县包家屯镇水泉村	辽宁省法库县、彰武县、新民市	辽宁省新民市于家窝堡乡老窝堡村	1.32
186	清河	198	19	3	马圈子河	右岸	辽宁省本溪县清河城镇城西村	辽宁省本溪县	辽宁省本溪县清河城镇清河村	7.55
187	毛甸子河	198	35	2	蒲石河	右岸	辽宁省宽甸县二道岗子镇毛甸子村	辽宁省宽甸县	辽宁省宽甸县杨木川镇土城子村	4.73

续表

序号	河流名称	流域面积/km²	河流长度/km	河流级别	注入江河（湖、海）	岸别	河源地址	流经	河口地址	比降/‰
188	十八台河	197	37	2	忙牛河	右岸	辽宁省北票市宝国老镇苏家村	辽宁省北票市	辽宁省北票市宝国老镇小苏营子村	5.34
189	万元店河	197	23	3	热水河	左岸	辽宁省建平县沙海镇四节梁村	辽宁省建平县、凌源市	辽宁省凌源市万元店镇铁匠炉村	9.00
190	云山涧河	197	36	1	六股河	左岸	辽宁省建昌县养马甸子乡枣木杠村	辽宁省建昌县	辽宁省建昌县大屯镇韩家屯村	5.67
191	小夹河	196	31	2	太子河	右岸	辽宁省本溪县高官镇碳子沟村	辽宁省本溪县	辽宁省本溪县高官镇三合村	6.27
192	蒿子沟河	197	43	1	鸭绿江	右岸	辽宁省宽甸县红石镇上蒿子沟村	辽宁省宽甸县	辽宁省宽甸县红石镇小夹村	2.51
193	马友营河	196	33	2	忙牛河	左岸	辽宁省北票市小塔子乡头道营子村	辽宁省北票市	辽宁省北票市马友营蒙古族乡新秋村	6.49
194	长臬河	195	27	1	大凌河	左岸	辽宁省北票市长臬乡白相屯村	辽宁省北票市	辽宁省北票市常河营乡姜家店村	6.12
195	三道河	195	37	2	养息牧河	右岸	辽宁省彰武县章古台镇清泉村	辽宁省彰武县	辽宁省彰武县二道河子蒙古族乡汇家村	1.94
196	黑峪河	195	26	3	海城河	右岸	辽宁省海城市接文镇三家堡村	辽宁省海城市	辽宁省海城市析木镇析木村	8.73
197	清水河	191	37	0	黄海	无	辽宁省大连市普兰店区莲山街道水门子社区	辽宁省大连市普兰店区	辽宁省大连市普兰店区杨房街道赵家村	1.59
198	旺清河	191	40	3	富尔江	右岸	辽宁省新宾县北旺乡北旺四平村	辽宁省新宾县	辽宁省新宾县旺清门镇旺清门村	4.19

附录D 辽宁省河流名录表

续表

序号	河流名称	流域面积/km²	河流长度/km	河流级别	注入江河（湖、海）	岸别	河源地址	流经	河口地址	比降/‰
199	忙牛河	190	37	1	大洋河	左岸	辽宁省岫岩县苏子沟镇大河沿村	辽宁省岫岩县	辽宁省岫岩县红旗营子乡唐家堡村	3.97
200	海阳河	190	29	1	浑河	左岸	辽宁省清原县清原镇新立村	辽宁省清原县	辽宁省清原县南口前镇南口前村	5.73
201	洞上河	189	25	2	苏子河	左岸	辽宁省新宾县木奇镇赵家林场	辽宁省新宾县	辽宁省新宾县木奇镇洞上村	10.40
202	三家子河	189	27	2	哨子河	左岸	辽宁省岫岩县三家子镇华山村	辽宁省岫岩县	辽宁省岫岩县三家子镇安乐世村	7.32
203	九江河	188	35	0	渤海	无	河北省秦皇岛市抚宁区驻操营镇甘城子村	河北省抚宁县、辽宁省绥中县	辽宁省绥中县万家镇甘家村	4.16
204	连山河	186	34	0	渤海	无	辽宁省葫芦岛市连山区沙河营乡喂牛场村	辽宁省葫芦岛市连山区	辽宁省葫芦岛市龙港区北港街道稻池村	3.35
205	大兴堡河	186	37	0	渤海	无	辽宁省葫芦岛市南票区虹螺岘镇板石沟村	辽宁省葫芦岛市南票区、凌海市	辽宁省葫芦岛市连山区塔山乡上坎子村	2.42
206	拉古河	186	38	1	浑河	左岸	辽宁省抚顺市望花区拉古满族乡长山村	沈阳市浑南区、抚顺市望花区	辽宁省抚顺市望花区李石街道四方鲜汉村	2.22
207	北四家子河	185	36	3	黑城子河	右岸	辽宁省北票市北四家乡王增店村	辽宁省北票市	辽宁省北票市北塔镇翟家营子村	8.72
208	黑牛河	184	35	1	浑河	左岸	辽宁省清原县敖堡乡马家沟村	辽宁省清原县	辽宁省清原县清原镇红河谷	8.19
209	下露河	183	27	2	浑江	右岸	辽宁省宽甸县下露河朝鲜族乡双联村	辽宁省宽甸县	辽宁省宽甸县下露河朝鲜族乡通江村	7.18

辽宁省河流名录表 附录 D

续表

序号	河流名称	流域面积 /km²	河流长度 /km	河流级别	注入江河（湖、海）	岸别	河源地址	流经	河口地址	比降 /‰
210	熊船口排水渠	182	31	2	东辽河	左岸	吉林省梨树县林海镇绿海村	吉林省梨树县、辽宁省昌图县	辽宁省昌图县三江口镇刘塘坊村	1.07
211	王家营子河	182	31	0	黑城子河	2	内蒙古自治区敖汉旗贝子府镇刘家湾子村	内蒙古自治区敖汉旗、辽宁省北票市	内蒙古自治区敖汉旗宝国吐乡青山村	9.29
212	兴城西河	181	32	1	兴城河	左岸	辽宁省葫芦岛市连山区杨郊乡缸窑子村	辽宁省葫芦岛市连山区、兴城市	辽宁省兴城市白塔满族乡清水村	3.41
213	乌鲁河	181	22	3	寇河	右岸	辽宁省西丰县安民镇泉河村	辽宁省西丰县	辽宁省西丰县更刻镇小坡子村	5.20
214	金岗河	180	25	3	二道河子河	右岸	辽宁省新宾县永陵镇陡岭林场	辽宁省新宾县	辽宁省新宾县永陵镇二道村	6.70
215	安家屯河	180	32	2	招苏台河	右岸	吉林省梨树县胜利乡长发村	吉林省梨树县、辽宁省昌图县	辽宁省昌图县傅家镇张家桥村	1.25
216	沙河	180	23	1	浑河	左岸	辽宁省清原县大苏河乡大堡村	辽宁省清原县	辽宁省清原县大苏河乡三十道河	10.60
217	头道河	180	36	2	柴息牧河	左岸	辽宁省彰武县后新秋镇白音堂村	辽宁省彰武县	辽宁省彰武县二道子蒙古族乡腰堡村	1.35
218	丰屯河	180	44	2	绕阳河	右岸	辽宁省凌海市王家窝铺村	辽宁省凌海市、盘山县	辽宁省盘山县东郭镇后大垮	0.39
219	北太平河	179	42	3	条子河	左岸	辽宁省昌图县毛家店镇梨树村	辽宁省昌图县	辽宁省昌图县八面城镇丁家村	1.10
220	鞍子河	179	34	0	渤海	无	辽宁省瓦房店市岗店街道云合村	辽宁省瓦房店市、大连市普兰店区	辽宁省大连市普兰店区丰荣街道海湾社区	2.18

225

附录D 辽宁省河流名录表

续表

序号	河流名称	流域面积/km²	河流长度/km	河流级别	注入江河(湖、海)	岸别	河源地址	流经	河口地址	比降/‰
221	河栏沟河	178	33	3	汤河	右岸	辽宁省辽阳县河栏镇罗家村	辽宁省辽阳县	辽宁省辽阳县河栏镇黄岗村	9.19
222	八里河	177	46	3	海城河	左岸	辽宁省海城市英落镇冯沟村	辽宁省海城市	辽宁省海城市中小镇中小村	1.64
223	西小河	177	34	2	万泉河	右岸	辽宁省铁岭县腰堡镇石家沟村	辽宁省铁岭县、沈阳市沈北新区	辽宁省沈阳市沈北新区黄家锡伯族乡达连屯村	1.09
224	哈达河	177	36	2	浑江	右岸	辽宁省桓仁县黑沟乡大川村	辽宁省桓仁县	辽宁省桓仁县桓仁镇刘家沟村	6.92
225	沙河	177	30	0	渤海	无	辽宁省盖州市双台子镇四方台村	辽宁省盖州市、营口市鲅鱼圈区	辽宁省营口市鲅鱼圈区望海街道小镶屯村	3.82
226	小河子河	175	49	2	招苏台河	左岸	辽宁省昌图县太平镇偏坡村	辽宁省昌图县	辽宁省昌图县通江口镇义兴村	0.96
227	干沟子	174	33	0	渤海	无	辽宁省凌海市郑帮村	辽宁省凌海市	辽宁省凌海市建业镇哈达铺村	0.91
228	沈家台河	174	22	2	北小河	右岸	辽宁省义县地藏寺满族乡烧锅村	辽宁省义县、凌海市	辽宁省凌海市沈家台镇张屯村	4.99
229	石佛沟河	173	38	1	鸭绿江	右岸	辽宁省东港市十字街镇宏末村	辽宁省东港市、丹东市振兴区	辽宁省东港市前阳镇石佛村	0.63
230	冯王屹河	173	20	0	渤海	无	辽宁省大连市金州区复州湾街道山河村	辽宁省大连市金州区	辽宁省瓦房店市谢屯镇沙山村	1.08
231	小沙河	172	46	1	浑河	左岸	辽宁省沈阳市浑南区祝家街道山城子村	辽宁省沈阳市浑南区、抚顺市望花区	辽宁省沈阳市浑南区东湖街道石庙子村	1.22

附录 D 辽宁省河流名录表

续表

序号	河流名称	流域面积/km²	河流长度/km	河流级别	注入江河(湖、海)	岸别	河源地址	流经	河口地址	比降/‰
232	长沟河	170	30	1	辽河	右岸	辽宁省调兵山市晓南镇锁龙沟村	辽宁省调兵山市、铁岭县	辽宁省铁岭县蔡牛镇蔡家坝村	1.55
233	忙牛营子河	169	25	1	大凌河	右岸	辽宁省朝阳市双塔区孙家湾镇盛家杖子村	辽宁省朝阳市双塔区、北票市	辽宁省北票市章吉营乡牤牛营村	6.39
234	蚂蟥河	168	36	1	辽河	右岸	内蒙古自治区科尔沁左翼后旗常胜镇希日吐嘎查	内蒙古自治区科尔沁左翼后旗、辽宁省康平县	辽宁省康平县北三家子街道辽阳窝堡村	2.10
235	二龙湾	168	25	3	邵绕排干	右岸	辽宁省彰武县五峰镇乱山子村	辽宁省彰武县、新民市	辽宁省新民市姚堡乡腰四家子	1.09
236	烧锅营子河	166	33	2	老哈河	右岸	辽宁省建平县烧锅营子乡化匠村	辽宁省建平县	辽宁省建平县哈拉道口镇三号村	9.90
237	百花河	166	35	1	浑河	左岸	辽宁省抚顺县汤图满族乡三块石村	辽宁省抚顺县	辽宁省抚顺县上马镇竖碑村	7.32
238	白塔堡河	165	46	1	浑河	左岸	辽宁省沈阳市浑南区李相街道老塘社区	辽宁省沈阳市浑南区、沈阳市苏家屯区	辽宁省沈阳市和平区浑河站西街道曹仲社区	0.99
239	五道桥子河	165	25	2	细河	左岸	辽宁省阜蒙县新民镇上排山楼村	辽宁省阜蒙县	辽宁省阜蒙县卧凤沟乡公官营子村	6.83
240	二道河	164	40	4	西马莲河	右岸	内蒙古自治区科尔沁左翼后旗常胜镇莲花泡村	内蒙古自治区科尔沁左翼后旗、辽宁省康平县	辽宁省康平县二牛所口镇兴胜村	1.71
241	金沙河	164	33	3	东沙河	左岸	辽宁省阜蒙县十家子镇海山岔村	辽宁省阜蒙县、黑山县	辽宁省黑山县无梁殿镇赖坨子村南	0.72
242	小河子河	163	17	1	辽河	右岸	辽宁省法库县依牛堡子镇祝家堡村	辽宁省法库县、新民市	辽宁省法库县三面船镇三合子村	0.25

附录 D 辽宁省河流名录表

续表

序号	河流名称	流域面积 /km²	河流长度 /km	河流级别	注入江河（湖、海）	岸别	河源地址	流经	河口地址	比降 /‰
243	五里甸子河	163	25	2	浑江	左岸	辽宁省桓仁县五里甸子镇三架窝棚	辽宁省桓仁县	辽宁省桓仁县五里甸子镇五里甸子村	8.39
244	扬木河	161	27	3	北沙河	右岸	辽宁省抚顺县海浪乡上海浪村	辽宁省抚顺县、沈阳市苏家屯区	辽宁省沈阳市苏家屯区姚千街道小堡屯村	3.21
245	夹河	160	32	1	大沙河	左岸	辽宁省大连市普兰店区莲山街道安家社区	辽宁省大连市普兰店区	辽宁省大连市普兰店区唐家房街道许家社区	1.71
246	前安河	159	24	2	社河	右岸	辽宁省抚顺县后安镇佟庄子村	辽宁省抚顺县	辽宁省抚顺县后安镇后安村	13.20
247	三合也渠	159	39	2	柳河	左岸	内蒙古自治区科尔沁左翼后旗甘旗卡镇塔拉嘎查	内蒙古自治区科尔沁左翼后旗、辽宁省彰武县	辽宁省彰武县大冷蒙古族乡程棍沟村	4.36
248	树基沟河	159	29	1	浑河	右岸	辽宁省清原县北三家镇李家堡村	辽宁省清原县	辽宁省清原县北三家乡黑石木村	7.67
249	喀喇沁河	159	25	2	老虎山河	右岸	辽宁省建平县喀喇沁镇喇杖子村	辽宁省建平县、内蒙古自治区敖汉旗	内蒙古自治区敖汉旗四家子镇牛夕河村	11.00
250	九道河	157	33	1	复州河	右岸	辽宁省瓦房店市万家岭镇太平村	辽宁省瓦房店市	辽宁省瓦房店市大阳街道办事处王店村	2.73
251	永宁河	156	31	0	渤海	无	辽宁省瓦房店市土城乡温家村	辽宁省瓦房店市	辽宁省瓦房店市永宁镇盐场村	1.71
252	小南河	156	30	2	招苏台河	左岸	辽宁省昌图县朝阳镇下沟村	辽宁省昌图县	辽宁省昌图县前双井镇沿河村	1.22
253	草盆河	154	30	2	太子河	左岸	辽宁省新宾县大四平镇小四平村	辽宁省新宾县	辽宁省新宾县苇子峪镇小哪咔村	7.91

辽宁省河流名录表 附录 D

续表

序号	河流名称	流域面积/km²	河流长度/km	河流级别	注入江河(湖、海)	岸别	河源地址	流经	河口地址	比降/‰
254	卧龙河	154	23	2	太子河	左岸	辽宁省本溪市明山区卧龙街道兴隆山村	辽宁省本溪市明山区	辽宁省本溪市明山区卧龙街道卧龙村	13.10
255	海青营子河	154	33	3	海棠河	右岸	辽宁省建平县奎德素镇红山村	辽宁省建平县	辽宁省建平县太平庄镇海青营子村	5.18
256	锦盘河	153	38	3	月牙河	右岸	辽宁省凌海市白台子镇高峰村	辽宁省凌海市、盘山县	辽宁省盘山县东郭镇淤河盖	0.68
257	马凤河	152	22	3	海城河	右岸	辽宁省海城市马凤镇王官村	辽宁省海城市	辽宁省海城市马凤镇石门村	6.87
258	北小河	152	33	2	东辽河	左岸	吉林省四平市铁东区石岭子镇云盘沟村	吉林省梨树县、辽宁省西丰县	吉林省伊通县二龙山水库	2.87
259	修家窑排干	152	21	2	蒲河	右岸	辽宁省沈阳于洪区光辉街道开隆村	辽宁省沈阳于洪区、新民市	辽宁省新民市法哈牛镇东升堡村	0.34
260	西地河	152	30	3	地河	左岸	辽宁省彰武县章古台镇草古村	辽宁省彰武县	辽宁省彰武县冯家镇林家村	4.25
261	猪嘴河	150	28	2	东辽河	左岸	辽宁省西丰县德兴满族乡康屯村	辽宁省西丰县	辽宁省西丰县平岗镇吉祥村	4.91
262	白广门河	149	32	3	羊肠河	右岸	辽宁省阜蒙县国华乡普济村	辽宁省阜蒙县、黑山县、北镇市	辽宁省北镇市中安镇望牛村	6.52
263	小沙河	149	39	0	黄海	无	辽宁省庄河市明山镇松林村	辽宁省庄河市	辽宁省庄河市明阳街道永增村	1.74
264	金星河	147	33	2	女儿河	右岸	辽宁省葫芦岛市南票区张相公屯乡萝卜营村	辽宁省葫芦岛市南票区、凌海市、锦州市大和区	辽宁省锦州市大和区女儿河乡豕家沟村	2.06

229

附录D 辽宁省河流名录表

续表

序号	河流名称	流域面积/km²	河流长度/km	河流级别	注入江河(湖、海)	岸别	河源地址	流经	河口地址	比降/‰
265	他卜郎河	147	23	3	阿哈来河	左岸	辽宁省阜蒙县旧庙镇沙金营子村	辽宁省阜蒙县	辽宁省阜蒙县旧庙镇他不郎营子村	6.46
266	吊桥河	146	31	1	碧流河	右岸	辽宁省大连市普兰店区星台街道初店村	辽宁省大连市普兰店区	辽宁省大连市普兰店区城子坦街道春满社区	2.05
267	三排干	145	34	2	绕阳河	右岸	辽宁省黑山县绕阳河镇	辽宁省黑山县	辽宁省黑山县四家子镇东赵家村	0.49
268	二道河	145	18	4	辉发河	左岸	辽宁省清原县南山城镇东山庙村	辽宁省清原县	辽宁省清原县南山城镇南山城村	4.65
269	二道磨河	144	29	2	第二牤牛河	左岸	辽宁省建平县青峰山镇建昌沟村	辽宁省建平县	辽宁省建平县万寿街道西村	10.80
270	菱角河	143	24	0	渤海	无	辽宁省兴城市东辛庄满族镇胡家坟村	辽宁省兴城市	辽宁省兴城市徐大堡镇双堆子村	1.52
271	大石河	140	31	3	细河	右岸	辽宁省本溪市南芬区下马塘街道施家村	辽宁省本溪市南芬区	辽宁省本溪市南芬区下马塘街道程家村	8.41
272	马峰河	140	34	3	北沙河	左岸	辽宁省灯塔市西大窑镇大窑村	辽宁省灯塔市	辽宁省灯塔市西马峰镇后方干堡村	0.81
273	新开河	140	25	2	秀水河	左岸	辽宁省法库县双合子乡关家屯村	辽宁省法库县	辽宁省法库县登仕堡镇巴尔山村	1.58
274	广宁河	140	22	4	黑鱼沟河	左岸	辽宁省北镇市富屯街道	辽宁省北镇市、盘山县	辽宁省北镇市廖屯镇	3.68
275	杨林河	140	20	1	鸭绿江	右岸	辽宁省宽甸县大西岔镇杨林村	辽宁省宽甸县	辽宁省宽甸县大西岔镇临江村	5.37

续表

序号	河流名称	流域面积/km²	河流长度/km	河流级别	注入江河(湖、海)	岸别	河源地址	流经	河口地址	比降/‰
276	王木河	139	24	2	东洲河	左岸	辽宁省抚顺县峡河乡大房子村	辽宁省抚顺县	辽宁省抚顺县救兵镇康西村	5.75
277	化石戈河	139	18	2	忙牛河	左岸	辽宁省阜蒙县紫都台镇八里村	辽宁省阜蒙县	辽宁省阜蒙县化石戈镇哈日诺尔村	7.47
278	高家店河	138	35	3	黑坡子河	左岸	内蒙古自治区敖汉旗宝国吐乡大窝铺村	内蒙古自治区敖汉旗、辽宁省北票市	辽宁省北票市北塔镇白塔子村	4.42
279	二道河	138	24	2	秀水河	左岸	辽宁省康平县张强镇唐僧庙村	辽宁省康平县	辽宁省康平县东升满族蒙古族乡大房身村	0.99
280	富隆台河	138	25	3	西沙河	右岸	辽宁省北镇市广宁街道张代村	辽宁省北镇市	辽宁省北镇市吴家镇吴家村	1.09
281	小孤家子河	137	23	2	英额河	右岸	辽宁省清原县枸乃甸乡大林村	辽宁省清原县	辽宁省清原县清原镇椴木沟村	8.98
282	余粮河	136	23	0	黄海	无	辽宁省大连市普兰店区皇台乡徐屯社区	辽宁省大连市普兰店区	辽宁省大连市普兰店区皮口街道夹心社区	1.25
283	寡妇河	136	26	0	黄海	无	辽宁省庄河市皇台乡歇马村	辽宁省庄河市	辽宁省庄河市兴达街道小河东村	2.92
284	导水路排干	135	20	3	九龙河	右岸	辽宁省新民市罗家堡镇新安堡村	辽宁省新民市、沈阳市沈北新区、沈阳市于洪区	辽宁省沈阳市于洪区光辉街道光辉农场	0.37
285	吕王河	135	22	1	大清河	左岸	辽宁省大石桥市黄土岭镇四道沟村	辽宁省大石桥市	辽宁省大石桥市黄土岭黄土岭村	13.80
286	安民河	134	31	1	鸭绿江	右岸	辽宁省丹东市振安区同兴镇光明村	辽宁省丹东市振安区、丹东市振兴区、东港市	辽宁省丹东市振兴区安民镇西安民村	1.30

附录D 辽宁省河流名录表

续表

序号	河流名称	流域面积/km²	河流长度/km	河流级别	注入江河(湖、海)	岸别	河源地址	河流经	河口地址	比降/‰
287	太平庄河	132	28	1	碧流河	左岸	辽宁省盖州市矿洞沟镇张家堡村	辽宁省盖州市	辽宁省盖州市矿洞沟镇塔寺村	10.70
288	义成功河	132	24	3	黑水河	左岸	辽宁省建平县义成功乡牤牛营子村	辽宁省建平县	辽宁省建平县昌隆镇五家窝铺	9.04
289	南沙河	132	25	2	中固河	左岸	辽宁省开原市马家寨镇双台堡村	辽宁省开原市、铁岭县	辽宁省铁岭市平顶堡镇山头村	4.56
290	东沙河	132	24	0	渤海	无	辽宁省兴城市红崖子满族乡新农村	辽宁省兴城市	辽宁省兴城市沙后所满族镇石屯村	2.39
291	五道河	131	25	2	太子河	右岸	辽宁省本溪县高官镇新农村	辽宁省本溪县	辽宁省本溪县高官镇法台村	7.87
292	东五家子河	130	31	3	古山子河	右岸	辽宁省朝阳县古山子镇头三道营子村	辽宁省朝阳县、朝阳市龙城区	辽宁省朝阳市龙城区七道泉子镇山咀村	11.70
293	左小河	130	23	1	辽河	左岸	辽宁省沈阳市沈北新区清水台街道崔公堡村	辽宁省沈阳市沈北新区	辽宁省沈阳市沈北新区石佛寺街道石佛寺二社区	0.82
294	牤牛河	129	29	2	爱河	左岸	辽宁省宽甸县青椅山镇藤甸城村	辽宁省宽甸县、凤城市	辽宁省凤城市石城镇荣家村	7.13
295	营营河	129	26	2	清河	右岸	辽宁省西丰县成平满族乡晏贤村	辽宁省西丰县、铁岭市清河区	辽宁省铁岭市清河区杨木林子镇佟家屯村	3.38
296	南孤山河	129	19	3	南太子河	左岸	辽宁省本溪县碱厂镇城门村	辽宁省本溪县	辽宁省本溪县碱厂镇本溪县农场	8.46
297	地窨河	129	20	0	黄海	无	辽宁省庄河市鞍子山乡花院村	辽宁省庄河市	辽宁省本溪市栗子房镇南尖村	1.62

续表

序号	河流名称	流域面积/km²	河流长度/km	河流级别	注入江河（湖、海）	岸别	河源地址	流经	河口地址	比降/‰
298	青云河	128	27	0	黄海	无	辽宁省大连市金州区向应街道关家村	辽宁省大连市金州区	辽宁省大连市金州区大李家街道石槽村	2.00
299	九营子河	128	19	2	细河	右岸	辽宁省阜新蒙古族自治县阜新镇公官营子村	辽宁省阜新蒙古族自治县、阜新市细河区	辽宁省阜新市细河区西苑街道沙海社区	5.20
300	砖城子河	128	26	1	大凌河	右岸	辽宁省义县刘龙沟镇上高家沟村	辽宁省义县	辽宁省义县头道河镇二道河村	5.02
301	小岭河	128	26	2	拉马河	右岸	辽宁省法库县丁家房镇古坡子村	辽宁省法库县	辽宁省法库县大孤家子镇路家房申村	0.99
302	红荨河	126	22	1	六股河	左岸	辽宁省建昌县药王庙镇于家屯村	辽宁省建昌县	辽宁省建昌县药王庙镇药王庙村	6.36
303	大榆树堡河	126	18	2	细河	左岸	辽宁省义县大榆树堡镇石匣村	辽宁省义县	辽宁省义县大榆树堡镇大榆堡村	9.72
304	响水河	124	24	1	湖里河	左岸	辽宁省庄河市鞍子山乡山村	辽宁省庄河市	辽宁省庄河市青堆镇莹宁村	5.65
305	四合营子河	124	32	1	小凌河	右岸	辽宁省朝阳县王营子乡过良沟村	辽宁省朝阳县	辽宁省朝阳县羊山镇塔沟子村	4.90
306	正沟河	124	20	3	细河	右岸	辽宁省本溪县草河口镇正沟村	辽宁省本溪县	辽宁省本溪县连山关镇连山关村	5.58
307	卧虎沟河	123	24	1	大凌河	左岸	辽宁省喀左县卧虎沟乡下井村	辽宁省喀左县	辽宁省喀左县甘招镇小河沿村	11.50
308	董屯河	123	22	1	碧流河	右岸	辽宁省大连市普兰店区双塔街道栗子沟村	辽宁省大连市普兰店区	辽宁省大连市普兰店区双塔街道彭屯村	7.47

附录 D 辽宁省河流名录表

续表

序号	河流名称	流域面积/km²	河流长度/km	河流级别	注入江河（湖、海）	岸别	河源地址	流经	河口地址	比降/‰
309	哈拉乌苏河	122	23	3	福兴地河	左岸	辽宁省阜蒙县福兴地镇杜力营子村	辽宁省阜蒙县	辽宁省阜蒙县福兴地镇西大营子村	4.07
310	阿门朝老河	122	21	3	伊马图河	右岸	辽宁省阜蒙县八家子镇宅山土村	辽宁省阜蒙县	辽宁省阜蒙县红帽子镇道力板村	9.48
311	南沙河	121	22	2	太子河	右岸	辽宁省本溪市明山区高台子街道峪路村	辽宁省本溪市明山区	辽宁省本溪市明山区高台子街道威宁营村	4.03
312	哈山河	121	21	3	二道河	右岸	辽宁省新宾县榆树乡岔路子村	辽宁省新宾县	辽宁省新宾县榆树乡榆树村	8.01
313	付绕排干	121	21	3	袁海亮排干	右岸	辽宁省新民市柳河沟镇解放村	辽宁省新民市、沈阳市辽中区	辽宁省沈阳市辽中区大黑岗子镇三尖泡子村	0.37
314	干沟河	120	23	2	哈达河	右岸	辽宁省岫岩县哈达碑镇希家村	辽宁省岫岩县	辽宁省岫岩县哈达碑镇哈达碑村	10.20
315	长河	120	39	2	万泉河	左岸	辽宁省沈阳市沈北新区马刚街道邱家沟村	辽宁省沈阳市沈北新区	辽宁省沈阳市沈北新区黄家街道连达连屯村	1.50
316	卧龙泉河	120	24	1	碧流河	右岸	辽宁省盖州市卧龙泉镇又和村	辽宁省盖州市	辽宁省盖州市矿洞沟镇薛屯村	8.63
317	三岔河	120	20	0	黄海	无	辽宁省庄河市城山镇吉庆村	辽宁省庄河市	辽宁省庄河市大郑镇东水白村	1.87
318	长滩河	119	27	0	渤海	无	辽宁省绥中县沙河镇三台子村	辽宁省绥中县	辽宁省绥中县塔山屯镇东水白村	0.91
319	姜家街沟	118	20	4	辉发河	右岸	辽宁省清原县南山城镇黑石头村	辽宁省清原县、吉林省	吉林省梅河口市小杨满族朝鲜族乡海龙水库	4.59

辽宁省河流名录表 附录D

续表

序号	河流名称	流域面积/km²	河流长度/km	河流级别	注入江河(湖、海)	岸别	河源地址	河流经	河口地址	比降/‰
320	羊角沟河	118	24	1	大凌河	右岸	辽宁省喀左县羊角沟镇米杖子村	辽宁省喀左县	辽宁省喀左县水泉镇南亮子村	14.50
321	二道河	118	18	2	苏子河	右岸	辽宁省新宾县新宾镇硷嘴子村	辽宁省新宾县	辽宁省新宾县新宾镇和平村	9.58
322	十二台河	117	24	1	大凌河	右岸	辽宁省朝阳县南双庙镇吊桥子村	辽宁省朝阳县	辽宁省朝阳县柳城街道腰而营村	5.01
323	刘杖子河	117	21	3	三十家子河	右岸	河北省平泉市杨树岭镇水泉沟村	河北省平泉市·辽宁省凌源市	辽宁省凌源市刘杖子镇东房申村	10.50
324	新沙河	116	23	2	女儿河	左岸	辽宁省葫芦岛市南票区沙锅屯乡上新安村	辽宁省葫芦岛市南票区	辽宁省葫芦岛市南票区黄土坎乡申家屯村	6.17
325	盘山楼河	116	26	2	柳河	左岸	内蒙古自治区科尔沁左翼后旗甘旗卡镇盖顶村	内蒙古自治区科尔沁左翼后旗·辽宁省彰武县	辽宁省彰武县大冷蒙古族镇大庙村	2.95
326	恶龙河	116	19	2	泛河	左岸	辽宁省铁岭县李千户镇柴家堡村	辽宁省铁岭县	辽宁省铁岭县李千户镇张楼村	4.79
327	中三家河	116	26	2	第二牤牛河	左岸	辽宁省喀左县中三家镇镰钯井村	辽宁省喀左县	辽宁省喀左县公营子镇公营子村	16.10
328	长湖沟	115	29	0	渤海	无	辽宁省凌海市双羊镇翻身屯村	辽宁省凌海市	辽宁省凌海市建业镇二沟村	0.60
329	八家子河	115	20	1	碧流河	右岸	辽宁省大连市普兰店区安波街道金鸡村	辽宁省大连市普兰店区	辽宁省大连市普兰店区安波街道米屯村	2.40
330	稍户营子河	114	24	2	细河	左岸	辽宁省义县稍户营子镇花尔楼村	辽宁省义县	辽宁省义县稍户营子镇蔡家屯村	5.10

附录D 辽宁省河流名录表

续表

序号	河流名称	流域面积/km²	河流长度/km	河流级别	注入江河(湖、海)	岸别	河源地址	流经	河口地址	比降/‰
331	新华河	114	25	2	浑江	右岸	辽宁省宽甸县步达远镇胜利村	辽宁省宽甸县	辽宁省宽甸县步达远镇长岭村	8.26
332	下甸子河	113	26	3	半拉江	右岸	辽宁省宽甸县三道湾村	辽宁省宽甸县	辽宁省宽甸县硼海镇夹皮沟村	7.47
333	黑山河	112	18	1	大凌河	右岸	辽宁省建昌县石佛乡槐树沟村	辽宁省建昌县	辽宁省建昌县建昌镇建昌街村	7.60
334	柴杖子河	112	28	3	蹦河	右岸	辽宁省建平县罗福沟乡双庙村	辽宁省建平县	辽宁省建平县马场镇兴隆村	6.48
335	响水河	112	22	1	六股河	左岸	辽宁省兴城市三道沟满族乡黑沟村	辽宁省兴城市	辽宁省兴城市三道沟满族乡凉水泉村	7.95
336	贺张沟	112	32	4	鸭子河	左岸	辽宁省北镇市鲍家乡鲍家村	辽宁省北镇市、盘山县	辽宁省盘山县甜水镇南锅村	0.59
337	大车户沟河	112	26	1	小凌河	右岸	辽宁省葫芦岛市连山区白马石乡上三角城村	辽宁省葫芦岛市连山区、锦州市太和区、凌海市	辽宁省朝阳县尚志乡大车户沟村	5.51
338	大业河	111	31	1	大凌河	右岸	辽宁省义县大定堡满族乡茶山寺村	辽宁省义县	辽宁省凌海市大业镇新立村	3.88
339	二道河	111	31	1	大凌河	右岸	辽宁省建昌县素珠营子乡王君杖子村	辽宁省建昌县	辽宁省建昌县素珠营子村	4.93
340	鹞鹰河	111	29	2	绕阳河	左岸	辽宁省阜蒙平安地镇土坡子村	辽宁省阜蒙县、彰武县	辽宁省彰武县哈尔套镇散汉村	3.82
341	汤土沟河	110	26	3	蹦河	右岸	辽宁省建平罗福沟乡子家杖子村	辽宁省建平县	辽宁省建平县马场镇梁家村	7.07

附录 D 辽宁省河流名录表

续表

序号	河流名称	流域面积 /km²	河流长度 /km	河流级别	注入江河（湖、海）	岸别	河源地址	流　　经	河口地址	比降 /‰
342	小嘎岔河	110	29	2	老哈河	右岸	辽宁省建平县烧锅营子乡毕杖子村	辽宁省建平县、内蒙古自治区敖汉旗	辽宁省建平县哈拉道口镇嘎岔村	8.83
343	泉水河	110	21	2	太子河	左岸	辽宁省本溪县小市镇蜂蜜砬子村	辽宁省本溪县	辽宁省本溪县小市镇腰堡村	6.98
344	傲营河	110	20	1	龙态河	右岸	辽宁省东港市马家店镇三道岗村	辽宁省东港市	辽宁省东港市长山镇山东村	0.59
345	枣儿沟河	110	20		黄海		辽宁省东港市马家店镇三道岗村	辽宁省东港市	辽宁省东港市北井子镇临海村	0.47
346	楼房河	109	21	2	蒲石河	左岸	辽宁省宽甸县石湖沟乡石湖沟村	辽宁省宽甸县	辽宁省宽甸县石湖沟乡甫子沟村	6.62
347	黄道营子河	109	26	1	大凌河	左岸	辽宁省朝阳县大道乡刘炮手沟村	辽宁省朝阳县	辽宁省朝阳县乌兰河硕蒙古族乡乌兰河硕村	14.80
348	老窑河	109	26	2	秀水河	左岸	辽宁省法库县丁家房镇邦牛堡子村	辽宁省法库县、新民市	辽宁省新民市公主屯镇立塔村	1.49
349	东张营子河	109	19	3	蹦河	右岸	辽宁省建平县建平镇轩三义号	辽宁省建平县	辽宁省建平县建平镇东张营子村	5.74
350	地河	109	15	4	东马莲河	右岸	内蒙古自治区科尔沁左翼后旗常胜镇朝阳堡村	内蒙古自治区科尔沁左翼后旗、辽宁省康平县	辽宁省康平县小城子镇腰段村	2.71
351	果松川河	108	19	3	大二河	右岸	辽宁省桓仁县华来镇果松川村	辽宁省桓仁县	辽宁省桓仁县华来镇冯家堡村	10.70
352	莲花河	108	19	2	泛河	右岸	辽宁省铁岭市银州区龙山乡城区	辽宁省铁岭市银州区、铁岭县	辽宁省铁岭县凡河镇大凡河村	0.14

续表

序号	河流名称	流域面积/km²	河流长度/km	河流级别	注入江河(湖、海)	岸别	河源地址	流经	河口地址	比降/‰
353	双岔河东支	108	26	1	双岔河	右岸	辽宁省东港市新镇鹿圈沟村	辽宁省东港市	辽宁省东港市孤山镇谷家屯村	—
354	胜利河	107	28	2	拉马河	左岸	辽宁省兵山市晓南镇泉眼沟村	辽宁省调兵山市、铁岭县	辽宁省铁岭县阿吉镇随荒地村	1.22
355	炒铁河	107	26	3	海城河	左岸	辽宁省海城市牌楼镇黄堡村	辽宁省海城市	辽宁省海城市响堂街道办事处张家村	2.24
356	三道河	106	20	3	南太子河	右岸	辽宁省本溪县东营房乡官家堡村	辽宁省本溪县	辽宁省本溪县碱厂镇碱厂村	8.71
357	红沿河	106	19	0	渤海	无	辽宁省瓦房店市驼山乡曹屯村	辽宁省瓦房店市	辽宁省瓦房店市红沿河镇东岗村	1.52
358	贺杖子河	106	28	1	大凌河	右岸	辽宁省建昌县贺杖子乡大甸沟村	辽宁省建昌县	辽宁省建昌县杨泉子镇	7.24
359	五十家子河	106	21	1	小凌河	左岸	辽宁省朝阳县二十家子镇六家子村	辽宁省朝阳县	辽宁省朝阳县二十家子镇	6.56
360	猫眼河	106	24	0	渤海	无	辽宁省绥中县沙河镇恒河村	辽宁省绥中县	辽宁省绥中县荒地镇西头村	2.13
361	花皆河	105	25	1	六股河	左岸	辽宁省兴城市围屏满族乡陈良村	辽宁省兴城市	辽宁省兴城市大寨满族乡马圈村	1.63
362	牤牛南河	105	24	3	二道河	左岸	吉林省四平市铁东区山门镇解放村	吉林省四平市铁东区、辽宁省昌图县	辽宁省昌图县毛家店镇新农村	3.29
363	强流河	105	22	0	渤海	无	辽宁省绥中县西甸子镇北杨家村	辽宁省绥中县	辽宁省绥中县前所镇东杨家村	2.70

续表

序号	河流名称	流域面积 /km²	河流长度 /km	河流级别	注入江河（湖、海）	岸别	河源地址	流经	河口地址	比降 /‰
364	南草河	105	15	4	三通河	右岸	辽宁省海城市腾鳌镇金甲村	辽宁省海城市	辽宁省海城市耿庄镇灰菜村	0.71
365	沙海河	105	19	3	东小河	右岸	辽宁省建平县沙海镇四龙沟村	辽宁省建平县、内蒙古自治区宁城县	辽宁省建平县沙海镇杜杖子村	3.03
366	大王杖子河	104	27	2	大凌河西支	右岸	辽宁省凌源市大王杖子乡草鉴沟村	辽宁省凌源市	辽宁省凌源市城关街道十五里堡村	9.61
367	回头河	104	27	1	复州河	左岸	辽宁省瓦房店市九龙街道袁沟村	辽宁省瓦房店市、大连市普兰店区	辽宁省瓦房店市得利寺镇蔡房身村	2.81
368	苇子河	104	22	3	二道河	左岸	辽宁省昌图县太平镇丰胜村	辽宁省昌图县	辽宁省昌图县宝力镇宝力村	0.93
369	他山河	103	26	2	虎庄河	无	辽宁省大石桥市官屯镇盘岭村	辽宁省大石桥市、海城市	辽宁省大石桥市虎庄镇厂沟村	1.86
370	南小凌河	103	22	2	秀水河	左岸	辽宁省康平县方家屯镇镇东街村	辽宁省康平县	辽宁省康平县西关屯蒙古族满族乡大广宁窝堡村	1.89
371	西小河	103	19	3	寇河	左岸	辽宁省西丰县成平满族乡成平村	辽宁省西丰县、开原市	辽宁省开原市威远堡镇威远村	6.23
372	魏家岭河	103	29	1	大凌河	左岸	辽宁省建昌县魏家岭乡柴木沟村	辽宁省建昌县	辽宁省建昌县西碱厂乡碱厂村	7.92
373	北海河	103	17	0	渤海	无	辽宁省盖州市沙岗镇上屯村	辽宁省盖州市	辽宁省盖州市团山街道北海村	1.89
374	百水缘河	103	17	0	渤海	无	辽宁省凌海市松山镇南站新区水泉村	辽宁省凌海市	辽宁省凌海市锦州经济技术开发区南陵村	1.51

附录D 辽宁省河流名录表

续表

序号	河流名称	流域面积/km²	河流长度/km	河流级别	注入江河(湖、海)	岸别	河源地址	流经	河口地址	比降/‰
375	安家河	103	35	3	西沙河	左岸	辽宁省黑山县镇安镇赵家窝铺村	辽宁省北镇市、黑山县	辽宁省北镇市中安镇耿屯村	1.31
376	大妞河	102	18	3	碾盘河	右岸	辽宁省西丰县房木镇大湾村	辽宁省西丰县	辽宁省西丰县房木镇房木村	5.58
377	下二台河	102	34	4	双庙子河	右岸	辽宁省昌图县下二台镇田家村	辽宁省昌图县	辽宁省昌图县毛家店镇古龙村	2.56
378	巴什罕河	102	16	1	六股河	右岸	辽宁省建昌县巴什罕乡戴杖子村	辽宁省建昌县	辽宁省建昌县巴什罕乡苗油坊村	4.78
379	方家河	102	26	4	山羊峪河	右岸	辽宁省凤城市青城子镇永胜村	辽宁省凤城市	辽宁省凤城市四门子镇四门子村	8.06
380	小寇河	102	21	3	寇河	左岸	辽宁省西丰县金星满族乡榆泉村	辽宁省西丰县	辽宁省西丰县振兴镇德业村	6.88
381	莲岛河	101	25	1	浑河	右岸	辽宁省抚顺市顺城区会元乡马前村	辽宁省抚顺市顺城区	辽宁省抚顺市顺城区河北乡滴台村	3.82
382	杉松河	101	25	3	南太子河	左岸	辽宁省本溪县田师傅镇魏家堡子村	辽宁省本溪县	辽宁省本溪县碱厂镇黄家堡子村	11.90
383	黑牛营子河	101	18	1	小凌河	左岸	辽宁省朝阳县清风岭镇后西地村	辽宁省朝阳县	辽宁省朝阳县黑牛营子乡黑牛营子村	9.56
384	头道河	100	30	2	小凌河	右岸	辽宁省凌海市翠岩镇上苏家沟村	辽宁省凌海市、锦州市太和区、锦州市凌河区	辽宁省锦州市凌河区百股街道金屯村	4.94

附录 E 辽宁省水库、湖泊、水电站特性表

表 E.1 辽宁省省直大型水库工程特性一览表

序号	水库名称	水库规模	所在河流	集雨面积/km²	设计重现期/年	校核重现期/年	总库容/万 m³	调洪库容/万 m³	兴利库容/万 m³	汛限水位对应库容/万 m³	死库容/万 m³	坝顶高程/m	校核洪水位/m	设计洪水位/m	堰顶高程/m	汛限水位/m	死水位/m	最大坝高/m	坝顶长度/m	坝顶宽度/m	坝型
1	大伙房	大(1)型	浑河	5437	1000	PMF	226800	126800	129600	100000	13400	139.80	139.32	136.63	125	126.4	108	49.8	1367.0	8	碾压式黏土心墙坝
2	观音阁	大(1)型	太子河	2795	1000	10000	216800	74800	138520	142000	3480	267.00	265.70	263.90	255.2	255.2	207.7	82.0	1040.0	10	碾压混凝土重力坝
3	白石	大(1)型	大凌河	8167	500	5000	164500	75500	87000	43593	13000	134.30	133.88	132.27	115	118	108	49.3	513.0	12	碾压混凝土重力坝
4	葠窝	大(2)型	太子河	3380	300	10000	79100	57700	42310	6500~14300	1800	103.50	102.00	100.80	84.8	81.2~86.1	74.7	50.3	532.0	6	混凝土重力坝
5	汤河	大(2)型	汤河	1228	100	10000	62600	28700	35800	33900	2479	118.66	115.97	111.44	101.3	107.86	85.26	48.5	455.0	6	黏土斜墙土坝
6	清河	大(2)型	清河	2376	500	10000	96800	53600	54900	43224	4470	139.25	138.06	135.10	126	127	109.7	40.8	1629.7	7.6	黏土斜墙坝
7	柴河	大(2)型	柴河	1355	100	10000	61400	33000	33570	28400	1630	117.30	116.27	112.06	105	105.2	84	42.3	982.0	6	黏土心墙砂壳坝
8	阎德海	大(2)型	柳河	4051	100	1000	21700	21120	4139	620	0	194.00	193.11	189.48	181.5	174	151	44.5	167.0	5	混凝土重力坝
9	石佛寺	大(2)型	辽河	11436	100	300	18500					52.70	50.69	50.22	41	46.2		12.1	12443.0	6	均质坝
10	宫山嘴	大(2)型	大凌河	656	100	2000	11931	4761	6264	7170	1645	404.85	402.80	399.78	392.45	397.45	387.11	33.7	457.5	5.5	黏土心墙砂壳坝

附录E 辽宁省水库、湖泊、水电站特性表

表E.2 辽宁省省市管大中型水库工程特性一览表

序号	水库名称	水库规模	所在河流	集雨面积/km²	设计重现期/年	校核重现期/年	总库容/万m³	调洪库容/万m³	兴利库容/万m³	汛限水位对应库容/万m³	死库容/万m³	坝顶高程/m	校核洪水位/m	设计洪水位/m	堰顶高程/m	汛限水位/m	死水位/m	最大坝高/m	坝顶长度/m	坝顶宽度/m	坝型
1	棋盘山	中型	蒲河	133.0	100	1000	6034	3254	1762	2780	1018	103.25	100.02	97.56	98.33非常溢洪道	94.50	90.00	23.0	272.0	8.9	均质土坝
2	泡子沿	中型	王河	156.0	100	1000	4760	2971.6	1488.4	1788.4	300	89.41	87.87	87.10	85.45	85.45	82.25	12.0	600.0	5	均质土坝
3	尚屯	中型	拉马河	238.0	50	300	6480	4877	3100	3318	218	60.00	58.52	57.73	56	56.00	50.88	14.0	954.0	8.5	均质土坝
4	牛其堡	中型	小岭河	65.8	20	300	1523	925.25	561.56	598.05	36.44	55.00	53.33	52.30	51.2	51.20	48.11	10.0	1075.0	5	均质土坝
5	獾子洞	中型	獾子洞河	277.0	50	300	5052	2888	1412	2164	752	57.02	55.47	54.88	54.16	54.16	53.29	5.0	2550.0	5	均质土坝
6	尖山子	中型	尖山子河	84.0	50	300	2290	1195	956	1095	239	78.45	76.84	76.44	75.5	75.50	73.50	6.7	730.0	5	均质土坝
7	三合成	中型	三合成河	57.1	50	300	1184	626	449.4	558.01	108.4	85.19	83.03	82.32	80.76	80.76	78.26	13.4	760.0	5	均质土坝
8	拉马章	中型	拉马章河	46.0	50	300	1087	677	396	527	14	70.20	68.64	68.48	67.23	67.23	64.44	5.7	300.0	5	均质土坝
9	三台子	中型	中央排干	143.0	50	300	6881	2186.5	1977.6	4694	2716.5	85.78	83.34	82.81	非常溢洪道	80.50	80.50	15.9	4260.0	5	均质土坝
10	花古	中型	秀水河	257.0	50	300	2425	1932.6	301.53	492.26	190.73	99.55	98.54	97.44	94.85	94.85	93.85	8.7	1250.0	5	均质土坝
11	四道号	中型	二道河	98.0	20	100	1540	1011.6	524.08	528.3	6.4	118.05	116.11	115.76	无溢洪道	115.32	114.14	4.0	317.0	5	均质土坝
12	碧流河	大(2)型	碧流河	2085.0	500	10000	93400	24700	64400	68700	7000	74.00	72.60	71.00	60.3	68.10	47.00	53.5	708.5	7	混合型
13	英那河	大(2)型	英那河	692.0	500	2000	28688	7865	20896	20823	2208	83.10	81.20	80.54	72.6	77.70	59.50	44.5	338.0	7.5	浆砌石重力坝
14	朱隈	大(2)型	庄河西支	260.1	100	2000	15097	3560	11166	11537	371	46.50	45.05	44.02	37.5	42.50	31.45	19.5	340.0	4	混凝土心墙土坝
15	转角楼	大(2)型	湖里河	146.0	300	2000	14234	3201	10846	11033	187	44.90	43.71	43.14	37	40.80	26.50	24.9	197.0	6	混凝土心墙土坝
16	松树	大(2)型	复州河	302.0	500	5000	16710	11323	5015	5387	372	117.71	116.62	114.45	104.34	107.21	96.82	34.9	303.0	5	黏土心墙坝

附录 E 辽宁省水库、湖泊、水电站特性表

续表

序号	水库名称	水库规模	所在河流	集雨面积/km²	设计重现期/年	校核重现期/年	总库容/万m³	调洪库容/万m³	兴利库容/万m³	汛限水位对应库容/万m³	死库容/万m³	坝顶高程/m	校核洪水位/m	设计洪水位/m	堰顶高程/m	汛限水位/m	死水位/m	最大坝高/m	坝顶长度/m	坝顶宽度/m	坝型
17	东风	大(2)型	复州河	662.0	100	2000	14175	6075	9370	8100	970	56.55	55.70	53.90	46	51.00	40.00	25.6	765.0	6	黏土心墙坝
18	刘大	大(2)型	大沙河	278.3	100	5000	18946	13326	6240	5620	480	96.23	95.79	91.62	84.85	86.95	76.63	28.1	380.0	5	黏土心墙坝
19	卧龙	中型	东大河	43.9	100	2000	1170	736.43	359.63	433.88	74.25	24.00	23.60	22.30	19.6	19.60	15.00	20.8	374.0	5	黏土心墙坝
20	北大河	中型	北大河	39.6	100	1000	1169	347	813.4	822	122.33	56.00	55.78	55.12	53.5	53.50	38.70	29.3	309.0	4	混凝土重力坝
21	大西山	中型	马栏河	29.1	100	1000	2299	628	1615.2	1671	55.8	53.32	53.31	52.63	50.5	50.50	34.92	34.6	570.0	5.5	混凝土重力坝
22	龙王塘	中型	龙王塘河	37.7	100	1000	1976	357.6	1597.2	1618.64	9	30.43	30.40	29.84	28.26	28.26	9.00	39.7	156.4	4.24	混凝土重力坝
23	洼子店	中型	大沙河	12.6	100	2000	1275	384	888	891	3.2	22.10	21.25	20.60	19.5	19.50	10.55	15.0	500.0	5	黏土心墙坝
24	永记	中型	地窖河	35.4	100	1000	3035	1568	1452	1467	15	21.80	20.33	19.38	17.58	17.58	11.30	12.0	476.0	5	混凝土重力坝
25	八一	中型	永宁河	61.0	100	2000	3306	1774	1452	1532	80	34.40	33.13	32.04	29.82	29.82	23.51	14.8	760.0	5.5	混凝土重力坝
26	九龙	中型	崴菌河	152.8	100	1000	2681	2107	621	574	75	45.10	44.22	41.95	36.2	38.50	35.00	16.1	290.0	3.5	黏土心墙坝
27	大河	中型	大河	38.0	50	1000	1128	475	608	653	45	31.60	31.08	30.18	28.5	27.50	20.54	14.6	570.0	5	黏土心墙坝
28	莲花	中型	莲花河	38.0	20	500	1310	697.4	562.6	612.6	50	6.80	6.72	5.45	5.6	3.80	2.15	5.3	86.0	2	土工膜斜墙坝
29	红旗	中型	吊桥河	96.0	50	1000	4886	1565	2950	2717	371.6	28.80	27.62	26.54	23	24.50	18.00	15.5	390.0	6	黏土心墙坝
30	大梁屯	中型	清水河	45.5	100	1000	2479	1329.1	1120.9	1150.3	29.4	42.66	41.32	40.45	38.31	38.31	31.81	15.1	522.2	6	混凝土防渗墙土坝
31	五间	中型	长山河	26.5	50	1000	1237	613	578	624	46	40.20	39.51	38.23	36.3	36.30	29.30	15.3	375.0	4~6	浆砌石重力坝
32	七道房	中型	复州河	66.3	50	500	1125	560	534	565	31	175.40	173.65	172.42	169	169.00	159.00	29.4	250.0	5.5	黏土心墙坝
33	鸽子塘	中型	三十里河	51.0	100	1000	1906	1078.1	800.56	828	27.44	45.15	45.14	43.58	40.32	40.32	30.67	19.3	156.0	5.5	黏土心墙坝
34	青云河	中型	青云河	64.5	100	500	1015	483.3	670	532	58	22.50	21.54	20.83	18	18.75	15.00	11.5	527.0	4	混合坝
35	上英	中型	五道河	54.0	100	2000	2919	882	1817	2037	220	102.70	100.97	99.45	96.8	96.80	82.00	29.5	575.0	5	黏土心墙坝

续表

序号	水库名称	水库规模	所在河流	集雨面积/km²	设计重现期/年	校核重现期/年	总库容/万 m³	调洪库容/万 m³	兴利库容/万 m³	汛限水位对应库容/万 m³	死库容/万 m³	坝顶高程/m	校核洪水位/m	设计洪水位/m	堰顶高程/m	汛限水位/m	死水位/m	最大坝高/m	坝顶长度/m	坝顶宽度/m	坝型
36	王家坟	中型	八里河	62.0	100	2000	1707	1057	627	650	23	112.30	111.43	109.59	106.2	106.20	99.00	18.0	525.0	6	黏土斜墙坝
37	山咀	中型	黑岭河	38.0	50	1000	1118	427.8	640	690	50	210.60	210.33	208.48	204.5	204.50	187.50	32.6	414.0	5	黏土心墙坝
38	黑山	中型	牤牛河	49.2	50	1000	1212	663.01	549	548.69	31.33	103.52	103.30	102.08	99.3	99.30	92.58	19.9	765.0	6	黏土心墙坝
39	关山	中型	峡河	135.6	50	2000	4440	1675	2385	2765	180	177.40	177.38	173.99	168	171.00	153.70	41.1	404.0	9	黏土心墙坝
40	腰堡	中型	社河	139.0	50	1000	2003	1665	1161	338	69	122.00	121.54	117.49	111	111.00	107.00	24.0	410.0	6	黏土心墙坝
41	英守	中型	古城子河	55.0	50	2000	1141	633	688	508	37	93.11	91.46	89.02	84.9	86.55	79.90	17.7	624.6	5.5	黏土心墙坝
42	后楼	中型	浑河	81.0	50	1000	1463	797	1018	666	104	483.80	483.38	481.80	478.3	478.30	470.90	18.3	495.0	5	黏土心墙坝
43	小孤家	中型	枸乃河	121.0	50	2000	2002	1194	969	808	74	310.50	310.39	307.28	300.8	300.80	287.90	30.5	347.0		黏土心墙拱坝
44	红河	中型	红河	806.0	50	500	1144	506.83	350.17	637.17	287	272.00	271.97	269.67	266	266.00	260.75	30.6	233.5	8.5	混凝土拱坝
45	红升	中型	苏子河	78.5	50	2000	3071	1575	2869	1496	71	379.95	378.34	375.76	373.55	372.55	360.15	26.4	280.0	8	黏土心墙坝
46	关门山	中型	小汤河	176.6	100	2000	7661	5100	5480	2561	200	379.80	376.77	374.26	368	370.40	341.00	58.5	218.9	8	混凝土面板堆石坝
47	三道河	中型	小夹河	77.0	50	1000	2980	825	2310	2156	60	251.20	250.75	248.36	243	247.00	223.50	36.2	222.0	5.6	黏土心墙
48	铁甲	大(2)型	柳林河	241.0	200	2000	25600	12875	15975	12725	925	94.00	93.59	92.23	86.6	86.60	75.10	24.5	600.0	8	黏土心墙坝
49	土门子	大(2)型	土牛河	276.0	100	1000	19100	3400	15900	15696	860	64.90	64.05	62.69	55.6	61.60	43.00	36.8	319.0	8~9	浆砌石重力坝
50	罗圈背	中型	小洋河	106.0	100	500	5424	1397	4791	4027	298.6	92.00	90.77	89.77	85	86.70	67.54	40.0	249.7	9.1	浆砌土外包混凝土重力坝
51	刁家坝	中型	双岔河	48.7	50	300	2859	1264	2040	1595	112.1	11.55	9.10	8.63	6.5	7.30	3.33	13.7	400.0	6	均质土坝
52	廉家坝	中型	双岔东支	43.4	50	300	3238	1128	2085	2110	25	12.10	9.52	9.01	6.5	7.90	2.60	11.5	348.0	6	黏土心墙坝
53	何家岗	中型	吊水楼子河	30.3	50	300	2218	953	1454	1265	22.66	14.40	13.04	12.57	11.3	10.80	6.50	9.4	1768.0	6	均质土坝
54	合隆	中型	龙态河	40.0	50	300	1479	757.8	762	721.2	218	24.20	22.85	22.38	20.1	21.30	19.75	6.2	2795.0	6	均质土坝

辽宁省水库、湖泊、水电站特性表 附录E

续表

序号	水库名称	水库规模	所在河流	集雨面积/km²	设计重现期/年	校核重现期/年	总库容/万m³	调洪库容/万m³	兴利库容/万m³	汛限水位对应库容/万m³	死库容/万m³	坝顶高程/m	校核洪水位/m	设计洪水位/m	堰顶高程/m	汛限水位/m	死水位/m	最大坝高/m	坝顶长度/m	坝顶宽度/m	坝型
55	太平	中型	傲营河	22.5	50	300	1227	611	677.32	616.1	24.68	14.20	13.12	12.65	11.45	11.45	7.60	8.2	945.0	6	均质土坝
56	十字街	中型	新沟河	17.0	50	300	1095	564	521	531	10	11.45	10.13	9.63	8.2	8.20	4.19	7.5	770.0	6	均质土坝
57	锦凌	大(2)型	小凌河	3029.0	500	5000	80800	22800	55800	41198	4200	64.80	63.56	61.32	51.3	56.00	41.00	48.3	1148.0	8	混合坝
58	龙湾	中型	朝阳寺河	321.0	100	1000	7019	4824	1988	2195	207	57.60	56.95	55.67	52	52.00	47.00	16.6	724.0	6	混合坝
59	友邻	中型	东沙河	419.0	100	1000	4580	3587	944	993	49	90.82	90.18	88.47	84.5	84.50	80.00	16.8	1078.0	5	混合土质坝
60	老龙口	中型	东沙河	210.0	50	1000	4246	2737.8	1673	1770	97	105.40	104.02	101.37	95.5	98.40	89.90	22.4	450.0	5	黏土斜墙坝
61	黑山屯	中型	黑山庙河	65.0	50	1000	1595	1045.8	497.6	549.2	51.6	142.60	141.30	138.96	135.3	135.30	129.57	20.3	180.0	6	均质土坝
62	石门	大(2)型	大清河	410.0	200	3000	10220	4103	7939	5100	430	145.00	143.85	141.10	132.3	132.30	110.30	47.0	350.0	6	黏土斜墙坝
63	玉石	中型	碧流河	313.0	50	500	8852	1100	7757	7752	429	203.20	202.70	201.40	196	201.00	176.00	50.2	266.5	6	混凝土重坝
64	三道岭	中型	西大清河	133.0	50	1000	3490	2230	1590	1220	240	95.00	94.45	92.06	87.7	88.70	83.50	17.3	575.0	7	均质土坝
65	周家	中型	大金寺河	42.0	100	1000	1185	781	509	400.8	31	129.40	129.03	127.26	123.85	122.37	114.00	21.6	480.5	4.5	均质土坝
66	佛寺	大(2)型	伊马图河	600.0	100	2000	12475	9891	2367	2584	291.3	148.66	147.83	143.82	136	139.60	135.00	23.7	720.0	6	黏土心墙砂壳坝
67	八宝海	中型	八宝海河	101.0	100	2000	2340	1780	432	560	128	69.40	68.71	66.87	63	64.00	61.40	12.5	215.0	6	均质土坝
68	鹹锅	中型	务欢池河	130.7	20	100	1205	68	759	1137	397	184.45	182.82	182.68	无溢洪道	182.42	176.64	7.5	810.0	6	均质土坝
69	巨龙湖	中型	烧锅窝堡河	—	20	100	1339	668	1071	671	48	135.90	134.63	134.28	132.45	133.85	131.10	6.4	1825.0	5.5	均质土坝
70	大清沟	中型	大清沟	287.0	100	1000	1120	216	625	904	330	168.50	168.02	167.09	158.5	166.00	139.30	21.5	320.0	9	均质土坝
71	南城子	大(2)型	叶柏寿河	625.0	100	5000	23320	12400	10460	11108	1270	156.90	156.31	152.09	144.3	148.5(7.1)	136.30	31.9	1176.0	6	黏土心墙坝
72	楼子岭	大(2)型	泛河	369.0	100	5000	18622	7052	12400	11370	700	199.67	197.87	196.61	190	192.60	175.60	36.2	350.0	7	黏土心墙坝
73	诚信	中型	寇河	142.9	100	2000	3294	1047	2052	2247	195	262.56	262.38	260.48	254	259.35	248.20	21.6	590.0	7	黏土心墙坝

附录 E 辽宁省水库、湖泊、水电站特性表

续表

序号	水库名称	水库规模	所在河流	集雨面积/km²	设计重现期/年	校核重现期/年	总库容/万m³	调洪库容/万m³	兴利库容/万m³	汛限水位对应库容/万m³	死库容/万m³	坝顶高程/m	校核洪水位/m	设计洪水位/m	堰顶高程/m	汛限水位/m	死水位/m	最大坝高/m	坝顶长度/m	坝顶宽度/m	坝型
74	红山	中型	红山河	105.0	100	1000	2748	1843	705	905	200	148.37	147.55	146.03	142.58	142.08	138.66	16.0	1350.0	5	均质土坝
75	红顶山	中型	亮子河	81.0	100	1000	2147	1559	476	588	112	143.20	141.46	140.13	138	137.30	135.08	13.2	2325.0	5	均质土坝
76	阎王鼻子	大(2)型	大凌河	9482.0	100	1000	21700	12800	12200	5201	1700	217.50	216.50	211.90	201	210.00	204.50	34.5	383.0	10	混凝土重力坝
77	龙潭	中型	顺洞河	200.0	100	1000	3300	2200	830	1100	270	319.40	318.10	315.40	310.1	310.10	302.80	30.5	603.0	5.8	黏土斜墙坝
78	元宝山	中型	小凌河	158.0	100	1000	2675	1092	1132	793	121	282.40	282.40	279.90	274	276.90	269.70	20.4	320.0	5	黏土心墙坝
79	白山	中型	四汗城河	235.0	100	2000	3352	2510	827	842	200	511.80	540.10	538.70	535.85	535.85	532.90	20.9	1030.0	5	均质土壤坝
80	瓦房店	中型	六官营子河	120.0	100	1000	2409	1290	839	1119	280	415.12	412.22	409.57	405.26	405.26	397.00	46.3	389.5	7	黏土心墙坝
81	菩萨庙	中型	西大川河	118.0	50	1000	1225	447.46	778	778	33.064	410.50	410.23	408.41	405.4	404.40	393.00	25.5	369.0	5.5	黏土斜墙坝
82	挖撂楼	中型	平安排水总干				4050		2700		1350	8.50	6.72	6.70		6.50	4.30	8.5	15200.0	5	均质土坝
83	三角洲	中型		13.1	20	100	4205		3140		1040	8.30	5.52	5.51		5.30	3.10	12.2	13710.0	5	均质土坝
84	荣兴	中型	荣兴渠系	7.5			1613		900		75	7.40	5.05	5.05		5.05	3.00	4.5	11230.0	6	均质土坝
85	红旗	中型	绕阳河	7984.0	20	100	1628		1051		9	8.53	7.78	6.75	76	6.00	2.70	6.1	1630.0	5	均质土坝
86	青年	中型	沟盘运河	5.4	20	100	1250		1000		170	7.48	5.02	5.00		4.90	3.00	4.9	10057.0	6	均质土坝
87	八一	中型	小柳河	5.6	20	100	1271		1008		200	8.10	5.41	5.35		5.30	3.50	6.5	9250.0	5	均质土坝
88	乌金塘	大(2)型	女儿河	925.2	100	5000	29100	20500	9158	8700	721	99.00	97.56	91.93	82.5	86.95	75.90	33.0	288.0	7	黏土心墙坝
89	青山	大(2)型	六股河	1650.0	500	5000	66100	33200	30600	17741	2300	96.29	95.40	91.80	76	78.73	68.00	42.8	735.6	7	黏土心墙砂砾石坝
90	虹螺山	中型	倒流河	32.6	100	2000	1006	625	329	381	51	124.90	124.52	123.26	120.2	120.20	114.90	24.0	526.0	6	均质土坝
91	马道子	中型	云山润河	62.0	100	1000	1115	449	424	673	40	124.00	121.58	119.86	115	115.00	105.10	24.0	186.0	4	碾压式黏土心墙坝
92	碱厂	中型	烟台河	126.3	100	2000	4890	3652	2490	1238	40	88.50	87.63	85.67	82	82.00	72.50	27.5	200.0	5	均质土坝
93	大凤山	大(2)型	石河	251.0	100	5000	20800	13200	7260	7600	340	120.30	119.48	113.66	104.2	105.90	85.40	45.3	275.0	6	黏土接土模坝
94	龙屯	大(2)型	王宝河	214.0	100	5000	11875	7075	4524	4800	276	80.10	79.16	74.95	67	71.70	60.80	24.6	742.0	7.2	黏土斜墙坝

辽宁省水库、湖泊、水电站特性表 附录E

表E.3 辽宁省中型水库工程特性一览表

序号	水库名称	所在市县	所在河流	水库规模	集水面积/km²	设计重现期/年	校核重现期/年	总库容/万m³	调洪库容/万m³	兴利库容/万m³	汛限水位对应库容/万m³	死库容/万m³	校核洪水位/m	设计洪水位/m	正常蓄水位/m	汛限水位/m	死水位/m	堰顶高程/m	水面面积/km²	最大泄流量/(m³/s)	坝顶高程/m	最大坝高/m	坝型
1	白山	朝阳市	四汗沟河	中型	235.00	100	1000	3352	2510	827	842	200	540.10	538.70	535.85	535.85	535.85	532.90	3.42	481.0	541.80	20.90	均质堆土坝
2	红山	昌图县	红山河	中型	105.00	100	1000	2748	1843	705	905	200	147.55	146.03	142.58	142.58	142.58	138.66	2.56	550.0	148.37	15.99	均质土坝
3	三合子	沈阳市	中央排干	中型		50	300	4500	3051	1580	1449	520	83.56	82.94	82.00	82.00		80.50	13.13		85.80	6.70	均质土坝
4	四道号	沈阳市	二道河	中型	98.00	20	100	1727	700	550	1027	9	116.31	115.69	115.32	115.32	114.14	114.14	1.80	20.5	118.20	3.50	均质土坝
5	红顶山	昌图县	亮子河	中型	81.00	100	1000	2147	1559	476	588	112	141.46	140.13	138.00	138.00	138.00	135.08	8.09	239.0	143.20	13.20	均质土坝
6	泡子沿	沈阳市	王河	中型	156.00	50	300	4760	2980	1488	1780	300	87.87	87.10	85.45	85.45	85.45	82.25	3.39	105.0	89.41	12.00	均质土坝
7	牛其堡	沈阳市	小峪河	中型	65.80	20	300	1523	1229	562	295	36	53.33	52.30	51.20	51.20	51.20	48.11	3.39	117.0	55.00	10.00	均质土坝
8	拉马章	拉马章	拉马河	中型	46.00	50	300	970	587	410	383	14	68.64	68.48	67.23	67.23	67.23	64.44	3.06	78.0	70.20	5.70	均质土坝
9	尚屯	沈阳市	拉马河	中型	238.00	50	300	6840	4877	3100	1603	218	58.52	57.73	56.00	56.00	56.00	50.88	10.94	132.0	60.00	14.00	均质土坝
10	花古	沈阳市	秀水河	中型	257.00	50	300	2403	1926	290	477	215	98.50	97.40	94.85	94.85	无溢洪道	93.85	3.45	528.0	99.55	8.70	均质土坝
11	尖山子	沈阳市	尖山子河	中型	84.00	50	300	2290	1220	1041	1070	239	76.84	76.44	75.50	75.50	75.50	73.50	7.01	74.9	78.45	6.70	均质土坝
12	三合成	沈阳市	三合河	中型	57.13	50	300	1184	626	449	558	108.4	83.03	82.32	80.76	80.76	80.76	78.26	2.36	145.0	85.19	13.35	均质土坝
13	獾子洞	沈阳市	三合河	中型	163.50	50	300	5052	1750	1412	3302	752	55.47	54.88	54.16	54.16	54.16	53.29	18.42	164.0	57.02	5.00	均质土坝
14	大清沟	阜新市	大清沟河	中型	287.00	100	1000	1120	216	625	904	330	168.02	167.09	166.50	166.00	158.50	159.30		12.3	168.50	21.50	均质土坝

附录 E 辽宁省水库、湖泊、水电站特性表

续表

序号	水库名称	所在市县	所在河流	水库规模	集水面积 /km²	设计重现期 /年	校核重现期 /年	总库容 /万m³	调洪库容 /万m³	兴利库容 /万m³	汛限水位对应库容 /万m³	死库容 /万m³	校核洪水位 /m	设计洪水位 /m	正常蓄水位 /m	汛限水位 /m	死水位 /m	堰顶高程 /m	水面面积 /km²	最大泄流量 /(m³/s)	坝顶高程 /m	最大坝高 /m	坝型
15	巨龙湖	阜新市	养息牧河	中型	225.80	50	100	1339	668	1071	671	48	134.63	134.28	134.10	133.85	132.45	131.10		17.0	135.90	6.40	均质土坝
16	青年	盘锦市	西沙河支流	中型	5.40	20	100	1250		1000		170	5.02	5.00	4.20	4.90	3.00	3.00	5.40	12.0	6.85	4.88	均质土坝
17	八一	盘锦市	小柳河	中型	5.60	20	100	1271		1008		200	5.41	5.35		5.30		3.50	5.66	12.0	8.00	6.50	均质土坝
18	碱锅	阜新市	务欢池河	中型	130.70	20	100	1205	68	759	1137	397	182.82	182.68	182.42	182.42	无溢洪道	176.64			184.45	7.52	均质土坝
19	红旗	盘锦市	绕阳河	中型	25.00	20	100	1628		1051		9	7.78	6.75	4.20	6.00	2.70	2.70	21.50	7984.0	8.80	6.10	均质土坝
20	友邻	锦州市	东沙河	中型	419.00	300	1000	4580	3587	944	993	49	90.18	88.47	84.50	84.50	84.50	80.00	3.62	4050.0	90.82	16.82	混合坝
21	八宝	阜新市	八宝海河	中型	101.00	100	2000	2340	1780	432	560	128	68.71	66.87	64.00	64.00	63.00	61.40	2.00	275.0	69.40	12.50	均质土坝
22	龙湾	锦州市	朝阳寺河	中型	321.00	100	1000	7019	4824	1988	2195	207	56.95	55.67	52.00	52.00	52.00	47.00	6.53	2244.0	57.60	16.60	混合坝
23	三角洲	盘锦市	浑江沟	中型	18.60	20	100	4205		3140		1040	5.52	5.51	5.50	5.51		3.10	13.13	17.7	8.20	12.20	均质土坝
24	后楼	抚顺市	红河	中型	81.00	50	1000	1463	797	1018	666	104	483.38	481.8	481.50	478.30	478.30	470.90	1.07	589.9	483.80	18.30	黏土心墙坝
25	红河	抚顺市	红河	中型	806.00	50	200	1207	537	566	670	104	277.49	270.04	266.00	266.00	255.50		266.00	1710.0	277.60	32.00	混凝土拱坝
26	小孤家	抚顺市	小孤家子河	中型	121.00	50	2000	2002	1194	969	808	74.00	310.39	307.28	303.00	300.80	300.80	287.90	0.92	962.0	310.50	30.50	黏土心墙坝
27	红升	抚顺市	苏子河	中型	78.50	50	2000	3071	1575	2869	1496	71	378.34	375.76	377.95	372.55	373.55	360.15	2.00	208.0	379.95	26.40	黏土心墙坝

辽宁省水库、湖泊、水电站特性表 附录 E

续表

序号	水库名称	所在市县	所在河流	水库规模	集水面积/km²	设计重现期/年	校核重现期/年	总库容/万m³	调洪库容/万m³	兴利库容/万m³	汛限水位对应库容/万m³	死库容/万m³	校核洪水位/m	设计洪水位/m	正常蓄水位/m	汛限水位/m	死水位/m	堰顶高程/m	水面面积/km²	最大泄流量/(m³/s)	坝顶高程/m	最大坝高/m	坝型
28	腰堡	抚顺市	社河	中型	139.00	200	1000	2003	1665	1161	338	69	121.54	117.49	117.00	111.00	111.00	107.00	12.81	1220.0	122.00	24.00	黏土心墙坝
29	关山	抚顺市	王木河	中型	135.60	50	2000	4410	1675	2585	2765	180	177.38	173.99	173.99	172.00	172.00	153.70	2.13	1317.0	177.40	41.10	黏土心墙坝
30	棋盘山	沈阳市	蒲河	中型	133.00	100	1000	8016	4980	1750	3036	1018	102.40	97.30	94.50	94.50	90.00	90.00	4.74	103.0	103.25	23.25	均质土坝
31	英守	抚顺市	古城子河	中型	55.00	20	2000	1141	633	688	508	37	91.46	89.02	88.64	86.55	84.90	79.90	1.35	647.0	93.11	17.71	黏土心墙坝
32	关门山	本溪市	小汤河	中型	176.60	100	2000	7661	5100	5480	2561	200	376.77	374.26	372.10	370.40	368.00	341.00	3.78	1245.0	379.00	58.50	混凝土面板堆石坝
33	三道河	本溪市	小夹河	中型	77.00	50	1000	2980	825	2310	2155	60	250.75	248.36	248.00	247.00	213.00	223.50	2.09	453.0	251.20	36.20	黏土心墙坝
34	上英	鞍山市	五道河	中型	54.00	100	2000	2919	882	1817	2037	220	100.97	99.45	96.80	96.80	96.80	82.00	1.68	395.0	102.70	29.50	黏土心墙坝
35	山咀	鞍山市	黑峪河	中型	38.00	50	1000	1118	428	640	690	50	210.33	208.48	204.50	202.50	202.50	187.50	0.69	871.0	210.80	32.60	黏土心墙坝
36	王家坎	鞍山市	八里河	中型	62.00	100	2000	1707	1057	627	650	23	111.43	109.59	106.20	106.20	106.20	99.00	1.50	398.0	112.30	18.00	黏土斜墙坝
37	挖撅搂	盘锦市	平安排水总干	中型	13.50	20	100	4050		2700		1350	6.72	6.70	6.70	6.70		4.95	11.60	15.0	8.50	5.60	均质土坝
38	荣兴	盘锦市	荣兴渠系	中型	7.50	20	100	1613		900		75	5.05	5.05	5.05	5.05		3.00	7.50	10.8	7.60	4.50	均质土坝
39	马道子	葫芦岛市	云山洞河	中型	62.00	100	1000	1122	449	623	673	40	121.64	119.95	117.50	117.50	115.00	105.10	0.74	1361.0	124.00	24.00	土石坝

续表

序号	水库名称	所在市县	所在河流	水库规模	集水面积/km²	设计重现期/年	校核重现期/年	总库容/万m³	调洪库容/万m³	兴利库容/万m³	汛限水位对应库容/万m³	死库容/万m³	校核洪水位/m	设计洪水位/m	正常蓄水位/m	汛限水位/m	死水位/m	堰顶高程/m	水面面积/km²	最大泄流量/(m³/s)	坝顶高程/m	最大坝高/m	坝型
40	碱厂	葫芦岛市	烟台河	中型	126.30	100	2000	4890	3652	2130	1238	40	87.63	85.67	83.50	82.00	82.00	72.50	4.73	1018.0	88.50	27.50	均质土坝
41	元宝山	朝阳市	小凌河	中型	158.00	100	1000	2495	1400	1132	1095	121	281.78	279.88	277.60	276.90	274.00	269.70	2.41	1906.0	286.00	20.40	黏土心墙坝
42	靠山屯	锦州市	黑山庙河	中型	65.00	50	1000	1593	1044	498	549	52	141.28	139.01	135.30	135.30	135.30	129.57	1.33	467.0	142.60	20.30	均质土坝
43	虹螺山	葫芦岛市	倒流河	中型	32.58	100	1000	1006	625	340	381	43	124.52	123.56	120.20	120.20	120.20	114.57	1.04	284.0	124.90	23.85	碾压式黏土心墙坝
44	萨萨庙	朝阳市	西大川河	中型	118.00	50	1000	1225	447	778	778	33	410.23	408.41	405.40	405.40	405.40	393.00		1469.0	410.50	25.50	黏土斜墙坝
45	瓦房店	朝阳市	六官营子河	中型	120.00	100	2000	2409	1265	839	1144	280	412.22	409.57	405.26	405.26	405.26	397.00	1.46	1176.0	415.12	46.30	黏土心墙坝
46	龙潭	朝阳市	顾洞河	中型	200.00	100	1000	3300	2470	830	830	270	318.10	315.40	310.10	308.50	310.10	302.80	1.83	1128.0	319.40	30.50	黏土斜墙坝
47	老龙口	锦州市	东沙河	中型	210.00	50	1000	4522	3022	1673	1500	97	104.42	101.42	99.20	98.40	95.50	89.90	3.80	921.0	105.40	22.40	黏土斜墙坝
48	三道岭	营口市	西大清河	中型	133.00	50	1000	3450	2230	1590	1220	240	94.45	92.20	90.70	88.70	87.70	83.50	3.31	678.0	95.00	17.00	混合坝
49	周家	营口市	大金寺河	中型	42.00	100	1000	1185	781	509	404	31	129.03	127.26	123.85	122.37	123.85	114.00	0.95	447.0	129.40	21.55	均质土坝
50	八一	大连市	永宁河	中型	61.00	100	1000	3306	1774	1452	1532	80	33.13	32.04	29.82	29.82	29.82	23.51	4.26	155.0	34.40	14.80	混凝土心墙坝
51	七道房	大连市	复州河	中型	66.25	50	500	1125	560	534	565	31	173.65	172.42	169.00	169.00	169.00	159.00	0.97	1121.0	175.40	29.40	浆砌石重力坝

续表

序号	水库名称	所在市县	所在河流	水库规模	集水面积/km²	设计重现期/年	校核重现期/年	总库容/万m³	调洪库容/万m³	兴利库容/万m³	汛限水位对应库容/万m³	死库容/万m³	校核洪水位/m	设计洪水位/m	正常蓄水位/m	汛限水位/m	死水位/m	堰顶高程/m	水面面积/km²	最大泄流量/(m³/s)	坝顶高程/m	最大坝高/m	坝型
52	大河	大连市	马场河	中型	38.00	50	1000	1128	475	608	653	45	31.08	30.18	28.50	28.50	28.50	20.54	3.80	385.0	32.00	14.56	土工膜斜墙坝
53	九龙	大连市	岚崮河	中型	152.80	100	2000	2681	2107	621	574	75	44.22	41.95	39.50	39.00	36.20	35.00	3.00	981.0	45.10	16.10	黏土心墙坝
54	莲花	大连市	李屯河	中型	38.00	20	500	1310	697	563	613	50	6.72	5.45	4.60	4.60	1.70	2.15	3.20	48.5	6.80	5.30	黏土心墙坝
55	鸽子塘	大连市	三十里河	中型	51.00	100	2000	1906	1078	801	828	27	45.14	43.58	40.32	40.32	40.32	30.67	1.64	367.0	45.15	19.33	黏土心墙坝
56	北大河	大连市	北大河	中型	39.60	100	1000	1169	347	813	822	122	55.78	55.12	53.50	53.50	53.50	38.70	1.18	594.0	56.00	29.30	混凝土重力坝
57	大西山	大连市	马栏河	中型	29.10	100	1000	2299	628	1615	1671	56	53.31	52.63	50.50	50.50	50.50	34.92	2.05	756.0	53.32	34.59	混凝土重力坝
58	龙王塘	大连市	龙王塘河	中型	37.65	100	1000	1976	358	1597	1619	9.00	30.40	29.84	28.00	28.26	28.26	9.00	1.55	710.0	30.43	39.70	混凝土重力坝
59	卧龙	大连市	东大河	中型	43.93	100	2000	1170	736	360	434	74	23.60	22.30	19.60	19.60	19.60	15.00	1.32	514.0	24.00	20.80	黏土心墙坝
60	青云河	大连市	青云河	中型	64.50	100	1000	1015	483	670	532	58.0	21.54	20.83	20.50	19.50	18.00	15.00	2.22	581.0	22.50	11.50	混合坝
61	洼子店	大连市	洼店河	中型	12.56	100	2000	1275	384	888	891	3.2	21.25	20.60	19.50	19.50	19.50	10.55	1.80	49.0	22.10	15.00	混凝土重力坝
62	五阳	大连市	长山河	中型	26.50	50	1000	1237	613	578	624	46.0	39.51	38.23	36.30	36.30	36.30	29.30	1.49	139.0	40.20	15.30	黏土心墙坝
63	大梁屯	大连市	清水河	中型	45.00	100	1000	2479	1329	1121	1150	29.0	41.32	40.45	38.31	38.31	38.31	31.81	3.38	135.0	42.66	15.10	黏土心墙坝

续表

序号	水库名称	所在市县	所在河流	水库规模	集水面积/km²	设计重现期/年	校核重现期/年	总库容/万 m³	调洪库容/万 m³	兴利库容/万 m³	汛限水位对应库容/万 m³	死库容/万 m³	校核洪水位/m	设计洪水位/m	正常蓄水位/m	汛限水位/m	死水位/m	堰顶高程/m	水面面积/km²	最大泄流量/(m³/s)	坝顶高程/m	最大坝高/m	坝型
64	玉石	营口市	碧流河	中型	313.00	50	500	8852	1100	7757	7752	429.0	202.70	201.40	201.70	201.00	196.00	176.00	6.38	1681.0	203.20	50.20	混凝土重力坝
65	红旗	大连市	吊桥河	中型	96.01	50	1000	4886	1565	2950	3321	371.6	27.62	26.54	25.50	25.50	23.00	18.00	6.34	487.0	28.80	15.50	黏土心墙坝
66	永记	大连市	地窨河	中型	35.42	100	1000	3035	1568	1452	1467	15.0	58.53	57.58	55.78	55.78	55.78	49.50	4.21	98.2	60.00	12.00	混凝土心墙坝
67	黑山	鞍山市	扦牛河	中型	49.20	50	1000	1212	663	549	549	31.0	103.30	102.08	99.30	99.30	99.30	92.58	1.29	754.0	103.52	19.91	黏土心墙坝
68	罗圈背	丹东市	小洋河	中型	106.00	50	500	5424	1924	4950	3500	127.0	90.77	89.77	89.90	85.00	85.00	65.40	2.45	1022.0	92.00	40.00	浆砌石外包混凝土重力坝
69	刁家坝	丹东市	双岔河	中型	48.70	50	300	2859	1479	2030	1380	121.0	9.10	8.63	8.20	7.30	6.50	3.33	6.87	229.0	13.65	13.65	均质土坝
70	廉家坝	丹东市	双岔河东支	中型	43.40	50	300	3238	1129	2084	2109	25.0	9.52	9.01	7.90	7.90	6.50	2.60	6.26	221.0	12.10	11.50	黏土心墙坝
71	合隆	丹东市	龙态河	中型	40.00	50	300	1479	758	762	721	218.0	22.85	22.38	21.91	21.30	20.10	19.75	4.68	333.0	24.20	6.20	均质土坝
72	太平	丹东市	傲营河	中型	22.45	50	300	1227	613	677	614	25	13.12	12.65	11.75	11.45	11.45	7.60	3.16	180.0	14.20	8.20	均质土坝
73	何家岗	丹东市	吊水楼子河	中型	30.28	50	300	2218	962	1454	1255	23	13.04	12.57	11.75	11.30	6.50	6.50	5.83	133.0	14.40	9.40	均质土坝
74	十字街	丹东市	红旗河	中型	17.00	50	300	1095	564	521	531	10	10.13	9.63	8.20	8.20	8.20	4.19	1.61	122.0	11.30	8.10	均质土坝
75	诚信	铁岭市	寇河	中型	142.86	100	2000	3294	2353	2052	941	195	262.38	260.48	259.35	254.00	254.00	248.20	3.07	1196.0	262.56	21.56	黏土心墙坝

附录 E 辽宁省水库、湖泊、水电站特性表

表 E.4 辽宁省湖泊特性一览表

序号	地区	水库名称	所在河流名称	集水面积/km²	校核洪水位	设计洪水位	防洪限制水位	正常蓄水位	死水位	水面面积/km²	最大泄洪流量/(m³/s)
1	沈阳市	卧龙湖	西马莲河	1593	88.73	88.32	88.00	88.30	87.20	65.50	64
2	沈阳市	西湖	蒲河							1.98	

表 E.5 辽宁省水电站工程特性一览表

序号	地区	水电站名称	所在河流名称	集水面积/km²	坝顶高程/m	水位/m					库容/万m³				水面面积/km²	最大泄洪流量/(m³/s)	洪水标准(重现期)/年	
						校核洪水位	设计洪水位	正常蓄水位	防洪限制水位	死水位	总库容	调洪库容	兴利库容	死库容			设计	校核
1	丹东市	太平湾电站	鸭绿江	53576	36.50	33.20	31.00	29.50		28.80	27500	1800	1800	1530	25.78	24000	500	5000
2	本溪市	桓仁电站	浑江	10400	312.50	310.80	308.70	300.00	300.00	290.00	346000	126000	82000	64570	98.5	22032	1000	10000
3	本溪市	西江电站	浑江	10315	261.51	248.16	247.20	246.18	246.18	239.50	2000	1200	800	720	750	9266	50	300
4	本溪市	凤鸣电站	浑江	11126	243.14	240.74	237.01	236.00	236.00	235.64	5000	640	640	1200	3.97	8360	50	500
5	本溪市	东方红电站	浑江	12194		233.92	230.80	227.20	227.20	221.40	1704					1710	50	500
6	本溪市	回龙电站	浑江	12506	225.00	223.80	221.70	221.00		219.00	12300	5100	1800	7200	9.68	12500	100	500
7	本溪市	双岭电站	浑江	14518	165.20	163.74	159.92	152.50	152.50	150.50	13300	7800	3600	1100		22840	100	500
8	本溪市	金晒电站	浑江	14861	119.40	146.08	142.43	139.40	139.40	138.40	9800	600		4180		26387	100	500
9	丹东市	太平哨电站	浑江	12961	196.00	192.80	191.50	191.50	191.50	190.00	18200	1900	1900	1150	13.2	18500	100	1000

表 E.6 水丰水库基本特性一览表

序号	地区	水库名称	所在河流名称	集水面积/km²	坝顶高程/m	水位/m					库容/万m³				水面面积/km²	最大泄洪流量/(m³/s)	洪水标准(重现期)/年	
						校核洪水位	设计洪水位	正常蓄水位	防洪限制水位	死水位	总库容	调洪库容	兴利库容	死库容			设计	校核
1	丹东市	水丰水库	鸭绿江	45860	131.00	131.05	127.40	123.30	123.30	95.00	1490000		773800	418000	274	38665	1000	10000

253

附录 F 河流水系概化图

F1 辽河水系

F1.1 辽河

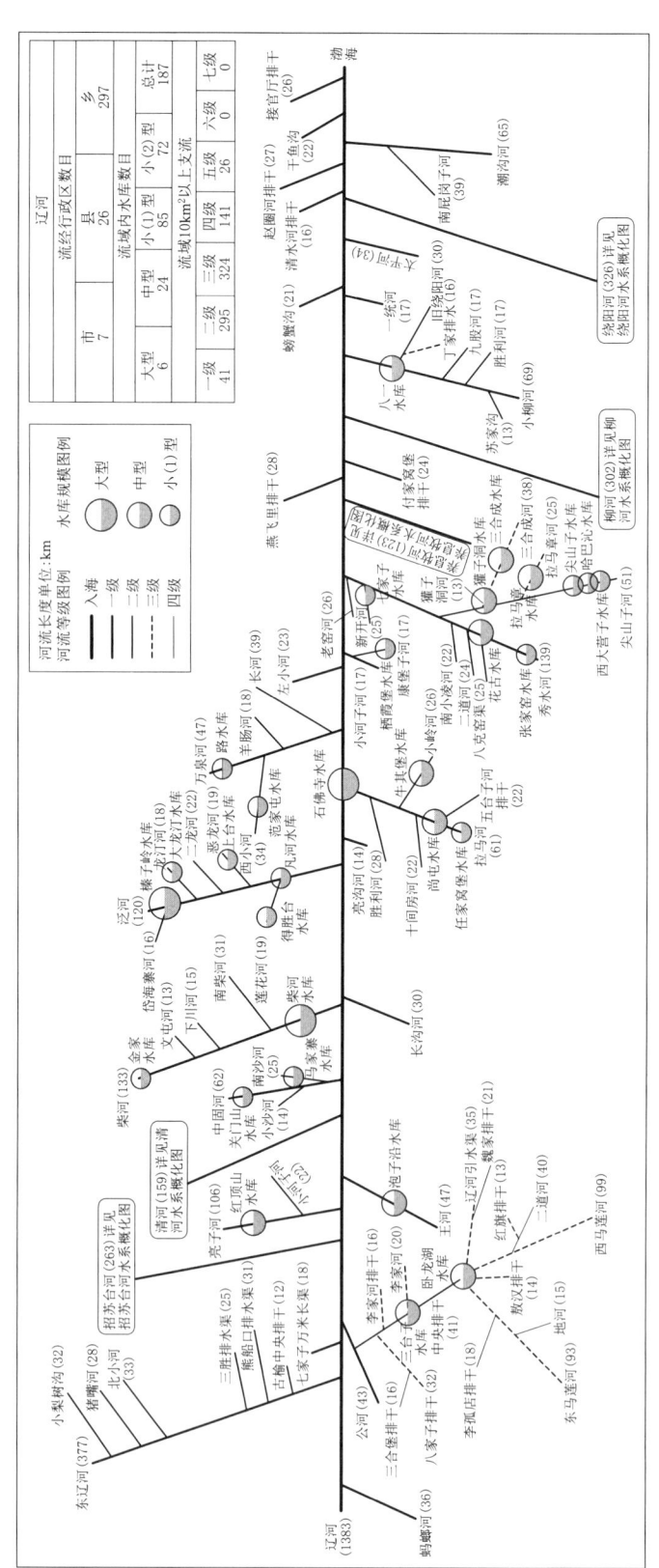

F1.2 招苏台河

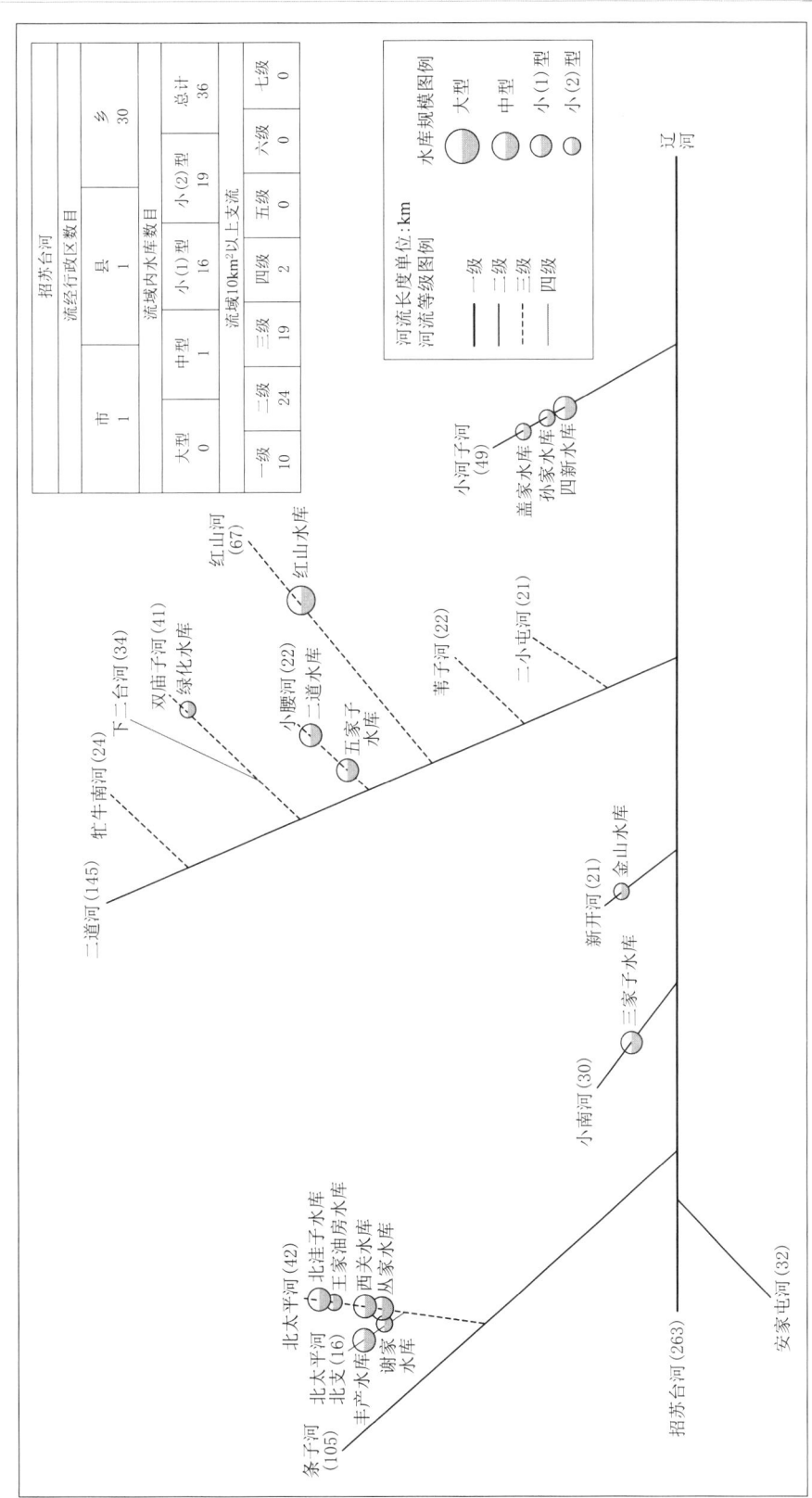

F1.3 清河

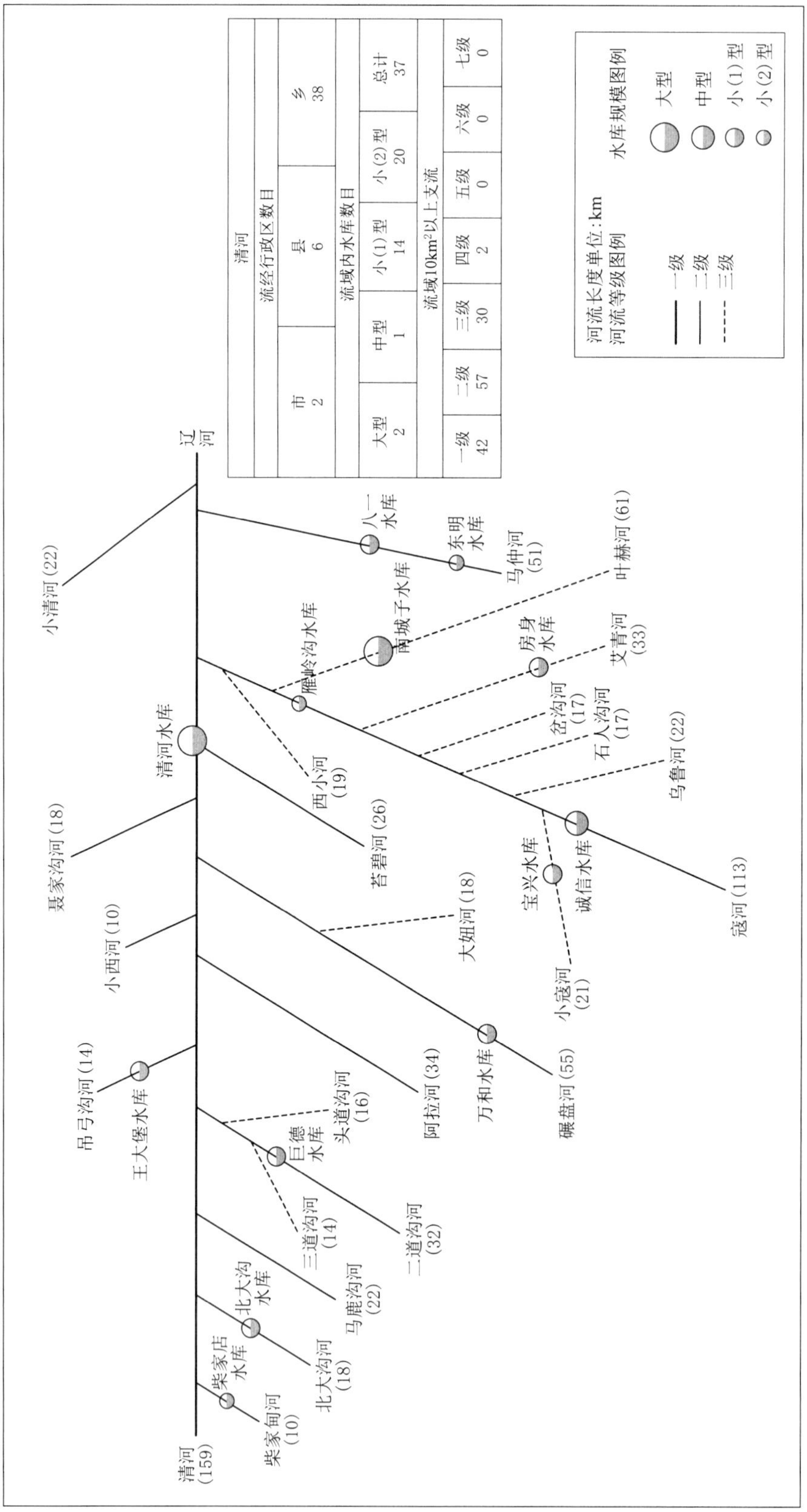

清河						
流经行政区数目						
市 2	县 6	乡 38				
流域内水库数目						
大型 2	中型 1	小(1)型 14	小(2)型 20	总计 37		
流域10km²以上支流						
一级 42	二级 57	三级 30	四级 2	五级 0	六级 0	七级 0

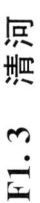

F1.4 养息牧河

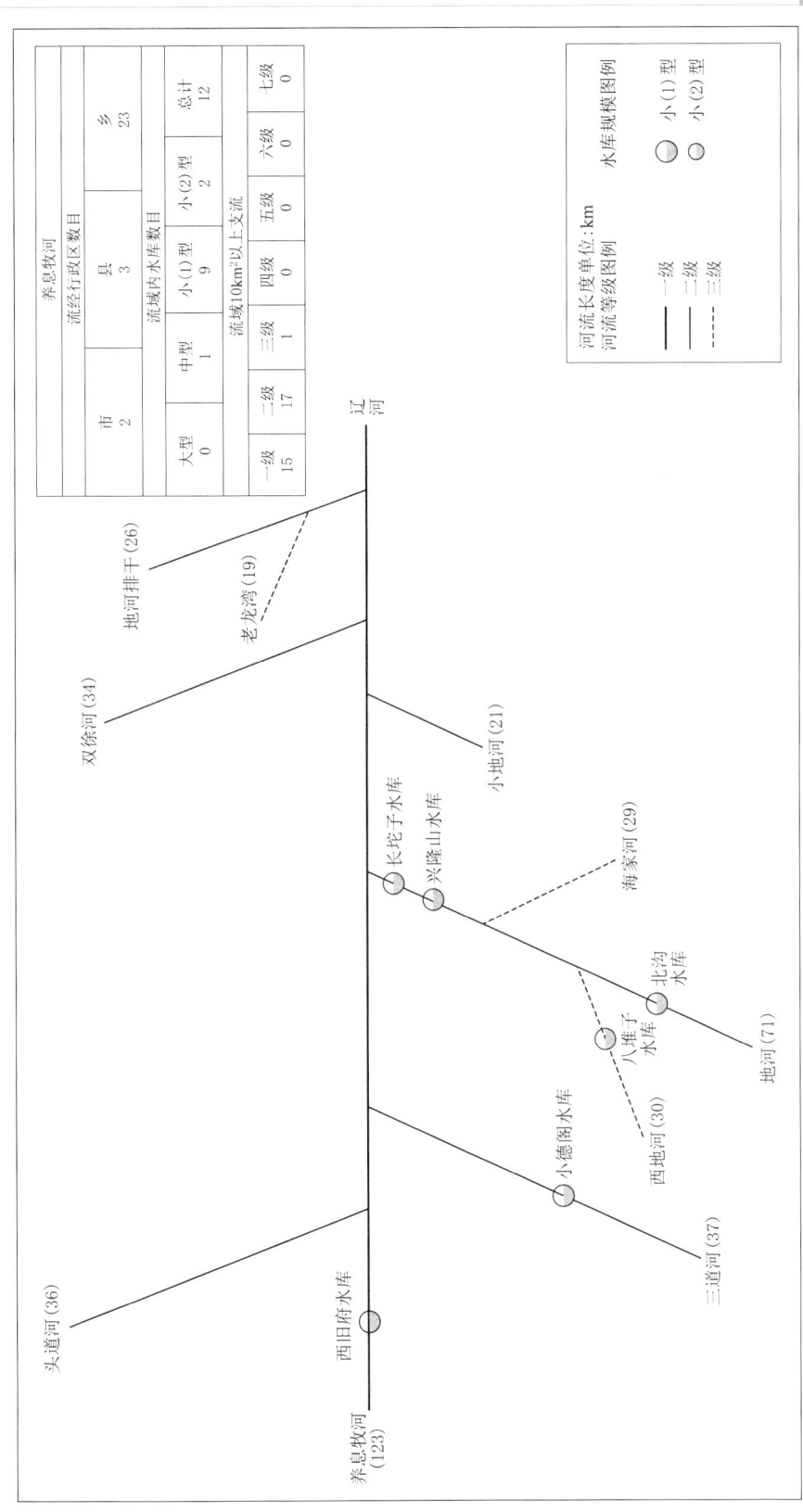

附录 F 河流水系概化图

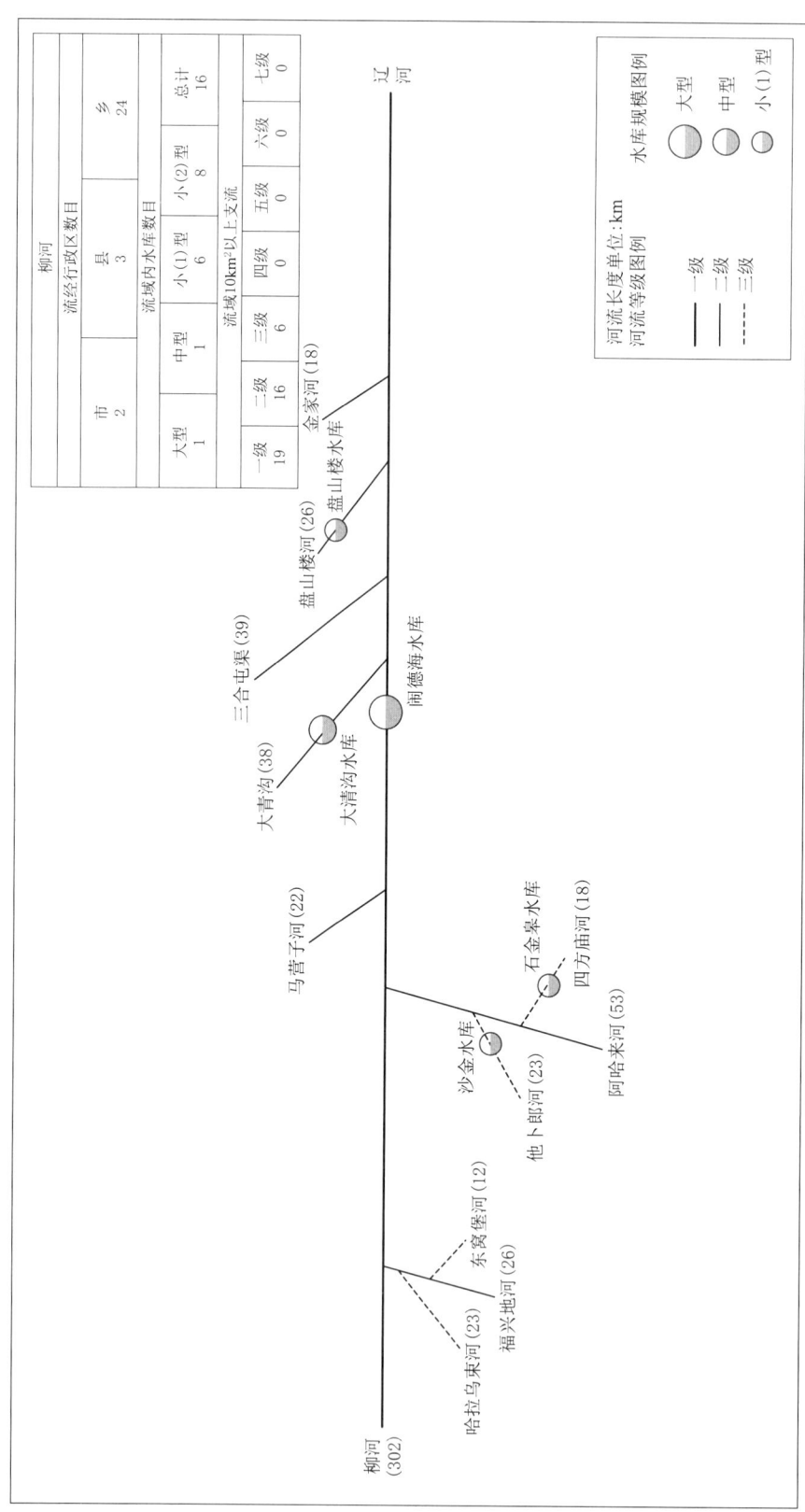

F1.5 柳河

F1.6 绕阳河

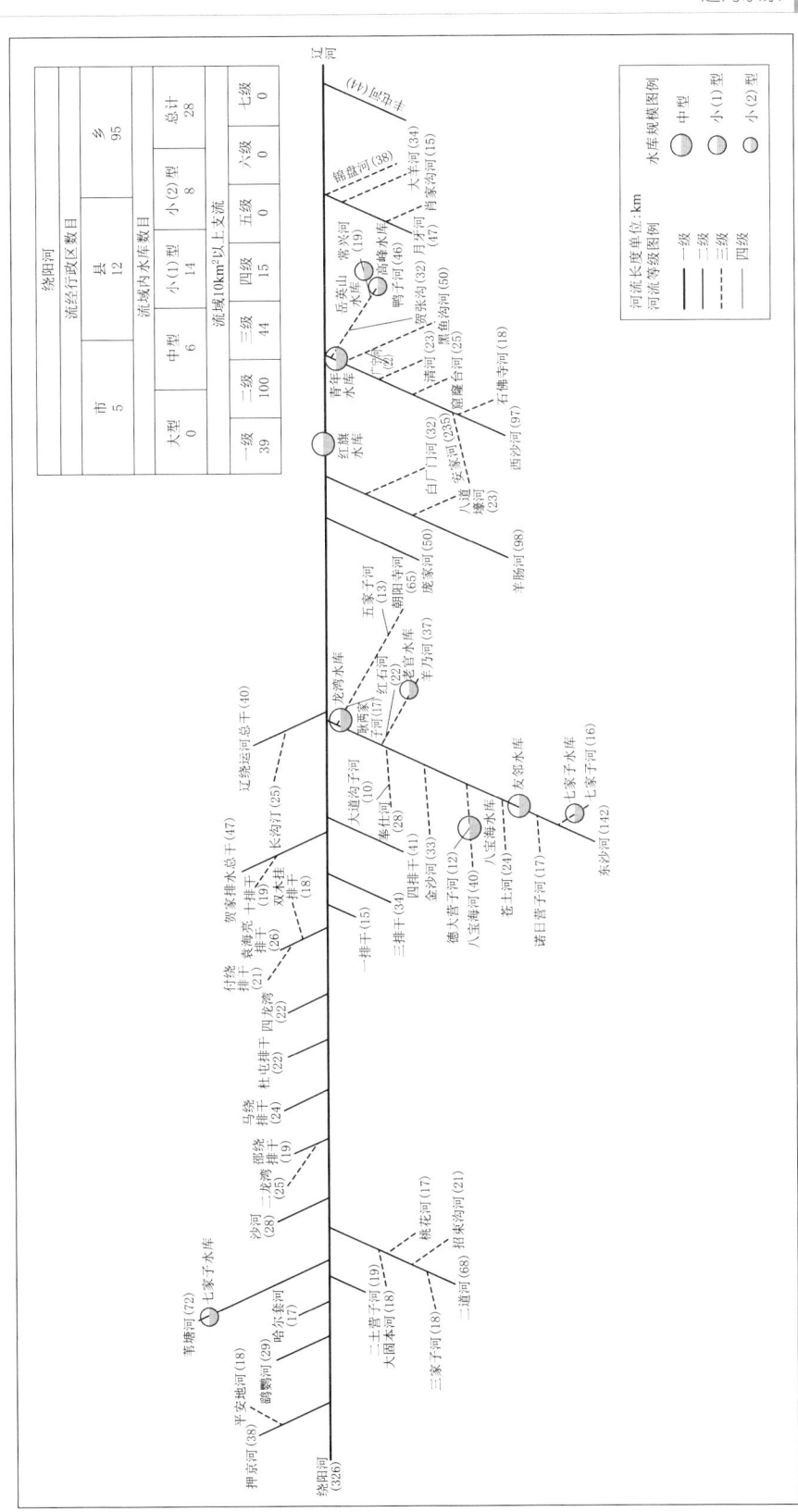

附录 F　河流水系概化图

F1.7　浑河

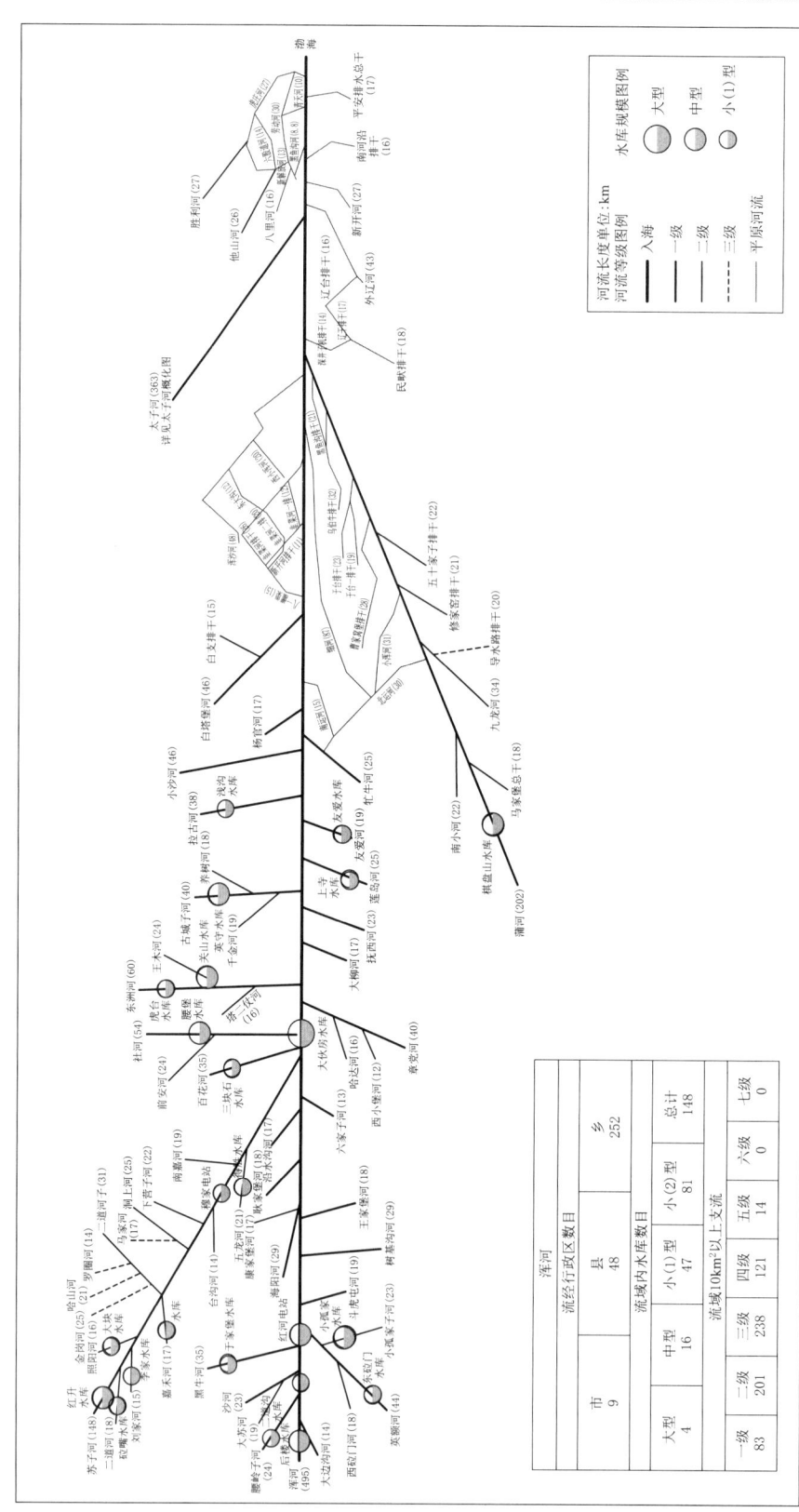

F1.8 太子河

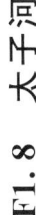

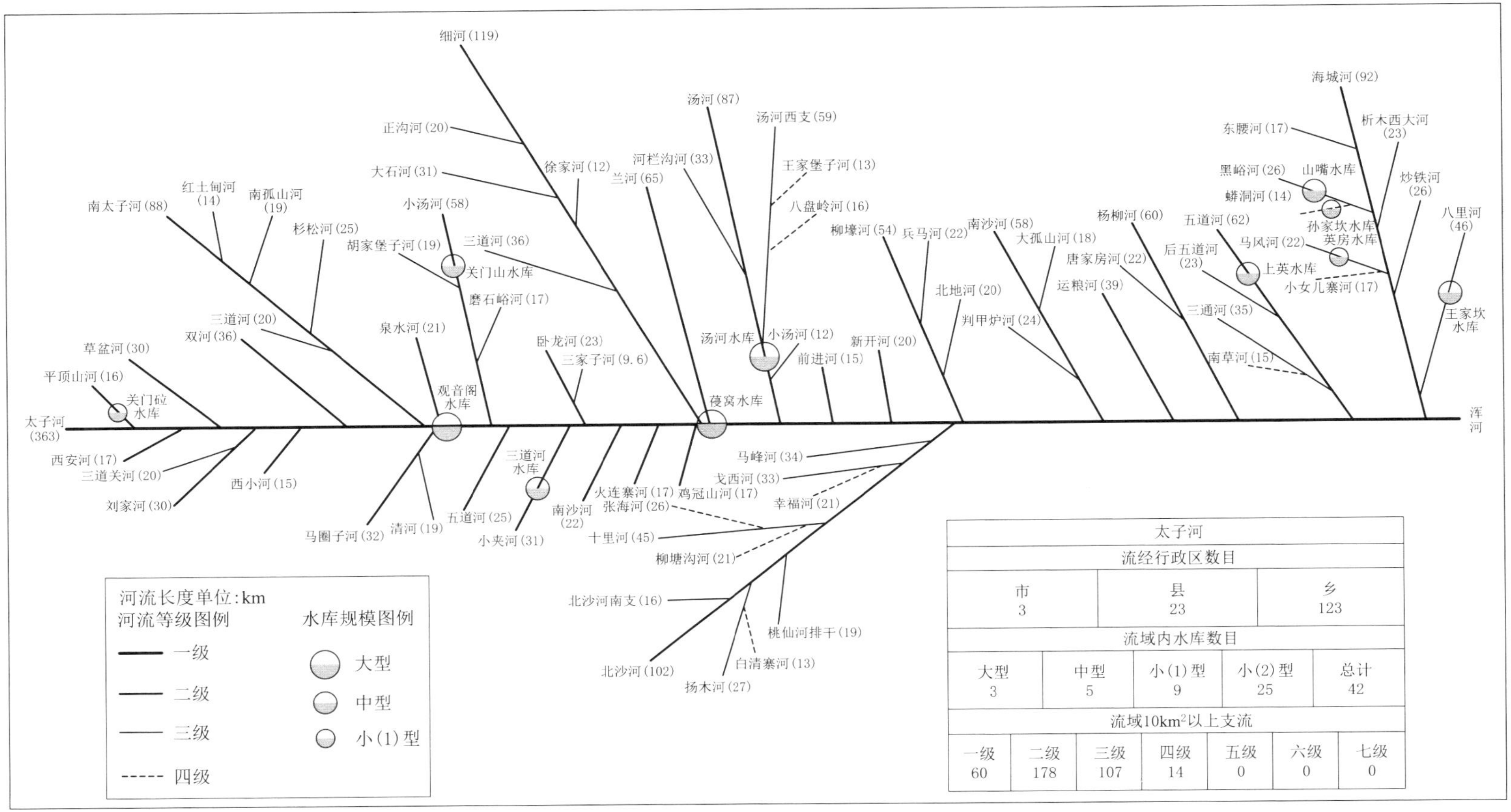

太子河						
流经行政区数目						
市 3	县 23	乡 123				
流域内水库数目						
大型 3	中型 5	小(1)型 9	小(2)型 25	总计 42		
流域10km²以上支流						
一级 60	二级 178	三级 107	四级 14	五级 0	六级 0	七级 0

附录 F 河流水系概化图

F1.9 老哈河

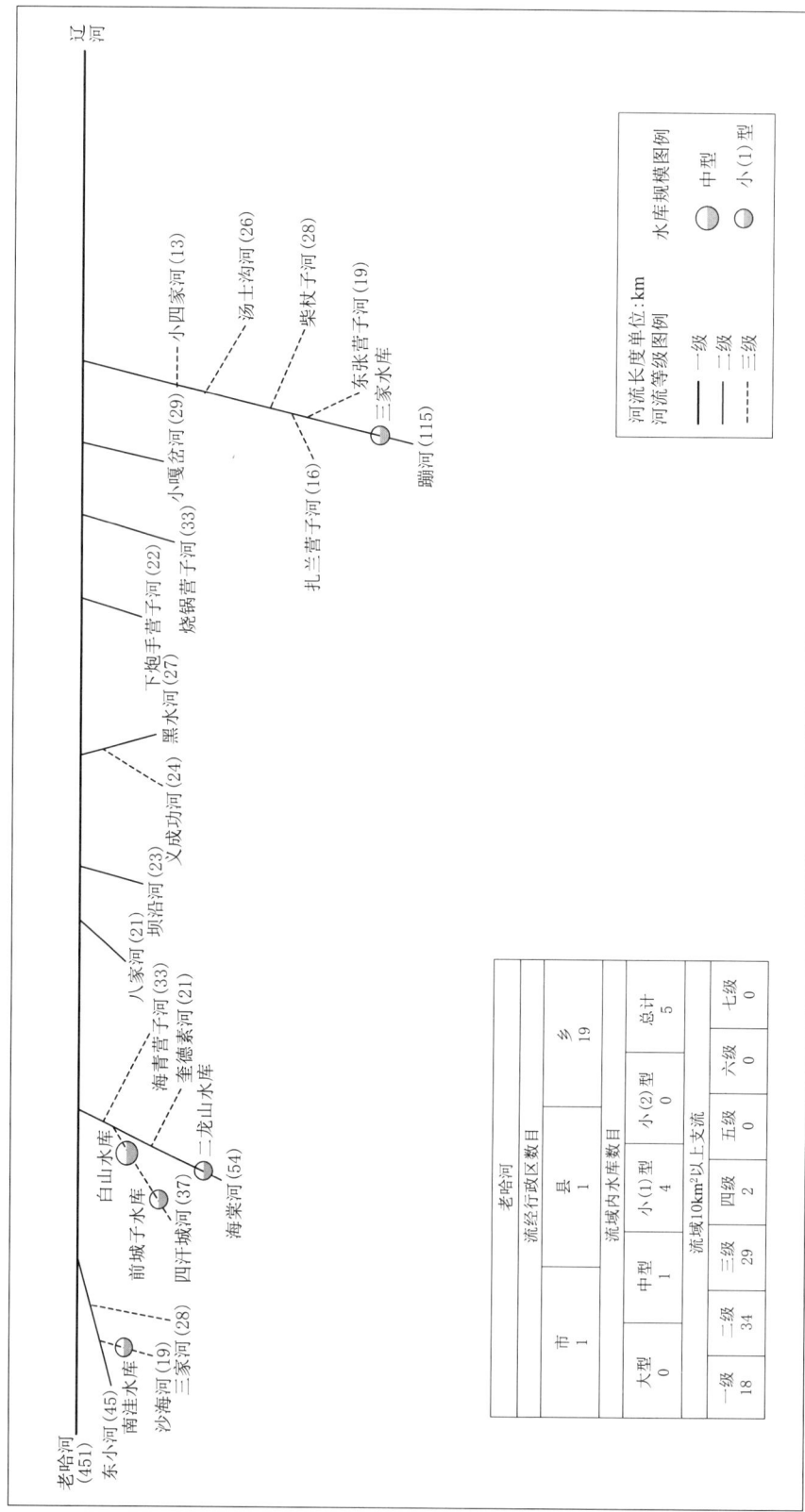

F2 辽东湾西部沿渤海诸河水系

F2.1 大凌河

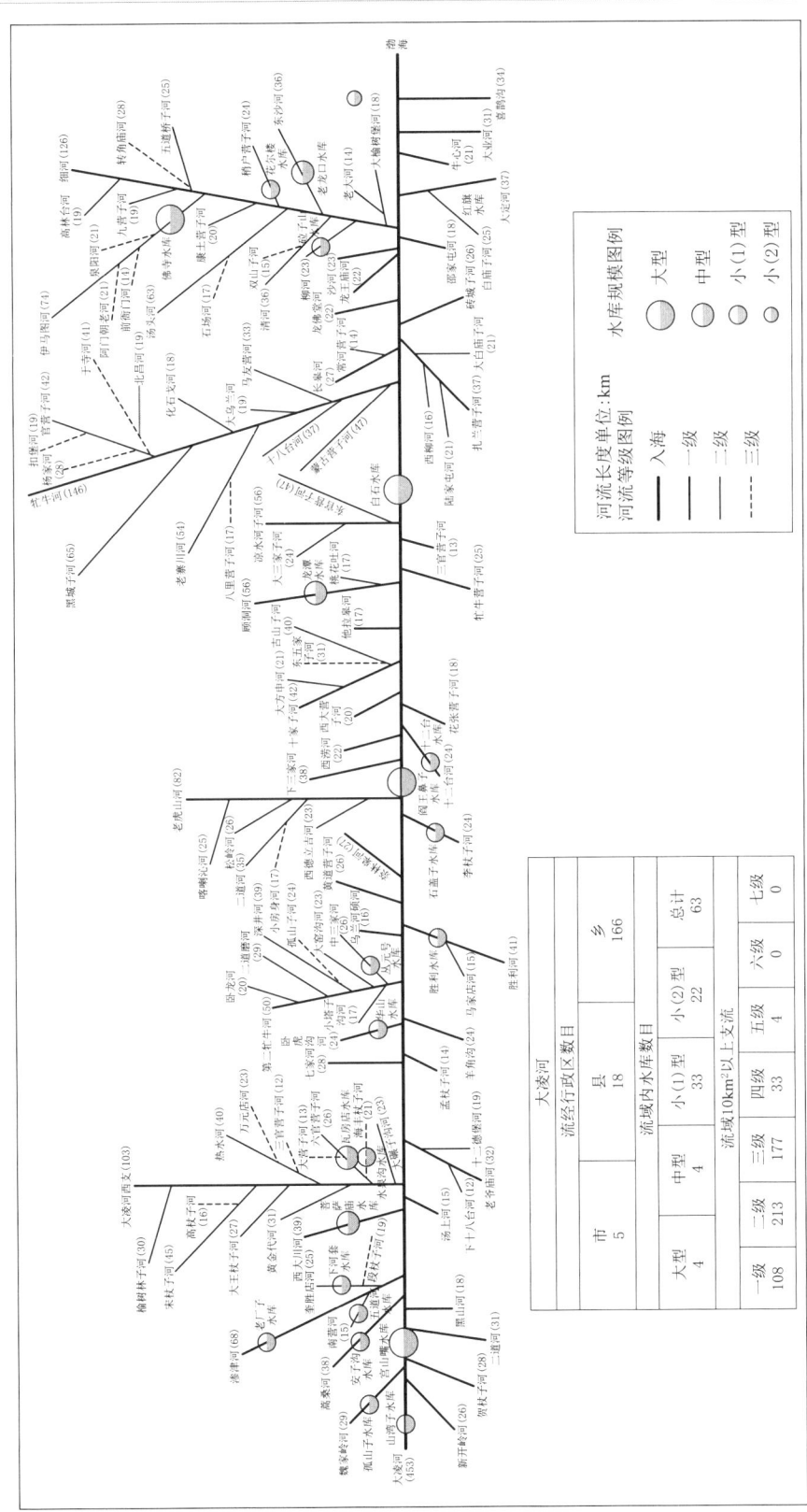

F2.2 小凌河

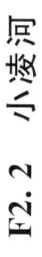

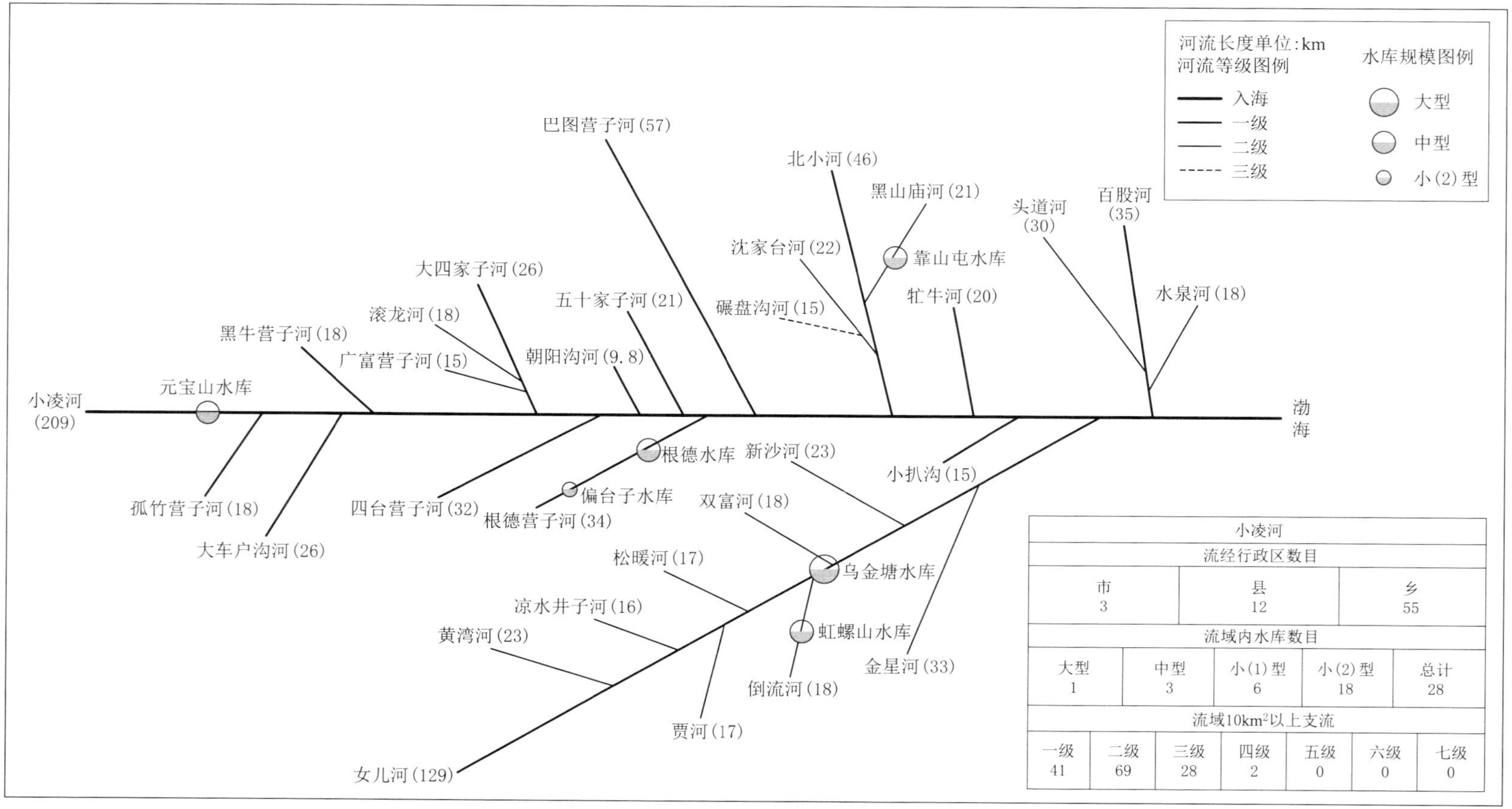

小凌河						
流经行政区数目						
市 3		县 12		乡 55		
流域内水库数目						
大型 1	中型 3	小(1)型 6	小(2)型 18	总计 28		
流域10km²以上支流						
一级 41	二级 69	三级 28	四级 2	五级 0	六级 0	七级 0

F2.3 六股河

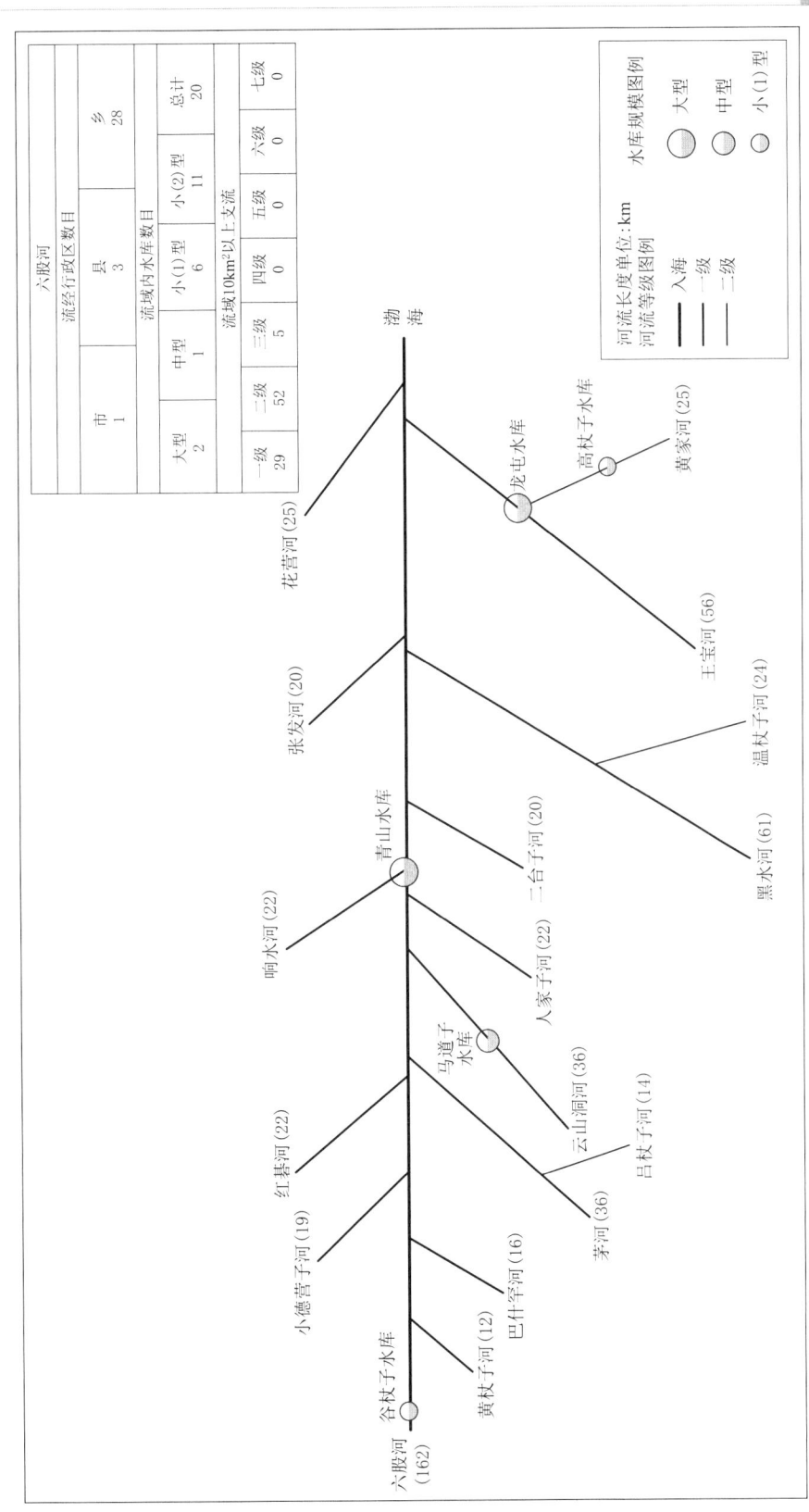

F3 辽东湾东部沿渤海诸河水系

F3.1 大清河

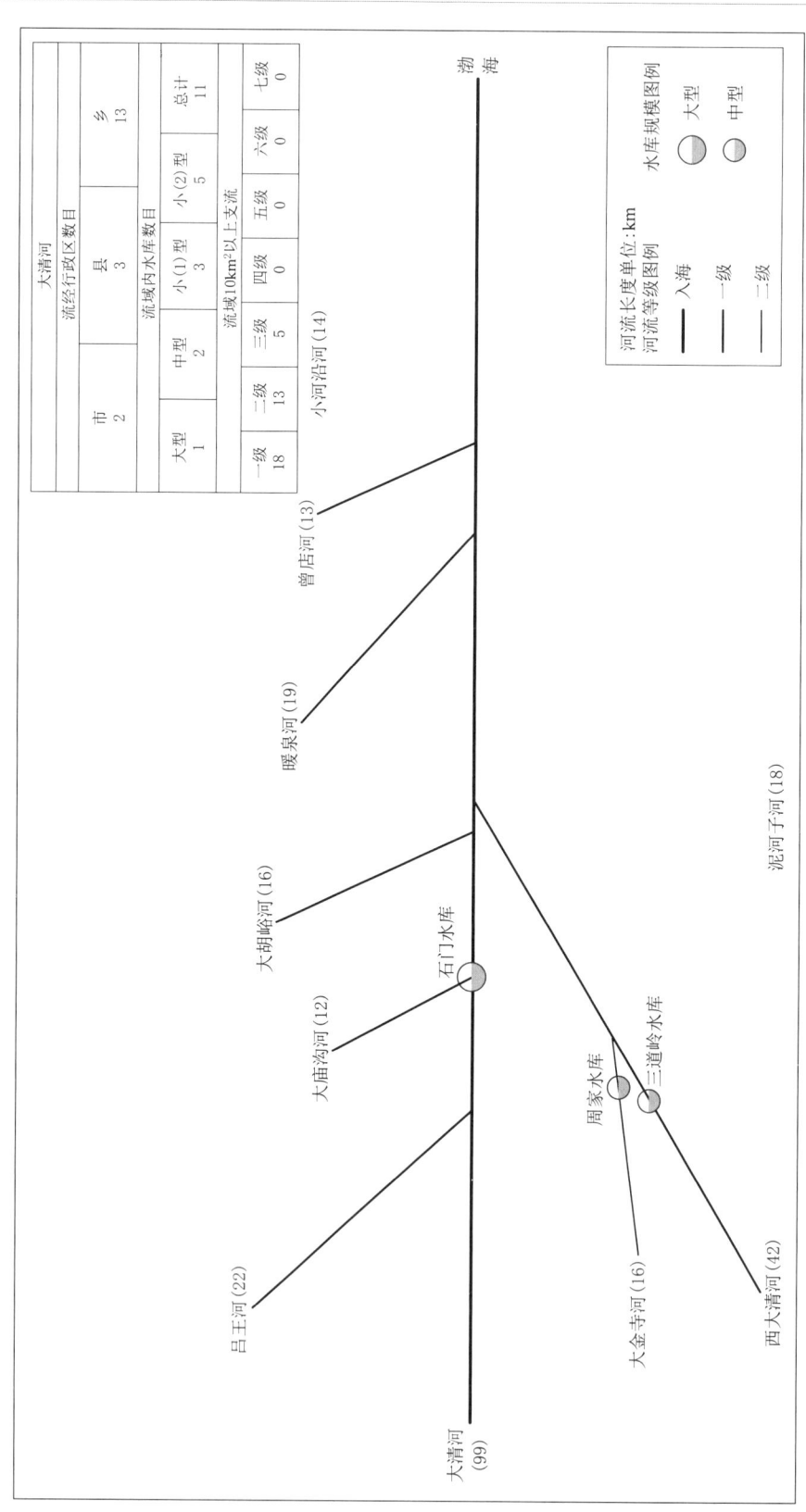

F3.2 复州河

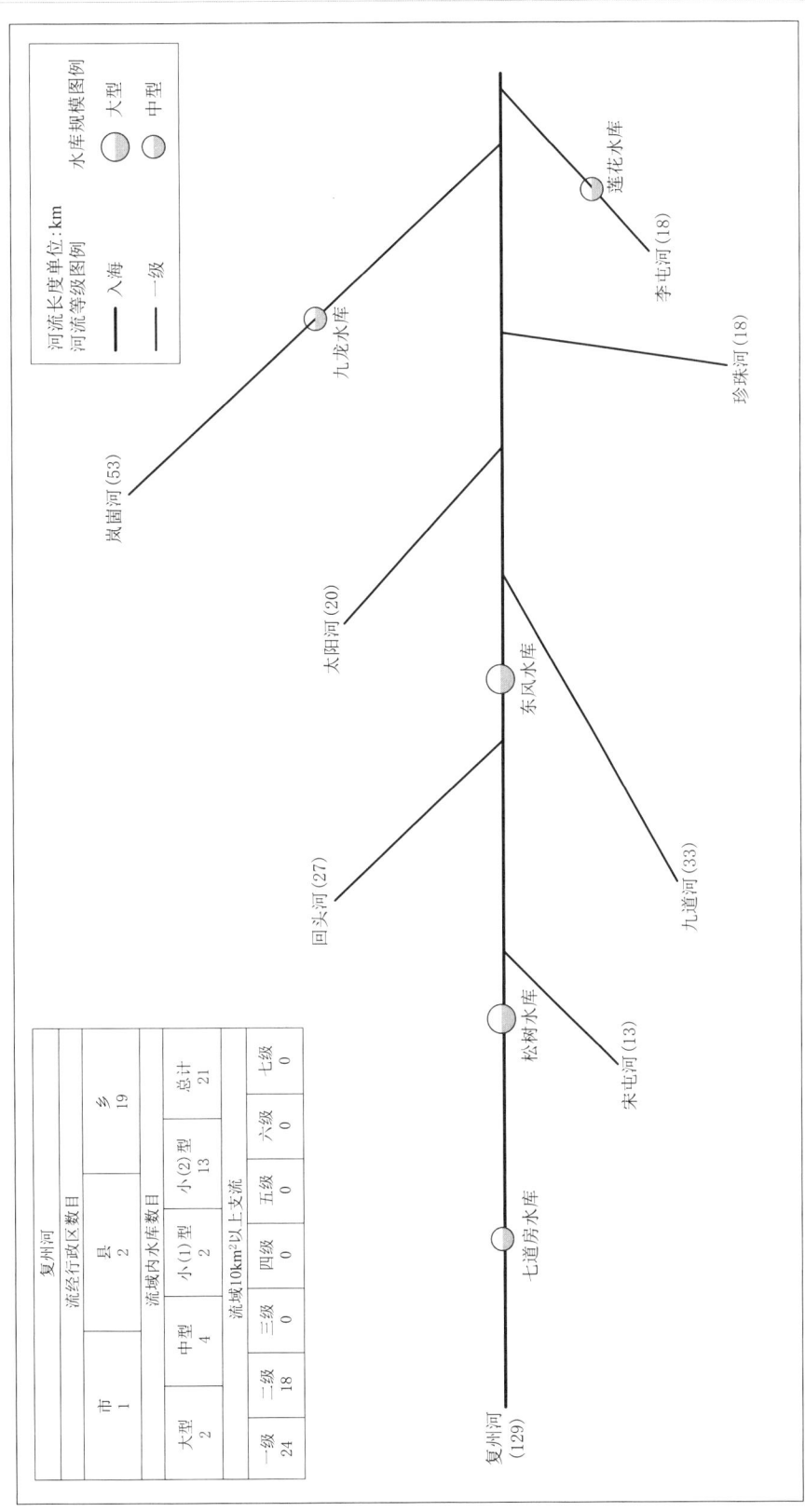

附录 F 河流水系概化图

F4 辽东沿黄海诸河水系

F4.1 碧流河

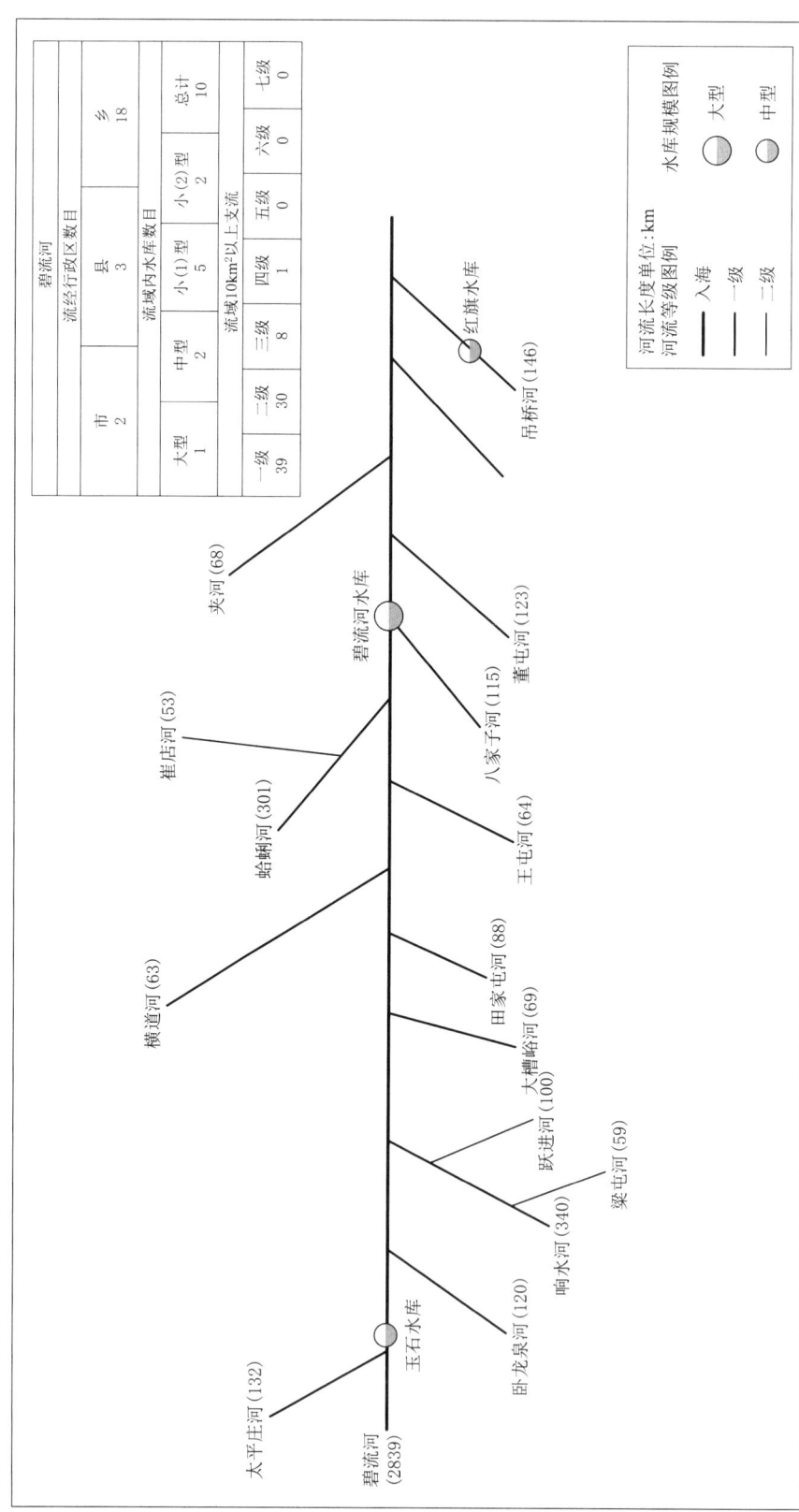

F4.2 大洋河

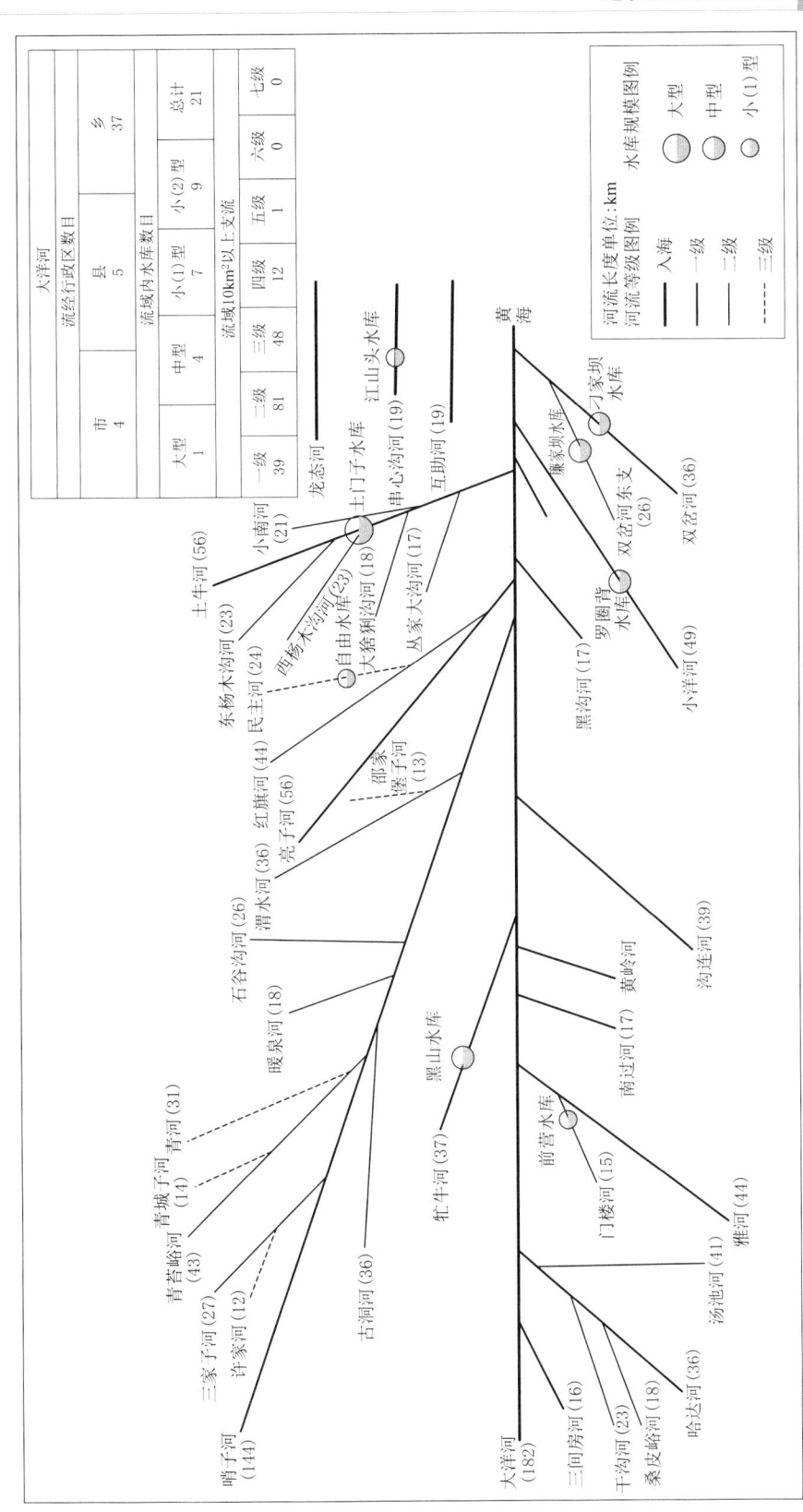

附录 F　河流水系概化图

F5　鸭绿江水系

F5.1　鸭绿江

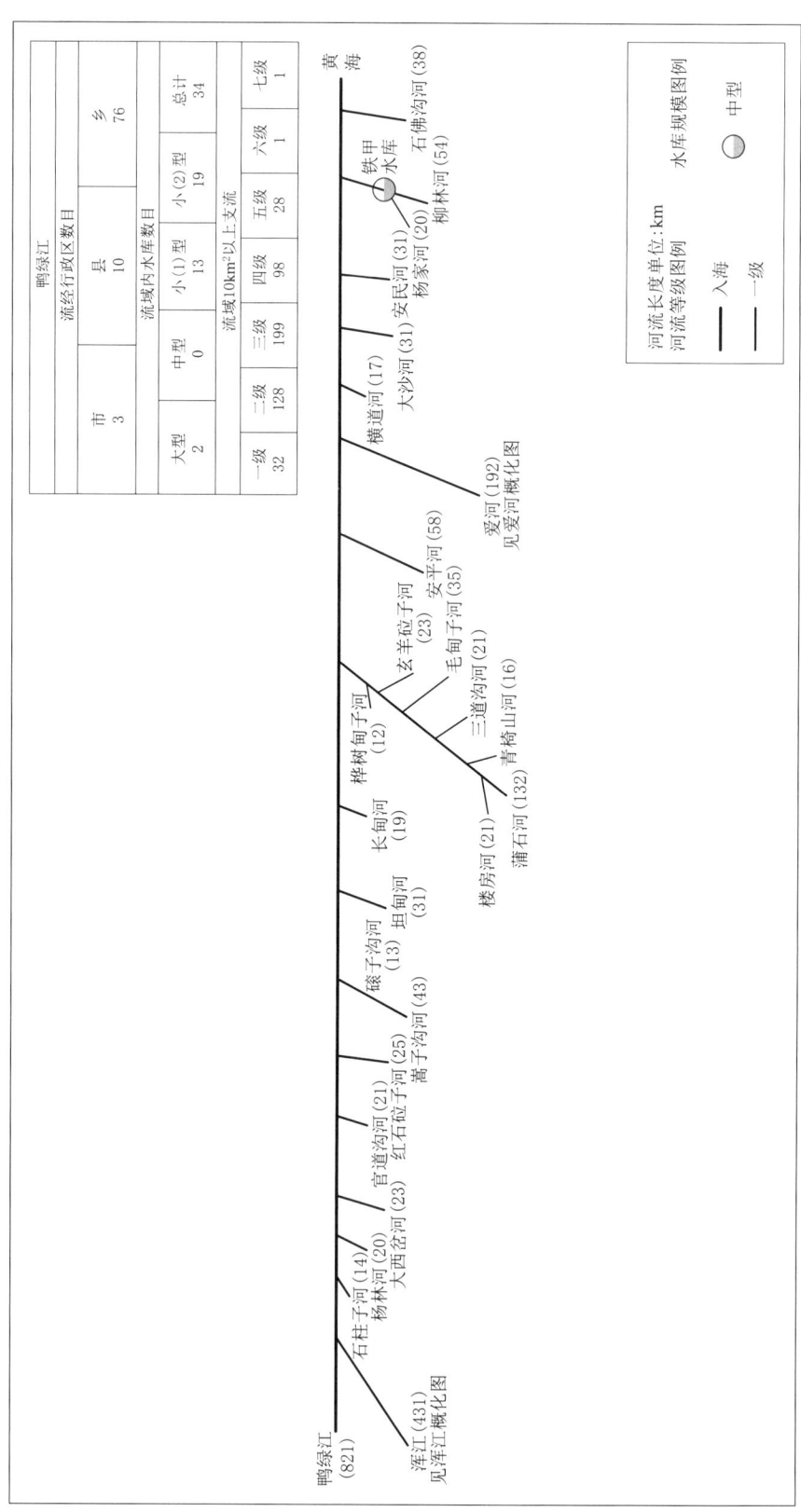

F5.2 浑江

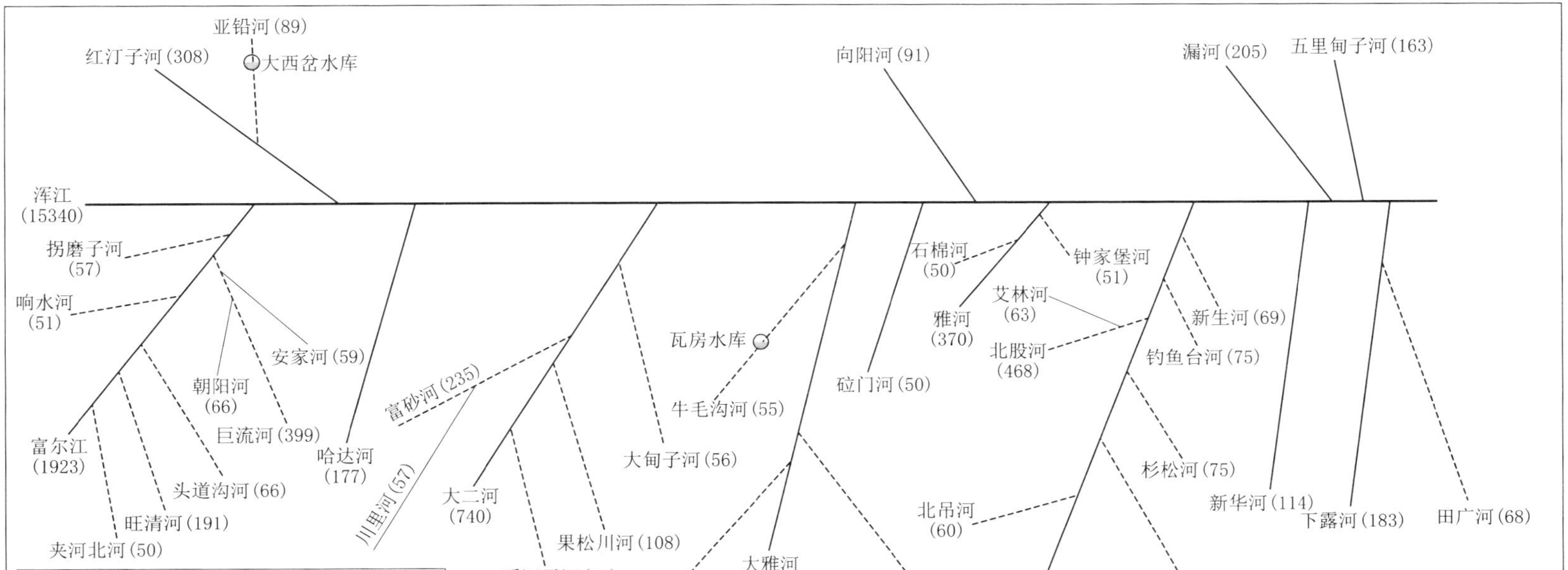

鸭绿江水系 F5

河流长度单位：km
水库规模图例　○ 小(2)型
河流等级图例
一级 ———
二级 ———
三级 - - - -
四级 ———

浑江						
流经行政区数目						
市	县	乡				
3	3	29				
流域内水库数目						
大型	中型	小(1)型	小(2)型	总计		
0	0	6	13	19		
流域10km²以上支流						
一级	二级	三级	四级	五级	六级	七级
32	104	56	8	0	0	0

浑江 (15340)
红江子河 (308)
拐磨子河 (57)
响水河 (51)
亚铅河 (89)
大西岔水库
富尔江 (1923)
哈达河 (177)
安家河 (59)
朝阳河 (66)
巨流河 (399)
头道沟河 (66)
旺清河 (191)
夹河北河 (50)
三岔河 (57)
富砂河 (235)
大二河 (740)
暖河子河 (51)
果松川河 (108)
大甸川河
黛龙江河 (79)
牛毛沟河 (56)
瓦房水库
大雅河 (750)
夹道子河 (50)
北吊河 (60)
半拉江 (1321)
下甸子河 (113)
杉松河 (75)
新华河 (114)
钓鱼台河 (75)
新生河 (69)
北腰河 (468)
雅河 (370)
艾林河 (63)
钟家堡河 (51)
石棉河 (50)
砬门河 (50)
向阳河 (91)
漏河 (205)
五里甸子河 (163)
下露河 (183)
田广河 (68)

F5.3 爱河

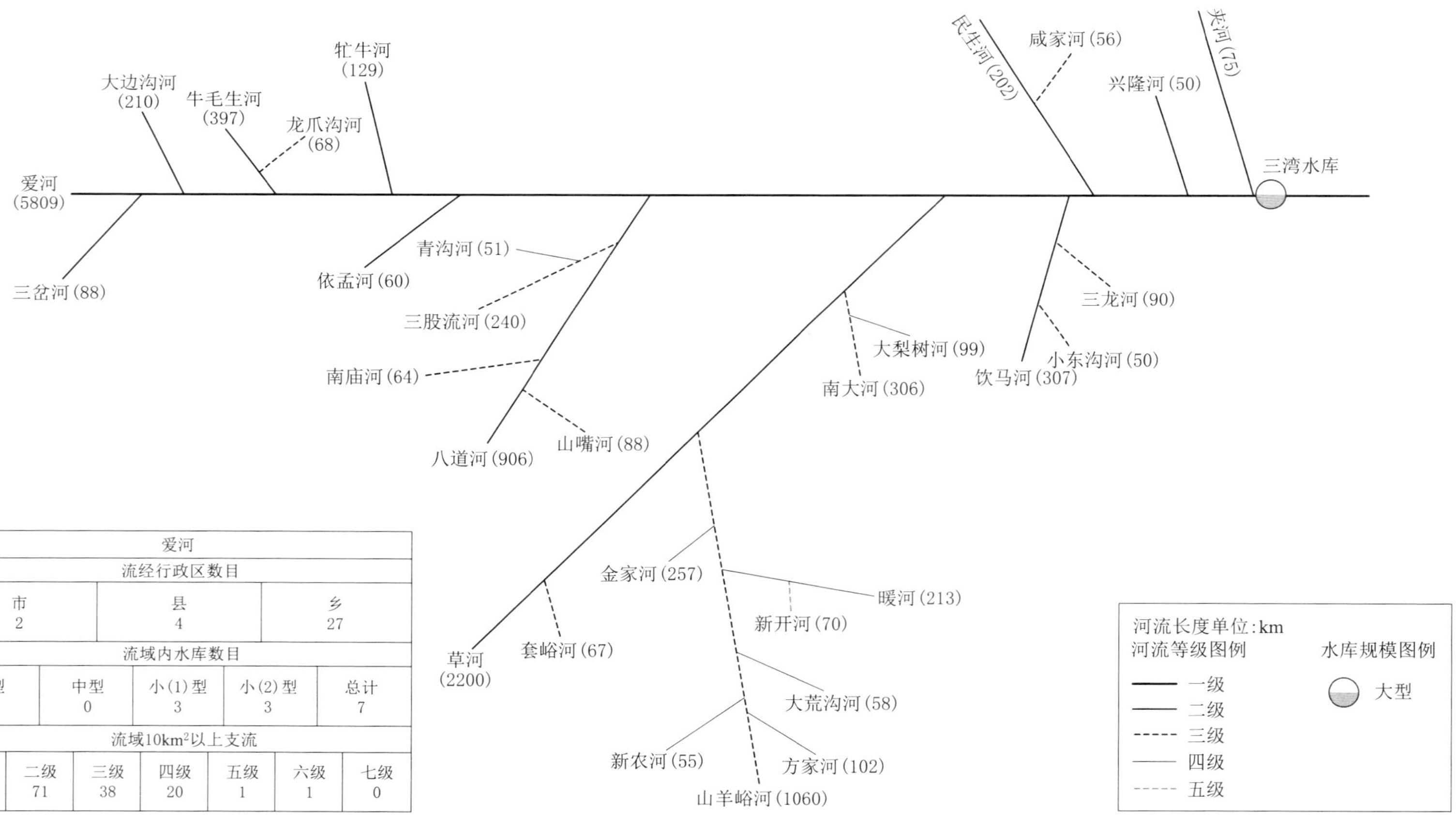

爱河						
流经行政区数目						
市 2		县 4		乡 27		
流域内水库数目						
大型 1	中型 0	小(1)型 3	小(2)型 3	总计 7		
流域10km²以上支流						
一级 40	二级 71	三级 38	四级 20	五级 1	六级 1	七级 0

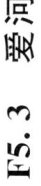

F6 松花江水系

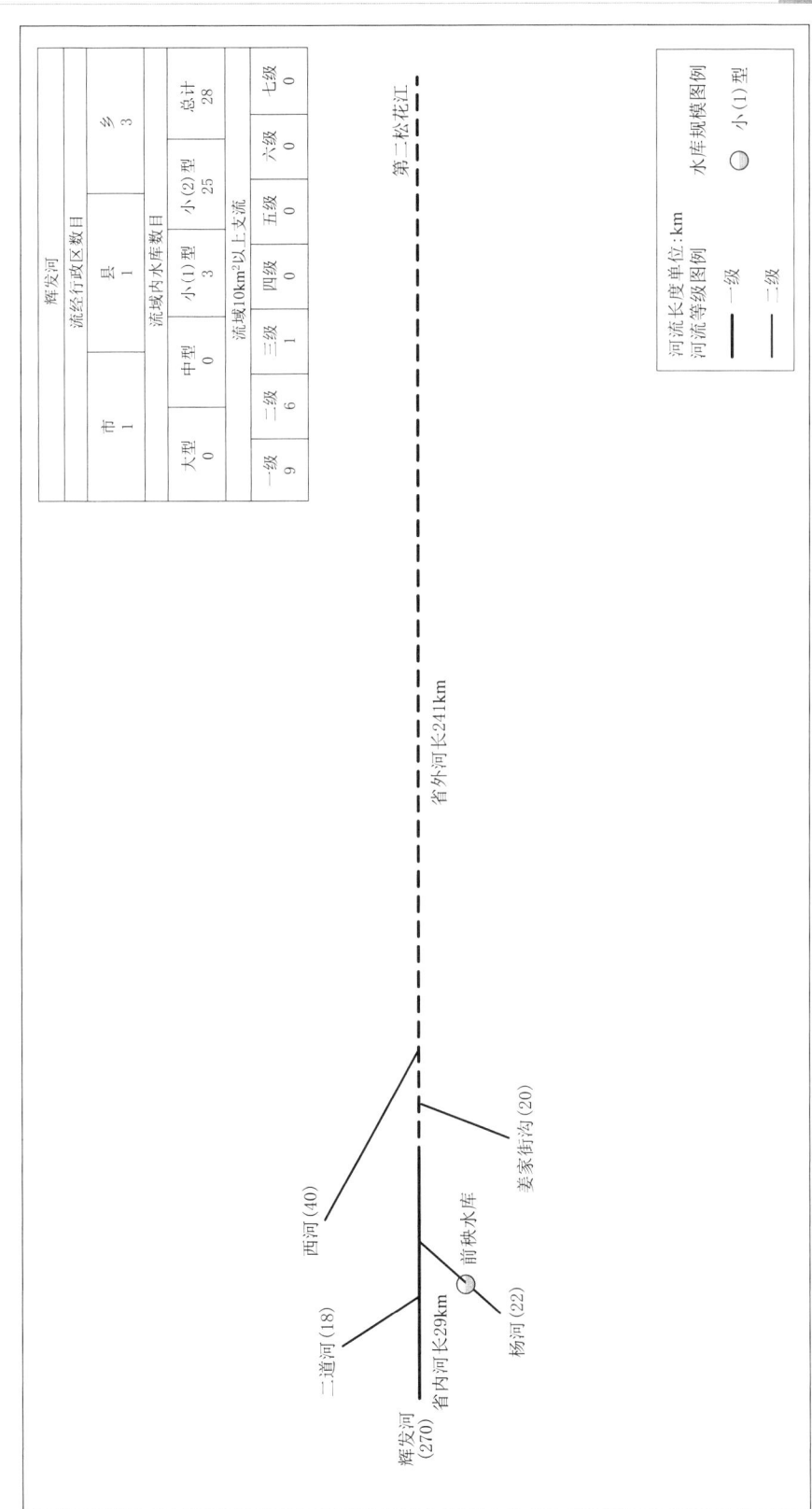

附录F 河流水系概化图

F7 滦河及冀东沿海诸河水系

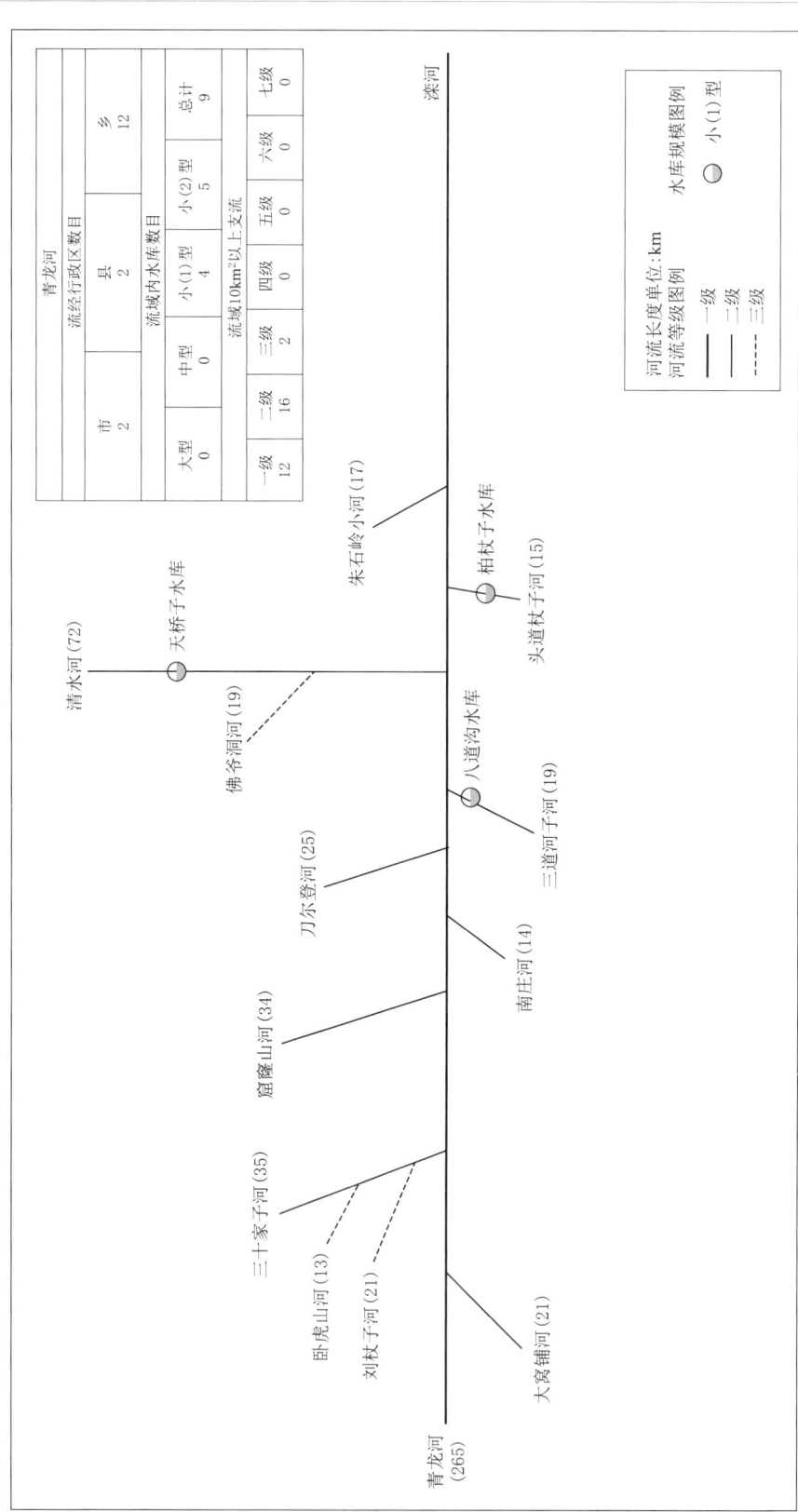

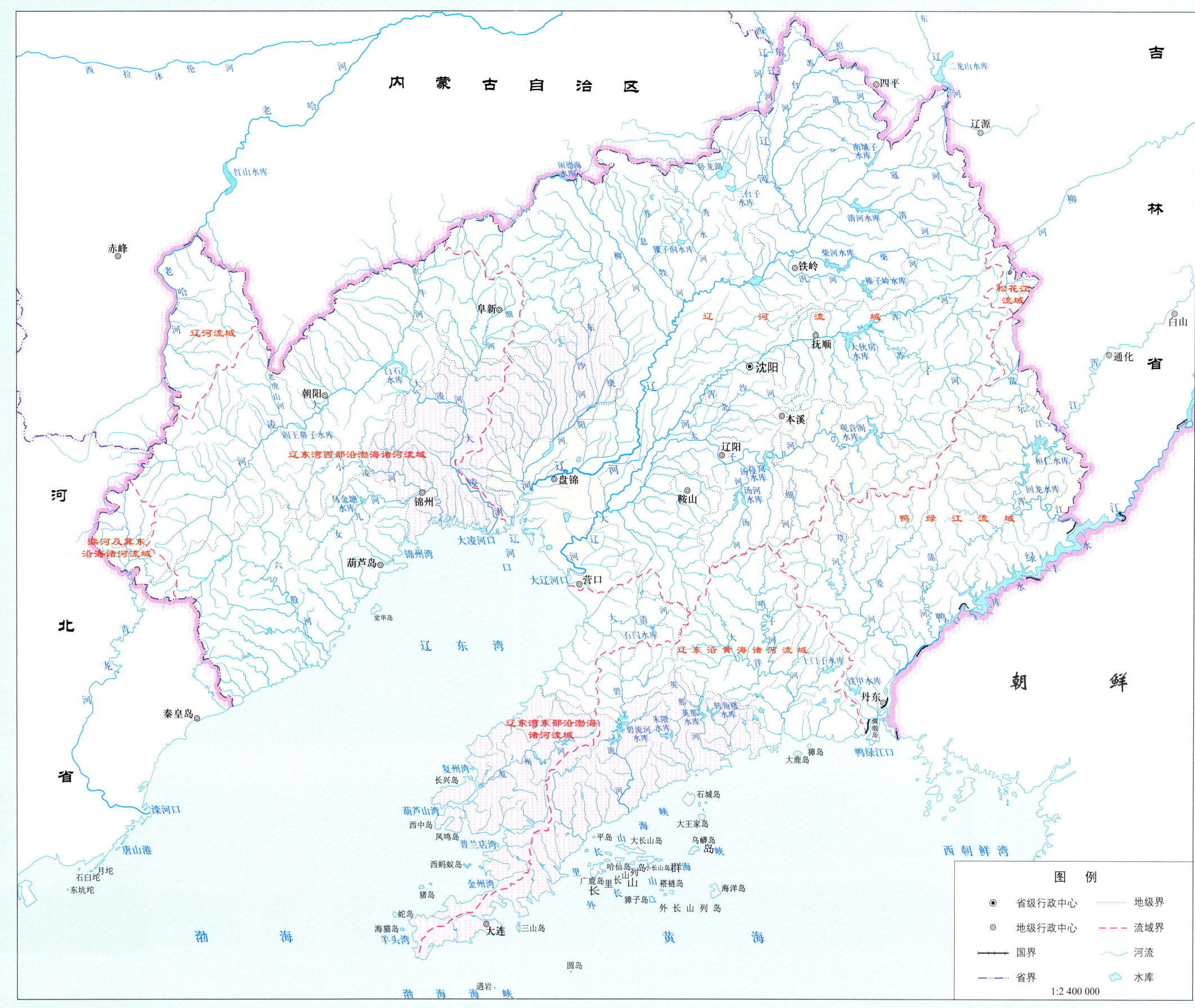

辽宁省七大流域水系图

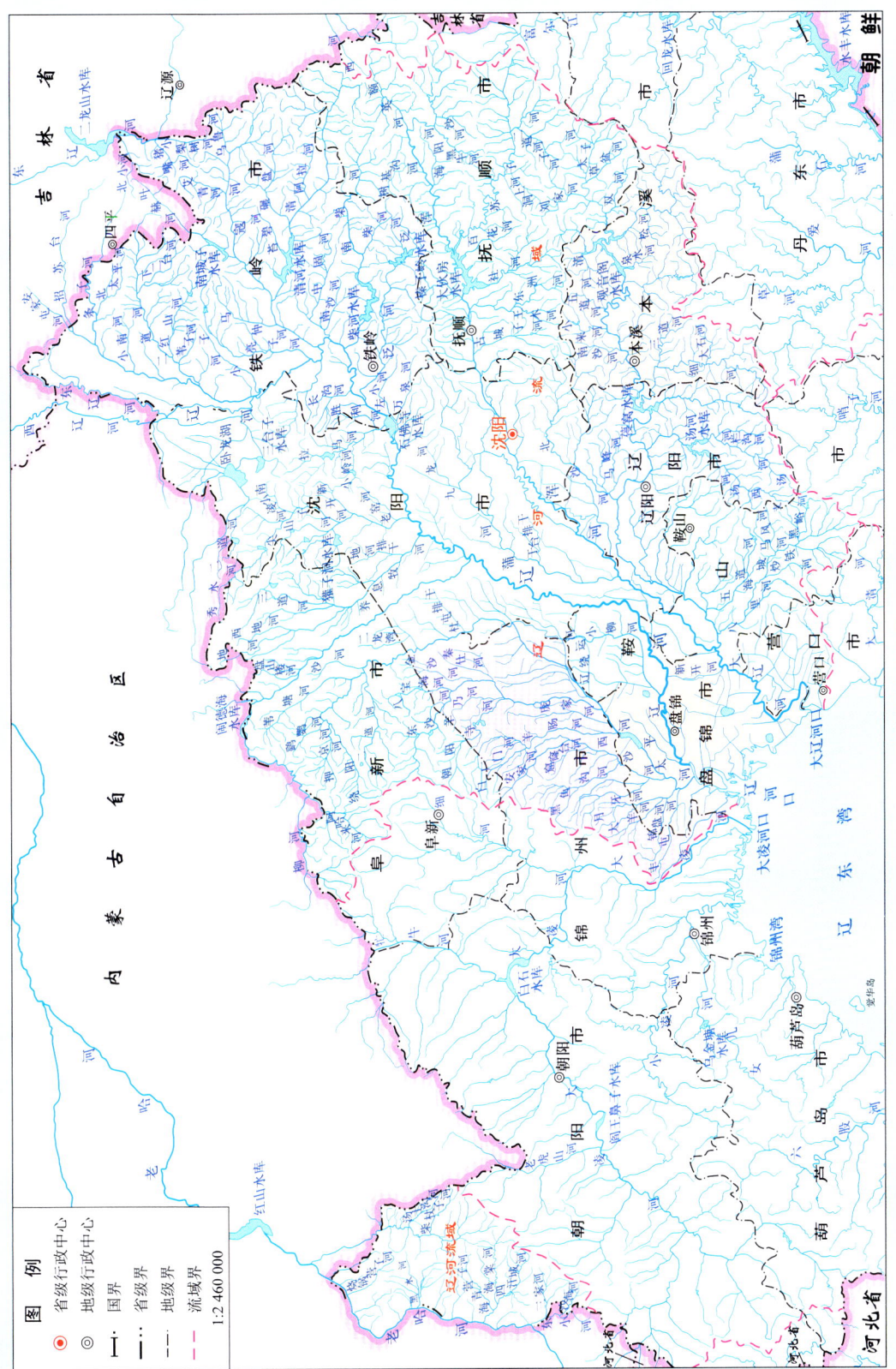

辽河流域水系图

辽东湾西部沿渤海诸河流域水系图

辽东湾东部沿渤海诸河流域水系图

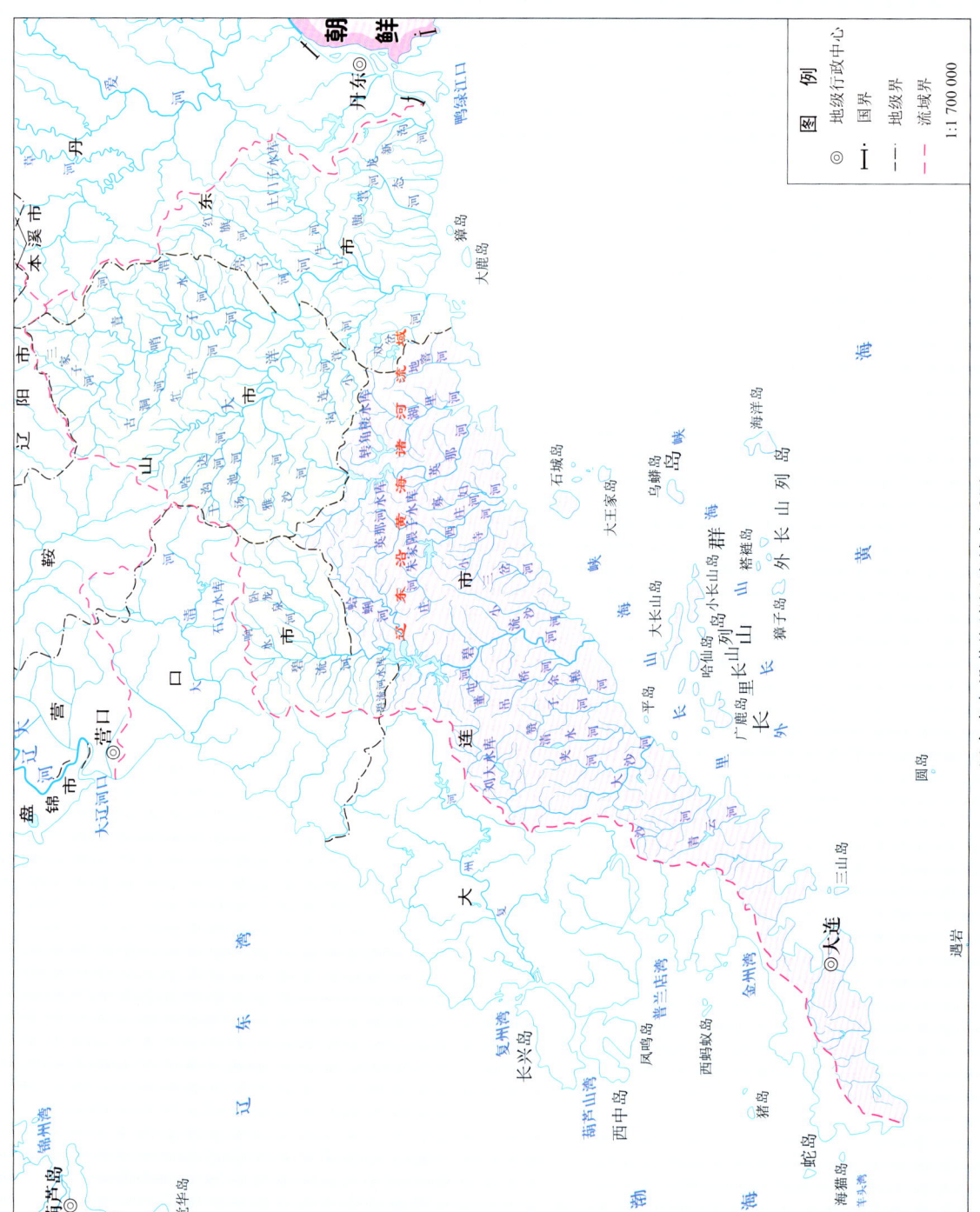

辽东半岛沿黄海诸河流域水系图

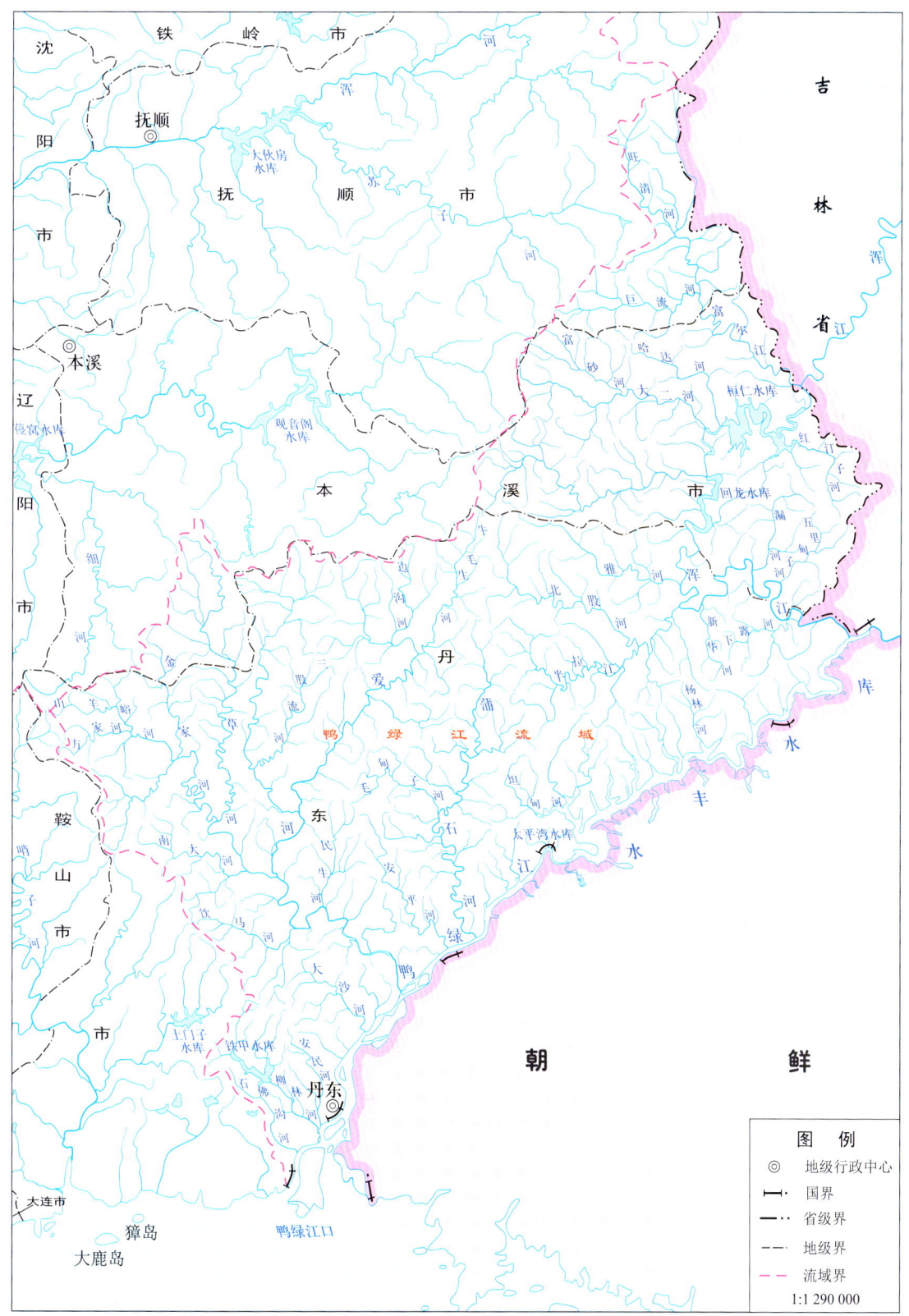

鸭绿江流域水系图

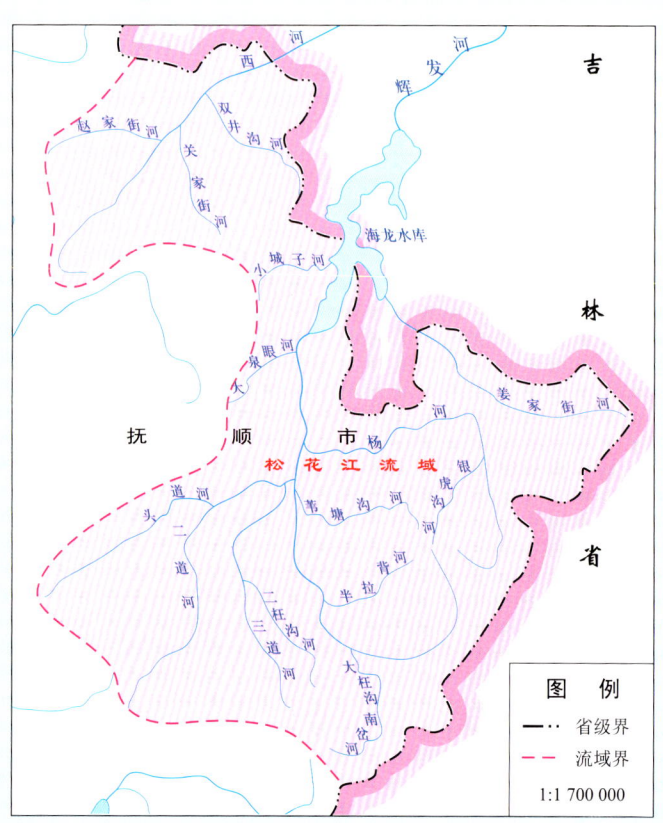

松花江流域水系图

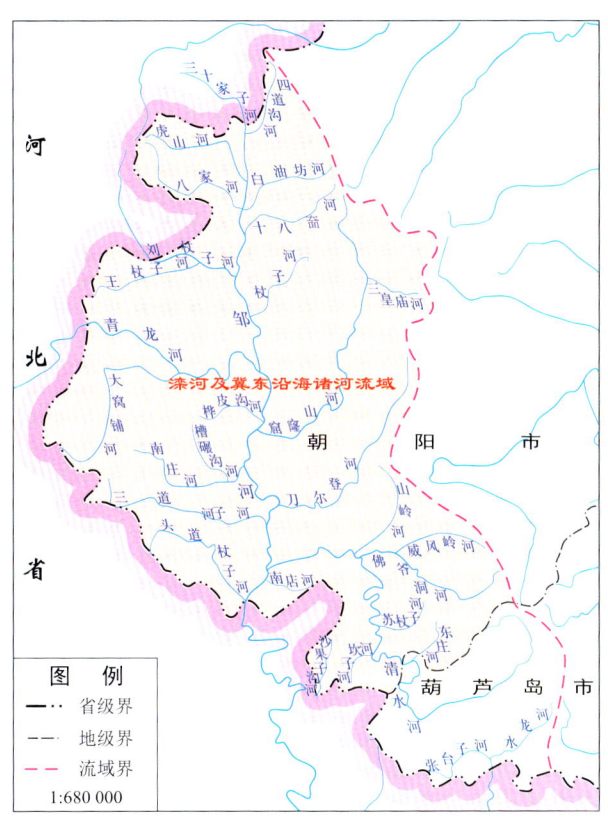

滦河及冀东沿海诸河流域水系图

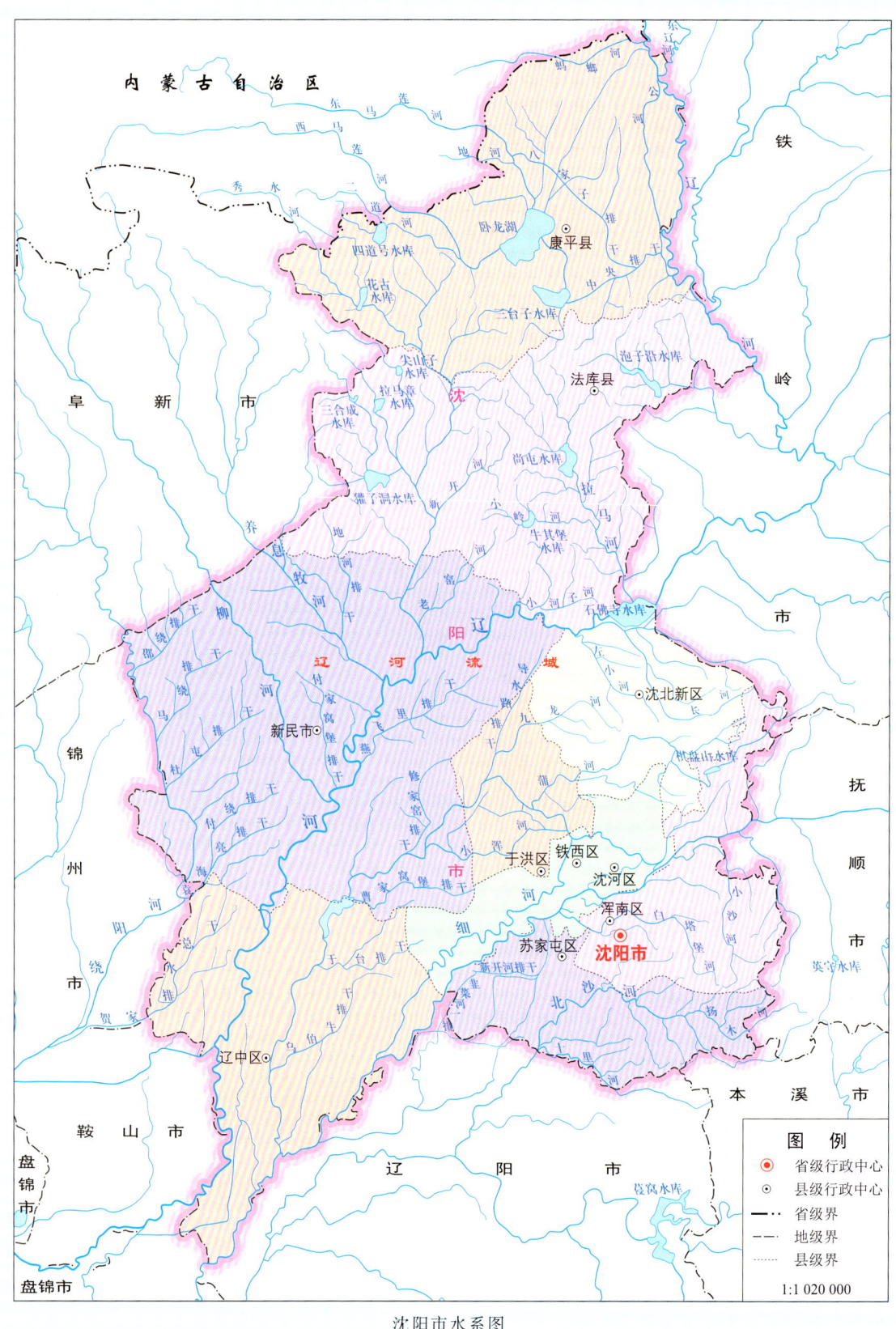

沈阳市水系图

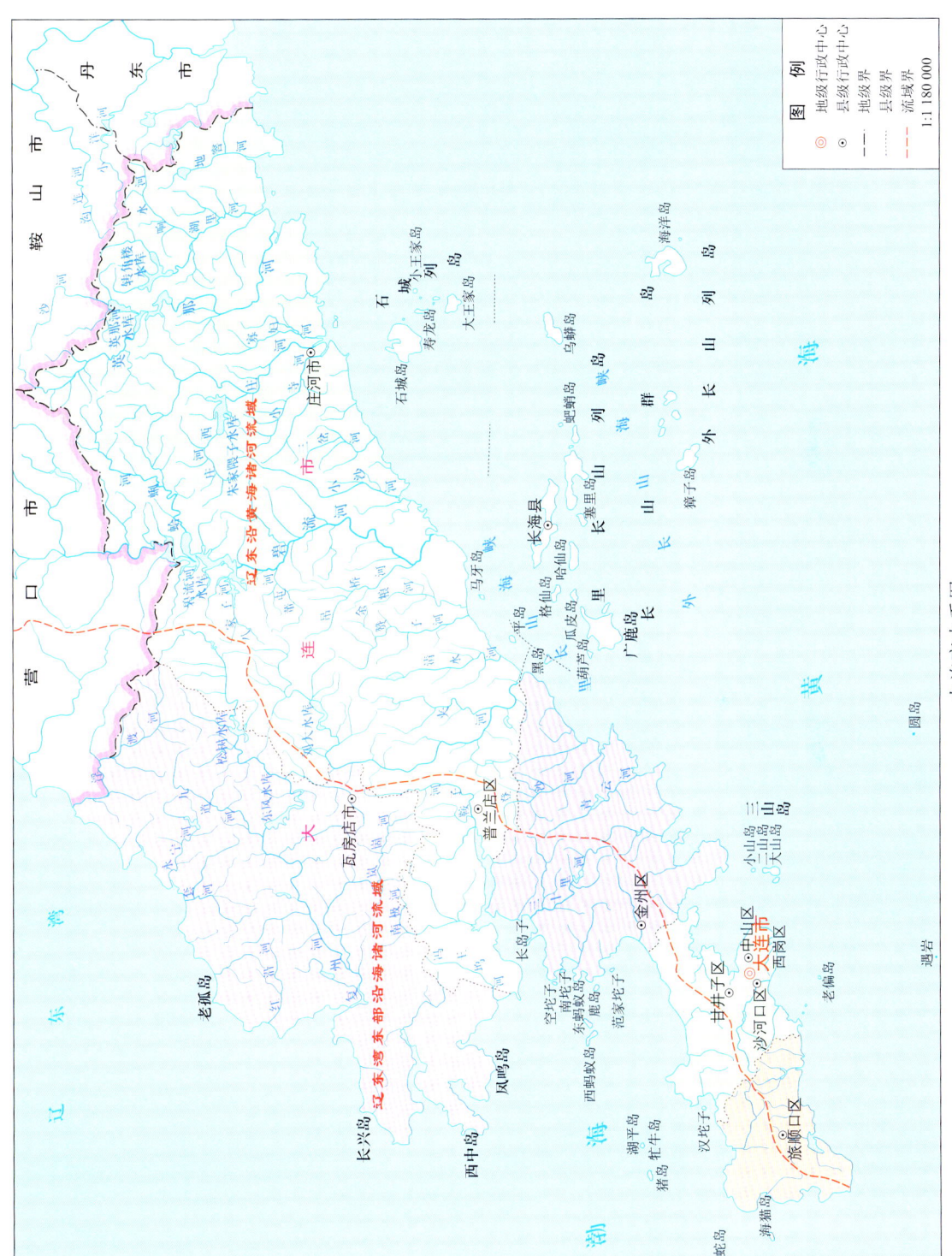

大连市水系图

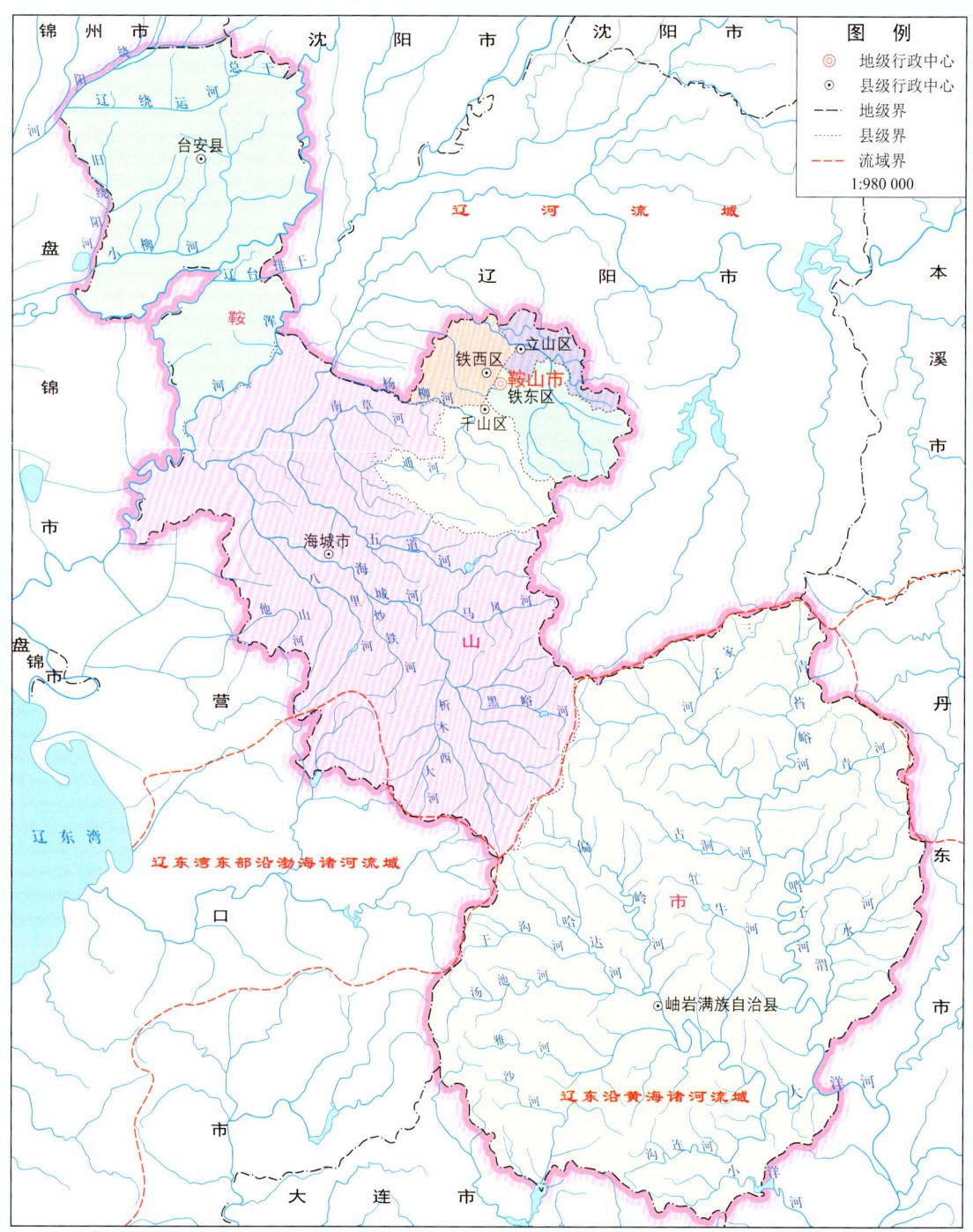

鞍山市水系图

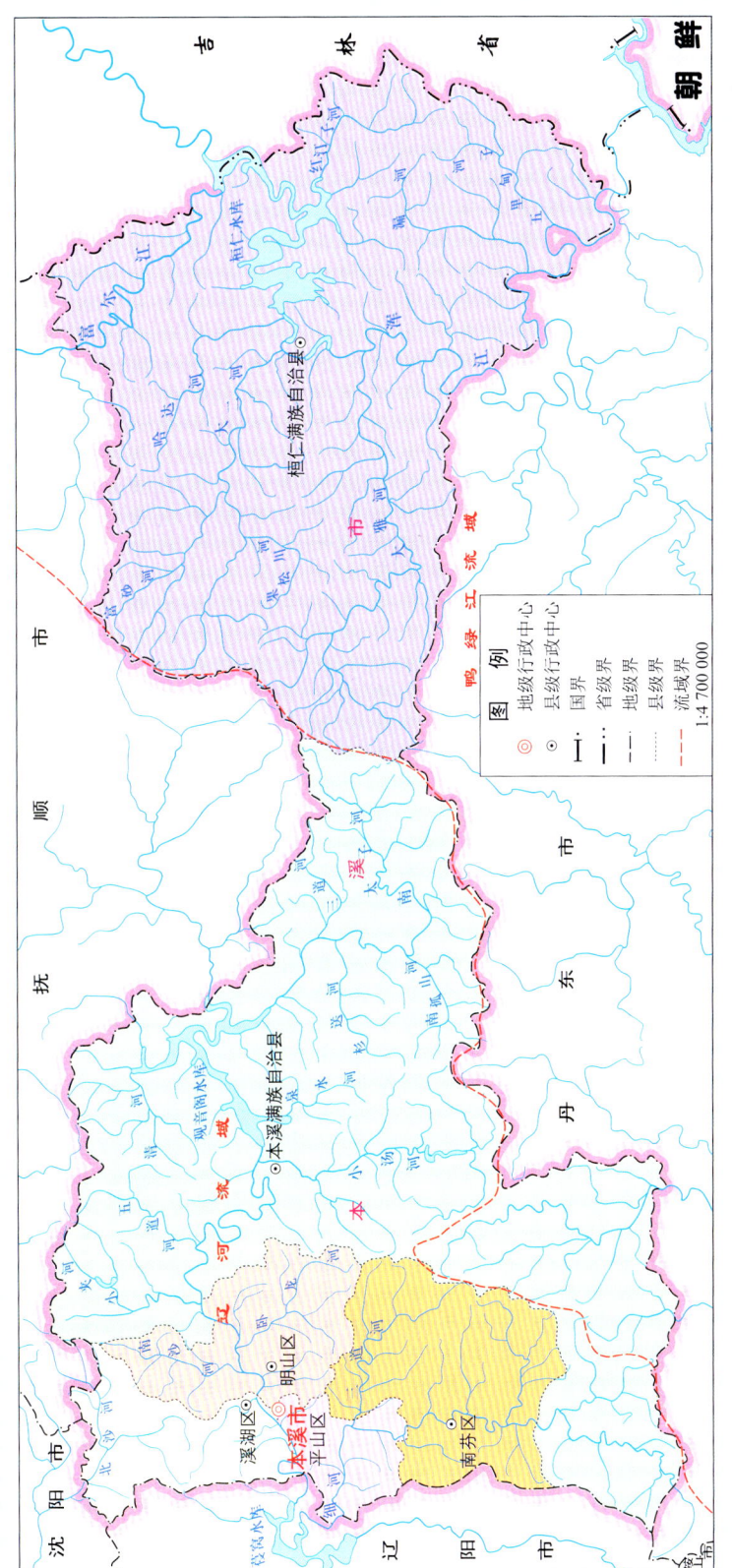

本溪市水系图

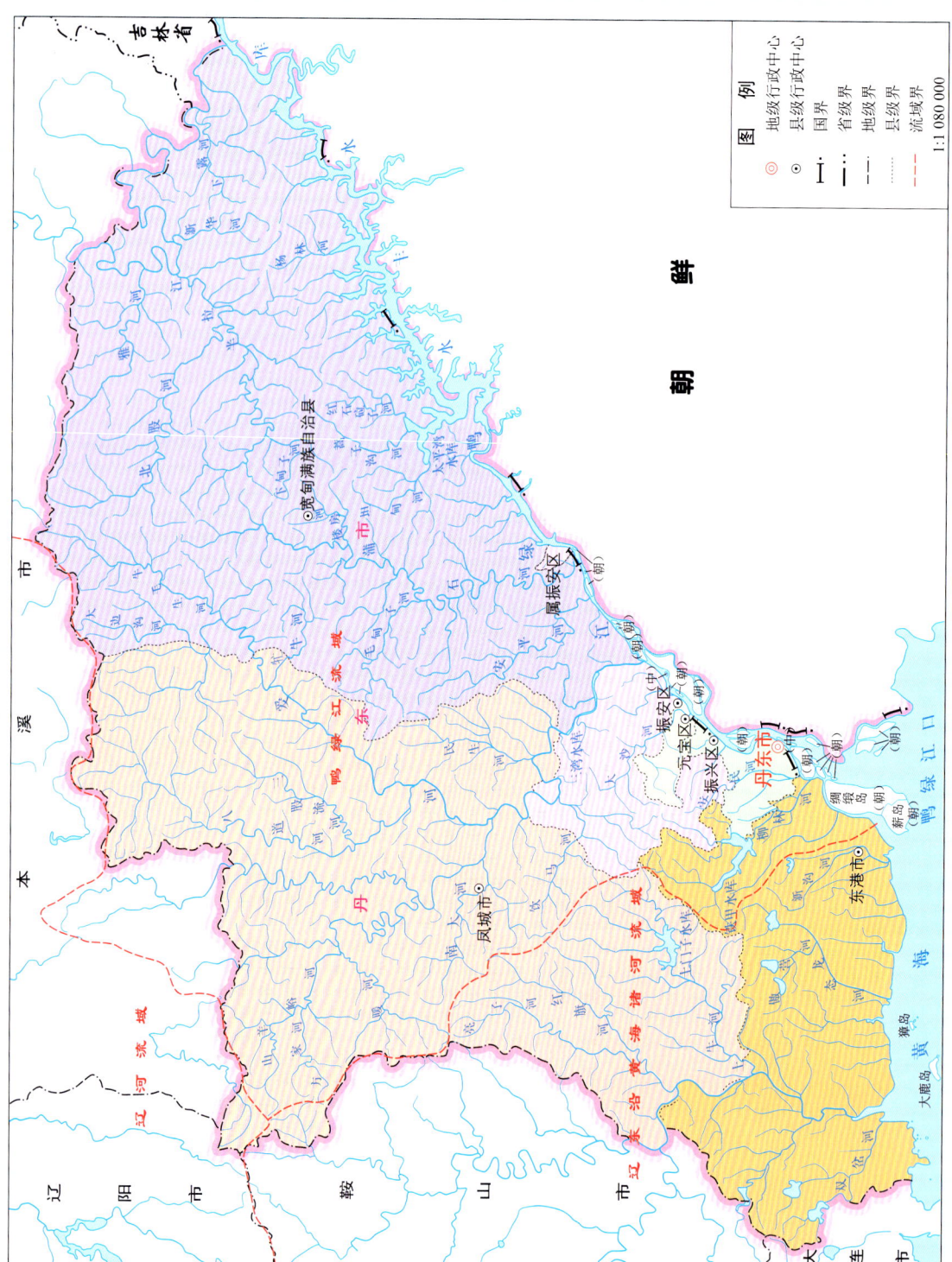

丹东市水系图

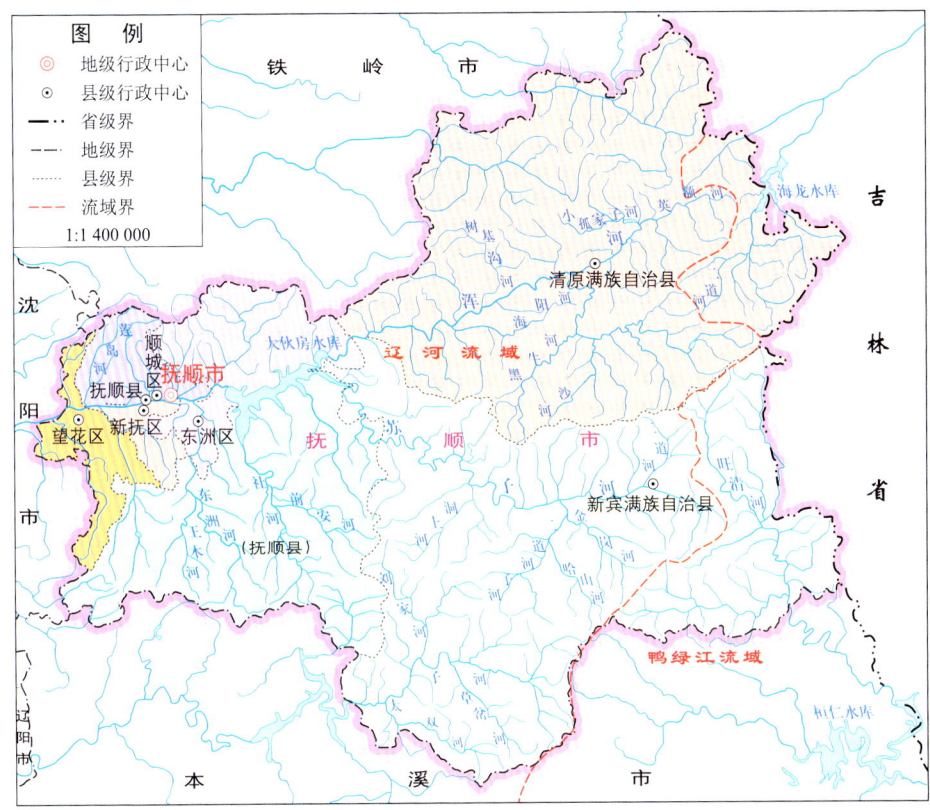

抚顺市水系图

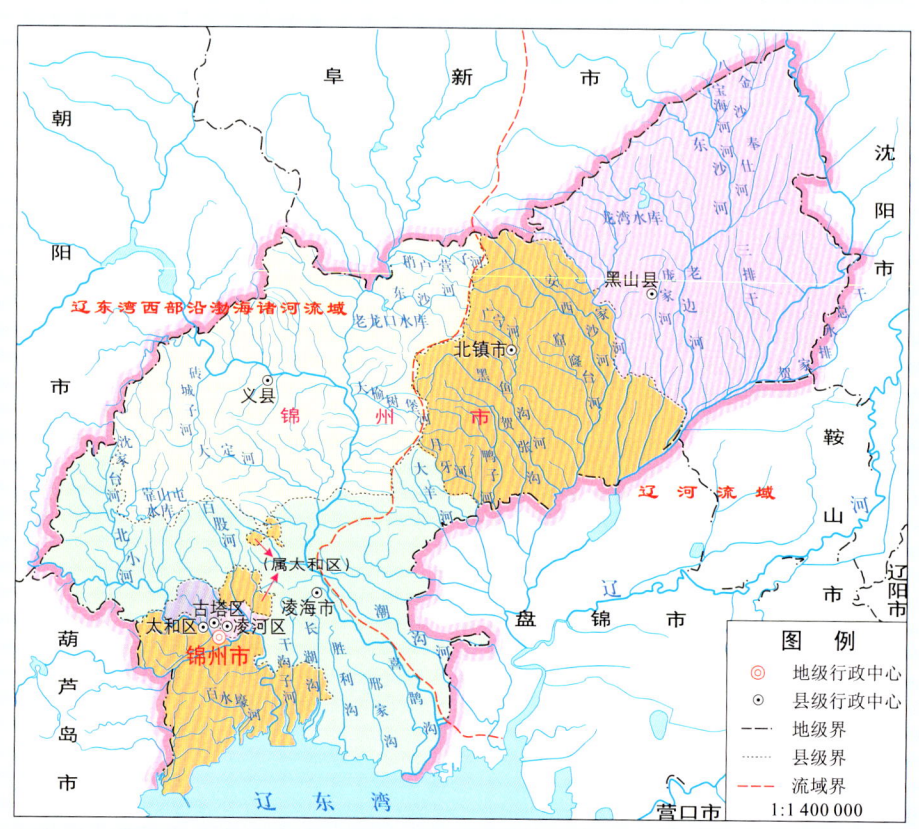

锦州市水系图

营口市水系图

阜新市水系图

辽阳市水系图

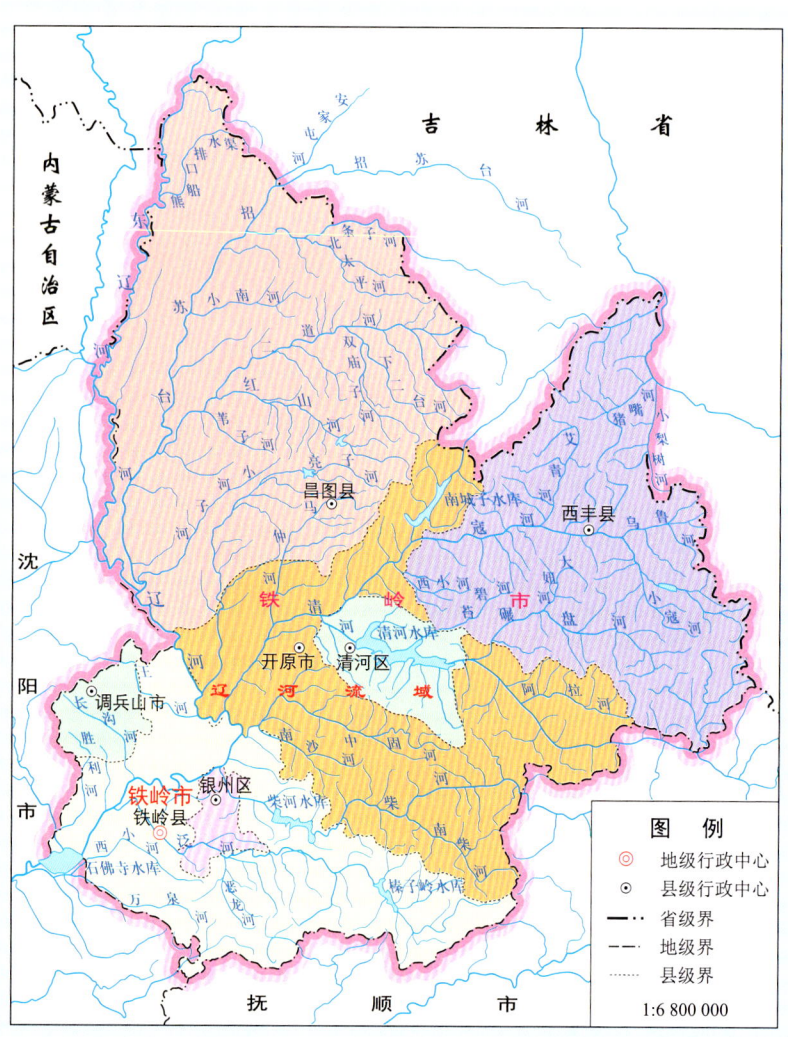

铁岭市水系图

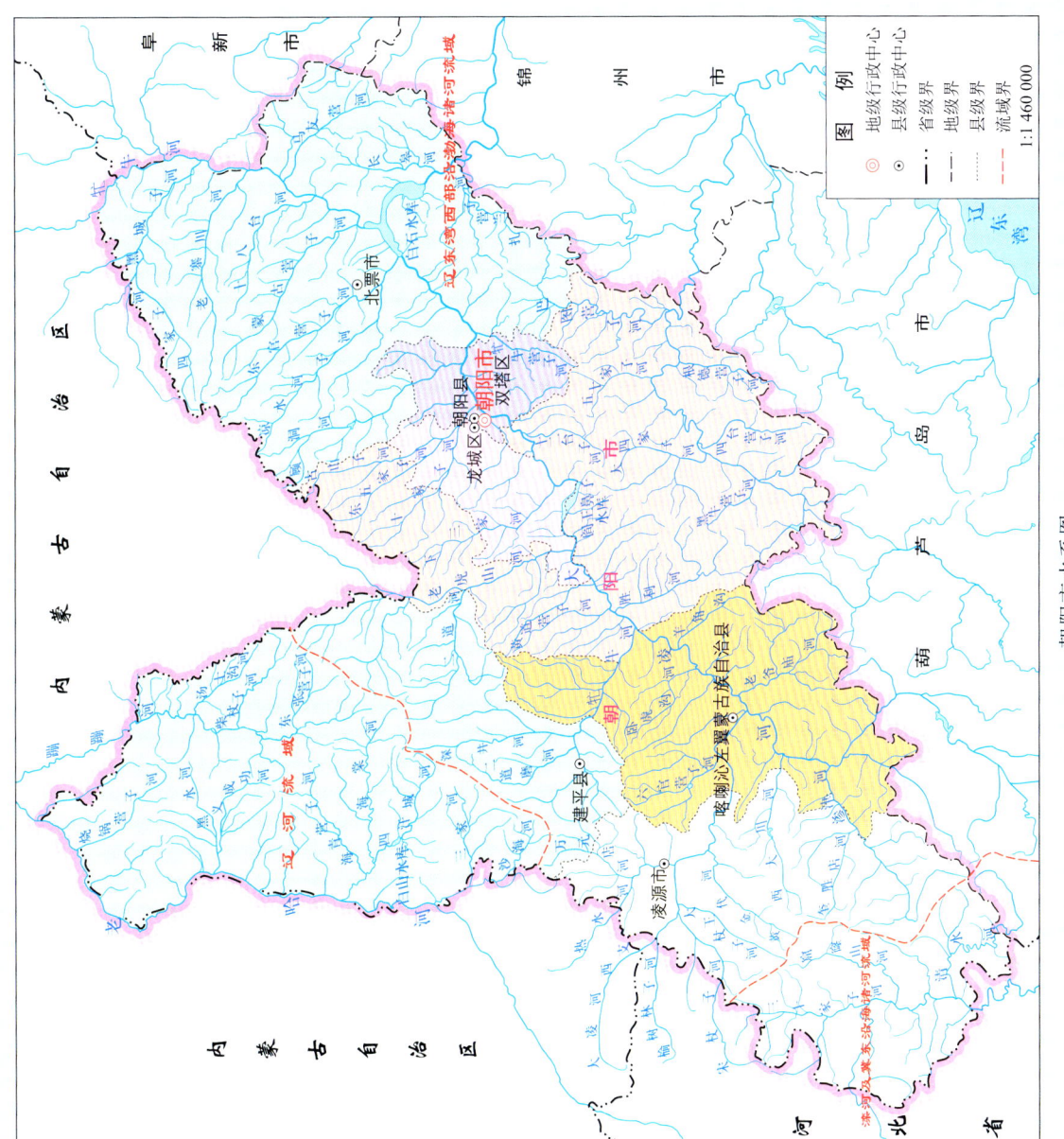

朝阳市水系图

盘锦市水系图

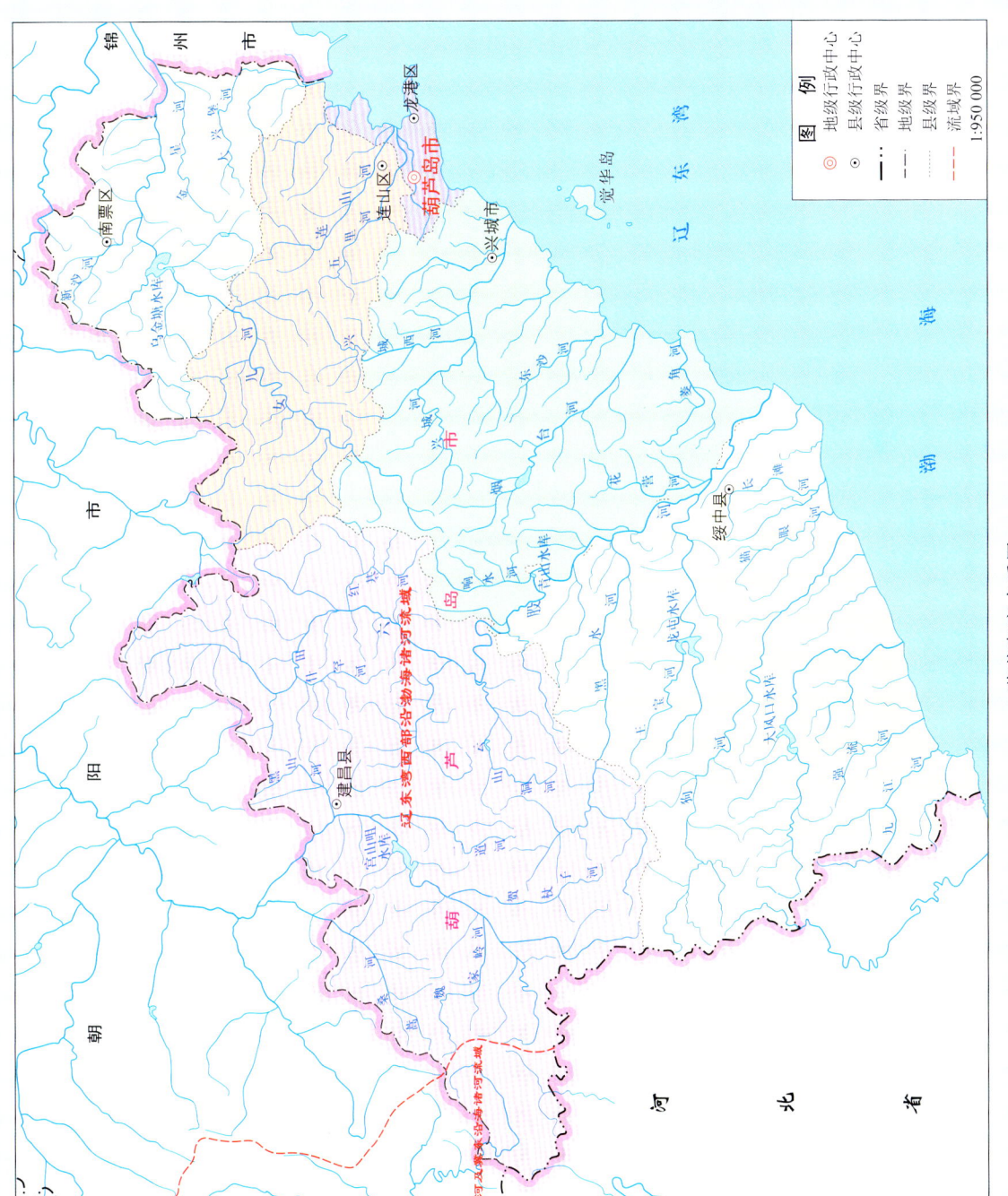

葫芦岛市水系图